JN084700

土偶を読むを読む

口絵撮影◎……吉森慎之介

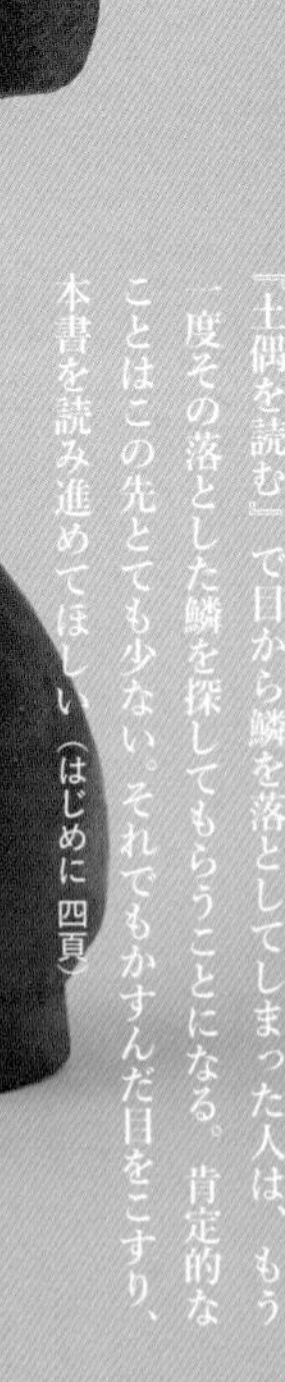

『土偶を読む』で目から鱗を落としてしまった人は、もう一度その落とした鱗を探してもらうことになる。肯定的なことはこの先とても少ない。それでもかすんだ目をこすり、本書を読み進めてほしい（はじめに 四頁）

『土偶を読む』での似ているというのは実物ではなく正面の一つの角度で撮られた写真でしかなく、そして写真の「印象」でしかない（検証2 ハート形土偶 三八頁）

土偶は、その時々で必要になったモチーフを表現するために、その都度作られたわけではない。ほとんどの土偶は、それまでにあった土偶から、そして、その後の土偶へと時期により変化しており、これは言わば「流行の変化」に過ぎない（土偶は変化する。金子昭彦 三〇七頁）

もともとはひとりの人間の中に同居していた考古学と人類学は離れ離れになっていった。日本民族の起源を解明するために考古学者と人類学者は同じテーブルについていたこともあったが、考古学、人類学、それぞれの内部が散り散りになったこともあって両者の距離は広がっているように見える（考古学・人類学の関係史と『土偶を読む』 吉田泰幸 三七九頁）

現代社会では、学問的でありつつも社会的、経済的、政治的な幅広い関心を含む妥当性によって複数の広い基準が追加されて品質管理を行うことも求められている。その点において、多様な背景をもつ鑑定人たちが、多様な観点から『土偶を読む』を評価したことは問題ではない。ただ、そこに考古学者という専門知の鑑定人が不在だったことが問題なのである（知の「鑑定人」菅 豊 四二一頁）

とある出版社からこんな問い合わせがありました。『土偶を読む』の原稿が持ち込まれており、著者が「歴博の山田氏絶賛」と言っているが、それは本当なのかと（今、縄文研究は？ 山田康弘インタビュー 二三九頁）

私としてもやっぱり中期中葉、中期前半にトチノミの利用っていうのがこの辺り（長野県）ではちょっと考えにくいと考えています。考古学的な証拠としてです（植物と土偶を巡る考古対談三三九頁、山科哲のコメント）

ひょんな時、本当になんでもない日常で――ヒントは意外なところに転がっていた。そう、映画だ。北野映画『菊次郎の夏』だ（実験：「ハート形土偶サトイモ説」三八七頁）

この一〇年くらいのところで、人類学の研究、人骨の理化学的な分析が急激に進展し、これまで立てた仮説を検証できるようになってきました。（中略）ようやく、これまで「言いっぱなし」になっていた仮説を検証することができる研究段階に入りつつあるんですよ（今、縄文研究は？ 山田康弘インタビュー 二四三頁）

女性像ではない、精霊である、擬人化である、などの主張そのものは目新しいものではない。また研究方法として人類学や神話学の知見を取り入れることや、土偶の形を図像学的に解釈することも行われてきた（「土偶とは何か」の研究史 白鳥兄弟 二二七頁）

イネがモチーフというけれど、結局のところそこにイネはいなかった（検証5 結髪土偶 一二一頁）

冒頭で土偶は顔が最重要であると宣言しているにもかかわらず、今回（遮光器土偶の章）は顔ではなく手足に「解読コード」があると述べる。素直に見れば、遮光器土偶の最大の特徴は顔で、「遮光器」というニックネームも顔から付けられているのにもかかわらず（検証6 遮光器土偶 一四六頁）

私にはゴットシャルのいう「闇の芸術としての物語」に思える。土偶の謎にせまる試行錯誤の物語が面白さを、面白さがわかりやすさを、わかりやすさが説得力をうむように設計されているが、そういった面白さに惑わされないよう訓練された学術の民には空虚に響く（物語の語り手を絶対に信用するな。だが私たちは信用してしまう 松井実 二九〇頁）

遮光器土偶はサトイモの精霊。『土偶を読む』での結論だ。最後であるこの章も『土偶を読む』の中では一、二を争う疑問の章だ（検証6 遮光器土偶 一三七頁）

カックウとクリが似ていると考えた時に、まず考えなければならなかったことは、類例を洗い出してその欠けている部分を想定することだったのではないだろうか。不完全な状態のものを並べて「似ている」と考察することよりも優先するべきことなのは火を見るよりも明らかだ（検証1 カックウ（中空土偶）一八頁）

何か思いついたとしても、まずはこういった現象としてある事柄や従来の研究を考慮に入れてから論証を進めなければ、このように皆目見当違いの結論で、皆目見当違いの挑発をしてしまうことになるだろう（検証3 山形土偶 七〇頁）

深い方の沼へようこそ。

「ミミズク土偶とイタボガキは残念ながらまったく似ていません。本来、イタボガキはマガキと同様に付着性の貝類なので、その形状は付着する岩石等に影響され、変形することを常とします」（検証３　ミミズク土偶　七八頁、忍澤成視の談話）

分布も何を参照されたのかわからないのですが、出土分布と違うところが多々あるので、資料を作ってきたのを共有してもよろしいでしょうか（植物と土偶を巡る考古対談　三一七頁、佐々木由香のコメント）

身も蓋もないことを言えば、クリやオニグルミの利用範囲と重なっていない土偶の方が圧倒的に少ないと言える（検証２　ハート形土偶　五三頁）

最近の植物考古学の研究で注目されているマメ類やエゴマをはじめとしたシソ属の圧痕があります。これらは縄文時代中期の土器にたくさん痕跡が、特に中部高地では見つかっているんですけど、そうした植物は取り上げない。最新のことを書いているようで、最新のことはあまり追ってくれていない（植物と土偶を巡る考古対談 三二四頁、佐々木由香のコメント）

「あれは、私の意図とは全く違う切り取りをされてしまったものです。本当はこうコメントしています。『これは個人の思いつきに近いもので、学術的には見るところはない。しかし、従来の考古学になかった視点で興味深いですね』」（検証1 カックウ（中空土偶）三四頁、原田昌幸の談話）

特に考古学的なデータ、事象としてわかっていることで見れば、限りなく零点に近い。『土偶を読む』での実証データとの主張を一つひとつ読み解き、ファクトチェックしてみれば、かなりの部分で恣意的な運用が目立ち、事実からはかけ離れてしまっている。これを考古学者に評価しろとは無茶な話だ（検証のまとめ 一六九頁）

積み重ねの中で考古学は進んできた部分がたくさんあるんだよというのは知ってほしいところです。（中略）研究者たちそれぞれの研究の持ち寄りによって、あるいは研究ではなくて報告書をきちんと出すという積み重ねによって、日本全国の考古学がだんだんと前に進んできているっていう。専門知の下支えは考古学研究者の基本的な研究姿勢、まっすぐな研究姿勢で支えられている（植物と土偶を巡る考古対談 三二二頁、小久保拓也のコメント）

「結局のところ事実の前に謙虚であらねば真実なんて掴めないでしょう」（検証のまとめ 一七六頁、金子昭彦の談話）

口絵写真：新潟県元屋敷遺跡（1頁）、仮面の女神と縄文のビーナス、長野県茅野市尖石縄文考古館（2、3頁）、長野県井戸尻遺跡からの風景（4、5頁）、宮城県里浜貝塚（6頁上）、熊本県御領貝塚（6頁下）、青森県三内丸山遺跡（7頁上）、三内丸山遺跡炭化したクリ（7頁下）、合掌土偶、青森県是川縄文館（8頁）　◎撮影：吉森慎之介

土偶を読むを読む

はじめに

もしかしたら少し深刻なことなのかもしれない。

二〇二一年四月二四日に晶文社から出版された『土偶を読む』という書籍が評判だ。出版から二年近く経ちそれでもなお売れ行きは好調のようだ。

発売当日に合わせて同日の二〇二一年四月二四日土曜日のNHK総合「おはよう日本」の「土曜特集」（関東甲信越のみの放映、約一〇分ほどの枠）で、縄文時代の土偶の新しい説として紹介され、考古学者で土偶研究者、文化庁の主任文化財調査官の原田昌幸さんより「従来の考古学になかった発想で新たな学問形態の提案」というコメントが寄せられた。さらに、JBpressというオンラインメディアで当該書籍を一部抜粋・再編集された記事「『土偶の正体』がついに解明」も同日にアップ、それがTwitterなどのSNSで、綺麗にバズり（アカウント「ヤギの人」によるツイートが約一一〇〇〇リツイート、二四〇〇〇いいね）、多くの人の注目を集めた。ほぼ新人である（著作としては二冊目）著者の新刊が発売日当日のNHKの朝の番組で大きく取り上げられ、オンラインメディアでも特集が組まれることは異例だと言える。

その上で各界の著名人が当該書を後押しする。養老孟司氏、鹿島茂氏、いとうせいこう氏、中島岳志氏、松岡正剛氏などなど。それに追随するかのように『土偶を読む』を推薦する（有名無名に関わらず）多くの人たちがあらわれる。

付随するようにテレビ、ラジオ、雑誌、ネット配信番組、さまざまなメディアでも「植物像だった！」（角川武蔵野ミュージアム）や「土偶の謎を解いた」（『文藝春秋』二〇二二年三月号）として取り上げられる。当該書は発売から三日で大幅な増刷。三週間で三刷、二ヶ月で四刷、半年で六刷と順調に部数を増やし、重版された帯には当然のように「養老孟司先生推薦」のコピーが踊ることになる。さらに同書の一般的な評価を決定づけたのは二〇二一年サントリー学芸賞の受賞だ。同賞は、「広く社会と文化を考える、独創的で優れた研究・評論を行う個人を顕彰」する賞で、一九七九年に設立され、さまざまな分野の学術書を対象にし、多くの研究者が受賞を喜ぶ賞でもある。そしてサントリー学芸賞に勝るとも劣らない「賞」。誰もが羨む「みうらじゅん賞」をも受賞し二〇二一年を締め括る。

また、二〇二二年四月には『土偶を読む』のビジュアル版とも言うべき子ども向けに再編集された『土偶を読む図鑑』が小学館より出版された。『土偶を読む図鑑』は、二〇二二年五月には全国学校図書館協議会選定図書となり、多くの小中学校の図書館に公（おおやけ）に推薦される。『土偶を読む』の次回作もまた準備されているとの話だ。

はたして本当に土偶の正体は解明されたのか？

では何が深刻なのだろうか。

実は世間一般の評価と対照的に、『土偶を読む』は考古学界ではほとんど評価されていない。それはなぜなのか、本書ではその非対称な評価の理由と、『土偶を読む』で主張される「土偶の正体」、それに至る論証を検証する。

検証は、あくまでも事実ベースで進めていきたいと思う。単純なファクトチェックだけでなく、角度を変えた視点からの検証や比較できる説も紹介する。当然、新しい視点や発見、説得力のある指摘があれば正しく評価したい。

「何もかもわからない縄文時代で事実？」と思う人もいるかもしれない。確かに縄文時代を生きた人はすでにこの世界には存在せず、語り継ぐ人も見当たらない遠い遠い昔の時代の話だ。しかし、遺跡には縄文人の使ったさまざまな道具や、彼、彼女らの暮らした痕跡が大量に残されている。モノとして動かしようのない事象や、そこから導き出される合理的な推論は一般の方が思うよりも遥かに多く蓄積されている。それらを紹介する機会としてもこの場を借りたいと思う。

『土偶を読む』で目から鱗を落としてしまった人は、もう一度その落とした鱗を探してもらうことになる。実は肯定的なことはこの先とても少ない。それでもかすんだ目をこすり、本書を読み進めてほしい。

『土偶を読む』のような自由な発想の本を否定してはいけないと考える人もいる。想像することや、従来の考え方に囚われない自由な着想を否定してしまったら、考古学に限らず世界はつまらないものになってしまう。それはもちろん筆者の本意ではない。土器や土偶を見て、あーでもない、こーでもない、と、想像を膨らませるのも縄文時代の楽しみ方の一つだ。しかし、現在の資料や事実に基づかない想像は、いくら楽しくても「妄想」でしかない。研究成果を世に問う時、裏付けは必要で、想像を何かいっぱしの形にするためにはいつかはその着想を現実に着床させなければならない。

もし誰かの想像がたんぽぽの種だとして、風に吹かれ空を舞っていたとしても、いつかは事実という地面に降り根を張り水や栄養を吸収しなければ芽を出すことはない。それは、クリであってもトチであっても同じことだ。

『土偶を読む』の検証は、たとえれば雪かきに近い作業だ。本書を読み終える頃には少しだけその道が歩きやすくなっていることを願う。

雪かきは重労働だ。しかし誰かがやらねばならない。

縄文時代の年代（推定値）

時代区分	年代の目安（cal BP）			
草創期	15540	……	11345 cal BP	約4200年間
早期	11345	………	7050 cal BP	約4300年間
前期	7050	………	5415 cal BP	約1600年間
中期	5415	………	4490 cal BP	約900年間
後期	4490	………	3220 cal BP	約1300年間
晩期	3220	………	2385 cal BP	約800年間

「cal BP」この単位の年代は放射線の影響を受けていない1950年を起点として何年前という意味と考えてください。

例えば2023年現在からみれば晩期は3293年前から2458年前となります。

データは（小林謙一2017、2019）を元に作成しています。


『土偶を読む』に掲載されている年代とはズレるが、その理由は168頁の「検証のまとめ」に記した。

もくじ

岩手県一戸市の御所野遺跡は、史跡公園に縄文時代の植生を再現している。

土偶を読むを読む

縄文ZINE編集長
望月昭秀
Akihide Mochizuki

検証 土偶を読む

「検証」の基準について

各項末に「検証」の項目をあげ、◎→○→△→×の順で評価する。項目は、「土偶は当該の食用植物をモチーフにしているか」を検証するために最も重要な要素であろう以下の三つに絞る。

●イコノロジー(見た目の類似)

土偶は立体物、一つの角度での類似だけではなく、どの方向から見ても客観的に似ているのであれば◎、○を付ける。また、単純な「似ている」だけではなく、造形の意図にも注目したい。

●編年(へんねん)・類例

編年は土偶の新旧関係や年代の配列。類例は同時期の同じタイプの土偶、この二つはいわば土偶の前後左右を表す。土偶のモチーフになったものがその土偶に影響を与える可能性があるのであれば、最も重要な項目だと本書では考える。例えばハート形土偶であればハート形土偶の成立時期にそのモチーフの影響があると推測できれば○とする。また、同時期の『土偶を読む』に取り上げられていない別のハート形土偶にも共通してモチーフの影響があると考えられるのであればそれもプラスと考えたい。編年と類例どちらの面から見ても妥当であると思われれば◎を付ける。

●該当の食用植物の利用

三つ目は『土偶を読む』の論証の中で最も重要視している項目として、該当の食用植物の利用について。ハート形土偶/オニグルミであれば、ハート形土偶の作られていた時期と地域とオニグルミの利用がぴったり重なれば◎を付ける。そうでなくても土偶の作成された時期・地域に当該の食用食物の組織的な利用の痕跡が認められたり、土偶の出現との相関関係が推測できるのであればそれも◎とする。○〜△は重なり具合で判断する。当該土偶の制作時期にモチーフとされた食用植物が利用されていないのであれば当然×とする。

検証 1 カックウ(中空土偶)、合掌土偶――クリ

図1
国宝
カックウ(中空土偶)
後期後葉
北海道函館市
(著保内野遺跡)
函館市教育委員会提供

「ついに土偶の正体を解明しました」（土偶を読む一頁）から刺激的に始まる書籍『土偶を読む』。非常に断定的で、センセーショナルな書き出しだ。

続けて、土偶とは縄文人たちが主食としていた食物をかたどっていたのだと、いきなり答えを提示している。おおっと目を見張る主張にグッと興味が湧き、背もたれから身を乗り出した人も多いだろう。しかし、筆者には、本の表紙に載せられているカックウとクリがイコールで結ばれているところからすでに大きな違和感を感じていた。

1－1　カックウ（中空土偶）

国宝である中空土偶（ちゅうくうどぐう）（愛称：カックウ＝出土した南茅部（みなみかやべ）のカヤベと中空を合わせてこの名前になった）と、こちらも国宝の青森県の合掌土偶（がっしょうどぐう）（風張（かざはり）1遺跡出土）について『土偶を読む』での考察を検証していこう。

確かに真正面の角度でサイズを合わせて並べてみるとカックウのやや横に膨らんだ楕円形の顔とクリの実は似ている。頭頂部にちょこんとした突起が付いているのも似ている。顔の下部に区画（くかく）された髭の剃り残しのような文様（もんよう）も、クリに似ているかもしれない。『土偶を読む』での竹倉説はイコノロジー（※）による考察で、カックウとこの後登場する合掌土偶はクリの精

※イコノロジー＝図像解釈学：元々は西洋絵画の読み解きなど美術史学の中で使われていた用語で、ここでは純粋に見た目の印象の考察の意味として使っている

霊だと断定する。はじめに結論を提示し、その上で自身の論を固めていくく構成になっているわけだけど……、問題は最初の「似ている」という認知から始まっている。

実はこの中空土偶の顔は完形（欠損のない状態）ではない。ぱっと見はわからないかもしれないが、大きく欠けている部分がある。その部分とはこの土偶の頭部に空いている二つの大きな穴のことだ（図2）。

いったいこの穴はなんなのだろうか、土の中に埋まっていた間にたまたま欠けてしまっただけなのだろうか。

この欠けの部分を埋めるパーツ（欠片）が見つからない限り、それは完璧にはわからないだろう。が、しかし、安心してほしい。この二つの穴が欠ける前はどのような形状だったのかを推測することができる〝格好〟の類例がある。

「まっくう」と名付けられたこの土偶（図3）は、北海道から遠く離れた東京、町田市の田端東遺跡から見つかっている。

もちろん、北海道のカックウに似ている町田の土偶というこ

図2
頭に穴の開いたカックウ
阿部千春氏提供

とで、この愛称が付けられた。

まっくうとカックウを見比べると、その顔の造形は瓜二つと言っても良いくらい似ている。T字の眉と鼻、コーヒー豆のような目と口、狭い富士額、かつてのイタリアの伊達男のようなシャープなカットのもみあげ、耳の形状。サイズはカックウの方が大きいが、そのパーツパーツの形状とバランスはコピーされたかのようにそっくりだ。違っているとすれば、まっくうにはカックウの顔の下部に区画された顎鬚（あごひげ）のような部分はない。頭頂部の小さな突起もない。そして頭にある二つの大きなラッパ。

そう、カックウは、まっくう同様に元々頭からラッパのような突起が二つ付く土偶だと推測されているのだ。これはカックウの頭部の穴の大きさや位置、それ以外の共通点から考えて誰が見ても十分に無理のない推測と言えるだろう。

場所は遠く離れていても、この二つの土偶は縄文後期、

図3　カックウ（左）と町田のまっくう（右）（田端東遺跡）を比較する。
まっくう：東京都町田市教育委員会蔵

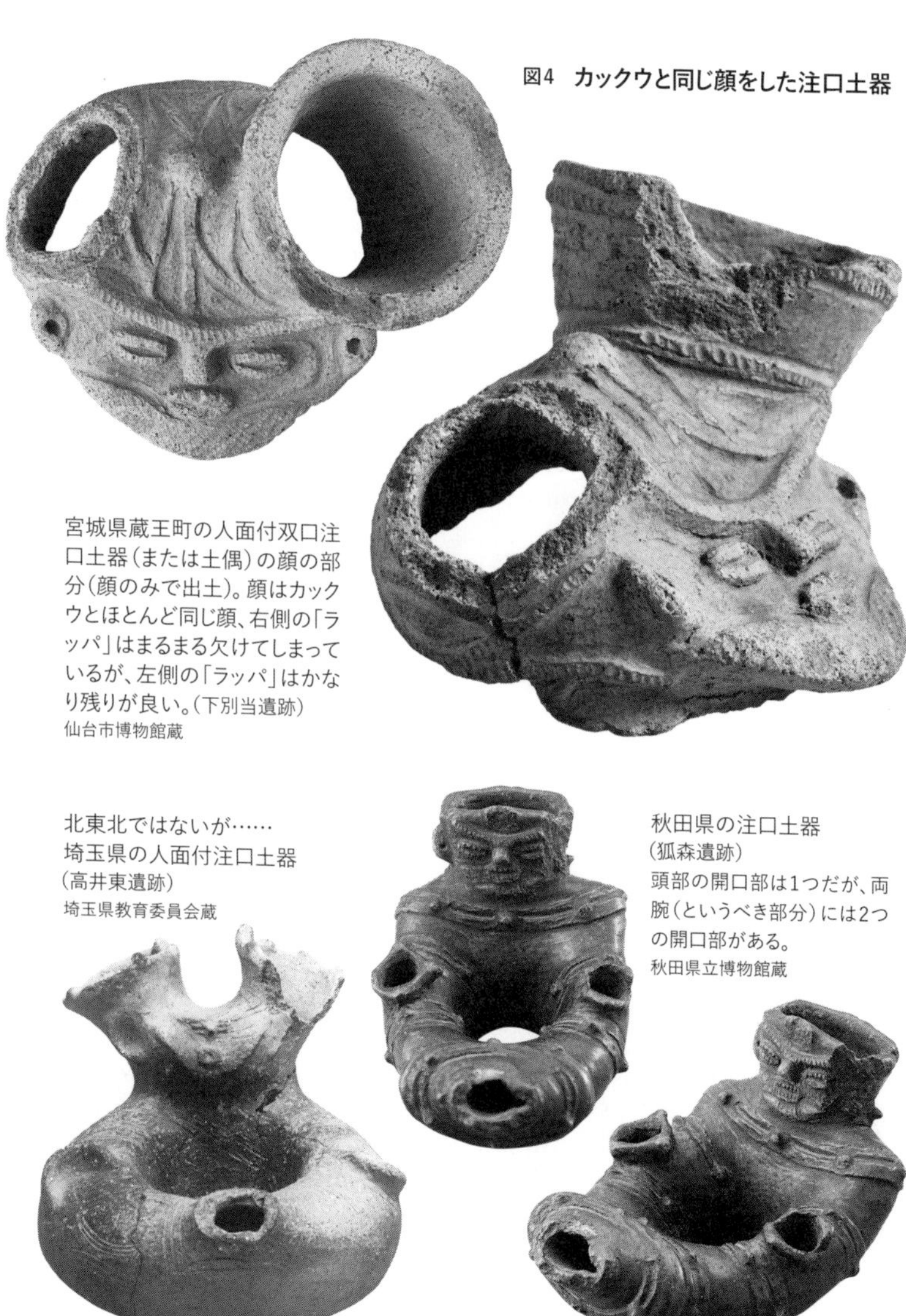

図4　**カックウと同じ顔をした注口土器**

宮城県蔵王町の人面付双口注口土器(または土偶)の顔の部分(顔のみで出土)。顔はカックウとほとんど同じ顔、右側の「ラッパ」はまるまる欠けてしまっているが、左側の「ラッパ」はかなり残りが良い。(下別当遺跡)
仙台市博物館蔵

北東北ではないが……
埼玉県の人面付注口土器
(高井東遺跡)
埼玉県教育委員会蔵

秋田県の注口土器
(狐森遺跡)
頭部の開口部は1つだが、両腕(というべき部分)には2つの開口部がある。
秋田県立博物館蔵

ほぼ同時期に作られている。

さらに同時代の同文化圏の注口土器（急須のような注ぎ口の付いた土器）にも同様の顔と同様の頭の突起が付けられることがある。その代表的なものをいくつかここにあげる（図4）。

全然そっくりじゃないカックウとクリ

これらの類例を見て、カックウはクリにそっくりだと言えるだろうか？　クリの精霊だと言えるだろうか。特に宮城県のもの（図4上段）を見ると、まっくうと同様にその顔のデザインにはあらゆる面でカックウと共通点が多い。

カックウとクリが似ていると考えた時に、まず考えなければならなかったことは、類例を洗い出してその欠けている部分を想定することだったのではないだろうか。不完全な状態のものを並べて「似ている」と考察することよりも優先するべきことなのは火を見るよりも明らかだ。同様の顔と頭を持つ注口土器がいくつか出土しているということを考えるとカックウもまた液体を入れていた可能性もある。液体とクリの精霊、食物儀礼、ちょっと遠くなったけど、もちろんなくはない。クリの花の匂いとしばしばたとえられる男性の精液（スペルマ）＝クリ＝液体という論も考えられるが、ただしその場合は食物儀礼より、（生命の）再生儀礼の方に重心は偏っていく。しかし、「クリに似ている」という前提がくずれているのならこの考察もただの空振りとなってしまうだろう。

土偶であるカックウと、注ぎ口の付いた土器である注口土器を比べるのには意味がある。カックウの顔ではなく下半身、足と足の間に注目してほしい。なんとカックウの足首の少し上の足の間には注ぎ口（図5）らしきものが付いているのだ。これは他の土偶、同時代のみならず違う時期や別地域のものを合わせて見ても類例のない、あまりにも不自然で不思議な造形だ。もちろんこの注ぎ口は中空で作られた土偶の内部でつながっていて、例えば水をカックウになみなみと注げば、ここを出口としてぴゅうと水が飛び出してくるはずだ（多分誰も水を入れていないだろうが）。出口があれば入り口もある。それが頭の二つ欠けた穴の造形という推測も十分に合理性がある。

図5　足の間にある注ぎ口のような部分

函館市教育委員会提供

カックウをさまざまな角度から研究している（カックウを病院でCTスキャンにもかけている）北海道の世界遺産推進室の阿部千春（あべちはる）さんは、先にあげたこれらのことや同時期の同地域の注口土器や、下部単孔（かぶたんこう）土器（図6）と呼ばれる特殊な注口土器と土偶の文様の類似を調べている。そして、カックウと同様の顔の付けられる人面付双口注口土器（図4）や、下部単孔土器が存在することから、カックウは土偶であっても特殊な注口土器の変化したものではないかと考えている（阿部二〇一五）。もちろん類例が少ないため、これで証明とはならない。しかし、妥当性で言えば、「大きな欠損を考慮に入れていないけどクリに似ている」とは比べるまでもないだろう。

土器が人型に変化した存在がカックウなのだとしたら、これってまるで映画『トランスフォーマー』や少し古いが『ゴールドライタン』のようなアニメみたいじゃないか、と、阿部さんから直接お話を聞き、変形ロボットアニメを見て育った筆者はワクワクしたことを覚えている。カックウに縄文人のイマジネーションの一端を垣間見たように思えたのだ。

みなさん、クリと読み解かなくてもめちゃくちゃ面白くないですか？　カックウ。

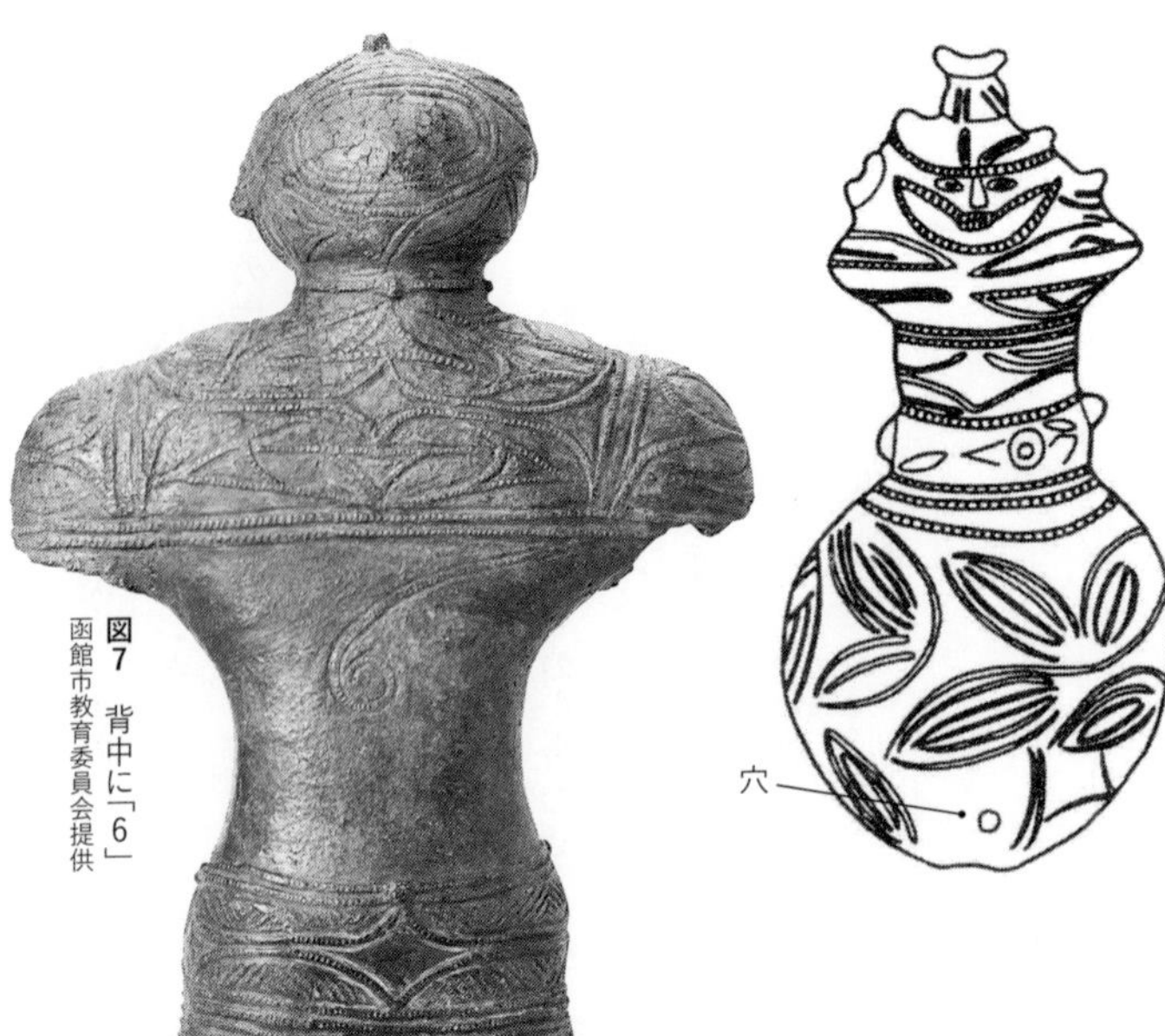

図6　カックウと顔面表現の類似が多い青森県の顔面付下部単孔土器（尾形遺跡出土）

図7　背中に「6」　函館市教育委員会提供

カックウの顔の表現にはその前後がある。そこもまた面白いポイントなのだが、「土偶の形態変化」については別の項であらためて紹介する。

もう一つ、このカックウの背中にアラビア数字の「6」（図7）のような文様が描かれているということも面白い。実はこの背中に描かれる「6」は空間を超えて関東のミミズク土偶や、時代を超えて晩期の結髪（けっぱつ）土偶や刺突文（しとつもん）土偶にもあらわれることがある。本書で紹介するいくつかの土偶にも同じような「6」が描かれているものがあるので、そこにも注目してほしい。結った髪を垂らしている表現と言われたり、蕨手文（わらびてもん）と呼ばれたり、実際のところどう解釈していいのかわからない不思議な「6」だ。土偶表現の定番のデザインなのか、何かの意味を持った記号なのか……。繰り返すが、北海道函館市南茅部の土偶と東京の町田市の土偶が顔がそっくりなのもやっぱり興味深い。これは結構な距離なのです。

話は少し逸れたが、まっくうや図4のような注口土器の頭のラッパ型の突起が装飾か機能かに関わらず、類例がいくつもあるということは、ラッパはそもそもこのタイプの土偶の顔のデザインの一部と考えるべきなのではないかと思う。

恣意的な資料の選択の豊作

この頭の欠損部分、二つの穴、類例について『土偶を読む』ではほとんど触れていない。章の終わりに小さく、写真も図もなく、かつ補足として、まるで「たいしたことではない」かのように矮小化して解説している（土偶を読む一〇五頁）。まっくうなど、先にあげた類例を知らなかったと言うのであれば、明らかな調査不足で、もし知っていて触れなかった（考察に加えなかった）のだとしたら、あまりにも恣意的な資料の選択、写真の比較と言えないだろうか。

実は、これから進める『土偶を読む』の他の土偶の検証でも同じような恣意的な資料や部位の選択が目白押しとなる。――今回の場合、「豊作」である、と、言いかえた方がいいのかもしれないが。

『土偶を読む』を読んでいて頭によぎるのは「中空土偶はクリである」という結論ありきでデータを探しすぎていないだろうかということだ、これはすべての章に共通する。土偶＝クリだったり、土偶＝オニグルミのように、センセーショナルでキャッチーな表現のために客観的な視点をなくしてないだろうかということだ。本の表紙でクリと比較されるカックウは、頭の欠損の見えない角度の写真が使われる。

日本の考古学は過去に、あるセンセーショナリズム（※）のために大きな傷を負った。だからこそ冷静に、慎重にモノを見て発言する必要がある。

『土偶を読む』のあとがきではこう書かれている「今後の考古研究によって私の仮説が追試的

※2000（平成12）年11月に発覚した旧石器捏造事件

に検証され、遠くないうちに「定説」（＝多くの人が納得する、その時点における最も合理的な説明のこと）として社会的に承認されることを私は望んでいる」（土偶を読む三二三頁）。そうであれば、本書『土偶を読むを読む』での検証は、『土偶を読む』にとっても正しく本懐だろう。

しかし、『土偶を読む』の「はじめに」ではこうも述べられている。「さあ、それでは私が「世紀の発見」に成功した人類学者であるのか、はたまた凡百の「オオカミ少年」に過ぎないのか、ぜひ皆様の目で判断してもらえればと思う。ジャッジを下すのは専門家ではない。今この本を手にしているあなたである」（土偶を読む六頁）この矛盾を検証する気はないが、どうしてほしいのだろうか？　いったい。

1-2　合掌土偶

検証を続けよう。カックウ＝クリだけではなく、青森の合掌土偶もクリと断定されている。

しかし、楕円形に膨らみのある中空土偶に比べて合掌土偶の顔は割に細面で、その上奥行きがなく平べったい顔をして丸みがない。検証するまでもなくクリには似ていない。

カックウは頭のラッパがなければクリに似ているだろう、実際に「カックウってクリみたい」との声は『土偶を読む』が言い出す前にも市井の中からチラホラと聞いていた話だ。カックウ

図8
国宝
合掌土偶
後期後葉
青森県八戸市
(風張1遺跡遺跡)
八戸市埋蔵文化財センター
是川縄文館蔵

図9　腕を組んでいるような青森の屈折像土偶(野面平遺跡) 弘前大学蔵

図10　腕を組み頬杖をついているような青森の屈折像土偶(風張1遺跡)
八戸市埋蔵文化財センター是川縄文館蔵

の出土した函館市ではカックウをモチーフにクリのお菓子やデザートも作られている。しかし、合掌土偶はどう見てもクリとは似ていない。『土偶を読む』ではあえてクリの角度と土偶の角度を合わせて似ているとしている。

これみなさんはどう思いますか？

こういった似ている似ていないとの主観に基づく考察は、『土偶を読む』でも偶然の類似の可能性を排除できないことから、「イコノロジー」の弱点だと素直に認めているところだ（土偶を読む七三頁）。これだけでは再現性がほとんどなく、他の確実な手法と組み合わせない限り、有効な考察にはならない。そのために考古学の実証データが重要になる。読者にはその点を特に注目していただきたい。

合掌土偶はいわゆる屈折像（くっせつぞう）土偶（ポーズ土偶）と呼ばれる土偶の種類だ。東北地方の縄文後期に多く作られ、写真のように体育座りをし、腕は合掌したり、組んだり、ストレッチをしているかのような土偶もいる。中実（中空ではなく、中まで粘土が詰まっている土偶の作り方）の作りで、身体の作りはデフォルメされがちな他の土偶に比べ、比較的写実的と言ってもいいだろう。ちなみにカックウはこのグループの中には含まれていない。

同時期のポーズ土偶の類例を見ていくとコーヒー豆のような目と口、T字などの眉毛、カックウと顔の共通点は多い（図9、10）。しかし、顔をクリのように横断し、上下を区画する横断線はほとんど見当たらない。『土偶を読む』でカックウや合掌土偶がクリをモチーフにした論拠の一つが「顔面の横断線」だったが、類例を見れば必ずしもこれらの土偶にとって必要不可欠な要素ではなかったようだ。

また、『土偶を読む』では合掌土偶の身体の文様を「クリのイガ」と考察しているのだが、この文様は同時代の土器からの転用であると考えられている（土器と土偶はなかなかに切り離すことはできない。かといって同じでもなく、つかず離れずの関係性である）。またこの縄目文様はすでに縄文前期から使われている「羽状縄文（うじょうじょうもん）」という模様である。これは縄文社会での比較的ありふれた技法で、だからこの土偶のた

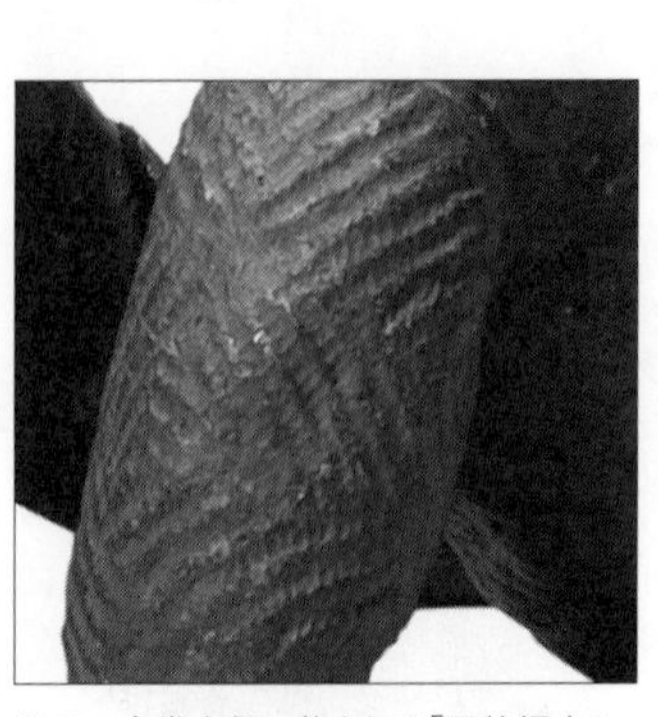

図11　合掌土偶に施される「羽状縄文」
八戸市埋蔵文化財センター是川縄文館蔵

図12
「しゃがむ土偶ぴ〜ぐ〜」と呼ばれる福島県の屈折像土偶。時期は後期中葉、ポーズをとる土偶は山形土偶(本書56頁)と共通のデザインを多く持つ。
(上岡遺跡)
福島市蔵

図13
たそがれ土偶との愛称のある岩手県の小さな屈折像土偶。時期は後期前葉でハート形土偶(本書36頁)と同じ頃の土偶で、顔はハート形土偶と同じ特徴を持っている。後期後葉の合掌土偶とは大きな時代幅がある。
(夫婦石袖高野遺跡)
遠野市教育委員会蔵

めにあつらえた文様ではない。これを論拠の一つにするのはさすがに強引すぎるだろう。また本気でイガを表現するならもっと違うやり方もあるんじゃないかと思う。クリのイガはこんなに綺麗に整列しない。

他にも『土偶を読む』では土偶の〝先端のある頭頂部〟とクリの初根する部位を比較するが、類例を見れば頭部の形は一様ではないことがわかる（図9、10）。いずれにせよ合掌土偶について考察する時に、『土偶を読む』ではポーズについて考えない。ポーズが特徴の屈折像土偶のポーズを見ないことの斬新さには、確かに唸らされるものはある。その理由は「われわれ人間は対面する相手をまず「顔」で認知する（中略）そこに製作者が伝達したい最重要の情報」がある（土偶を読む八八頁）とし、ポーズの考察を拒絶する。

ちなみに後に考察する遮光器土偶の場合は、なぜか顔ではなく手足に主題があるとしている。

屈折像土偶あれこれ

言うまでもなくポーズは重要だ。これら屈折像土偶の類例は現在わかっているだけで約六〇例の出土がある。合掌土偶や最近、「しゃがむ土偶ぴ～ぐ～」とニックネームが付けられた上岡遺跡の屈折像土偶（図12）のような大きなものや、「たそがれ土偶」（図13）と呼ばれる岩手県夫婦石袖高野遺跡出土のような小さな例もある（以下、日本考古学協会員堀江格の教示による）。

実は「不思議な事実」がこの一連の土偶たちにはある。屈折像土偶は後期の前葉の途中あたりから登場する。夫婦石袖高野遺跡出土のたそがれ土偶は後期前葉の土偶、ぴ〜ぐ〜は後期中葉、そして合掌土偶のような後期後葉のもの、さらには晩期の前葉にまでと千数百年間も類例が作られ続ける。空間的な範囲は南東北と北東北を中心に、西日本にまで広がっている。

これが何を意味するのかと言えば、時期や出土する文化圏が違うということだ。つまり土偶の種類（型式）が違っている。岩手の「たそがれ土偶」はハート形土偶（本書三六頁）と同時期で、顔もハート形土偶の顔をしている。福島の「ぴ〜ぐ〜」は山形土偶（本書五五頁）の時期で頭の形や顔、身体に付けられている文様は山形土偶そのものということになる。

それでもポーズには一定のルールがある。腕の組み方には時期によって変化があり、判明しているものは組んだ腕すべて右手が上になっている。そして後期後葉になり合掌土偶のような合掌ポーズに変化し、最終的に膝の上に手が置かれるポーズになる。上半身が大きく、下半身が小さく表現されることも多く、このポーズの主体は上半身と腕であったことを推測させる。

ハート形土偶、山形土偶、そして合掌土偶と、土偶の型式を超えて屈折像土偶が作られるということは、型式の上位概念としてこれらの「ポーズ」があったことを意味するのではないだろうか。そこには時代を超えた土偶の用途や作法があった可能性も浮かんでくる。

一方で約六〇例という数にも注目だ。縄文後期の前葉から縄文晩期の前葉まで、千数百年の間作られていたにしては、ちと少なすぎる数だ。同時に立像の（ポーズをしていない）土偶が作られて、そちらの方が数も多くメインの流れだったことを考えれば、その特殊性や、土偶の使い方や祭祀のやり方は、まったく一様ではないことを表しているのではないだろうか。立像と屈折像の土偶で別の役割があったのかもしれない。

また、土偶自体が小さく、顔を省略したり身体に文様を付けないことがあっても、ポーズは省略していないということを考えれば、この一連の土偶の大切なところは「顔」ではなく「ポーズ」であると考えた方が、こちらも自然なことなのだろう。

ちなみに屈折像土偶の合掌土偶のポーズについて現在は「座産（ざさん）（座った形での出産）」の可能性と、「埋葬時の屈葬の姿」やそのまんま「祈り」のポーズであるとの説が出ているが、まだはっきりとしたことはわかっていない。それはそれとしてどう転んでも面白い話ではある。今後の研究に期待したい。

余談だが、山形土偶の屈折像土偶「ぴ〜ぐ〜」のニックネームは二〇二一年に公募で決まったもので、筆者もニックネーム選定委員として参加している。個人的にも応募したのだが、残念ながら採用されなかった。その時応募したニックネームは、「ザ・サン」座産と太陽のように地域を明るく照らしてくれる存在をかけたものだ（不採用だが）。

クリというメジャーフード

クリが当時の中空土偶や合掌土偶の作られた時期に食べられていたことは否定できない。ただ、クリという植物は、縄文時代、時間的にも空間的にもかなり広範囲に食べられていたもので、縄文人たちの食料としては超、超メジャー（本書三九二頁）。よく利用されていたのだ（つまりまったくピンポイントで重なるようなものではない）。

クリの利用は植生の面で見れば、旧石器時代からあってもおかしくないのだが、はっきりした証拠が出ているのは縄文時代から。縄文時代草創期から晩期まで、遺跡からクリの炭化物や、植物遺体の残りやすい低湿地遺跡からはクリ果実（ただし、低湿地では生の子葉は残らない）も多く出土している。その中でも縄文早期の静岡県元野遺跡や縄文中期の長野県藤内遺跡、縄文後期の宮崎県松山遺跡、他多くの遺跡では殻や渋皮が剥かれ（※）、シワのよったむき身のクリが多数出土している（図14）が、これらの特徴的なシワと綺麗に剥かれた渋皮から、民族考

図14　縄文中期、長野県藤内遺跡の炭化したクリの子葉　井戸尻考古館蔵

※炭化過程で薄い果皮が残存しなかっただけかもしれない。

古学者の名久井文明さんは当時から現代と変わらない搗栗（かちぐり）（※）の技法があったと考えている（名久井二〇一九）。本州以南でクリは育ち、縄文人の貴重な食料となっていた。

さらにクリの利用はかなり組織的でもあった。例えば世界遺産にもなった青森県の三内丸山遺跡。ここは縄文前期中葉から中期後葉まで、約一七〇〇年続いた大集落だが、実はここでは遺跡の中の谷の堆積物に含まれる花粉を時期別に分析していて、当時の植生をほぼ推測することができている（吉川ほか二〇〇六）。

三内丸山遺跡の集落ができる前、遺跡のあった場所にはブナ林が広がっていたようだ。その後、三内丸山集落ができ始める時期から徐々にクリ林に変わっていき、やがて、当時の堆積物から検出される花粉のほとんどがクリという状況にまで集落の周りにクリ林が広がる。これは、三内丸山の縄文人たちが周辺の植生を管理し、計画的にクリを栽培していたことに他ならない。また遺跡から見つかる木材にはクリ材が最も多く、炭化材では約八割がクリ材だ。三内丸山遺跡のシンボルになっている六本柱の建物は、発掘で柱穴の中から見つかった直径一メートルの木柱根を元にして復元されているが、これももちろんクリ材だ。

例をあげただけでも縄文早期頃から晩期、九州から北海道の道南部まで、クリは縄文時代を通しての貴重な食料であり資源だった（能城ほか二〇二二）。それは合掌土偶や北海道のカックウ（中空土偶）の作られた縄文後期の北海道、北東北に限った話ではまったくない。どこでも食べ

※クリの実を乾燥し加熱して臼でつき、殻と渋皮を除いたもの。縁起物としても食べられる。

られていたものなのだから、これをもって証明とすることはできないことは、『土偶を読む』の中でも述べられている。三内丸山でのクリ材利用からもわかるように、木材としてのクリも縄文人にとって重要な資源だった。クリ材は丈夫で水に強く加工しやすく、きちんと人が管理すれば早く育つ。こんなに使える木材はない。育ちにくく自生しない北海道でもクリ材の証拠は出ている。縄文人はわざわざクリの木を縄文前期以降に北海道に持ち込んでいる。

またクリは縄文時代を通しての貴重な資源（食料だけでなく）だったが、実は合掌土偶の作られた縄文後期はクリの利用に加えトチノキの利用が増える（能城、佐々木二〇一四など）。このデータも「合掌土偶＝クリ」を遠回しに支持していない。

「イコノロジー×考古学」は正しいふれこみか？

「土偶は縄文時代の食用植物をかたどったフィギュアである」は、「その視点は面白い」。イコノロジーを出発点にすることも面白い。イコノロジーという西洋絵画を読み解くために考えられた方法論（パノフスキー二〇〇二）が、文献などのない縄文時代にどれだけ適用できるかの興味もある。そのこと自体を批判している研究者は筆者の知る限り誰もいない。

しかし、その説を裏付けるためにあげられているデータ、論拠としているデータは、この二つの土偶を見ただけでもかなり恣意的なものに思える。これから進める検証でもそれは変わらない。不確かなデータも載せられている。だから「イコノロジー×考古学」と銘打っているほどに考古学の視点があるのかは疑問だ。冷静に見て「謎を解いた」はやはり言いすぎた。

本書の「はじめに」（本書二頁）でも触れた二〇二一年四月二四日に放送されたNHK総合「おはよう日本」で特集された『土偶を読む』。これに対して、「従来の考古学になかった発想で新たな学問形態の提案、これからの研究が興味深い」という好意的なコメントを寄せた考古学者で文化庁の主任文化財調査官（当時）の原田昌幸さんに、後日お話しする機会があった。

「あれは、私の意図とは全く違う切り取りをされてしまったものです。本当はこうコメントしています。『これは個人の思いつきに近いもので、学術的には見るところはない。しかし、従来の考古学になかった視点で興味深いですね』」

NHKとしては『土偶を読む』が考古学の世界でも注目ですよ、との構成で企画を進めてしまったために、このような切り取りをしてしまったのだろう。言うまでもなく後半はリップサービスだ。その上で番組は原田さんが言ってもいない「新たな学問形態の提案」と続ける。意訳のつもりなのかもしれないが、拡大解釈も甚だしい。

思ってもいないことをコメントした形になってしまった原田さんは気の毒だが、文化庁の主任文化財調査官という肩書きを見て、「そうなんだ、ちゃんとしている人が言ってるんだから、これは正しい説なんだ」と、素直に受け取ってしまう視聴者はもっとかわいそうだ。情報リテラシーは自己責任の部分も大きいとは言え、縄文に関しては、ほとんどの人が「知っているようでほとんど知らない」ということを考えれば、ここでの専門家の肯定のニュアンスを作るための切り取りと拡大解釈は視聴者のためにはならない。また、ＮＨＫは特定の商品の宣伝にならないように番組作りをしているはずなのだが、わざわざ本の発売日に朝のニュース番組で「興味深い新説」として特集を組むことは宣伝に加担していないと言えるだろうか。しかし、ここでは主題から逸れるため、ＮＨＫをことさらに責めるつもりはない。

『土偶を読む』は縄文の研究者にある種の門前払いを食らい（土偶を読む三四二頁）、そのことへの対抗意識も見え隠れする。そのためか、協働する考古学者がいない状態でこの本を書き上げている。惜しむらくはこのことで、十分な考古学の知見を取り入れることができなかった。

次の土偶も検証を続ける。

『土偶を読む』検証

中空土偶

イコノロジー（見た目の類似）
頭のラッパを想定すれば似てるとは言えない。

編年・類例
考慮に入れているようには見えない。

クリの植生
重なるが、クリの植生範囲と土偶の出現との関連は見えない。

合掌土偶

イコノロジー（見た目の類似）
似てるとは言えない。

編年・類例
考慮に入れているようには見えない。

クリの植生
中空土偶同様重なるが、クリの植生範囲と土偶の出現との関連は見えない。

検証 2

ハート形土偶——オニグルミ

図1
ハート形土偶
後期前葉
群馬県東吾妻町
（郷原遺跡）
個人蔵
東京国立博物館提供
Image: TNM Image Archives
（左ページのものも同様）

図2
さまざまな角度での土偶とオニグルミの比較。比較するオニグルミは極端に面長なものを選んだわけではない。

ハート形土偶はオニグルミだ。こちらもセンセーショナルな対比で、見た人は「絶対そうだ！」と思ってしまうかもしれない。確かにこの二つは真正面の角度から見れば似ている（かもしれない）。しかし、土偶は立体物で、紙に書いたような二次元の創作物ではない。文字通りこの二つをいろんな角度から見てみたらどうだろう。ここではハート形土偶と二つに割ったオニグルミを真正面と合わせて四方向から見てみよう（図1、2）。

残念ながら正面以外は似ているとは言えない。例えば縄文人がオニグルミに似た土偶を作ろうとしたら、立体的にオニグルミのような造形を表現することは当たり前のようにできただろう。制作上の制限として平面にしなければならないという理由はない。さらに横から見ればわかるように、このハート形土偶の鼻の大きさはいったいどうしたことだろう。鼻の穴までしっかり（大きく）作られている。鼻以外はかなりのっぺりとし、目は虚でまんまるにデフォルメされ、口は退化したかのような顔の先の小さな刺突のみ。鼻だけが妙に写実的、立体的な造形になっている。見れば見るほど不思議な造形の土偶だが、一つひとつのパーツを見れば縄文人がオニグルミを意図しているような造形表現にはなっていない。『土偶を読む』で比べているのは実物ではなく正面の一つの角度で撮られた写真でしかなく、そして写真の「印象」でしかない。

東京上野の東京国立博物館で常設展示されているこの土偶、実物を見られる機会は比較的多い。筆者も何度も実物を見ている。

ちなみに、個人的にはもっとオニグルミに似ている土偶がいる。ハート形土偶ではないが長野県の井戸尻(いどじり)考古館のこの土偶（図3）の顔も輪郭がややハート形になっている。もしかしたら顔の立体感などを考慮に入れるとこちらの方がオニグルミっぽい。後にこの土偶は『土偶を読む図鑑』でトチノミの土偶に認定されている。

実は縄文時代の土偶には時期や地域を超えて眉毛を強調したかのようなデザインが採用されている。その眉の形がそのまま輪郭の形になることも少なくない。ハート形の顔はハート形土偶のみだけではないのだ。それはなぜか？　筆者にはそちらの疑問の方がより面白く思える。縄文人がどうやって人の顔を見ていたのか、そこから何かがわかるように思える。

それにしても、『土偶を読む』の本文に掲載されオニグルミと比較しているハート形土偶の写真だけど、ちょっと陰影が強すぎるように見える（土偶を読む六九頁）。

以下は、検証の過程の余談として記しておく。――現在、このハート形土偶は東京国立博物館が所管しているが、所蔵は個人蔵、この土偶の写真を営利で使用する場合はＤＮＰアートコ

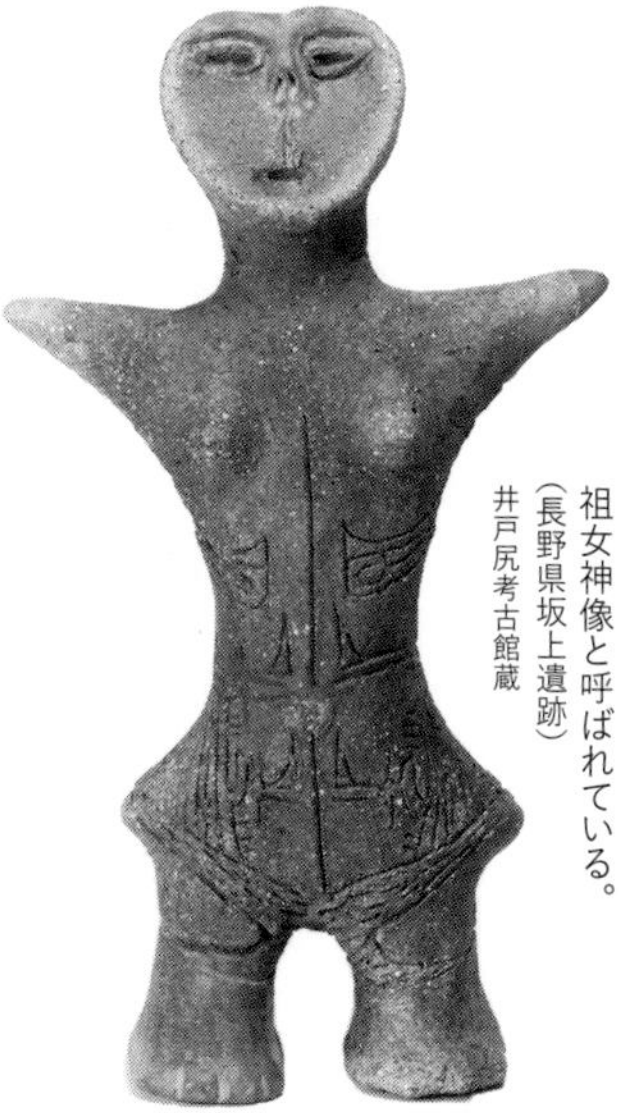

図3　展示する井戸尻考古館では始祖女神像と呼ばれている。（長野県坂上遺跡）井戸尻考古館蔵

ミュニケーションズというところから写真を借りて載せるルールとなっている（所蔵者への許諾を代行しているため一点につき掲載料がかかる）。しかし、その貸し出しできる写真リストの中には『土偶を読む』で掲載されているこの陰影の強い写真は見当たらない。もしかしたら特別な許可を取られている可能性もあるので、「ルール違反では」ということが言いたいのではなく、貸し出しできる写真にも同じ角度のものがあるのにもかかわらず、この陰影の強い写真であえて比較する理由は、やはり、そのままの写真だと自信がなかったのではないだろうか。ハート形土偶とオニグルミの断面の相似形は光の陰影も一役買っているのだろう。

強いて言えばハート形土偶はある一つの角度で見て、さらに陰影を強くすればオニグルミの割った状態に似ているということはなんとなくわかった。ある角度、ある条件、光の陰影のもとでということであれば、かつてたくさんあった心霊写真や、ネガとポジで人と人が向き合ったようにも壺のようにも見える「ルビンの壺」のような騙し絵の類と変わらないだろう。まあこれは演出として目を瞑ろう。ある程度であればわかりやすく伝えるための演出は問題ない。

あらためて『土偶を読む』の中では、ハート形土偶の特徴を以下の六つの造形的特徴として抽出している（土偶を読む六四頁）。

①眉弓（びきゅう）が顔面の上側の輪郭になっている　↑※額が存在しない（筆者注）

②眉弓と鼻梁(びりょう)が連続している
③口は造形されないか、されてもごく小さい
④顔面は緩やかな凹面になっている
⑤体表に渦巻きの紋様が見られる
⑥体表の辺縁に列状の刺突文が見られる

ここにもいくつか違和感を感じる。例えば、①で言えば額の作られるハート形土偶は少なくない。②は多くの土偶（ハート形土偶以外）にも言えることで、④、⑤、⑥は類例を見ると必ずしもそうはなっていない。⑤の体表の渦巻きをオニグルミの殻の模様に似ていると『土偶を読む』で論拠の一つとしているが、ハート形土偶のこの文様は、同時期の土器である綱取(つなとり)式や堀之内式土器に似た文様があり、合掌土偶のヘリボーンとされた羽状縄文同様、土器からの転用だ。これをオニグルミ由来とするのは無理がある。そして、最も大きな違和感は、ここであげた六つの特徴にハート形土偶の顕著な特徴と言える身体の造形と、顔と胴体の特殊な接続の造形をあげてないことだ。

これは穿(うが)った見方をすれば、公平で客観的な視点で特徴を羅列したかのように見せて、結局のところすべてオニグルミという結論に持っていくための特徴（オニグルミで解読できそうと

判断した特徴）でしかないのではないだろうか。解読できなさそうな部分に関しては、その土偶にとってどんなに顕著な特徴でも取り上げてはいない。特に「④顔面は緩やかな凹面になっている」というところにオニグルミの割ったやつに似ているとちょっとでも読者が思ってほしい！という切実な願いを感じる。実際にはハート形土偶の顔面は類例を含めて考えればかなり平面的な造形だ。眉部分であるハート形の上部が、そのままズバリ眉のように盛り上がることがあっても、下部は平らに作られているものが多い。

土偶の前後左右

『土偶を読む』を通して欠けている視点は圧倒的に土偶の編年と類例だ。何もハート形土偶のことだけではなく、前項のカックウ、合掌土偶も含め、

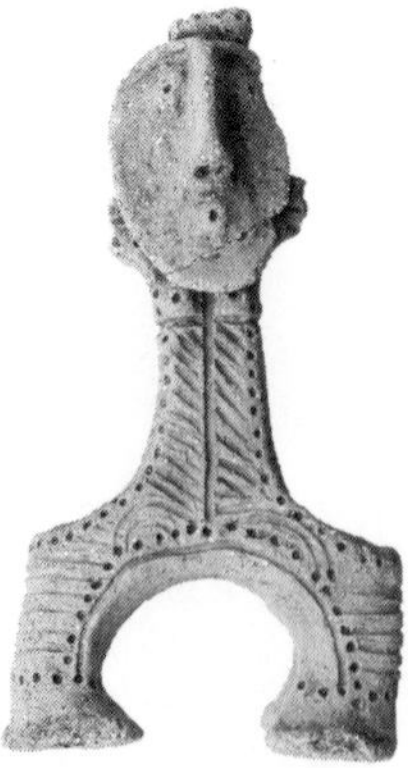

図5　かなりのおとぼけフェイスハート形土偶だが、顔の輪郭はハートというよりも逆たまご形をしている。（図8-19）（福島県荒小路遺跡）
福島県文化財センター白河館許可

図4　同じ遺跡のものであっても顔の表現は一様ではない。右のものはしっかり額が付けられて、ハートは眉毛の表現ということがわかる。（茨城県三反田蜆塚貝塚）
ひたちなか市教育委員会蔵

ほとんどの土偶の造形デザインは突然ポンと完成形が出来上がるわけではない。その土偶が出現する前の時代や周辺の土器や土偶のデザインから一部や全体が引用され、変化し、徐々に一つの型式となっていく。そこにははっきりグラデーションが見て取れる場合が多い。

一つの土偶をイコノロジーによって「似てる！」と言っても、結局はただの印象論に終わってしまうというのは土偶の歴史を無視しているからだ。そういった「遊び」は僕もよくやっているし、個人的にはかなり得意な方だと思う。しかし、土偶のモチーフの謎に迫るのなら、その前後（編年）左右（類例）を考えなければならない。

図6
へたっぴだが愛嬌があるハート形土偶。額は作られる。後ろ姿は一杯引っ掛けて上機嫌で家路につくおじさんのようで足元がおぼつかない。時期は図1の郷原ハート形の前段階にあたる。（図8-14）
（福島県柴原A遺跡）
福島県文化財センター白河館許可

もし個体としてではなくハート形土偶の概略を考察するのであれば、出土している多くの類例（図4、5、6、7など）から平均値を取り出すことも可能だろう。『土偶を読む』で考察している群馬県東吾妻町郷原出土の大型のハート形土偶（図1）の他にも、ハート形土偶はたくさんの個体が存在する。しかしその中にはハート形の顔をしていないものも多く、そのモチーフ（があるのなら）の推定は一筋縄ではいかない。ちなみにハート形土偶が多く出る中心地点は東北南部。図1の群馬県の郷原ハート形土偶はハート形土偶の分布の中心からは外れ、いわば辺境からの出土である。

『土偶を読む』では後に触れるミミズク土偶の章で、「モチーフ推定の際に、こうしたシンプルな造形をみみずく土偶の原型（プロトタイプ）とみなし、装飾性の見られるものはその「亜種」として設定した。なお、この土偶に限らず、よりシンプルな意匠を原型（プロトタイプ）に設定し、そこからモチーフを推定していくのが私の解読作業の基本的な方針である」（土偶を読む一三八頁）と書かれ、その観点で土偶を選んでいると書かれるが、これは多分に後付けの方針だ。実際には「有名」という観点と、説明しやすいという観点で土偶を選んでいるように見える。それらは必ずしも「シンプルなもの」ではない。

原型（プロトタイプ）という言葉の意味も「シンプルなもの」という意味ではない。もし土偶に言葉の意味通りの原型を求めるのであれば、「シンプルな造形」なものよりも、やはり「編年」

を調べ、なるべく、その土偶の発生の萌芽（初源）期を調べるのが先決だろう。それは有名な優品土偶のデザインだけを比べることよりも重要な工程で、なにより優先されるべき事柄だ。

例えば河原で殺人事件があったとして、捜査一課の新米刑事が川から死体が流れてきたのにもかかわらず、その場所でしか捜査をせず、上流に手がかりを探しに行かなかったとしたらどうだろう。先輩刑事に「馬鹿野郎！」と怒鳴られ、使えない奴のレッテルを貼られるだけではすまないだろう。土偶の発生の萌芽期や源流を見ないということはこういうことに近い。

これはいわば土偶の文脈だ。編年による形態変化は考古学特有の考察や手法というだけではなく、出土したモノのある事実なのでそれと矛盾していたらその仮説の蓋然性は当然低くなる。もし土偶を読むのであれば、文脈を無視したら意味が通らないだろう。

参考として次ページにハート形土偶の変遷の表を掲載する（図8）（上野二〇一九）。

また、理由もなく簡単に「装飾性」を「亜種」とするのもまた誠実な姿勢ではない。装飾に大事なヒントがある可能性もある。もしかしたら装飾そのものがその土偶の主体の可能性だってある。よくわからないことがまだまだ多い縄文時代のことは、予断

図7　頭上にこのような突起が飛び出しているハート形土偶も多い。これはもしかしたらリンゴの精霊かもしれない。（新潟県元屋敷遺跡）
村上市教育委員会蔵

図8　ハート形土偶の変遷

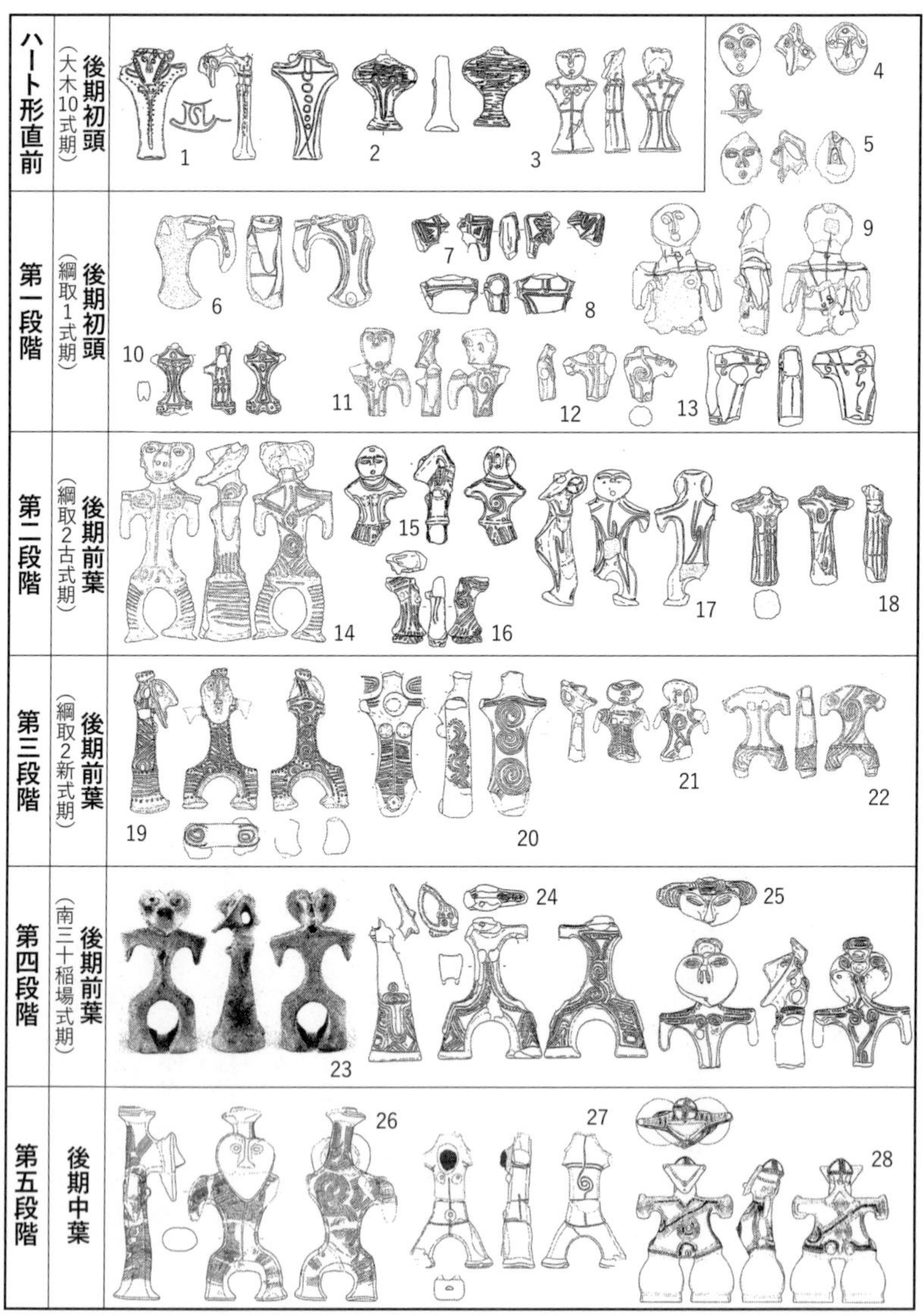

1.油井　2.大梁川　3.宮畑　5,7,8,11,22.愛谷　4,6,9.西方前　10.清水端　12,14,16,18.柴原A　13.向田A
15,21,25.割田A　17.島名　19.荒小路　20.後山　23.郷原　24.八斗屋　26,27.大野田　28.中ッ原

（上野2019）（縮尺不同）

を持たずに考察をするべきなのは誰だって同意できるだろう。予断は「認知バイアス」と言いかえることもできる。

日本考古学のこれまでの研究で、縄文時代の土器編年（地域と時代でどのような型式の土器が作られていたか、その前後関係や空間的な広がりや文化圏の研究）とそれに伴う土偶の編年は精緻に整備されている。土器編年に加え発掘での層位や土器に付着した炭化物による放射性炭素年代測定と合わせて、時間と空間の「物差し」は、ある程度出来上がっている。土器と土偶は必ずしもその変化の歩幅が揃っているわけではないが、その歩幅のズレも把握するのが編年でもある。だから、例えばどんな手法を使った考察であっても、どこかのタイミングで編年に照らし合わせる作業が必要になる。特に土偶にモチーフを求める『土偶を読む』の研究では、土偶の編年による形態変化はことさら重要な要素になりうるもので、それを考慮に入れていない考察は、厳しい言葉で言えばただのオカルトでしかない（分かって楽しむオカルトは最高に楽しいけれど）。iPhone11よりも前にiPhone13が発売されることがないように、土器にも土偶にも時期的な順序がある。編年とは考古学を考える上での、基礎的で、避けて通れない、しかし、きちんと使えば便利な物差しになる客観的なツールなのだ。

ちなみにハート形土偶の前の段階は板状（ばんじょう）土偶という十字型の平べったい板状の土偶と言われている。ハート形は北関東、南東北あたりで多く作られる土偶だが、実は東北地方でよく作ら

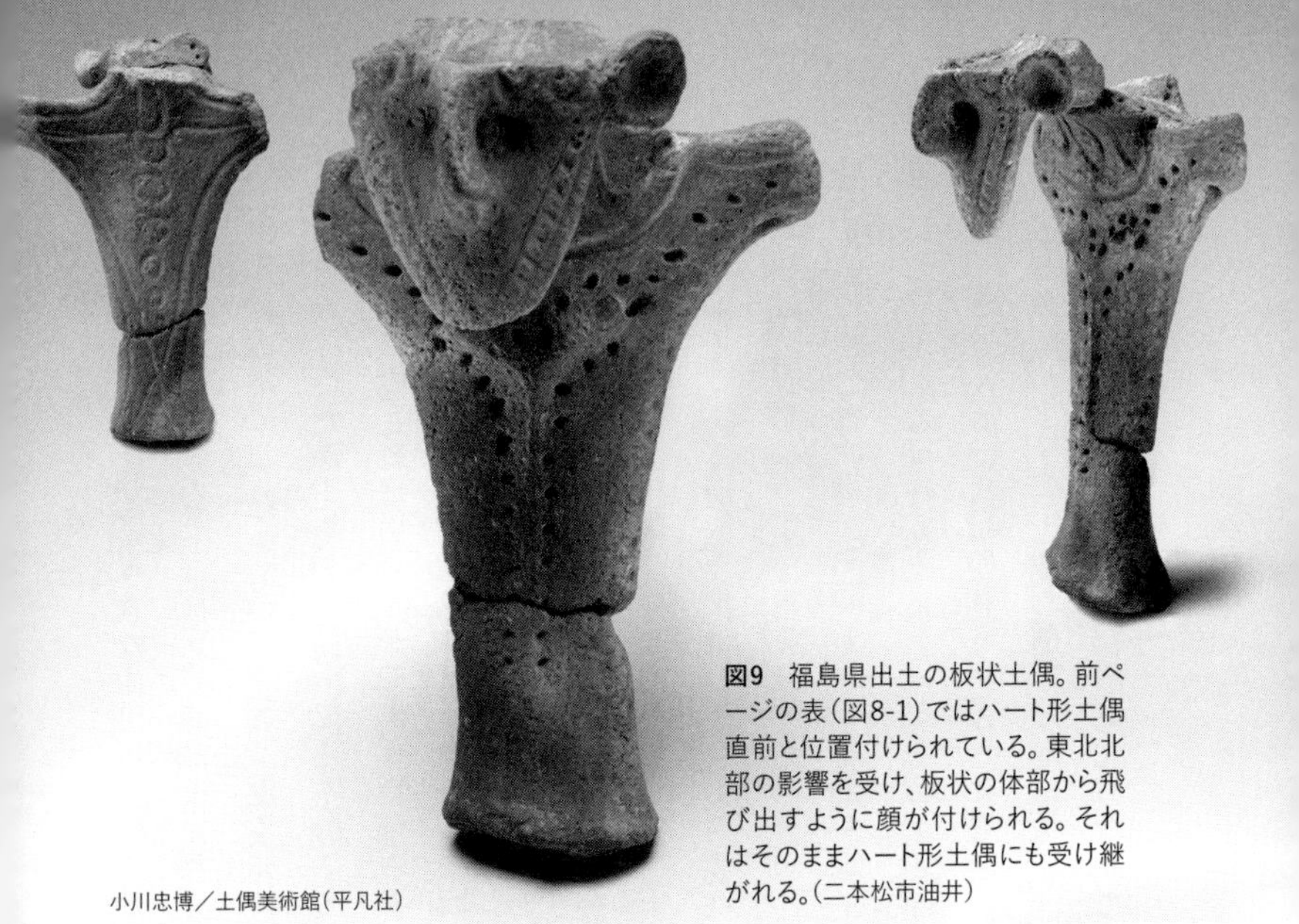

小川忠博／土偶美術館（平凡社）

図9　福島県出土の板状土偶。前ページの表（図8-1）ではハート形土偶直前と位置付けられている。東北北部の影響を受け、板状の体部から飛び出すように顔が付けられる。それはそのままハート形土偶にも受け継がれる。（二本松市油井）

図10　福島県出土の初期のハート形土偶（図8-4,9）。まだ何者でもない感じのする佇まい。体部にうっすらと刻まれる格子目状の文様は東北北部の影響がある。（西方前遺跡）
三春町歴史民俗資料館蔵

れていた板状土偶にその萌芽（図9、10）を見つけることができる（上野一九九七）。

　これらのハート形の出現期（図9、10）の土偶を見ると、そもそもハートの形もしておらず、もちろんクルミには似ていない。オニグルミを送る祭祀を行おうと考えた北関東の縄文人が、オニグルミをモチーフにハート形土偶を作り始めたのであれば、最初期のハート形土偶にオニグルミ要素がないのは致命的だ。残念だけど、編年というモノとして存在する観点で見ればハート形土偶とオニグルミは関係がなさそうだ。

出現期（図9）の土偶を見てもわかるようにハート形土偶の特徴はその「顔」だけではなく、「顔の付き方」や身体の形状も特徴的だ。横から見ると顔が飛び出ているように付けられたり、首の上に橋状の把手が付けられたりするのもこの土偶に顕著な特徴だ。ここでもオニグルミを半裁したような半円形のものは見当たらない。もし植物だとすると何かの葉っぱの方が断然似ている。

板状土偶とハート形土偶のリレーションについてもう少しだけ余談を書いておきたい。

実は縄文時代中期の終わりから後期の初頭にかけて、土偶が作られない時期がある。寒冷化の時期で、大集落がなくなり、小規模の集落ばかりになり、同時に土偶は作られなくなる。この傾向は全国的なもので、あれだけたくさんの土偶を作っていた中部高地の縄文人も、九州を含めた西日本、関東や北関東でも土偶は姿を消す。しかし、北東北、東北の板状土偶だけはこの時期も数を減らしながら細々と作られ続けた。

寒冷化という不遇の時代を越え、土偶祭祀の文化をつないだのは板状土偶ということになる。もしかしたら板状土偶がなかったら「土偶」は後世に受け継がれなかったかもしれない。またはまったく違うものになっていたのかもしれない。前述のように板状土偶がつないだバトンを南東北、関東で受け継いだのはハート形土偶だ。だからこのとぼけたフェイスの土偶は、土偶文化の流れの重要なポジションに置くことができるのだ。

そして寒冷化によって食料の収穫の苦しかったであろう時期に、土偶はほとんど作られなくなることも傾向として見えてくる。もし食料生産と土偶が関係あるのであれば、より切実に祈らなければならない時期に作られないのはなぜだろうか。食料だけではなくこういった生活の変化を余儀なくされた時期に土偶が作られないのはなぜだろうか。ここも土偶の面白いところだと思う。これらも土偶の編年が教えてくれる大切な情報だ。

図11　新潟県長岡市馬高出土の火焔型土器。縄文人はこのような過剰な装飾の土器で煮炊きをしている。東京国立博物館蔵 出典：ColBase

植物祭祀の可能性は他にもある

クリやオニグルミ、後から出てくるトチノキは縄文時代の主要な食物で、それに対して縄文人がどんなアプローチをしたのか。『土偶を読む』は、そこに踏み込む意欲的な作品であることは確かだろう。

しかし、「なぜか縄文遺跡からは植物霊祭祀が継続的に行われた痕跡がまったくといっていいほど発見されていない」（土偶を読む三三頁）として、土偶が植物祭祀のそれにあたると断言してはいるが、実はさまざまな遺跡から、植物の「送り（※）」の儀礼の可能性のある痕跡は見つかっている。それは炭化したクリやトチノキやクルミで、さまざまな民俗事例では、しばしば火に入れて燃やすという行為は「送り」となる。せっかくの食料を燃やしてしまうこの行為は食物としての植物の「送り」、植物祭祀である可能性は小さくはない（参考：本書二七八、三五五頁）。

また、埼玉県のデーノタメ遺跡からは、クルミの殻がまとまって出土した「クルミ塚」から「クルミ形土製品」（埼玉県北本市教育委員会二〇一九）が出ており、これは植物祭祀の可能性のある一例と考えられている。

もう一つ、これこそが食物祭祀なんじゃないか、と個人的に考えていることがある。それは生活での「煮炊き」そのものだ。例えば火焔（かえん）型土器（図11）や縄文中期の中部高地であらわれる装飾過多な土器たち。これらには煮炊きの痕跡が残っているものが多いのだが、このように明らかにその使い勝手よりも装飾を優先した土器を見ていると、この土器で煮炊きをすること自体が祭祀であり、食物の「送り」の意味合いもあったのでは、と思えてくる。あの装飾にはお祈りをしながら食事を作るダブルの機能があったのではないのだろうかと、思いを馳せる。

クリやオニグルミの利用範囲と重なっていない土偶の方が圧倒的に少ない

『土偶を読む』では、考古学的な知見というものをモチーフとなった植物の分布範囲のデータ

※多くの狩猟採集社会では生き物やものには魂があるとし、その魂を「天」に「送る」儀礼を行う

に求めている。これ以外で考古学の知見を参考にしたものは少ない。その主張を考えると、該当の土偶と該当の食用植物の利用が重なることが、イコノロジーでのインスピレーションを現実に着地させるための最重要ポイントと言えるだろう。逆に言えば、これが重ならない限り、インスピレーションはただのインスピレーションのままだ。だから同様に本書でもここを最重要のポイントとしている。

植物の分布を見る時に、ぴったり重なるのか、それともその植物の広い分布範囲の一部に重なるのか、そこもまた注視して見るべきだろう。さらに地理的な範囲に加え時間的な範囲も重要だ。これらが「ぴったり」重なるのであれば、特別なつながりの「可能性」、偶然ではない「可能性」が出てくる。個別の説の蓋然性に一役も二役も買うことができるだろう。

のだが、実は『土偶を読む』にはぴったりと重なった例は一つもない。なんとなく重なった風には書かれているが、一つひとつ検証していくと、取り上げている土偶九体（食料ではないと考えられる星形土偶のオオツタノハ以外）のうち、その植物（食物）の広い分布範囲の一部に重なるものは四体、まったく重ならないものが五体。クリ、オニグルミ、トチノキ、ハマグリ、と、縄文時代で特に利用の多い食用植物ばかりをあげてのこれは打率がいいとは言えない。後述する『土偶を読む図鑑』を入れると、さらに打率は下がる（本書一五三頁）。

どれがどうなのかは後々解説していこう。

安心してほしい。オニグルミは前出のカックウ（中空土偶）と合掌土偶同様、「まったく重ならない」わけではない。しかし、クリ同様にオニグルミも縄文時代で非常に広範囲に、長期間利用されていた植物で、縄文時代の遺跡ではしばしば出土する食用植物だ。分布を見てみるとハート形土偶の出土範囲とオニグルミの分布（オニグルミの出てきた遺跡）が重なるというよりも、オニグルミの全国的で広く長い（全国、草創期から晩期まで）利用分布の中のほんの一部（東北南部、縄文後期前葉）に、ハート形土偶の分布も包括されていると言った方が正確だろう（参考：本書三二九頁）。やはりクリと同様にどこででも食べられていたものなのだから、これをもって証明です、とすることはできないだろう。身も蓋もないことを言えば、**クリやオニグルミの利用範囲と重なっていない土偶の方が圧倒的に少ない**と言える。これはやはり土偶と植物の特別なつながりとは言えない。

もう一つ付け加える。オニグルミにはもっと「顔」、「帽子をかぶった顔」に見える部分があることをご存知だろうか。それは「冬芽（ふゆめ）・葉痕（ようこん）」（図12）である。冬、葉のないオニグルミの枝やその先端を探してみて欲しい。そこに

図12　葉が落ちた後にできるのが葉痕、これから目を出すのが冬芽、色々な植物がこの顔を持つ。

は帽子（冬芽）をかぶった「顔」（葉痕）を見つけることができる。とびきりかわいいその顔は身近な犬や羊、どこかの土偶でも見かけたようにも思える。——このように植物の造形は時に不思議な相似を形作ることがある。何かに似ていると思っても簡単に飛びついてはいけないのだ。

本書で検証する形態の類似や考古学的なデータの検証については否定的なことが多くなってしまった、しかし、それ以外は素直に面白いな思える点も多かった。本章について言えば、「何も与えずとも秋には食べられる木の実を、〝善意ある存在〟の精霊として表象させた」（土偶を読む六八頁要約）というレトリックは美しく華麗で、その正否は別にして仮説の一歩目として完璧だったと思う。

仮説のスタートが華麗だったとしても、その後の考察はいただけない。カックウ、合掌土偶、ハート形土偶と見てきても、土偶とモチーフとされる食用植物の必然的なつながりは見えてこない。類例や編年からも支持されていない。今のところ、ある角度での形態的な類似以外は残されていない。

土偶の一部分の、それも「ある角度」での類似を「形態的類似」と言っていいのかははなはだ疑問だが。

ハート形土偶

『土偶を読む』検証

イコノロジー（見た目の類似）
正面の角度と輪郭は似ていると言えなくもない。が、他の角度では似ているとは言えない。

編年・類例
考慮に入れているようには見えない。

△

オニグルミの植生
重なるが、オニグルミの植生範囲は広く、時期も長いため、重ならない土偶の方が少ない。

検証 3 山形土偶、ミミズク土偶、余山貝塚土偶——貝

東京国立博物館蔵
出典：ColBase

図1

山形土偶

後期中葉
茨城県稲敷市
（椎塚貝塚）
大阪歴史博物館蔵

上のハマグリは加曽利貝塚から出土した本ハマグリ。

3－1　山形土偶

『土偶を読む』では「椎塚土偶（山形土偶）」と呼び、椎塚貝塚から出土した土偶を中心に考察されているが、基本的に椎塚土偶は山形土偶の典型的な一種、ここでは「山形土偶」として検証する。

山形土偶はかわいい土偶である。やや内股でペンギンのような手をしたポーズにちょっとしたあざとさがあって、彼、彼女にメロメロな人も多い。『土偶を読む』ではこの土偶を貝（ハマグリ）の精霊と結論づけている。正直に言えば、個人的にこの説は一番面白かった。

突然植物ではなく貝を取り上げる理由として、ハマグリの語源を調べ「浜に落ちている栗」、「浜栗」は海のクリであると、さらに進めて「海は水のある森であり、森は水のない海なのである」（土偶を読む一三二頁）と、看破する。適度にわかりやすく、適度に華麗な良い文章だと感心する。そういえば雲丹も別の漢字では海栗と書き、かつクリのイガとそっくりだ、と、『土偶を読む』では触れられなかったことも思い出し、筆者も自身の狭い認知カテゴリーを拡張する。

山形土偶とハマグリの話は面白いが、『土偶を読む』での考察はやはり不十分で破綻している。そもそも貝も土偶も個体差がかなり大きく、特定の貝と土偶の写真を比べ、「驚くべき形態の近似」（土偶を読む一二八頁）と煽っても、いちいちそれほどの「近似」ではない。どちらも似ているものを一つだけ出して比べるのではなく、土偶の顔の形の類例（と貝）を集めて、その上で明らかな傾向が見えることがわかった、というところまで持っていって初めて仮説の論証の材料になるはずだ。が、恣意的な資料の選択でその可能性を自ら潰してしまっている。

再度脱線する。

『土偶を読む』を読んでいてちらちらと頭によぎるのは、これはもしかしたらギャグなのではないか、「ネタ」としてやっているのではないのか、と、そんなふうに思うことがある。『土偶を読む』の読後感はテレビ番組の「やりすぎ都市伝説」（テレビ東京）に似ている。「土偶の正体を解明しました」に始まり、「驚くべき形態の近似」、「造形コード」、「白銀比を体現する亀ヶ岡土偶」など、エンタメ的で読者の内なる〝中二〟心を刺激する。その上での「さあ、それでは私が「世紀の発見」に成功した人類学者であるのか、はたまた凡百の「オオカミ少年」に過ぎないのか、ぜひ皆様の目で判断してもらえればと思う。ジャッジを下すのは専門家ではない。今この本を手にしているあなたである」（土偶を読む六頁）、と煽る。これは都市伝説界での決まり台詞「信じるか信じないかはあなた次第だ」（関二〇〇六）である。

最近で言えば、YouTubeなどの動画サイトで公開されている「考察動画」にも近い。『ワンピース』や『HUNTER×HUNTER』のような人気漫画の今後のストーリーを考察する動画だ。こじつけでもその場限りの説得力を楽しむ「今」の視聴者や読者に人気だ。

人のことは言えない。筆者も、真面目な文化財を、縄文時代をネタにした企画を日常的に作っ

図2　色々な山形土偶

（椎塚貝塚）
（椎塚貝塚）
（江原台遺跡）
明治大学博物館蔵
（福田貝塚）
（金洗沢遺跡）
常陸考古学研究所提供
（福田貝塚）
（三反田蜆塚貝塚）
ひたちなか市教育委員会蔵

ている、海賊団ならぬならず者の一人だ。もしネタ企画としてやっているのであれば、本書は「ネタにマジレス」という恥ずかしいことをしているのでは……、と、赤面の恐怖も感じる。しかし、そうであれば一番体裁がわるいのは「サントリー学芸賞」をあげちゃったサントリー文化財団だろうな、と心を強く持つことにする。

　山形土偶は三角頭のものが多いので山形土偶と呼ばれている。のだが、意外に楕円形とか四角とか輪郭のバリエーションも多い（図2）。楕円形はともかく、金洗沢（かねあらいざわ）遺跡の土偶のような四角いお弁当箱のような形の貝は見たことがない。しかし実際の貝はそれ以上に多彩で、貝塚から出てくるものには巻貝も多い。マテ貝やツノ貝のように棒状の貝もいる。もし縄文人が貝を土偶のモチーフとしたのであれば、二枚貝ばかりをモチーフにする必然性はそれほどないだろう。巻貝の土製品はあっても、巻貝の顔をした土偶やマテ貝の顔をした土偶は報告されていない。

　また、その立地で利用される貝で、貝塚の貝の組成は大きく変わる。例えば貝塚の組成の中で最も多い貝の形が、その貝塚から出土する土偶の頭になるという傾向があるのなら、それは可能性のある関連となるのだが、そういったデータはなさそうだ。

　またハマグリも一種類ではない。日本固有種のハマグリはハマグリ（本ハマグリ）とチョウセンハマグリの二種類だが、そのうち縄文時代の貝塚でよく見かけるのは本ハマグリである。

本ハマグリとチョウセンハマグリでは生息域に違いがあり、貝塚が多く作られる内湾域（椎塚貝塚など）では本ハマグリが利用される。そしてチョウセンハマグリは外洋域の貝だ。しかし残念なことに現生の本ハマグリはほぼ絶滅状態で簡単には手に入らない。本書、図1は貝塚から見つかった本ハマグリ、図3はチョウセンハマグリとなっている。形状も違い、本ハマグリの方が殻頂がより左右に傾く。『土偶を読む』で提示されたハマグリは見たところチョウセンハマグリのようだ。

書を捨てよ、考古館へ行こう

もしその造形にモチーフを求めるならさまざまな角度から見るべきだろう。そこでハマグリと山形土偶を立体的に比べてみる（図3、4）。ハマグリは真正面から見ればやや三角形、全体的にふっくらと丸みを帯び、先の広がっている腹縁部は丸く弧を描いている。しかしその三角形の頂点はセンターにはなく、殻頂（殻の頂点）は捻るようにして右か左かのどちらかに偏る（実際に縄文時代で利用されていた本ハマグリは、写真のチョウセンハマグリよりもさらに角度が急だ）。横から見れば、三角形の頂点である殻頂部分が一番の厚みがあり、腹縁部に向かうにつれ薄くなっている。殻頂は左殻と右殻のどちらにも作られる。じん帯という合わせ目の黒い筋も目立つ。これらは多くの二枚貝の共通の特徴で、それが貝独特のフォルムを作っている。ちなみに殻頂の向く方向には「小月面（しょうげつめん）」というハート形の窪みができる。そして、見た目では表と裏が区別できない。

ハマグリをよく観察し、その形状の特徴を把握した後に山形土偶を見ると、三角以外で似ている部分は見つからない。また大多数の山形土偶がシンメトリーな顔をしていることを考えれば、左右どちらかに頂点が大きく偏る本ハマグリの三角とは違うシルエットに見える（本ハマグリよりもチョウセンハマグリは二等辺三角形の形状で比較的殻頂が真ん中になる）。

また、殻頂から腹縁部に向かう

図3 さまざまな角度のハマグリ（チョウセンハマグリ）と山形土偶

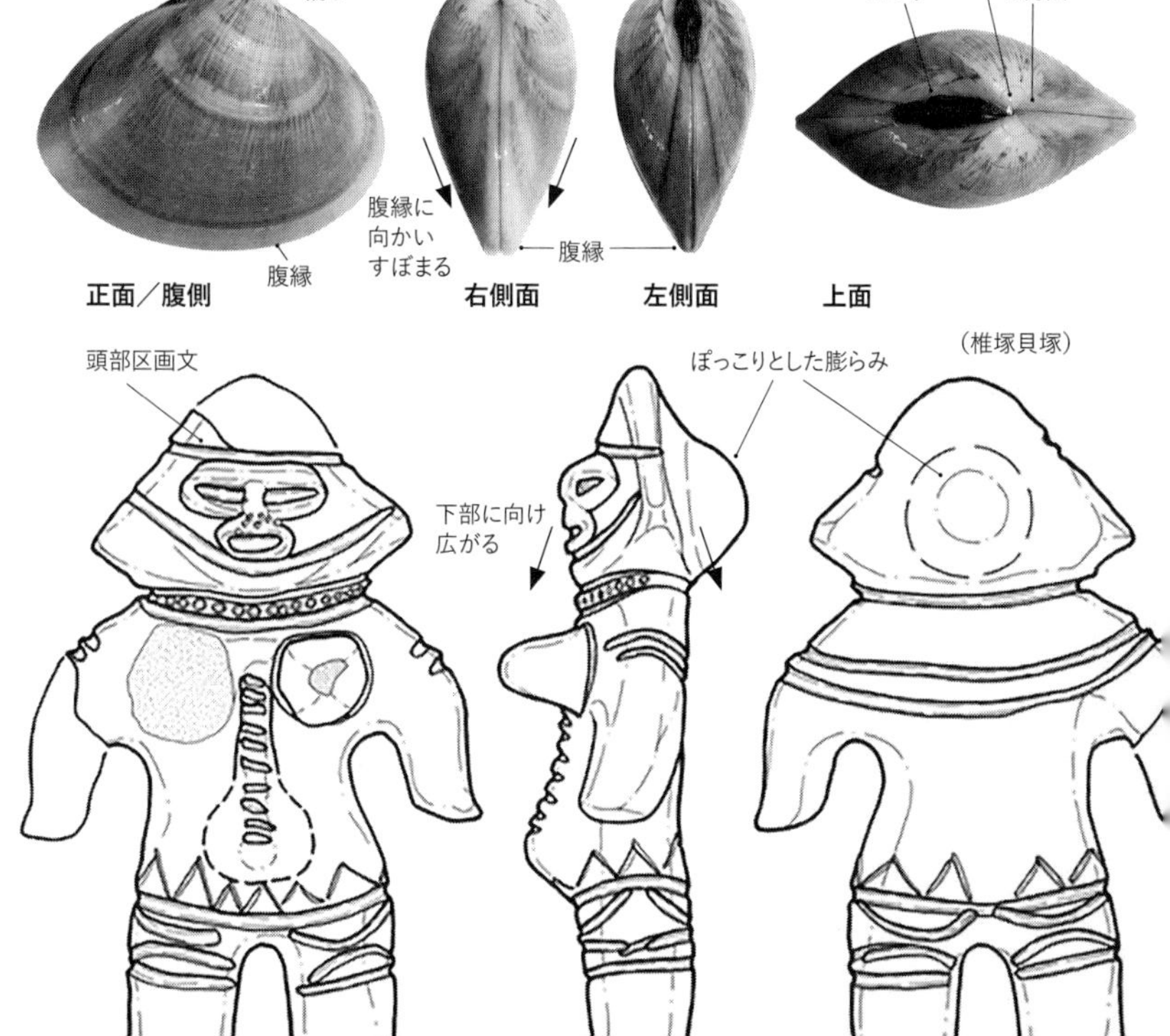

厚みの変化は、三角の頂点が薄くなる山形土偶とは逆だ。だから立体的に見ると縄文人がそれほど貝を意識して作っているようには見えてこない。『土偶を読む』では今まで貝だという意見が出なかったのが不思議だと首をひねっていたが、それはきっと実物ではなく、写真か「ウェブで検索した画像」の印象ではないだろうか。縄文人も土偶もリアルな存在だ。読者のみなさんも写真ではなく本物を見てみることをおすすめする。関東地方であれば山形土偶を見られる考古館は多い。

実物を見た印象はそこまで「貝」ではない。真正面のみの角度で椎塚土偶を見ると貝と感じてしまう人がいるかもしれないが、二次元で立体物を考察するには限界がある。角度を正面の一つしか見せないのは読者にとってフェアではない。これはハマグリだけではなくこの章で土偶と比較されるサルボウ、オオツノガイなど、すべてに言える。

造形の結果だけではなく、「造形の意図」にも注目するべきだろう。フォルムが似ていなかったとしても、もし縄文人がハマグリや二枚貝をモチーフにしていたのであれば、その造形に意図が見えるはずだ。例えば土偶の頭頂部を捻るように作っていたり、前後に二つの頭頂部

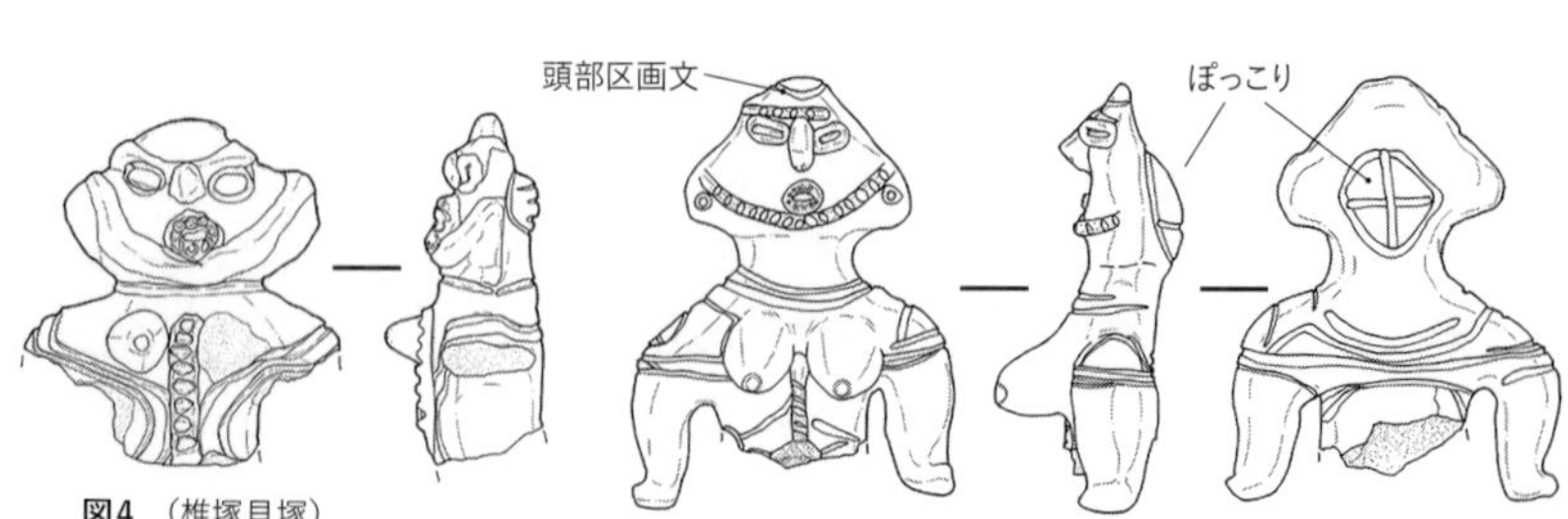

図4　（椎塚貝塚）

があるとか、表と裏で同じような造形にしているとか、土偶の顔のサイド面に二枚貝の合わせ目のような表現が施されているとか。じん帯のような部分があるとか、頭頂部に小月面が表現されているとか。

残念ながら山形土偶の類例にはそういったハマグリを意識した痕跡は見つからない。三角以外で二枚貝の顕著な特徴の痕跡や意図が見えないのだ。『土偶を読む』であげている腰回りのギザギザ（鋸歯文(きょしもん)）は山形土偶に限った文様ではない、二枚貝の「足」が土偶の腕部に当たるとは面白い考察だけど、見た目以外に論拠はない。乳房は二枚貝の入出水管との見立ても面白い。だけど、山形土偶には飛び出ている乳房があれば、膨らみ程度の乳房も垂れ気味の乳房もある。他の土偶と比べれば比較的大きめの乳房の土偶ではあるが、普通に、ごく普通に見ればこれは乳房にしか見えない。

立体的に見たついでに、紹介したい部分がある。実は山形土偶の頭部には『土偶を読む』では取り上げられていない顕著な特徴があるのだ。

前ページまでの実測図（図2、3、4）を見てほしい、まずは頭頂部の横一文字で入る区画文だ。目の上の眉だけが残り省略されることもあるが、頭部に区画文の入る山形土偶は多い。そして顔の正面ではなく背面にも注目だ。このようになぜか山形土偶は後頭部がぽっこり膨らんでいるのだ。後頭部の真ん中からぽっこり。これ、めちゃくちゃ面白いですよね。まるで膨れ上がったおできのようなぽっこり。ここにこそ土偶のモチーフのヒントがあるんじゃないだろうかとも思わされる。このぽっこりがあるとあまり貝に見えないかもしれないけれど。

山形土偶の名前の由来は三角形の頭、と、先ほどは紹介したが、実はこの後頭部の膨らみが山形土偶という名前の由来だという説もある。それほどにこの膨らみは山形土偶特有の特徴なのだ。

もう一つ、それは扁平な楕円状でぽっこり膨らんだお腹と、そこから上に伸びる線状の膨らみだ（図5）。この逆T状の膨らみも山形土偶の特徴と言える。膨らむお腹や、そこから胸部に向かって伸びる線は多くの土偶に採用され、考古学では妊娠時にあらわれる正中線と説明されることが多い。膨らむお腹が妊娠を表すことは十分に合理的で、だとしたらこの線も正中線と見ることができる。断っておくがこのことについては植物や貝が（概念として）妊娠しても良いわけだから、何かを否定するものではない。しかし、土偶の腹部がぽっこり膨らむことは多くても、正中線自体がここまで立体的に表現されることは少ない。決して写実的ではないにせよ、これは妊娠の記号が土偶の意匠に、より強調され採用されているように思える。

このように山形土偶を山形土偶たらしめる特徴は三角形の頭だけではない。

三角頭だけであれば、貝にこだわる必要もない。他にも似ているものはたくさんある。例えばその名の通り「山」。山形土偶と同じ縄文後期に多く作られたストーンサークルなどでの祈

図5
千葉県内野第一遺跡の山形土偶。後頭部のぽっこり、お腹のぽっこり（出臍状とも呼ばれる）と正中線。

小川忠博／土偶美術館（平凡社）
千葉市教育委員会蔵

りの場で、ランドマークとしての「山」は重要だった。「山」で論を発展させても「説得力のある説」が作れるかもしれない。ランドマークは大きさだけではなく、形の良いこんもりとした、一部の山形土偶の頭に似た山が選ばれることも多い。それから竪穴住居も「山形」をしている。こちらも縄文時代を象徴し、縄文人にとって大切な「場」だ。こちらも「楽しい説」が作れそうだ。

ハマグリと山形土偶の分布範囲

山形土偶の発生時期からハマグリ利用が始まったということはない。山形土偶の作られた後期中葉だけでなく、ハマグリは山形土偶が登場するずいぶん前から、関東では貝塚が作られ始める縄文早期から利用される。その後、縄文前期や中期の内湾域の貝塚からハマグリは出土し、場所も関東に限らない。ハマグリもまた縄文時代ではメジャーな食物だったのだ。

また、山形土偶の分布範囲はハマグリの採れる場所だけではない。その分布は内陸にも広がる。貝塚を作らない山の縄文人も山形土偶を作る。貝塚を作る海側の遺跡だけを見ても、ハマグリを多く利用した内湾域の貝塚だけでなく、ハマグリの利用の少ない外洋域でも同じように山形土偶は作られる。内陸に入れば入るほど塩分濃度が変わり、採れる貝も変わる。さらに内湾域の貝塚だとしても、例えば加曽利貝塚や西広貝塚では圧倒的にイボキサゴという小さな巻貝が多い。ハマグリはありふれた食材ではあるが、クリのようにほとんど地域を限定しない縄文時代の絶対的なエース（食べ物）というわけではない。

だから山形土偶とハマグリの利用は、一部が重なり一部が重ならないということになるのだが、それでは重なったとは言い切れないし、ましてや「ぴったり重なる」とは研究者であるなら口が裂けても言えないだろう。

ハマグリとは関係のないところで山形土偶は出来上がる

では編年の面からも見ていこう。山形土偶のあのデザインはどのような変遷を経て成立したのだろうか。関東での山形土偶は椎塚貝塚のある茨城県の霞ヶ浦周辺、印旛沼（いんばぬま）周辺で成立したと言われている。それも古い段階の中心点は椎塚貝塚であるという指摘もある（瓦吹一九九〇）。しかし、なんの影響も受けず霞ヶ浦周辺で山形土偶が誕生したわけではない。実はこの土偶は東北の影響を色濃く受けていると言ったらどうだろう。まるでハマグリとは関係のない場所で。

ではどのようにして出来上がったのだろうか、考古学者の上野修一さんは、その形態変化を追い、山形土偶の成立はハート形土偶の系統が関東で断絶し、東北の土偶の影響で成立したと指摘している（上野二〇一二）。

秋田県南秋田郡の舘ノ下（たてのした）遺跡の土偶（図6右側）を見てほしい。典型的な山形土偶である茨城県椎塚貝塚出土の山形土偶（図6中央）を比べてみると、全体の印象は似ているようには見えないのだが、細部を見ていくと、かなりの部分で共通のデザインが施されていることがわかる。一章で紹介したしゃがむ土偶（屈折像土偶）のぴ〜ぐ〜もこの東北の山形土偶の系譜になる。こちらも見比べてみてほしい（本書二七頁）。

変化の経緯を簡単に説明する（図7）。まずハート形土偶は残念ながら山形土偶の登場する後

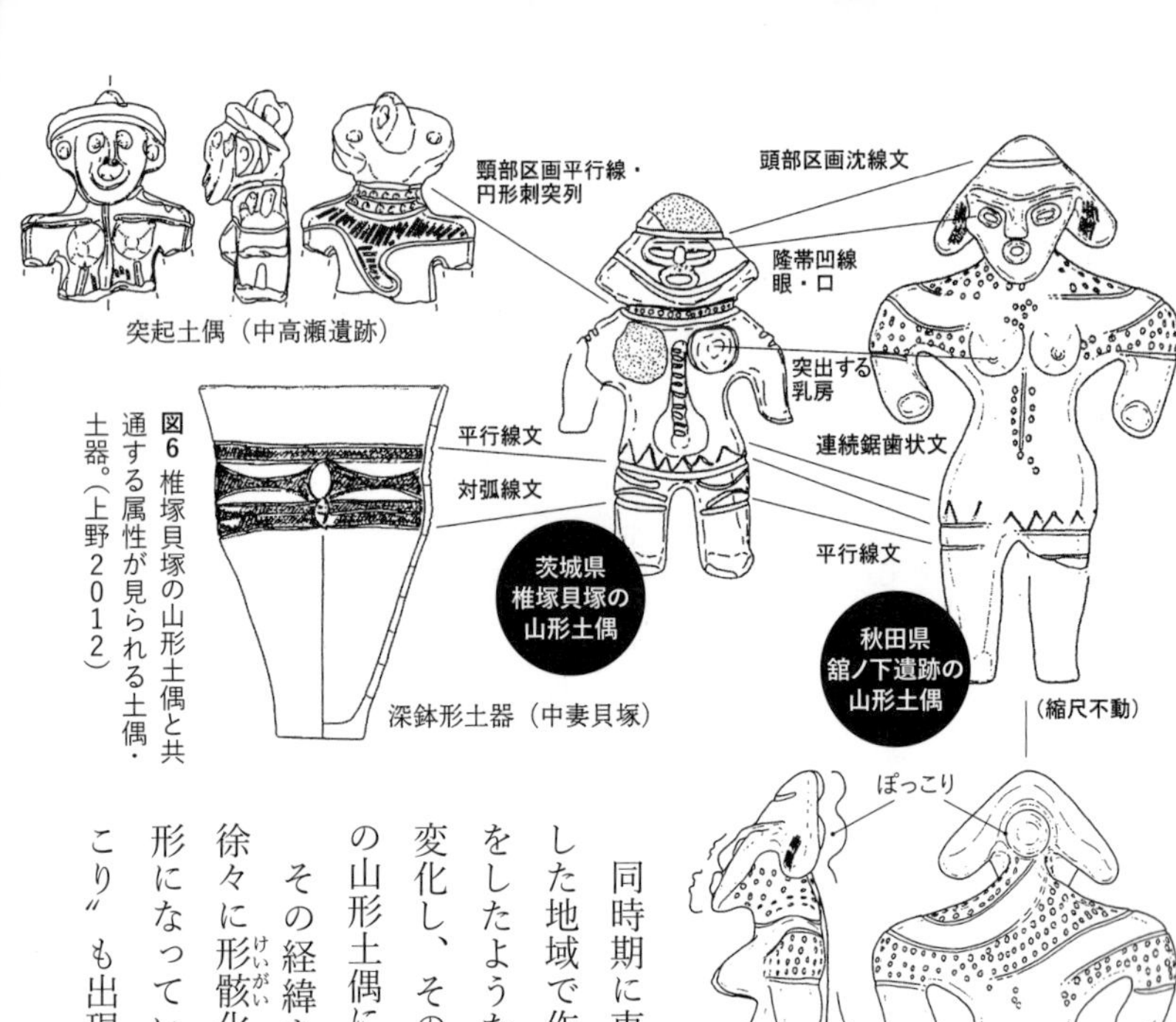

図6 椎塚貝塚の山形土偶と共通する属性が見られる土偶・土器。（上野2012）

期中葉までに断絶するようだ。その終末期に胴が長くなり宮城県伊古田遺跡の胴長の土偶（図7・②）などに受け継がれることが見て取れるが、これは良好な資料が少なく、その後の確実な様相はわからない。

同時期に東北の岩手と宮城を流れる北上川流域を中心とした地域で作られていた入組状突起土偶（頭にねじり鉢巻をしたような土偶（図7・③）がある。実はこの土偶の頭部が変化し、その延長線上で山形の頭が形作られ、舘ノ下遺跡の山形土偶につながっていく。

その経緯を辿ると、頭部のねじり鉢巻のような髪型が徐々に形骸化していき、最終的に左右に伸び、頭部が三角形になっていく。そしてこの段階で例の後頭部の謎の〝ぽっこり〟も出現する。形態変化から見ると、このぽっこりは

図7　ハート形土偶の終末と山形土偶の「山形」ができるまでのおおまかな流れ

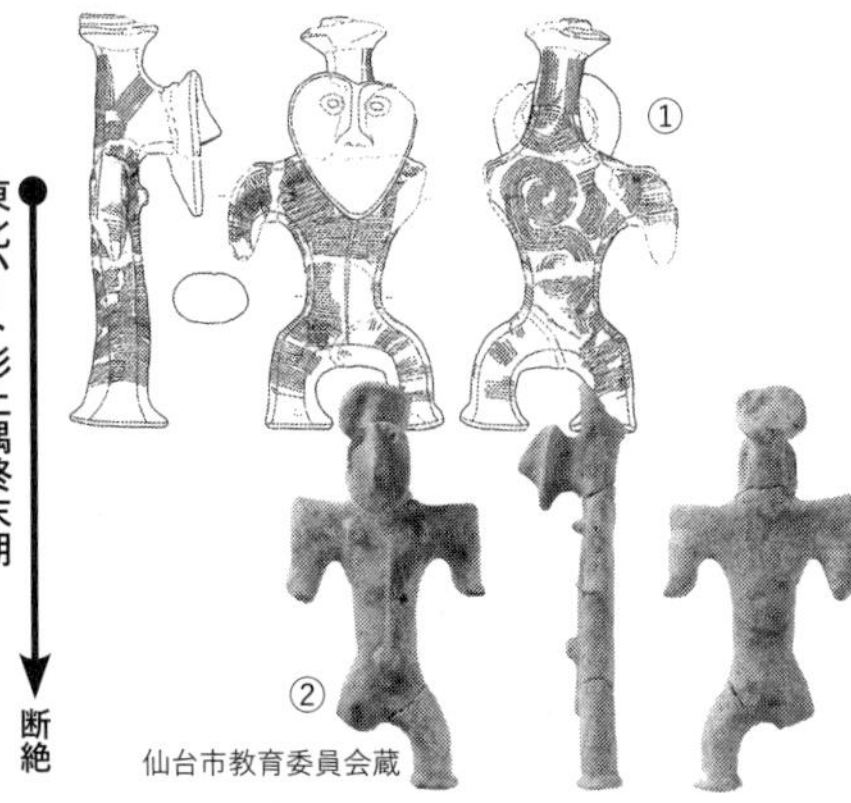

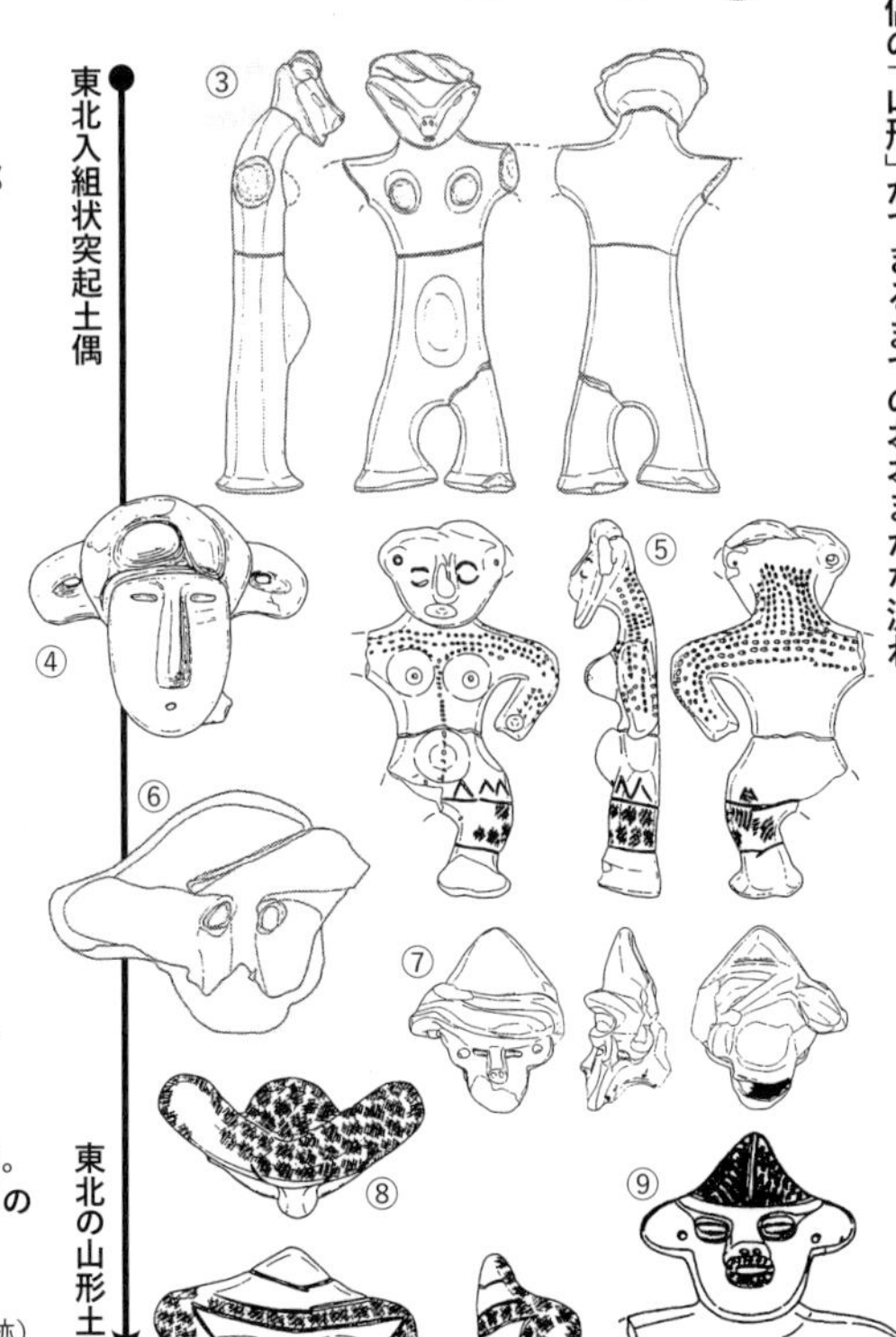

(上野2012)を参考に作成

形骸化した頭のねじりの一部分のように思える。

前ページにその流れを図化したが、やや簡略化している。実際は前時代と同時代のさまざまな土偶の要素が複雑に絡み合い、土偶のデザインは成立する。さらにハート形土偶と同時期に関東で作られていた「突起土偶」という一群の影響の指摘もある（図6左上）（鈴木一九九五）。

ここであらためて指摘しなければならないのは、山形土偶の三角頭や後頭部の「ぽっこり」、頭部に横一文字で入る区画文、大きな乳房、腰に刻まれる鋸歯状文など、およそ山形土偶を規定する特徴は東北の北上川流域で発生しているということだ。椎塚貝塚のある霞ヶ浦沿岸で独自に発生したものではない。ハマグリや、そもそも貝の利用のあまりない場所で形態変化が起きている。山形土偶の三角頭は何かのモチーフの影響ではなく、土偶の編年の中でねじり鉢巻が変化して生まれた三角頭なのだ。

『土偶を読む』の続刊『土偶を読む図鑑』では、山形土偶の章でこのように考古学者を挑発する。

「昭和期以降の考古学者たちは、頭部の多様な形状の意味についてはひたすら無視を決め込んできた。このデザインの意図が皆目見当もつかなかったからだ」（土偶を読む図鑑四二頁）

ハマグリも面白い視点だと個人的には思っている。が、何か思いついたとしても、まずはこういった現象としてある事柄や従来の研究を考慮に入れてから論証を進めなければ、このように皆目見当違いの結論で、皆目見当違いの挑発をしてしまうことになるだろう。

3-2 ミミズク土偶

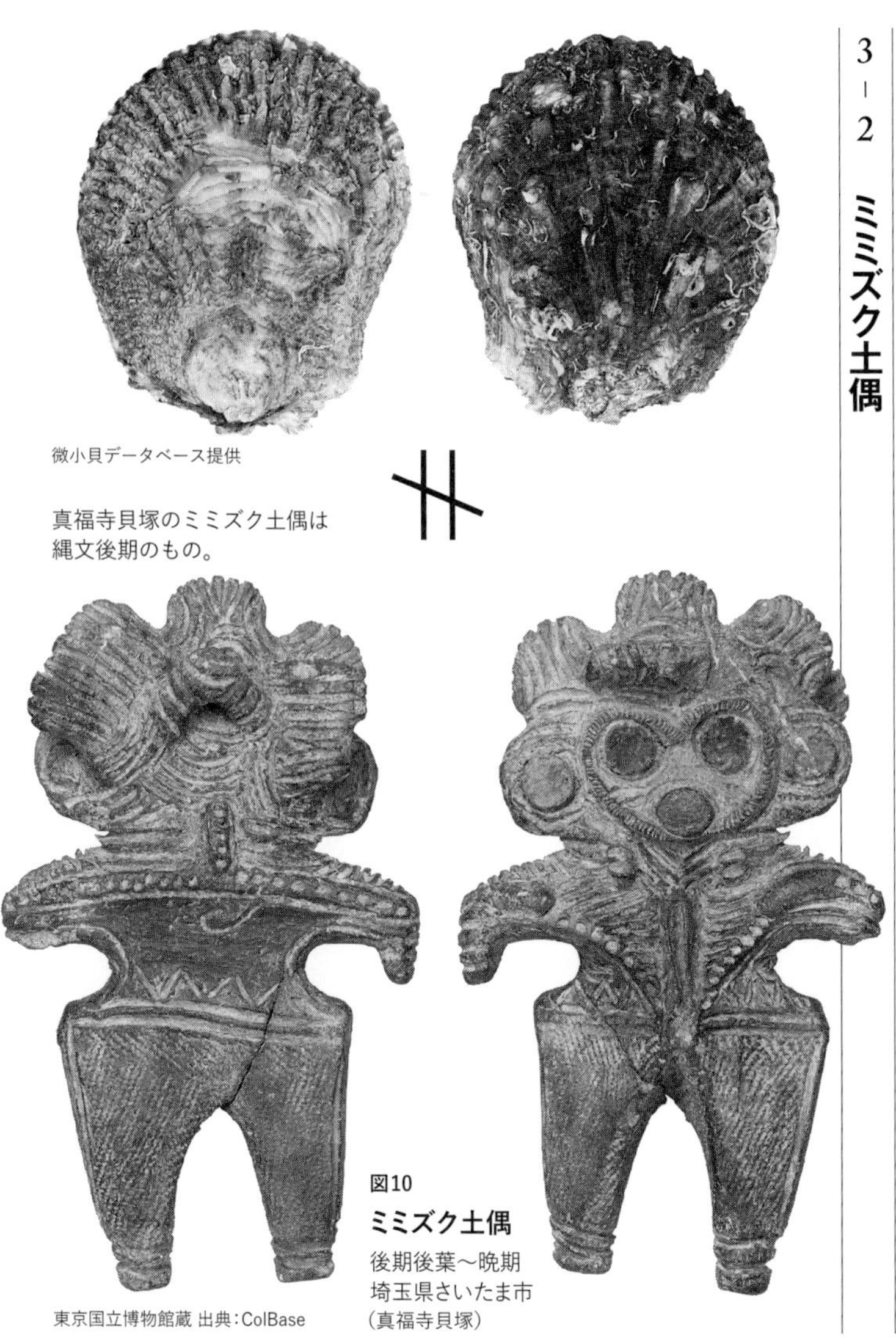

微小貝データベース提供

真福寺貝塚のミミズク土偶は
縄文後期のもの。

東京国立博物館蔵 出典：ColBase

図10
ミミズク土偶
後期後葉〜晩期
埼玉県さいたま市
（真福寺貝塚）

次に「ミミズク土偶＝イタボガキ」。

ミミズク土偶もその楽しそうな風貌で人気のある土偶だ。極端に頭でっかちで、どこか賑やかな造形、週末のパーティー会場で出会ってもそれほどの違和感はない。

ここでも『土偶を読む』では土偶の編年を無視して話を進めている。山形土偶の出現期と違い、ミミズク土偶の出現は比較的わかりやすく、山形土偶にその初源を辿ることができる。実は山形土偶の形態が徐々に変化してミミズク土偶になっていくことがこれまでの集成や研究でわかっている。その分布範囲も二つの土偶はそれほど変わらない。

山形土偶とミミズク土偶の中間は存在するが、ハマグリとイタボガキの中間は存在しない

当然、ミミズクになりかけの山形土偶も存在するし、山形土偶のデザインをいまだに引きずっているミミズク土偶だって存在する。ちょうど両者の中間くらいの中途半端な土偶もいる。山形土偶とミミズク土偶を時系列に平均化して並べてたら、モーフィングアニメーションのように滑らかに変化していくはずだ（図21）。

ミミズク土偶が突然あらわれたわけではなく、土偶という人型の土製品の形態変化のグラデーションの途中の、比較的その時に定着して多く作られたデザインを、現代人が便宜的に分

類しているだけなのだ。実際には山形とミミズクだけではなく、すべての土偶の境界線はかなり曖昧なものだということは常に意識しておきたい。

口を酸っぱくして何度でも言うが、土偶だけではなく縄文時代の造形物のデザインは過去の伝統を踏み台にして変化していったものがほとんどだ。その変化を見ていくとまるで伝言ゲームをしているように見える時もある。もちろんその時々で周囲の自然や彼らの精神世界の何かに影響されて変化することもあるだろう。だからなぜこのデザインになったのかを考えるとしたら、図録などによく登場する有名な優品土偶を見ていてもそのモチーフは見えてこないはずだ。系統を過去に遡って変化の分岐点を探し（考古学者はそれを探している）、そのポイントごとに何かのモチーフによる影響があるのだと証明しなければならないだろう。

その上で「ミミズク土偶＝イタボガキ論」を検証してみると、そもそもミミズク土偶、カキに似ているか？　と初っ端から躓く。なんだよ全然似てないじゃん、と、そこで終わってしまいそうになるのだが、めげずに考えてみたい。

先ほどあげた土偶の形態変化を考慮に入れれば、そのデザインが数百年かけて、ゆっくりと変化していく過程で、そのモチーフが数百年かけてハマ

図11　山形土偶とミミズク土偶の特徴を合わせ持っている、中間の土偶。（九石古宿遺跡）茂木町教育委員会蔵

グリからイタボガキにゆっくり変わっていったと考えるのはちょっと無理がある。イタボガキはハマグリの出世魚ではない。

一方で、山形土偶とミミズク土偶の中間の土偶は存在する（図11）。

髪型か貝殻か

変な言い方だが、ミミズク土偶の髪型は普通に見れば髪型である。にもかかわらず、『土偶を読む』ではミミズク土偶の髪型をイタボガキの殻の放射肋（ほうしゃろく）という「ヒダヒダ」に想定している。カキの殻自体はそもそも不定形なので、たくさんの中から探せば偶然ミミズク土偶風のカキの殻は見つかるかもしれない。『土偶を読む』でもカキを選ぶ時にミミズク土偶に最も似ているものを選んで撮影したと正直に書いてある（土偶を読む一四七頁）。

対比する土偶もイタボガキに寄せる。他の土偶がその種類の中で特に有名なものをあげているにもかかわらず、最初のカラーページでは、ややマイナー（失礼）で、頭の表現が他のミミズクほどはっきりとしていない埼玉県桶川市、後谷（うしろや）遺跡のミミズク土偶（図14）を

図12　色々なミミズク土偶

（茨城県立木貝塚）

（栃木県後藤遺跡）

（茨城県上高井明神遺跡）

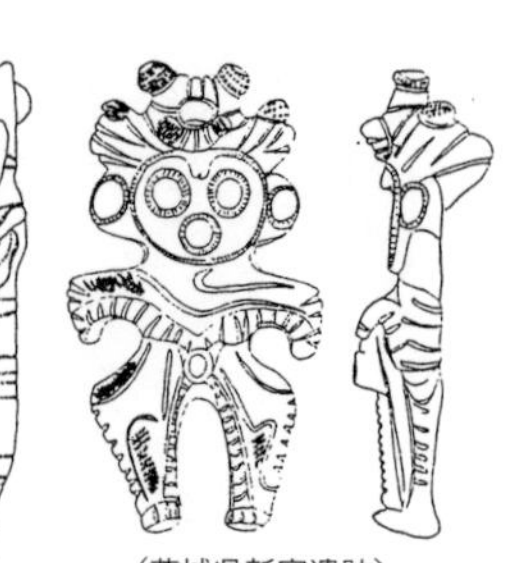
（茨城県新宿遺跡）

載せて比較している。

はっきりと髪型に見えるミミズク土偶を選んでいない理由として、『土偶を読む』では、装飾がおとなしいシンプルな頭部のものをミミズク土偶の「原型（プロトタイプ）」と設定し、装飾性の見られるものは「亜種」と設定したと説明するが、実際比較対象として掲載している土偶は頭の装飾が欠けているものがほとんどで、最初に検証したカックウ同様、復元したイメージを持たずに比較してしまっている（土偶を読む一三九、一四九、一五〇、一五一頁の土偶はすべて頭が欠けている）。しかし、頭部が欠けていない（復元されている）ミミズク土偶の資料はいくつもあるのに、わざわざ頭が欠けている土偶を選ぶなんて……これを恣意的と言わずになんと言うべきか、私は言葉が浮かばない、私は貝になりたい。

そもそも、頭の派手な装飾（髪型）はミミズク土偶の顕著な特徴の一つ。それをさしたる理由もなく「亜種」と切り捨てる勇気はすごい。

いくつかの典型的なミミズク土偶とイタボガキを本書でも掲載する。『土偶を読む』を読み、イタボガキとミミズク土偶って似ているな、と思った読者の方は、今一度見比べて見てほしい。そもそも髪の毛に見えているものをカキの殻だと言い張るわけだからこれはなかなか辛い見立てだったと思う。

ミミズク土偶の頭の形状は、かなり具体的に作られていて、数個の類例を見るだけで、ああこれは髪型だなと理解できるはずだ。髪をクルクルと巻いてお団子を作ったり、大きく二つに分けてまとめたり、かなり奇抜なものであることは確かだけど櫛（くし）が刺さっている表現もある。櫛の表現もこれが髪型である蓋然性を高めている。その理由は、髪と櫛の関係性だけではなく、ミミズク土偶の出土した遺跡から土偶に付けられているような櫛も出土しているからだ。

頭にいくつも櫛が刺さっているような表現のミミズクがあるが、それも不思議なことではない。ミミズク土偶の分布範囲からは外れるが、同時期の北海道恵庭市のカリンバ遺跡のお墓からは、亡くなった人が漆塗りの櫛を頭に数本刺していたであろう事例が何体も見つかっている（恵庭市郷土資料館二〇一四）。櫛をいくつも刺すのは同時代のトレンドや正装だったのかもしれない。

ややマイナーと前述してしまった埼玉県後谷遺跡のミミズク土偶だが、実は縄文時代のファッションを考える上でこの遺跡とこの土偶は、非常に重要だ（藤沼二〇一二、吉岡二〇一二）。

次ページの後谷遺跡のミミズク土偶の頭部を見てほしい。山形の頭部には内側から外に向かって規則正しく何本も斜線が引かれる中に、向かって左の突起だけは横方向に線が走る。これが何かと言えば同遺跡から出土した漆塗りの櫛（くし）がそれにあたるのではないだろうか。後谷遺跡からは何本か櫛が出土しているが、そのうちの一つと、この突起は同じデザインをしているように見える。また後頭部にも同様の突起があり、櫛だとすれば二本刺していることになる。これらの資料と土偶のデザインを素直に考えれば、山形の頭部は髪の毛で、左の突起は櫛と考

図14　ファッショナブルな土偶

下の土偶と同じ遺跡から出土した耳飾り。（後谷遺跡）

漆塗りの櫛も出土する。（後谷遺跡）

櫛の表現

左耳の穴には木製の耳飾りがはめ込まれている。おしゃれな土偶だ。

右耳の穴には木片が残る。左耳と同じように木製の耳飾りがはめ込まれていたのだろう。

ミミズク土偶の中では古手の縄文後期のミミズク土偶。頭や耳飾りのサイズはこれでも控えめな方。時代が下るにつれ徐々に過剰になっていく。赤く塗られた土偶で、ほぼ完形で出土した。（後谷遺跡）

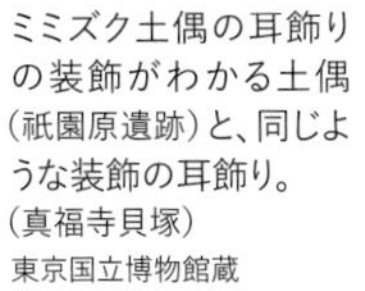

ミミズク土偶の耳飾りの装飾がわかる土偶（祇園原遺跡）と、同じような装飾の耳飾り。（真福寺貝塚）

東京国立博物館蔵
出典：ColBase

右下の耳飾り以外すべて桶川市歴史民俗資料館蔵

えられる。

　さらに注目してほしいのは、この土偶の耳だ。まず左耳を見てほしい。二重の輪の中心にはさらに小さな輪がある。実はこの小さな輪は木製になっていて真ん中のさらに小さな穴は貫通しているのだ。これも素直に考えれば耳飾りだ。あえて土偶の耳に木製の耳飾りをはめ込んでいるのだ。同様に右耳にも木製の耳飾りがはめ込まれていた形跡として木片が残っている。それほど大きくない土偶に、かなり細かな細工と言えるだろう。

　後谷遺跡からは漆塗りの櫛だけでなく、耳飾りもいくつも出土している。ミミズク土偶はやはりファッショナブルな土偶だったのだ。だったのにもかかわらず、まさかカキの殻にされてしまうとは……。ファッショナブルなのに……。

『土偶を読む』の山形土偶から余山貝塚土偶の章で何度か引用されている市原市教育委員会の忍澤成視（おしざわなるみ）さんにお話を聞いてみる。忍澤さんは縄文時代の貝輪など貝製品の研究の第一人者で、二〇二一年に第四六回藤森栄一賞を受賞している。

「ミミズク土偶とイタボガキは残念ながらまったく似ていません。本来、イタボガキはマガキと同様に付着性の貝類なので、その形状は付着する岩石等に影響され、変形することを常とします。『土偶を読む』を読むと、そこに載っているイタボガキ貝殻は、土偶形態に似た物を並べたに過ぎないのではないでしょうか」

忍澤さんはピシャリと言い、さらに続ける。「また、イタボガキは、左殻と右殻の形状が大きく違います。本書に使われているのは左殻で、右殻は凹凸がないのを常とするので、イメージが変わります。同じ貝の片側の貝殻だけ意識したというのもおかしな話ですね」

こちらから見て表側にあたる右殻を読者に紹介しないのはどういうことだろう。

食用利用されていないイタボガキ

また身も蓋もないことを言ってしまえば、イタボガキはカキであっても、ほとんど食用で利用されていない。続けて忍澤さん聞いてみよう。

「一般的に縄文時代に食料として利用されていたカキはマガキです。イタボガキは生息深度が

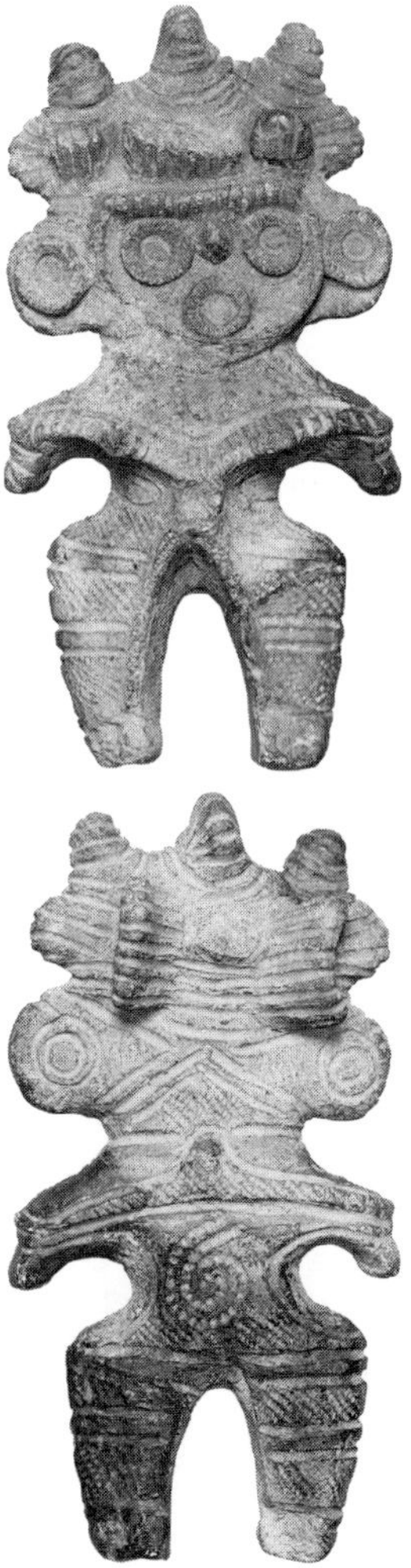

図15
お団子ヘア。今で言えばタレントのフワちゃんの髪型に近い。後頭部は大きなリボンを着けているようだ。（滝馬室出土）
東京国立博物館蔵 出典：ColBase

マガキより深く（水深三〜一〇メートル）、生体を採取することが困難。現代でもほとんど食用にされておらず、縄文時代の貝塚から見つかるものも食用と見られるものはないはずです」

食用でなくても貝塚から見つかる理由は、主に貝輪素材としてだ。イタボガキは縄文時代中期（ミミズク土偶の作られた後期後葉〜晩期とは時代的に開きがある）に貝輪として利用される。もちろん貝輪の材料も大切な資源であることは変わりはないが、そうであれば『土偶を読む』で設定した「縄文人の生命を育んでいた主要な食用植物たちが土偶のモチーフに選ばれている」（土偶を読む四頁）という定義も考え直さなければならないだろう。

さらに言えば、ミミズク土偶が作られた縄文後期後葉〜晩期ではイタボガキよりもベンケイガイやサトウガイが貝輪の素材としては圧倒的に多く利用されている。残念ながら貝輪のトレンドにも上手く重なっていない。

貝輪にトレンドなんてあったの？　というファッションに敏感な読者の方のためにここで、いい、いい、いい、いい、気になる縄文時代の貝輪のトレンドを見てみよう（以下、忍澤二〇一一『貝の考古学』を要約）。

貝輪の出現は縄文早期中葉にまで遡る。素材はサルボウガイ。神奈川県夏島（なつしま）貝塚から出土している。前期になると多くの素材が使われるが主体となるのはサルボウガイとアカガイなどの集落付近の海域（内湾）で入手できるものであったが、腕輪にできるほどの大型のものを採取

図16 貝輪色々　（『貝の考古学』165頁より）

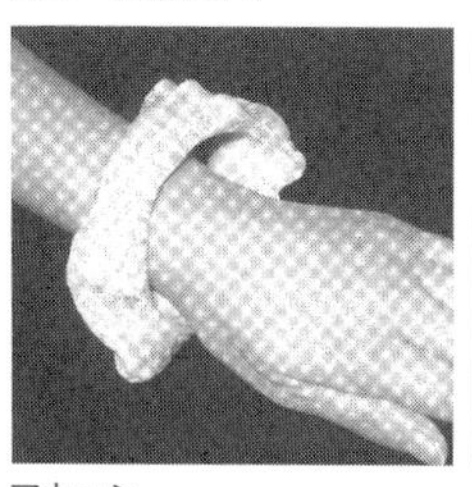
アカニシ

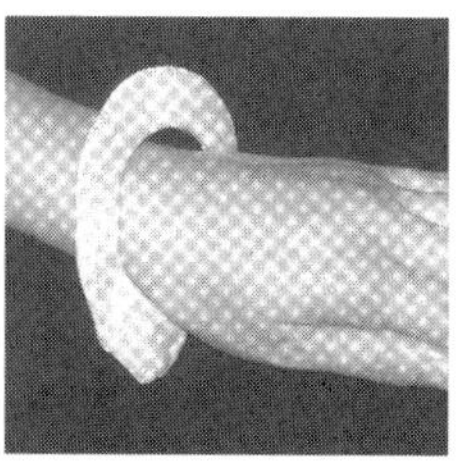
イタボガキ

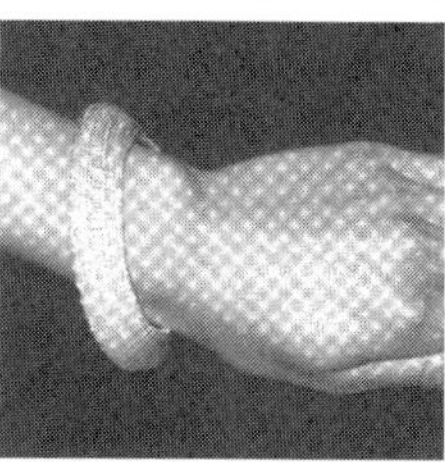
ベンケイガイ

するには、打ち上げられる死殻を期待するしかなく、供給は不安定、その上、サルボウガイ・アカガイともに殻が薄く、貝輪にするには破損しやすい貝であった。

縄文中期になり、縄文人は大型の巻貝であるアカニシに目を付ける。個人的にはこのアカニシの巻貝の口の部分を加工した貝輪がゴツくてカッコいいと思えた。が、こちらはそれほど普及しない。手を入れるのが困難だったり、重すぎることがその原因だったのかもしれない。

次に登場するのがイタボガキだ。内湾であるがやや深場の海域に生息するイタボガキは「近場の海域で得られる大型の貝」として重宝され、一時期の貝輪のトレンドとなる。しかし、深場にあることで生貝を採取することが困難な貝で、死殻の打ち上げを期待するしかなく、かつ製作上にも問題があった、忍澤さんが前述するように、付着性の生物のためその形態が一様でなく、貝輪に適したものがなかなか見つからない。殻の厚さも均一ではなく、層状構造をしているので破損しやすい。

内湾での貝輪素材探求に限界を感じた縄文人は、集落から離れ、外洋域の海岸に進出する。そこで見つけたのがサトウガイだ。中期の終わり頃になるとサトウガイ製の貝輪が増えてくる。

後期になると外洋海域にベンケイガイやサトウガイが打ち上げられ大量に集積するポイントを発見する。こういったポイントは海底の地形や潮流などの条件が複雑に絡み合う特異な場所だ。忍澤さんによれば、ポイントは常にあるわけではなく、一年で数日から数週間だけしかあらわれないのだという。サイズ、形、質感、強度など貝輪に適した素材であるベンケイガイやサトウガイが安定供給されるポイントが見つかることで、この二つの貝は貝輪素材の一大トレンドとなる（図16、17）。

ちなみに次に取り上げる余山（よやま）貝塚土偶の出土した銚子市の余山貝塚は、ベンケイガイの貝輪製作を行っていた集落と考えられている。近くに良い採取ポイントを見つけたのだろう。

『土偶を読む』ではミミズク土偶は漁労活動が活発で多

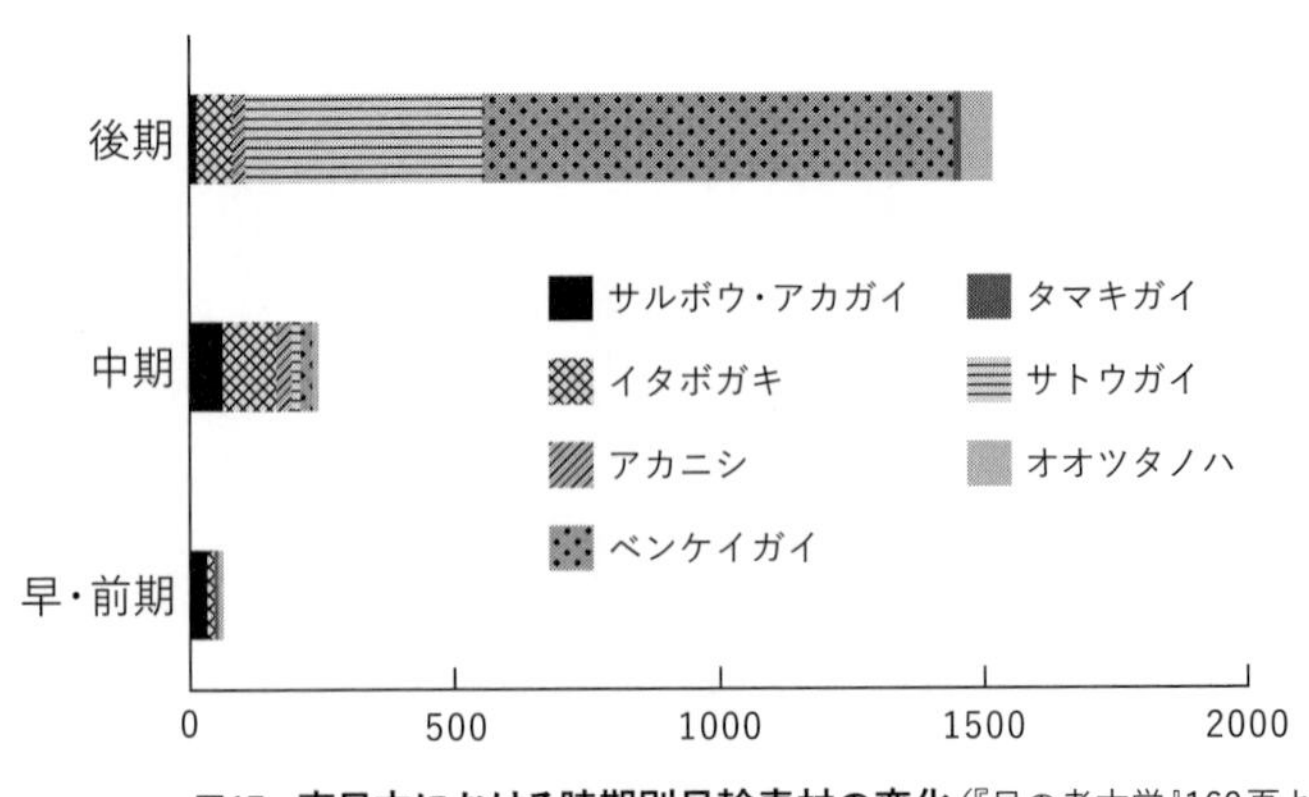

図17　東日本における時期別貝輪素材の変化（『貝の考古学』160頁より）

くの貝塚が形成された縄文後期の千葉と茨城県域からの出土が七割だから内湾性の漁労活動と関係がある（土偶を読む一四三頁）と述べ、そのモチーフをイタボガキとしているのだが、残念ながら一番言わなければならない事柄である「イタボガキはほとんど食用として利用されていなかった」ことに触れていない。

貝の加工工場、中里貝塚

いったんイタボガキを離れて、他のカキではどうだろう。

山形土偶とミミズク土偶で思い出した貝塚がある。それは、東京都北区の中里貝塚だ。この貝塚の貝はほとんどがハマグリとマガキ（イタボガキではない）。ここは貝類の採集加工の工場のような場所だったと考えられている。貝塚の推定の規模は長さ一㎞前後、幅七〇～一〇〇m、貝層の厚さは最大で四・五m、かなりの巨大な貝塚で、構成する貝は大ぶりの粒の揃ったものが選ばれて採集され、貝を蒸し焼きにしてむき身にする加工場のような遺構も見つかっている。この規模から考えると近くで消費するだけではなく、マガキは交易品の役割があり、加工したマガキは内陸に運ばれていたのだろうと考えられている。マガキは縄文時代によく利用されている。ただ残念ながら中里貝塚は縄文中期から後期の初頭までの遺跡。山形土偶やミミズク土偶が作られ始める前に使われなくなっている。その理由は縄文海進のピークが終わり、海退によって海岸線が変わってしまったことに求められるだろう。

ちなみに中里貝塚は、東京の縄文海進を再現したかのような風景が印象的な映画『天気の子』のラストシーンの舞台になった坂の真下に位置している（余談）。

「世紀の発見」に成功した人類学者

せめてマガキであれば、ハマグリと山形土偶程度はミミズク土偶と重なっているはずなのだが……『土偶を読む』では、マガキではなくイタボガキをモチーフにした理由を、縄文人にはオンナのカキとオトコのカキという概念があり、たおやかな印象のあるイタボガキをオンナ、ゴツゴツしたマガキをオトコとしたのではないかと説明している。あまり好きな言葉ではないが、二〇二二年の小学生の流行語（ベネッセホールディングス）第一位の言葉を贈りたい。

「それってあなたの感想ですよね？」――『土偶を読む』にはそう言いたくなる事例には枚挙にいとまがないのだが、この言葉はここだけに留めておく。

これもイコノロジーで決めたモチーフという結論ありきでの考察のように思える。『土偶を読む』をよく読めば、当時よく利用されていたカキはマガキであることは理解しているようだ、ミミズク土偶の時期にはイタボガキの貝輪も時代遅れになっていたことも書かれている。しかし、そういった自説に反するであろう証拠は、なるべく「さらっと」触れて、気づかれないようにお茶を濁す。触れているならまだ良い方で、取り上げないことも多い。写真の見せ方も、こういった「説」の根幹にあたる部分でも、読者を説得したいがあまりに、都合の良い角度でしかモノを語らない。これは読み取れない読者が「縄弱」だからではない。

縄文時代は長い、そして広い。遺跡の数（約九万箇所）も出土した考古資料も多い。人（縄文人）のやっていることだから、個々に差があることも多い。跳ねっ返りで天邪鬼な縄文人もいるだろう。だから自身の説に合うようなものを頑張って探せば、そういった読み解きができるような事象が見つかる可能性だってある。それがその時代や場所に顕著なものでなくても一つの論文や一つのモノを基に論を組み立てることもできなくはない（巻末である実験をしている三八五頁）。

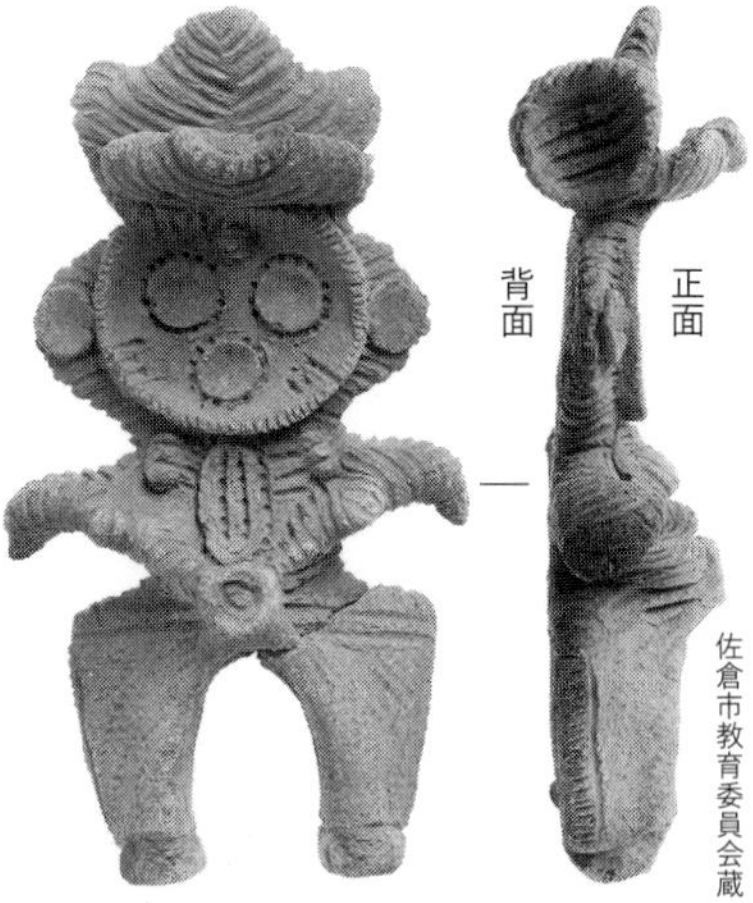

もう一度冒頭での言葉を思い出そう。

「さあ、それでは私が「世紀の発見」に成功した人類学者であるのか、はたまた凡百の「オオカミ少年」に過ぎないのか、ぜひ皆様の目で判断してもらえればと思う。ジャッジを下すのは専門家ではない。今この本を手にしているあなたである」（土偶を読む六頁）と、怪気炎を上げても、読者がジャッ

正面　背面

佐倉市教育委員会蔵

図18　リーゼント！（宮内井戸作遺跡）
右は横から見たところ、髪型が面白くて顔が薄い！

ジを下す材料の選び方がフェアではない。

　山形土偶とミミズク土偶が何かしらの貝に関係があることを証明したいのであれば、例えば土偶の粘土に貝を砕いた粉が混じっていたとか、土偶に施文された沈線が貝殻で付けられている（そういうテクニックが縄文早期からある）とか、貝輪を装着している土偶（長野県岡谷市の目切遺跡から出土した壺を持つ妊婦土偶は腕輪をしていて、これは貝輪の可能性がある。が、縄文中期の長野は山形土偶もミミズク土偶も縁遠い）がいたとか、ハマグリの項でも述べたが、もっと写実的で明らかな貝の造形をした土偶があるとか、その造形に貝の痕跡のわかる土偶がいるとか、そういった、土偶と貝とがより密接である「確実な資料」。その上で類例を探して統計と傾向の分析。

桐生市教育委員会蔵

図19　最終形に近いミミズク土偶。髪型も耳飾りも大きい。（千網谷戸遺跡）

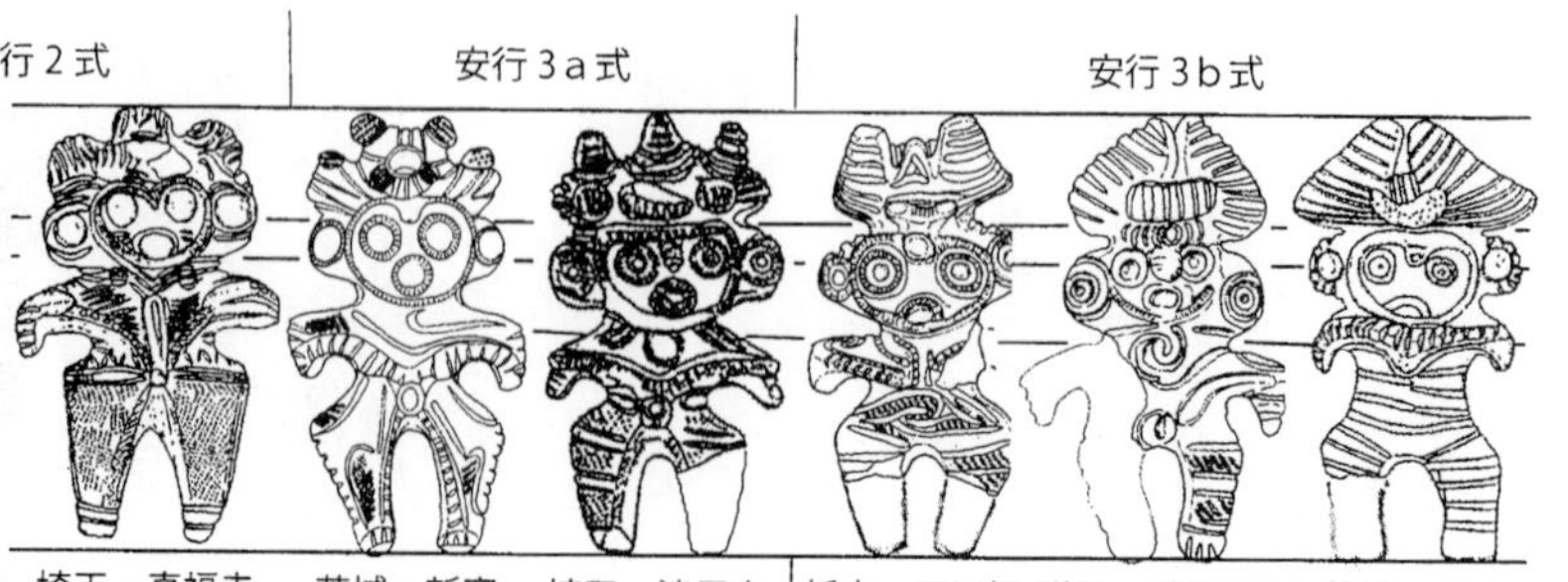

古河市教育委員会蔵

図20　初期のミミズク土偶。髪型は7:3ツーブロック。（思案橋遺跡）

なんだかんだあって初めて「説」として議論の俎上にあげられるのだろう。

これも触れないといけないだろう。『土偶を読む』ではほとんど土器について語られない。しかし、土偶と土器の絆を軽く見てもらっては縄文人もムッとする。土偶と土器の関係性はいまだに謎は多い、しかし、土偶のデザインはすべてではないにせよその時々の土器のデザインの転用が見られる。特にミミズク土偶は並行して作られていた安行式（図23）と呼ばれる土器に似た装飾を持っている。土器にそのまま土偶の顔が貼り付けられる（図22）こともある。

土偶の出土数はそれほど多くない一方、土器はその何百、何千、何万倍、とにかく大量に出土している。土偶だけを見てわからないことも、土器から解明される可能性だって

図21　山形土偶からミミズク土偶の変化（頭身の変化）

設楽博己『顔の考古学』128頁より

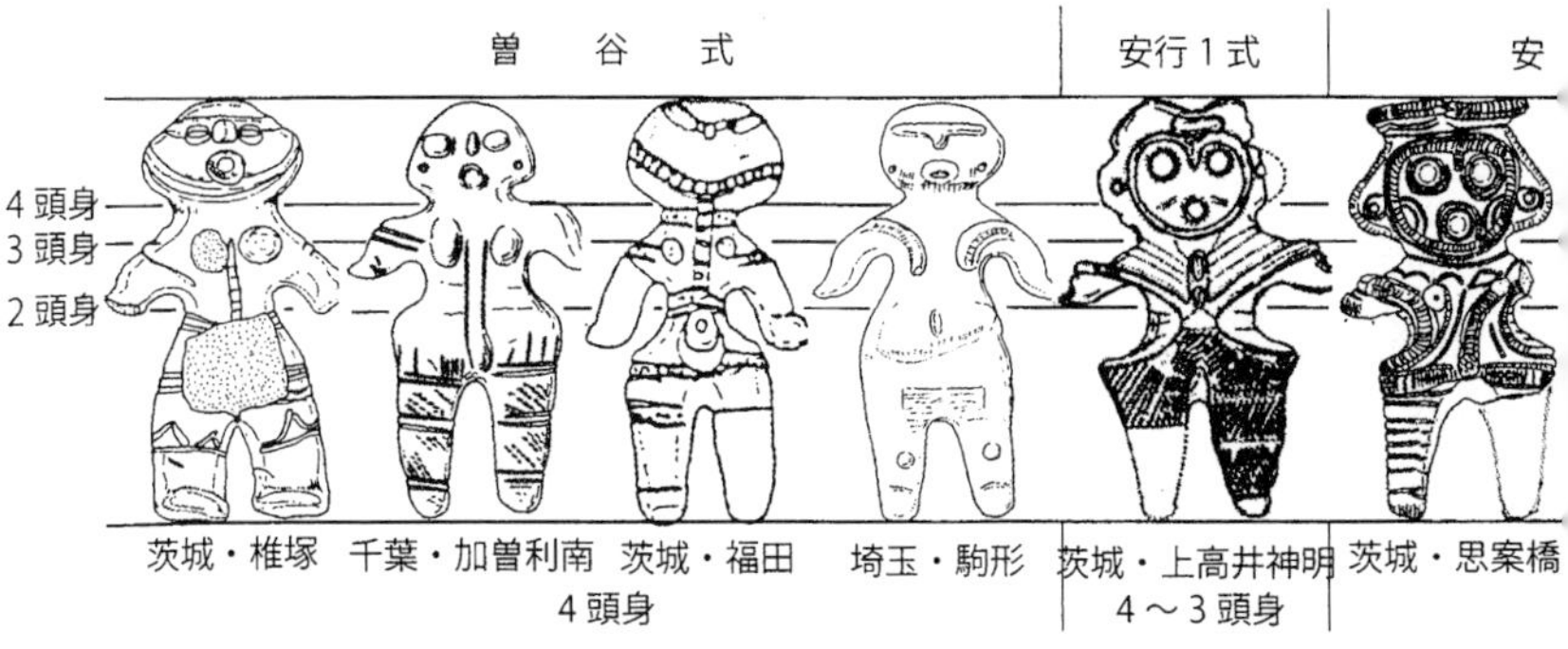

図22　土偶の貼り付けられた土器片
茨城県立歴史館蔵

図23　晩期 安行式土器（小豆沢貝塚）
東京国立博物館蔵 出典：ColBase

あるだろう。

山形土偶からミミズク土偶への変遷を見ているとさらに面白いポイントがあることにも気づく。そもそも山形土偶自体が四頭身のキャラっぽい比率だったのが、ミミズク土偶ではさらに進む。四頭身から三頭身、そして、終いには二頭身まで頭が大きく身体が小さくなる（図21）。

これは、デフォルメ化が進行したわけでも、パーティーが佳境に入ったわけでもなく、土偶の顔に盛り込む情報が、身体よりもより重要になっていったということなのではないだろうか。

その一つが丸い耳だ。図21をより詳しく見ていくと、山形土偶の時期から徐々に耳飾りが大きくなっていることに気づくだろう。そして、実際にこの時期には大きな耳飾りが多く出土し、ミミズク土偶の次の時代には衰退していく（設楽二〇二一）。前にあげた櫛の表現と櫛の出土の相関関係を考えると、これはやはり当時の人のファッションを表したと考えるべきだろう。

髪型も時期によってトレンドが変わっているようだ。徐々に盛りが過剰になり、最後には真ん中で二つに大きなビッグウェーブのような髪型になる。やはりこれは特別な時の髪型か、呪術的に特別な人物を表したものと考えた方が、見た目だけでカキの殻というよりもずいぶん説得力がある。過剰すぎてこんな髪型なんて不可能だ、と思う人もいるかもしれないが、スターウォーズでナタリー・ポートマン演じるパドメ・アミダラの髪型（図24）を見てみれば、ミミズク土偶の髪型もわりにすんなりと受け入れられるはずだ。

図21を作成した考古学者の設楽博己（したらひろみ）さんも以下のことをこの図から考察する「土偶は縄文時代晩期終末まで一貫して女性表現を維持している一方でミミズク土偶のように胸から頭部に関心が移っていくのは、装身具による儀礼の強化という社会複雑化を土偶が反映していることを示す」（設楽二〇一九）。

ミミズク土偶を見れば、やっぱりカキじゃない。全然イタボガキじゃない。みんな、土偶のこと読んだって良いけど、その前にちゃんと土偶を見ようよ。

『スター・ウォーズ　ビジュアル・エンサイクロペディア』82頁より

図24　パドメ・アミダラの個性的で儀式的なヘアスタイル。その過剰さはミミズク土偶を彷彿とさせる。

3-3　余山貝塚土偶

この土偶（図25）も実はミミズク土偶とされている土偶だ。

ミミズク土偶は縄文後期と縄文晩期をまたがって作られている（後期も晩期も現代人の区分だが）。余山貝塚から出土したこの土偶は縄文後期に作られたもので、比較的古手（最初期の）のミミズク土偶の仲間である。ここではこの土偶を便宜的に余山貝塚土偶と呼ぶ（『土偶を読む』では星形土偶と呼称している）。余山貝塚からはこの土偶と同じような腕のデザインをして、なおかつ顔は典型的なミミズク土偶な土偶の破片が出土している。

古手なので胴体のデザインはまだ少しだけ山形土偶の特徴も残しているのだが、特徴的なのはやはり頭部の形だろう。頭頂部は平たく星形のお皿のように作られ、顔は口のみ、目や鼻は描かれていない。しかもひさしのように覆い被さる頭頂部のおかげで、表情は影になって読み取れない。お皿の上には沈線と刺突の点描で意味深な文様が描かれて、只者ではない雰囲気を持つ土偶だ。

『土偶を読む』ではこの土偶をオオツタノハの精霊として考察している。

オオツタノハは食用ではなく、主に貝輪の材料として縄文時代では有名な貝だ。オオツタノハ自体は九州や南西諸島、伊豆諸島などの南島で採ることができる貝だが、なぜか縄文時代の東日本でも珍重され、貝輪の材料として数は多くないにせよ、北海道から沖縄までとかなりの広範囲で出土している。

この土偶は、ミミズク土偶であっても、かなり「亜種」（これこそが亜種）で、ほとんど類例がない。多少、好事家に知られ、有名だったとしても造形のデザインは特殊な例と言って良

上から
オオツタノハ、
土偶頭部を上から見たもの
土偶正面

図25
ミミズク土偶
後期後葉
千葉県銚子市
（余山貝塚）

いだろう。『土偶を読む』で考察するラインナップはこれ以外は博物館などで見る機会の多いメジャーな土偶に限っていて、ここで余山貝塚土偶を取り上げることには多少の違和感を感じながら、やれやれ、と、その考察に付き合うことにする。

どこにイコノロジーを使うのかと言えば頭の平坦なお皿ということのようだ。まずは頭の星形の頂点の数とそこから中心に伸びる点線を貝の放射肋と考え、貝類図鑑で放射肋の多い貝を調べたそうだ。結果、オオツタノハが「そっくり!」と、候補に上がったとのことだ。ではその形状の類似を見てみよう。

確かに似ていないことはない。平面的に見ている分には貝の放射肋を記号化したらこうなるかもしれないな、と、思えなくもない。いや、もっと意味深長な記号なのかもしれない、いやいや、無文部を嫌い、単純な幾何学模様でスペースを埋めることはミミズク土偶や他の土偶を見ていてもあることだ……。どちらにせよ類例がないことにはこれだけでは誰も判断できないだろう。また、立体的に考えればオオツタノハは殻の中央の頭頂部に向かってなだらかな山のように盛り上がる貝だ。ぺたんこな形状ではない。またオオツタノハは単純な楕円ではなく、たまご型のやや下膨れな輪郭をしていることも特徴だ。もし製作者がこの貝の形状に似せようと思ったらこのようにぺたんこに作らず、頭頂部を山のように作るのではないかという疑問もある。たまご型に整形することは縄文人にとっても難しくはない。この土偶自体を見たことはもちろんあるが、このぺたんこな形状から、オオツタノハのような貝を連想する人はまずいないのではないかと思う。だから正直に言ってあまり似ていないと、筆者のイコノロジーは言っている。

余山貝塚では貝輪は作られ、この土偶の時期に貝輪制作が盛んだったことはその通りだ。しかし、貝輪制作はこの時期だけではなく、もっと前から作られ、さらに弥生時代まで作られ続けることになる。

と言っても余山貝塚で作られていた貝輪はほとんどがベンケイガイ製の貝輪だ。オオツタノハ製の貝輪は出土しているといっても、実は一点のみで多いとは言えない。貴重なオオツタノハだが、同じ千葉県市原市の西広(さいひろ)貝塚からは一五点、船橋市の古作(こさく)貝塚からは九点、一点だけの出土であれば千葉県だけでも二二遺跡からオオツタノハ製の貝輪は出土している（忍澤二〇〇〇）。また、ミミズク土偶の分布である縄文後期後葉から晩期の関東地方以外からもオオツタノハ製の貝輪は出土している。千葉が七三点と多いのは確かだが、鹿児島からは最多の三三三点（近くに産地がある）、愛知県からは二九点、宮城からは二六点の出土がある（田嶋二〇一二）。オオツタノハ製の貝輪の分布範囲は広いがミミズク土偶の分布はそこまで広くない。

いずれにせよ、類例がさらに出てこないことにはこの土偶に関してはあまり積極的にオオツタノハ説を支持する理由も、違うという理由もない。特別な土偶には特別な理由があってもいい。そしてオオツタノハが貝輪制作者にとって、特別な貝だったことは論を俟(ま)たない。前出の忍澤さんはこう言う。

「ベンケイガイを日常的に大量に入手し、これを貝輪に加工することを主な生業にしていた余山貝塚の縄文人にとっても、オオツタノハ製貝輪をその希少性から特別視していた可能性はある。土偶形状のモチーフが『精霊宿るとする植物や貝にあった』か否かは定かでないが、縄文人のオオツタノハに対する特別な意識があったことは考古学的にも証明されている。その根幹には貝輪素材の貝の獲得が、他のどんな貝や文物（石材、動物など）と比べても困難だったからに他ならない」

『土偶を読む』では、解像度の低いオオツタノハの写真の縁のトゲトゲの部分を削り、土偶の頭部に似せるように滑らかに加工しているいる点も問題だ（土偶を読む口絵九頁）（ちなみにこの写真の出典元と明記される関西学院大学情報メディア教育センターは、調べてみると二〇〇九年に廃止となっている。これは間違いだったのか『土偶を読む図鑑』では出典元の情報を変更している）。もしかしたら解像度が低すぎて縁の造形がわからなかったのかもしれないが、そうであればこういった解像度の低い写真ではなく別の写真を探すべきだろう。『土偶を読む』ではそれでもこの写真にこだわった。それがなぜかと言えば、このオオツタノハの写真が余山貝塚土偶の頭部に似ていたから。そんな理由ではないだろうか。図25の上段の写真は『土偶を読む』と同じものを縁の部分をなるべく加工せずに掲載する。実際はこのように放射肋から伸びる棘の部分はもっと荒々しい。また、いくつかの現生オオツタノハの写真を掲載する。それとも見比べて見てほしい（図28）。

余談として、立命館大学教授の縄文時代の研究者である矢野健一さんは、『立命館史学』第41号で『土偶を読む』を冷静に批判しているが、このオオツタノハに関しては、その類似は偶然に過ぎないと評しつつも、種々考えさせられたと、比較的、好意的に書かれていた（矢野二〇二一）。

また、考古学者の安孫子昭二さんは『東京考古』40の中で、『土偶を読む』を手厳しく批判しつつ、この余山貝塚の土偶の頭については、『土偶を読む』にとっては図像学の先達であるはずの井戸尻考古館の元館長小林公明さんの論考を紹介している。それは『山麓考古』18という論文集で発表し

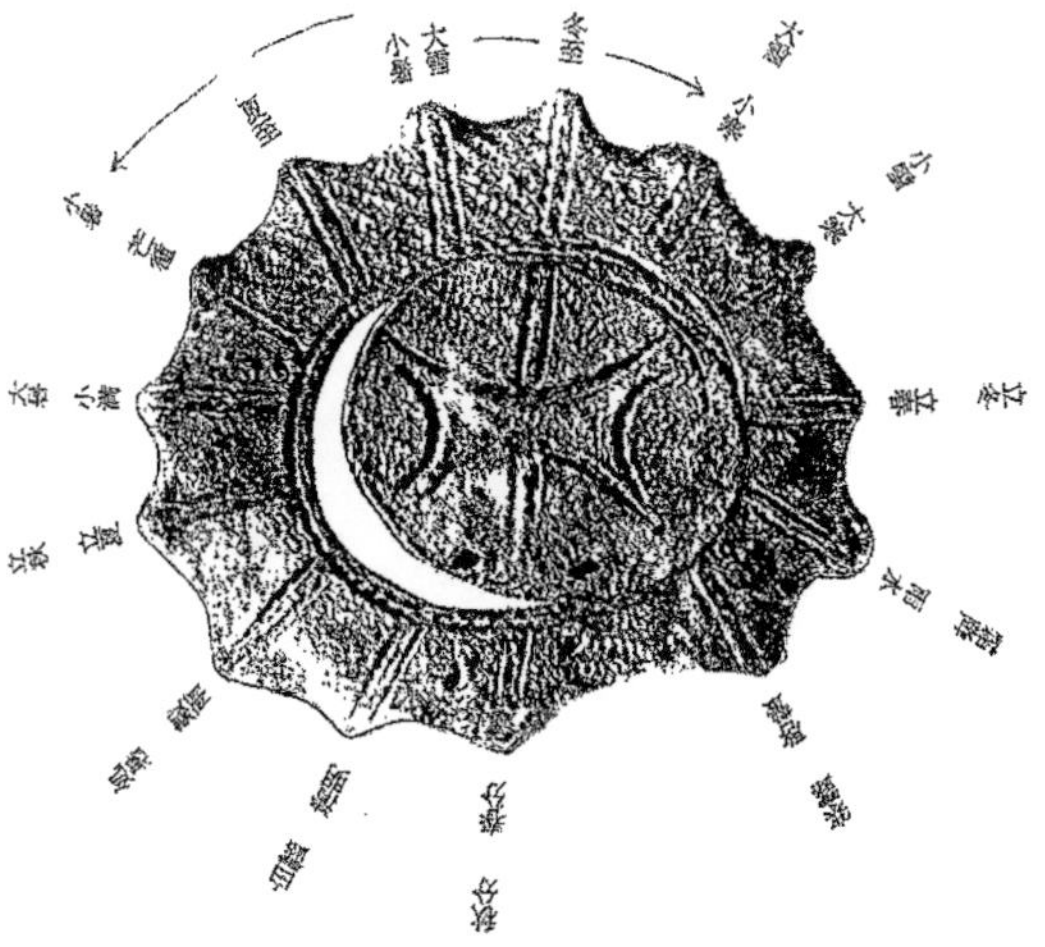

図26　七舎・二四節気の想定（小林1995）

た、「天を頂く土偶」という論考で、余山貝塚の土偶の頭の突起を「七舎・二四節気」になぞらえ、この土偶の頭部は全体として「天」を表しているという考えだ（図26）。

安孫子さんはこちらの説にも耳を傾けてみる必要があると説く。実際「天を頂く土偶」の論考は、オオツタノハ説同様、確実な証拠はないものだが、「こういった論考がある」ことは知っていて損はない。その考察を読めば『土偶を読む』と比べればずいぶん差があることもわかるだろう。これはぜひ探してみてほしい。

図27　オオツタノハ製の貝輪（復元）
（『貝の考古学』より）

という状態にかかわらず、この章はこのように大上段に締められる。

「結論は二つに一つ。従来のように「土偶製作者が粘土を捏ねていたらたまたま頭頂部が星形のフィギュアができました。かたちには特に意味はありません」という説明を選択するか、あるいは私の仮説を受け入れるか、そのどちらかである。」（土偶を読む一八三頁）

二つに一つなわけがない。

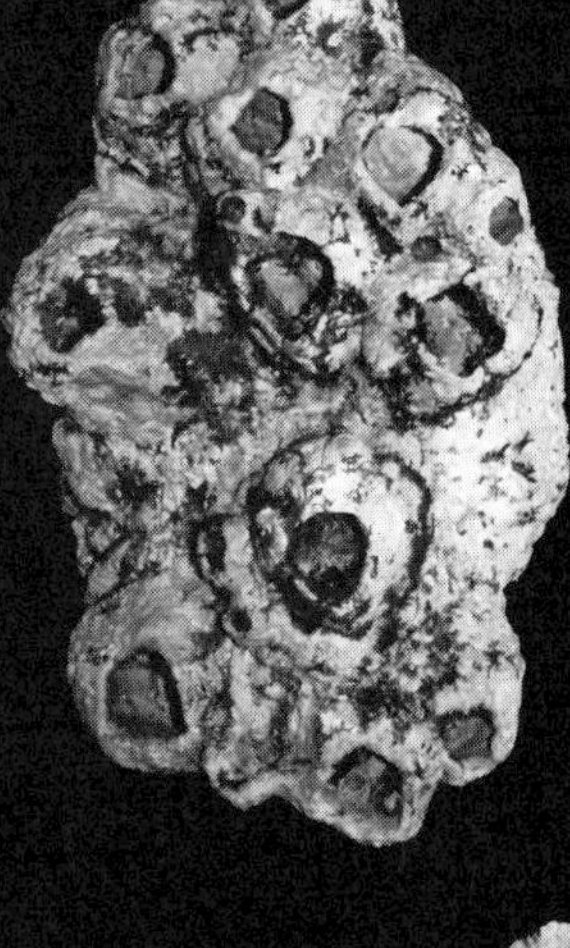

『土偶を読む』検証

山形土偶

× **イコノロジー**（見た目の類似）
似てるとは言えない。

× **編年・類例**
考慮に入れているようには見えない。

△ **ハマグリの利用**
×に近い△。海側では重なるが、ハマグリの利用範囲と土偶の出現との関連は見えない。

ミミズク土偶

× **イコノロジー**（見た目の類似）
似てるとは言えない。

× **編年・類例**
考慮に入れているようには見えない。

× **イタボガキの利用**
イタボガキは食用の利用はほとんどない。かつ土偶の出現との関連は見えない。

余山貝塚土偶

△ **イコノロジー**（見た目の類似）
×に近い△。あまり似てるとは言えないが似ていると感じる人もいるかもしれない。

? **編年・類例**
類例がないため、不明。

オオツタノハの生息域とは重ならないが、食料品ではない特殊な道具の材料、かつ希少なものとして使われていたので、重ならないことが問題にはならないとする。

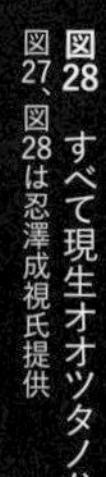

図28 すべて現生オオツタノハ。
図27、図28は忍澤成視氏提供

検証 4

縄文のビーナス――トチノキ

図1
国宝「土偶」
(縄文のビーナス)
中期前葉
長野県茅野市
(棚畑遺跡)

カモメラインという新たな分類

言わずと知れた国宝、長野県棚畑遺跡の縄文のビーナス。縄文時代中期前葉に作られたもので、柔らかな身体のラインに強調された腰回りとヒップ。粘土には雲母が混ぜられキラキラとその肌を輝かせている。顔は中部高地（長野県と山梨県）特有の顔つきをしているが、体部には他の土偶で見るような緻密な文様はない。それゆえに肌の美しさや滑らかさが強調されている。多くの女神と呼ばれる土偶が存在するがこれほどまでにビーナスという名前の似合う土偶は他にいない。現代人が国宝と認定することを縄文人も納得の特別な土偶だと言えるだろう。

この縄文のビーナスとそれに連なる縄文中期中部高地の土偶を『土偶を読む』の説ではトチノキの精霊だと結論づけている。確かにこう並べてみるとトチノミと縄文のビーナスは似ている。しかし、ここもまた土偶の編年と類例がすっぽりと抜けている。『土偶を読む』ではなぜか編年を一瞥も考慮しない。こんなに使える物差しである編年という「道具」をまったく使わないという理由がまったくわからない……わけではない。実際に説に当てはめてみると、「あれ？」という点ばかりが浮かんでくる。

類例を見れば土偶に付けられるこのカモメライン（『土偶を読む』での呼び名）という目の上のカモメのような区画線は眉だ。固定観念で言っているわけではなく、ビーナスのように沈線（竹串のようなもので付けられた線）で付けられたものと同じくらい、粘土を貼り付けて眉毛然としている土偶が数多く存在する（図2、3）。

眉毛は両津勘吉スタイルと言われることもあるくらいつながっている眉だ。著名なメキシコの画家、フリーダカーロのようにつながっている。また、こういった眉は縄文のビーナスの作られた時代とエリアに限定されているものではなく、この本でもあげられているハート形土偶も、後に出てくる遮光器土偶も同じ形の眉毛をしている。時にまっすぐになったり、鼻と合わせてT字状にもなったりする。こういった表現は、何もこの時期のここだけの話ではない。縄文時代の土偶全体を通しての共通のデザインだった。

さらに言えば、縄文人の骨学的な特徴は両眉毛（眼窩上隆起）と鼻根が高く、印象として眉と鼻がつながり、「カモメ」羽状になりやすかったこともすでにわかっている。だからこの土偶の顔の造形は単に縄文人の骨学的な特徴がそのまま反映しているだけなのかもしれない。

骨学的な特徴に加え、現代人に比べ体毛の濃かったと考えられている縄文人であれば眉毛がつながることなど当たり前のことだろう。現代人に比べたら、顔の造形は眉が象徴的で、「顔」を記号化するとしたら最も重要視されていたのは眉と鼻の造形だったのかもしれない。

だからこの眉の形をことさら縄文のビーナスに連なる縄文中期の中部高地の土偶特有のデザインとするのは少しピントがズレている。「カモメライン」という分類も的を射ない。

どちらも釈迦堂遺跡博物館蔵

図2
山梨県釈迦堂遺跡のエース土偶2体。上がしゃかちゃん、下がしゃっこちゃん。縄文中期中葉、縄文のビーナスよりも約300年ほど後の時期の土偶だが、この時期の土偶も顔の印象はあまり変わらない。

すべて釈迦堂遺跡博物館蔵

図3
山梨県釈迦堂遺跡からは全部で1116点の土偶が出土している。この頃の土偶は似たような雰囲気を持つが、よく見ると1つひとつかなり個性的な顔つきをしている

顔の造形について

この一連の土偶の持つ特有のデザインは眉毛ではなく、つり目、小さな鼻と口、お尻の形。そして広げた両手に小さな胸。

『土偶を読む』でも、トチノミをアカネズミから守るマムシであると顔については考察している。

土偶のつり目はマムシの目（瞳孔）が夜になると縦に細長くなることを表したのではと考察されているが、つり目とは言ってもこれは斜めであってマムシの瞳孔のような縦の目ではない。こういう時はちゃんと類例を見て判断してみるべきだろう。図2、3に山梨県の釈迦堂（しゃかどう）遺跡から出土した土偶をいくつか並べてみる。つり目ではない目も多い、時にはタレ目の土偶もいる。いくつかは目を瞑っているようにも見える。マムシなどのヘビにはまぶたはない。

目のことを言う前に、マムシ、ヘビの特徴であれば、一も二もなくまずは「口」ではないだろうか。大きな口と二本の牙がヘビの顔の「記号」ではないだろうか。

『土偶を読む』では、記号やコード、顔パレイドリアなど、おしゃれな言葉で、人の共通認識としての造形コードをもっともらしく解説しているが、マムシの記号を「つり目」とは、どんな認知なのだろうかと、首をひねる。だいたいこの時期の中部高地の土偶、『土偶を読む』でいうカモメライン土偶は小さなおちょぼ口に表現される傾向があるのだけど、こんなおちょぼ口のマムシっているのだろうか？　これではアカネズミを飲み込むことなどできないだろう。おちょぼ口マムシならアカネズミも絶対に怖がらない。

ちなみにこんな縦の目もある（図4）。雫型の目。そして片方はまん丸。

面白いことにこの中期中部高地の顔は、片目のみで表現されることがある。あえての左右非対称なものも多く、ここには何かしらの神話的な物語の匂いを感じてしまうのだ。縄文中期の中部高地の土偶はもしかしたら神話の登場人物では……それもかなりトリッキーな！

ビーナスの頭のヘルメットもヘビではないかと『土偶を

図4
土偶ではなく土器に付けられた顔面把手。
（神奈川県青ヶ台貝塚）
（公財）横浜市ふるさと歴史財団埋蔵文化財センター蔵

読む』で考察している。確かにこの時代のこの地域の土偶は頭にヘビを載せているものも多い。頭の上に口を開けたヘビ（ここではヘビの特徴は口としている）がとぐろを巻いているように見える土偶もいる。竹倉説ではこの理由もトチノミに結びつける。マムシとはトチノミを食べにくるアカネズミを退治してくれる存在。だからマムシを頭に乗せているのだと。

土偶の顔がマムシで、頭のヘルメットもマムシ。これではマムシ・オン・マムシではないかと少し笑ってしまうが別にマムシがマムシをかぶっていても良いのかもしれない。ただしマムシの造形的な表現が両者で全然違うことにはかなり引っかかる。

実は今までの研究で土偶が頭に乗せているのはヘビだけではないことがわかっている。ヘビの他に、イノシシがデザインされたりカエルが乗せられたりする。一昨年、急逝された山梨県埋蔵文化財センターの今福利恵（いまふくりけい）さんの研究にそのことが詳しい。この時期の土器のデザインにはかなり具象的にこの三種類の動物（むしろこの三種類しか登場しないところが面白いポイントでもある）が造形され、時にデフォルメ化され、記号化され、土器に付けられる装飾的な把手や、顔面把手（土偶と文様構成は同じ）、土偶の顔周りにも使われることになる。個人的には、まるで被り物をしている「ご当地キューピー」のようでめちゃめちゃかわいいなと思う。読者のみなさんには、ぜひ今福さんの精緻で妥協のない研究にも目を通してもらいたい。具象的に表現されたカエルやイノシシやヘビを、縄文人たちがどう簡略化し、記号化していったのか、これはデザインの勉強にもなる（今福二〇一九）。では、カエルとイノシシはトチノミに関係するのだろうか、筆者にはよくわからない。

顔よりも尻派

そして、尻。この中期中部高地の土偶の特有の特徴である「尻」については『土偶を読む』では最後まで取り上げられていない。そもそも中期中部高地の土偶は「出尻（でっちり）土偶」と呼ばれていたくらいの顕著な特徴（図5、6）だ。

「出尻」については『土偶を読む図鑑』でこのように追加している。「土偶はもともと板状を意識して作られている。背面の腰〜臀部にみられる平面的な表現はその名残であろう」（土偶を読む図鑑八一頁）と、腰からお尻にかけてのラインの理由を考察し、「枝先からトチノミがぶら

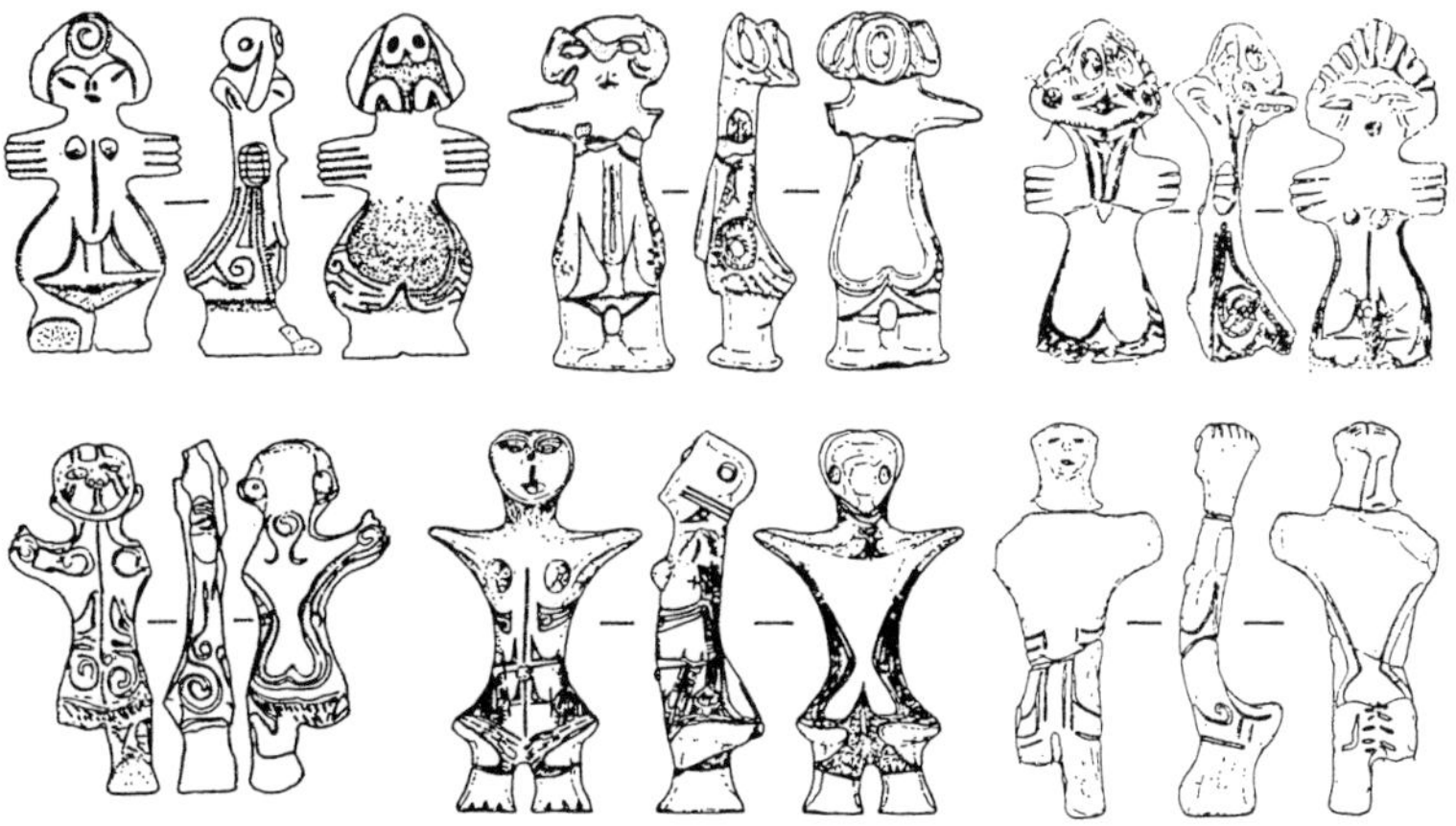

図5
左上：（坂井遺跡）、中上：（釈迦堂遺跡）、右上：（尖石遺跡）
左下：（葦原遺跡）、中下：（坂上遺跡）、右下：（増野新切遺跡）、みんなお尻が特徴的。
（小林康男1990から）

下がる様子は、まさに〝木になるお尻〟。出尻土偶の逆ハート形の臀部のラインは、熟して割れたトチノミ果実をイメージしていると考えれば納得だ」（土偶を読む図鑑八〇頁）。と、断言する。

しかし、これは〝出尻〟である理由にはなっていない。

お尻がトチノミなのかどうかと言えば、縄文のビーナスのようなお尻の大きな土偶はぱっと見はトチノミに似ている、かもしれない。しかし、そうでないものも多く見かける。統計を取ったわけではないが、一連の土偶の中でもビーナスのようなふくよかな臀部の土偶はそれほど多

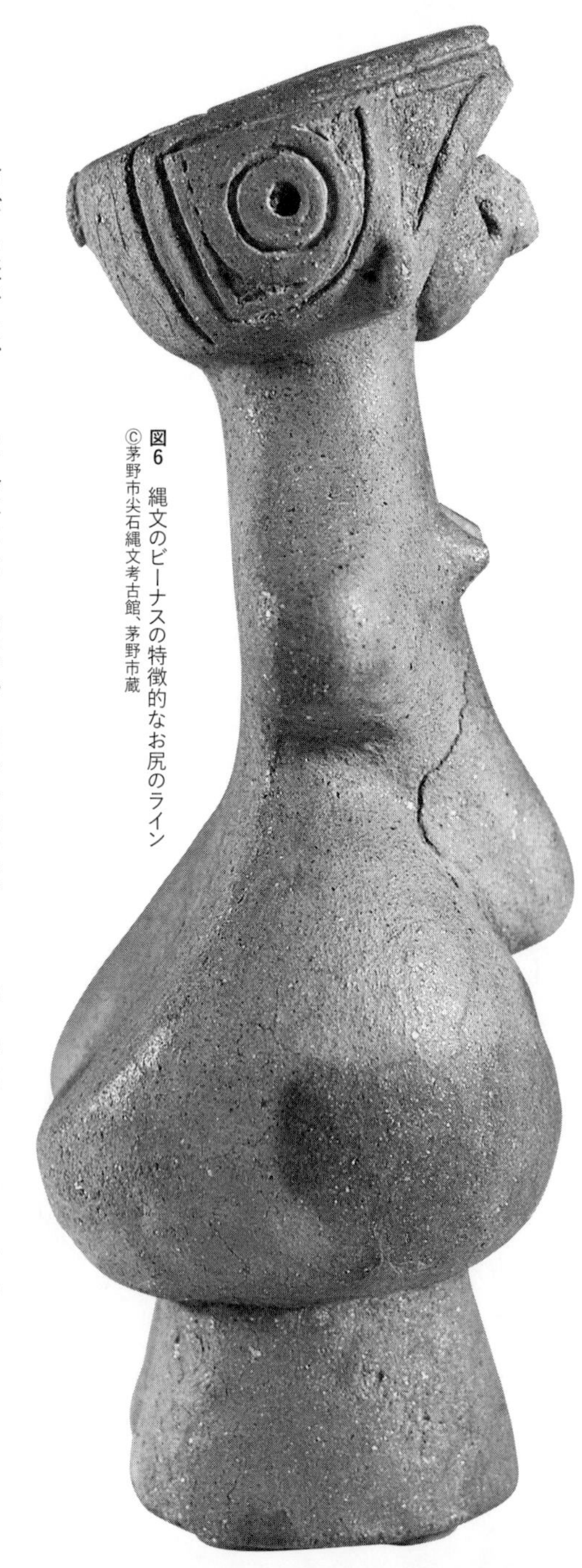

図6　縄文のビーナスの特徴的なお尻のライン
Ⓒ茅野市尖石縄文考古館、茅野市蔵

くはない（図5）。類例を見れば、板状で膨らみのない〝出尻〟も多く存在する。それは、言うまでもなくトチノミには似ていない。

それから、出尻土偶の顕著な特徴、手を広げていることについても『土偶を読む図鑑』でほんの少しだけ触れている。「このように腕を広げた土偶が見られるのは、これが植物の精霊像だからである」（土偶を読む図鑑九二頁）との一行だけなので、詳細はわからないが、木のシルエットや幹から枝が伸びることを表しているとのことかもしれない。ちなみに中期も後葉になると広げた手は徐々に上にあがり万歳しているようになる。そういった現象も考察に入れるべきだろう。

別の説もあげておこう。これは筆者の縄文友達の「木彫りのヤス」が言っていた説だ。中期中部高地の土偶、顔面把手（がんめんとって）、出産文土器は木のウロから顔を出すヤマネをモチーフにしたんじゃないかという説だ（図8、9）。もち

図9　実際に巣である木のウロから顔を出す貴重な写真が掲載されている。出産文土器は森の妖精の可能性もある。西村豊『ヤマネ日記 西村豊写真集』（講談社）

図8
津金御所前遺跡の出産文土器
北杜市教育委員会提供、北杜市考古資料館蔵

ろん本人は本気で思っているわけではないが、超、似てる。超、イコノロジー。似てるというよりかわいすぎる。もうヤマネしか勝たん。

また、縄文のビーナスやそれに連なる中部高地の土偶の顔に似ているといえばフウセンカズラの種（図10）も見逃せない。一つひとつに小さなハート形の顔を見つけることができる。が、ハート形土偶の項でも例をあげたが（本書五三頁）、何かに似ていても、簡単に自然に騙されてはいけない。

ちなみにだが、似ているといえば菱の実（図10）も土偶の体部や三角形土版（※）に似ている。こちらは縄文時代でも利用のあった植物なのだから、良い感じの「説」が作れそうだ。

図10
上はフウセンカズラの種（写真：福田康史）。縄文時代で利用はない植物。残念。下は菱の実。こういった形の土偶や三角土製品は存在する。コウモリにも似ている。

ほとんど重ならないトチノキ利用

見た目が似ているというイコノロジーの検証と中部高地の土偶の特徴の話はこのくらいにして、さて、ここからが一番大きな問題だ。

トチノミをこの時期の中部高地の縄文人たちが食べていたのかどうか、だ。

※縄文時代中期の北陸地方を中心に分布する土製品。

『土偶を読む』で、トチノキ利用の例としてあげられている遺跡は、山梨県甲府市の上の平遺跡、滋賀県筑摩佃遺跡、同じく滋賀県の粟津湖底遺跡。中部高地で言えば上の平遺跡の一例しかない。たくさんあるうちの一例をあげたのかと言えばそんなことはなく、実は縄文のビーナスやそれに連なる土偶の作られた縄文中期の中部高地の遺跡からはトチノキを利用していた形跡はほとんどない。皆無と言ってもいいくらい証拠がない。

『土偶を読む』で例としてあげられた山梨県上の平遺跡に関しても、発掘の詳細を記す報告書（『上の平遺跡第６次調査』一九九四）の記述では、出土した炭化物がトチノミの皮の「可能性がある」という曖昧なもので、さらに、あれだけの遺跡数のあった縄文中期の中部高地、長野県と山梨県で、この一例のみをもって、中部高地で縄文中期からトチノキ利用が始まったというのはあまりにも無理があるように思える（参考：本書三二八頁）。

実際に縄文中期の山梨県でのトチノキ利用について山梨県埋蔵文化財センターの佐賀桃子さんにお話を聞いてみる。

「縄文中期の明確なトチノミの利用は山梨県では見つかっていません。後期からであればいくつかあります。炭化種実が検出されたのは縄文後期の北杜市の上ノ原遺跡（似た名前だが上の平遺跡ではない）、それから韮崎市の三宮地遺跡、これは縄文晩期前半です。土坑の覆土からトチの炭化子葉片、種皮片などを検出しています。これはかなりの密度で混入されています」

はっきりとトチノミの利用の証拠が出ているのは後期と晩期だ、佐賀さんはさらに続ける。

「トチノミではなく、トチノキの炭化材については、北杜市海道前C遺跡の中期後葉の住居跡や上野原市の狐原遺跡などでも見つかっていますが、実の利用の証拠はなく、よくわかっていません。『土偶を読む』で論拠としていた上の平遺跡の炭化物の例は縄文中期前葉の五領ヶ台式期のもので、時期的には縄文のビーナスと重なり、その頃にトチ利用をしていた可能性はまったくないわけではないのですが、同時代の周辺地域を見てもそういった証拠は見られないので、これをもって「トチノミの利用のはじまり」とは言えません」

佐賀さんは慎重だが、やはり縄文中期前半の中部高地ではトチノミの利用はまだ始まっていなかったと考えた方が良さそうだ。

実は縄文中期末から後期にかけて、全国的に寒冷化が始まる。それによってさまざまな植生が変わり、今まで採れていたクリやクルミやその他の食料となる植物が減ってしまう。野生動物も当然影響を受けただろう。

寒冷化が直接の原因ではないが、縄文後期になると寒冷化によってもたらされた海面低下による地形変化が低地の利用を可能にし、トチノキなど斜面林に生育する樹種が増加したと考えられている（佐々木二〇一四など）。

トチノキは寒冷化には強かった。本来なら、それほど美味しくもなく（失礼）、アク抜きに手間がかかる植物だが、クリやクルミ、さまざまな食料に加え、縄文人はトチノキに頼るようになる。もしかしたらトチノミは縄文人のセーフティネットだったのかもしれない。

ちなみに他にあげられていた例である滋賀県の二つの遺跡だが、もちろん滋賀県は長野県や山梨県とは距離的に隔たりがあり、さらに植物利用で特に考えなければいけない標高もかなり違う。滋賀県の二つの遺跡の標高は約九〇メートル、縄文のビーナスの長野県棚畑遺跡の標高は約八八〇メートルである。これは本当に大きな違いだ。

『土偶を読む』では、その滋賀県筑摩佃遺跡の土偶（図11）と富山県長山遺跡からは出土している土偶を襟巻型カモメライン土偶と分類し、トチノミが割れた状態に酷似していると言う（参考：本書二四三頁）。しかし、見てもらったらわかるだろうけど、これはそれほど似ていない。もし、何か食用植物に当てはめるのであれば、何らかの山菜が似ているように思えたが、植物に当てはめる理由が筆者にはない。

図11　滋賀県筑摩佃遺跡出土の土偶
米原市教育委員会蔵

しかし、少しだけ擁護すれば、縄文のビーナスは中部高地の一連の土偶のかなり初期のもので、その成立には北陸の影響があると言われている。富山県の長山遺跡からは頭の平らな土偶（カッパ形土偶）が五〇点近く出土し、それらと縄文のビーナスの頭の形には類似性がある。だから筑摩佃遺跡と長山遺跡の土偶は、顔が似ているわけではないが、どこか根底ではつながっているのかもしれない。しかし、『土偶を読む』ではせっかく類似性のある長山遺跡のカッパ形土偶との比較をしない。

トチノミが大量に出土し、食性のグラフまで載せている滋賀県の粟津湖底遺跡だが、ここからもカモメライン土偶が見つかっている。と、『土偶を読む』では書かれている。「トチノミとカモメライン土偶が同じ遺跡から出土するという好事例」（土偶を読む二〇八頁）と写真を載せず文章のみの記述だ。中期の滋賀で中部高地の縄文のビーナスに連なる土偶が出土していたかなと疑問に思い調べてみると、粟津湖底遺跡から見つかっている土偶（頭部）は下の二つ（図12）で、まるで「カモメライン土偶」とは似ていない。「トチノミとカモメライン土偶が同じ遺跡から出土する好事例」とはいったいどういうことなのだろうか。写真を載せなかったのは読者への説得の材料にならないと考えたのだろうか。自信があるのであれば提示したはずだ。これ、面白い顔をした土偶だけど。

図12　滋賀県粟津湖底遺跡出土の土偶。この他にも2点、土偶の可能性のある欠片が見つかっているが、頭部はこの2点のみ。
滋賀県提供

これもやはり恣意的な資料の選択と言えるだろう。

あげられたデータを一つ一つ見ていくと、疑問点が多い。『土偶を読む』は、ことほど左様に結論ありきでさまざまな事柄を強引につなぎ合わせているだけで、それら一つ一つは証明になりうる厚みのあるものではない。

その上で、ミミズク土偶、イタボガキに続き、「土偶とは縄文人たちが主食としていた食物」という定義にも目を瞑るなら、もう何を証明したいのかがわからない。学問や「知」にこだわるのであれば、データを恣意的に、そして読者に目眩しのように提示するよりは、相反するものでも多くのデータをテーブルにあげ、それらを吟味し客観的に判断し、より蓋然性の高い方を優先的に採用するべきだっただろう。

『土偶を読む』ではこの章の結論として、こう記す。

「土偶の造形がそのように語っているのである（これ以上に合理的な解読があるのならぜひ教えて欲しい）」（土偶を読む二二一頁）。言葉の意味はよくわからないが、とにかくすごい自信だ（ゆでたまご一九七九）。

『土偶を読む』検証

縄文のビーナス
カモメライン土偶／出尻土偶

△	**イコノロジー**（見た目の類似） ビーナスに限れば似ていなくはないが、類例などを俯瞰してみれば似ているとは言えない。
✕	**編年・類例** 考慮に入れているようには見えない。
✕	**トチノキの植生** 時代が違い、利用されていない、または、ほとんど利用されていない

検証 5

結髪土偶、刺突文土偶——イネ、ヒエ

図1
結髪土偶
晩期後葉
山形県最上郡真室川町
（五郎前出土）
真室川町教育委員会蔵

結髪（けっぱつ）土偶はイネ、刺突文（しとつもん）土偶はヒエ、この二種類の土偶はどちらも穀物と、ずいぶん野心的な読み解きをしている。

またこれらの土偶に関して言えば、縄文晩期から弥生時代の前期にかけて作られたものと、少しの時代的な逸脱となる。しかし、時代や文化はグラデーション、土偶も縄文だけのものではない。弥生時代にかかるものでも、縄文文化に由来があるものであればもちろんここでの検証や考察にも値する。

野心的なのはイコノロジーという手法と、そのモチーフを弥生時代になって始まった稲作＝イネ、そしてヒエの穀類に想定していることだ。

5－1　結髪土偶

まずはイネ＝結髪土偶から見てみよう。

『土偶を読む』では、この結髪そのものが髪を束ねたものではなくイネを束ねたものとしている。さらに体部が扇形なのも束ねたイネのシルエットを表しているのだ！　名探偵さながらに（土偶の）謎は解けたとしている。

しかし、東北、それもこの結髪土偶や後で考察する刺突文土偶が作られた北東北では稲作はなかなか入ってこない。縄文晩期に稲作のノウハウが朝鮮半島から伝わり、西日本で本格的に稲作が始まっても東北を含む東日本ではしばらく縄文時代は続く。

そもそも文化の移行期である縄文時代と弥生時代の境目はわかりづらい面があり、どこをもってここから弥生時代ですとはなかなか言えないものでもある。また九州、西日本と東日本ではその様相はかなりの違いがあり、単純には区切れない。現在ではその地方の本格的な稲作の開始を弥生時代のはじまりとすることになっている。

ではこの結髪土偶と稲作の関係を時期の面から見ていこう。

この土偶の作られた北東北、その中心地点である青森県で水田跡があらわれるのは弥生時代前期後葉の砂沢（すなざわ）遺跡。年代で言えば約二四〇〇年前。これ以前には水田の跡は東北では見つかっていない。そしてここは東日本最古級の水田の痕跡でもある。これでも突出して早い水田だ。だから約二四〇〇年前をもって砂沢遺跡の周辺もあわせて完全に弥生時代に移行したとも言いすぎになるだろう。

結髪土偶が作られ始めたのはこれよりも早く、縄文時代晩期の後葉にあたる、年代で言えば約二七〇〇年前。東北で初めて水田が作られるまで約三〇〇年の開きがある。普通に考えれば結髪土偶が作られ始めた頃にはいまだ稲作は東北にも東日本にも到達していないということになる。

さて、『土偶を読む』ではそのなかったはずのイネを、どうしてあったことにしたのか、ど

図2
山形県石田遺跡の結髪土偶。山形大学付属博物館で展示されている。
山形大学付属博物館所蔵
元興寺文化財研究所撮影

のような理由をあげるのだろうか。と、興味津々で読み進めてもなかなか核心には触れてこない。なかなか焦らしてくる。「ゆるキャラの稲穂は頭に配置される認知の表象パターンだ」、「家紋にあらわれる稲穂」だったり、「アイヌの植物認知」や「アニミズム的な世界観」、「アナロジカルな神話的思考」、「野生の植物学」を披露し、頭に稲穂がある意味と、腕がどうのと蘊蓄(うんちく)を披露する。蘊蓄のための蘊蓄のような蘊蓄で読むのに挫けそうになる。

しかし土偶の背に表現された破線や沈線、刺突文を「米」を表す象形文字だと言い出した時には飲み込んだコーラで盛大にむせた。何でもかんでも引用すれば良いものでもない。

象形文字も古代人が何かを図象化したものだから、縄文人がコメを図象化したものが似ていてもおかしくないと注釈で述べているけれど、象形文字には象形文字なりのルールがあって、単純にそれと似ているから「そうだ」とはならないことは誰にでもわかる。記号として似てしまう事例があったとしても、類例を集めて明らかな傾向があって初めて「かもしれない」と言えるものだろう。もし、コメを図化した記号が縄文時代にあったのだとすれば、それは文字の始まりの可能性が出てくる。すなわち大発見ということになる。

森の賑(にぎ)わいのように、多くの引用をあげてもなかなか決め手になるような事柄はない。甲骨文字の後、やっと「考古学的な整合性」の話になる。縄文晩期の東北にどうやったらコメが、と、ワクワクして読めば、ここではこんなふうに書かれている。

「縄文晩期の東北地方で稲作が行われていたことは、当時の水田址の発見などからすでに証明されている。そのうえで、私が自らの仮説の正しさを確信したのは、金子昭彦と東京大学の設楽博己の言葉を目にした時であった」（土偶を読む二五四頁）

ちょっと待て。縄文晩期の東北のコメ利用については、この一文のみ。「縄文晩期の東北地方で稲作が行われていた証拠である水田址の発見」とはいったいどこの遺跡のことかは何の記述もない。それどころか縄文時代の稲作についての記述はこの一行で終わり、その後にも、もちろん前にも何も触れていない。筆者は言葉にならない声を出し、ソファに身体を投げ出しどういうことなのか考える。

もしかしたら前出の砂沢遺跡のことを言っているのだろうか。砂沢遺跡は縄文晩期から弥生時代まで続く遺跡であることは確かだが、ここで見つかった水田址は弥生時代前期後葉のものであり、縄文時代晩期終わり頃の「大洞A'式土器」や、結髪土偶が作られ始めた頃の「大洞A1式土器」（図5）よりも新しい段階のものである。その後に東北地方で水田址が見つかっているのは同じく青森県の垂柳（たれやなぎ）遺跡、これはさらに時期が遅く弥生時代中期となる。

繰り返すが、現在の発掘調査では砂沢遺跡から見つかった弥生時代前期後葉の水田址が東北最古である。

間違いであればこれは訂正すべき事柄だ。東北での稲作の開始時期についての、極めて基礎的な間違いだ。同時にこの土偶のモチーフがイネであることも間違いになる。

水稲（すいとう）じゃなくて、野生種の陸稲（りくとう）の可能性は？　との声も聞こえてきそうだ。『土偶を読む』ではそのことには触れられておらず、「水田址の発見」があったとの一文で結髪土偶の時期に稲作を始めていたと考えているようだ。だからわざわざ触れる必要はないかもしれないが、言えるのは水稲も陸稲も同じイネで、同じように寒さに弱い。だから北東北では育ちにくく、当然のように組織的な利用の形跡もない。もし縄文人の食卓に並んだとしても、ごくごくわずかな量だっただろう。

縄文人にとって食料の調達は彼らの人生の中で相当なウエイトを占めていたに違いない。そんな中、そもそも育ちにくい、気候が植生に合わないものを重要視することはなかなか考えづらいものだ。「主要な食用植物がモチーフ」という『土偶を読む』の最重要骨子はすでにミミズク土偶と縄文のビーナスでくずれているが、残念だが、この結髪土偶について同じ現象が起きている。同じ現象でもより間違いの度合いは大きい。そこに存在しないものがモチーフになっている。いわば場違いな工芸品（＝オーパーツ）のような現象になってしまっている。

強引で恣意的でも何かしらのロジックで、「あった」と言い張ってきた『土偶を読む』だが、今回は何のロジックも示さずに弥生時代に話を移行させている。さんざん「家紋にあらわれる稲穂」や「アイヌの植物認知」の蘊蓄を聞かされた挙句、この誤魔化しは結構ひどいなと、先ほど吹き出したコーラを拭き取り、新たなコーラをグラスに注ぐ。

イネがモチーフというけれど、結局のところそこにイネはなかった。「ほとんど」利用されていなかったではなく、「まったく」利用されていなかったのだ。

引用元に話を聞いてみる

東北に稲作が到達した後も、ほとんどの場合、東北ではその気候や災害で、上手くいかなかった。弥生時代、前期の後葉から一度は水田を作り初めてみたわけだが、結局はやめてしまっている。前出の砂沢遺跡も同様で、水田の作られた時期は十数年とかなり短い。

東北の稲作はそういった状況だったのだが、『土偶を読む』では、縄文晩期に「水田址の発見」があったと〝間違い〟を書いた後に弥生時代の記述、そして「**私の仮説は考古学的事実とぴったりと符合していた。しかも、驚くほど見事に**」（土偶を読む二五四頁）と述べる。その主張についても、さらに検証する。

『土偶を読む』での「考古学的事実とぴったり符合」とは、岩手県立博物館の学芸員の金子昭彦さんの論文が元になっている。この東北で、弥生時代になって稲作を始めた集落が、種々の理由で稲作をやめてしまう時期と土偶が作られなくなる時期が近しいことを、金子さんが学会誌で書いた論文を論拠にしている。以下がその要旨（ようし）である。

「結髪土偶は西北域（津軽地方）と南東域（北上川中下流域）で異なり、南東域では弥生時代中期の早い段階で消滅する。西北域では弥生時代中期中葉まで存続するが、その後忽然と消え、逆に、弥生時代中期後葉に南東域で西北域のそれと連続性のある土偶が出現し、弥生時代後期前葉の仙台平野で消滅する。最後は、あたかもコメの取れる場所を追いかけていくかのようである」（金子二〇一五）

この最後の行がそのまま『土偶を読む』の論拠となっている。しかし、これは論文の冒頭で概略をわかりやすく伝えた「要旨」（図3）であって本文ではない。「要旨」を引用してはいけないわけではないが、論拠とするにはあまり聞かない不思議な引用ではある。さらに本文を読めば、土偶は「コメの取れる場所を追いかけて」いるわけではないことがわかる。

実際にこの論文を書いた岩手県立博物館の金子昭彦さんにお話を聞いてみる。金子さんはこの論文だけではなく『土偶を読む』でいくつかの論文や図版を引用されている。

「結髪土偶と水田稲作の関連について、この文では水田稲作と結髪土偶が関係あると述べたのではなく、人が多いところに土偶は多く、東北地方北部の弥生時代の当時そこは水田が営まれた場所であり、『稲作と土偶は共存しない』という通説をわかりやすい言葉で否定しただけなのです。だからと言って結髪土偶と稲作が関連あるとはまったく思っておりません」

東北の縄文人たちは縄文文化を引きずりながら弥生文化の稲作を取り入れている。だから土偶と稲作がこの時期に共存することもある、ということだ。

土偶が作られなくなった理由は単純に人口が減ったことに答えを求められる。かねてからの寒冷化により青森では遺跡数が激減し、弥生中期後半にはほとんど過疎化という状況におちいる。そもそも縄文時代から土偶は土器のように多くは作られず、ほとんどの場合は大集落でないと作られない傾向にある。土偶の消滅はこの方が合理的な説明だろう。

弥生時代の東北で水田が作られた遺跡から土偶が出土することが多いことについても、同じ理由が考えられる。土偶は人が多い集落でしか作られないわけだから、人が減り当然土偶も作られなくなる。人の多い大集落で水田は作られ、やはり人が減ったことで水田は作られなくなる。

金子さんが示したこととはまったく違う結論にこの論文は引用されてしまった。これこそ二つの意味で我田引水と言えるだろう。

とは言えこの金子さんの論文は、前出の考古学者の設楽博己さんも引用し、「青森県の津軽平野で水田稲作の放棄と非農耕稲作地域である続縄文時代の北海道で土偶が作られなかったこ

図3　金子さんの論文「縄文土偶の終わりー東北地方北部／弥生時代土偶の編年ー」。まさか要旨が引用されるとは思っていなかったかもしれない。

考古学研究　第62巻第2号（通巻246号）56-77頁，2015年9月
Kokogaku Kenkyu (Quarterly of Archaeological Studies)
Vol. 62　No. 2 (No. 246) September 2015 pp. 56-77

縄文土偶の終わり

― 東北地方北部・弥生時代土偶の編年 ―

金　子　昭　彦

要旨　東北地方北部の弥生時代の土偶について，最新の土器型式編年研究の成果に学び，連続性を重視して編年を試みた。当該期の土偶と分かるものは，結髪，刺突文土偶のいずれかに含められ，両者とも，前期末に多様化した後中期に激減する。結髪土偶は，西北域（津軽地方中心）と南東域（北上川中下流域中心）で異なり，南東域では中期初頭の早い段階で消滅する。西北域では中期中葉まで存続するが，その後忽然と消え，逆に，中期後葉に南東域で西北域のそれと連続性のある土偶が出現し，後期前葉の仙台平野で消滅する。最後は，あたかも米のとれる場所を追いかけていくかのようである。

キーワード：東北地方北部，弥生時代，結髪土偶，刺突文土偶，消滅

はじめに

東北地方の弥生土偶を正面から扱ったのは佐藤嘉広氏のみである（1996，2004）。筆者も，結髪，刺突文土偶を扱ったが（金子2004，以下前稿），当時東北地方北部の弥生土器型式編年は混沌としていて，土偶編年についても弥生時代の部分は曖昧にお茶を濁すしかなかった（2004：pp.29～30）。その後石川日出志氏とその高弟により土器型式編年研究は急速に進み，土偶も増加した。土偶の編年も検討する機は熟し，併せて，その意義も考察してみたい。

とを結びつければ、農耕文化の影響という可能性が浮かび上がる」（設楽、石川二〇一七）と、その「可能性」を示唆する内容のことを話している。これは「可能性」であって「ぴったり符合」ではないのだが、弥生土偶（結髪土偶・刺突文土偶）と稲作などの農耕文化の関係の可能性について注目だと述べていて、こちらも『土偶を読む』の論拠となってしまっている。

金子さんには『土偶を読む』そのものについてもどのような評価をしているのか聞いてみる。

「結論として『土偶を読む』の評価ですが、最も問題なのは、氏が自説に合うよう考古学的事実を改変していることです。結髪土偶の誕生期はまだ縄文時代晩期で水田などないはずであるのに関わらず「弥生土偶」とみなし曖昧にしてしまう、結髪土偶の成立期に大型遮光器土偶はまだ存在していたのに、そのことにはまったく触れないなど、問題の部分は枚挙に暇がありません。これが意図的なのか単なる理解不足なのかはわかりませんが、事前に考古学的な知識のない一般の読者は、これだけ自信たっぷりに書かれていたら事実なんだと思ってしまうでしょう」

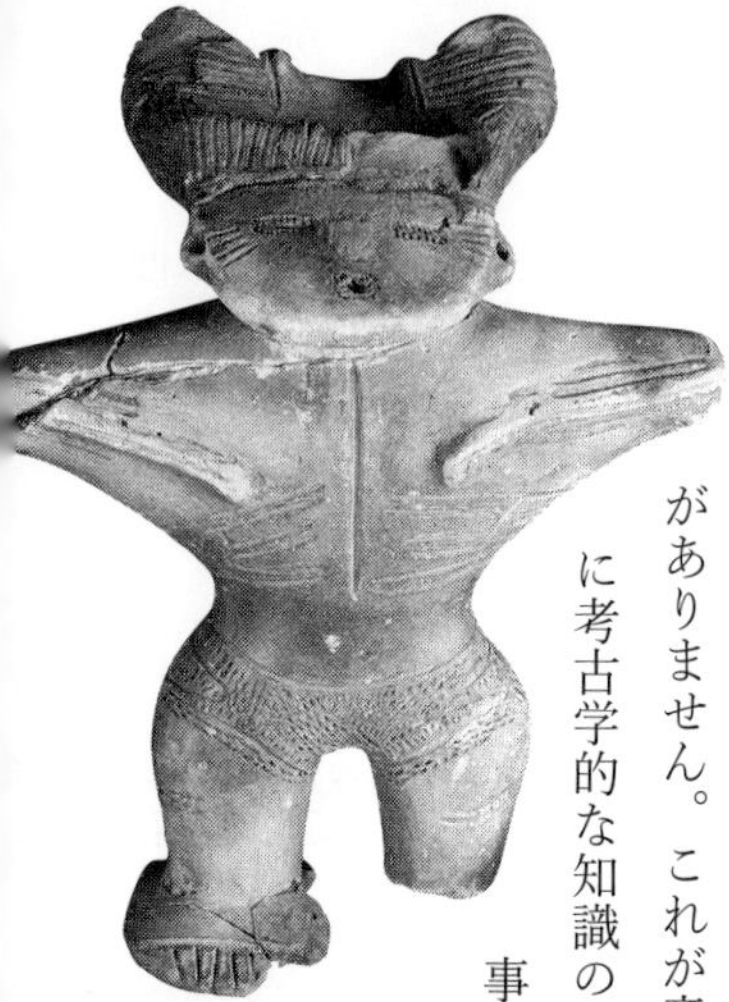

図4　秋田県鐙田遺跡の結髪土偶（湯沢市教育委員会蔵）
上のQRコードのサイトでこの結髪土偶の3Dデータをダウンロードできるので、グルグルと動かして見てみよう。

結髪土偶はどうやって成立したか

結髪土偶が成立した時に、イネがなかったことはすでに述べた。この土偶は縄文晩期の大洞（おおぼら）式土器の時代の土偶、縄文文化の中から生まれた土偶だ。九州北部では弥生文化の生業として稲作が始まるが、東日本にやってくるまでにはまだ時間がかかる。もしかしたら噂（うわさ）くらいは聞いていたかもしれないが。

ふと思う。稲作を始めた西日本では結髪土偶は作られているだろうか。稲作と関係があるのであれば結髪土偶は稲作とともに徐々に東日本、東北にやってきたということも考えられるだろう。せめてそういったことが推定されるようなものが……、調べるまでもなく、そんな事実はない。結髪土偶は東北で発生した東北の土偶だ。

とは言え結髪土偶は突然あらわれた土偶ではない。ここまで読んでくれた読者のみなさんには当然わかっているだろう。そう、編年を見てみよう。

結髪土偶、それから後から説明する刺突文土偶の源流はもちろん、直前の時代を彩った遮光器土偶になる。遮光器土偶についてはこの後の、遮光器土偶＝サトイモの章で詳しく検証するとして、結髪土偶、刺突文土偶。

遮光器土偶、結髪土偶、刺突文土偶はほとんど兄弟（姉妹）だと言える土偶だ。なぜなら同じ亀ヶ岡文化の中に含まれている土偶だからだ。並行する土器型式は大洞式(おおぼらしき)。大洞式は下の表（図5）のように時代順にB（1、2）→BC（1、2）→C1→C2→A（1、2）→A'とその文様によって区分される。注目してほしいのは、その文様や形は徐々に変化する連続性のあるものだということだ。

遮光器土偶は大洞B（1、2）→BC（1、2）→C1→C2→A1の頃にあたり、A1→A2→A'の頃が結髪土偶と刺突文土偶が作られた時代だ。

土器からは、遮光器土偶と結髪土偶、刺突文土偶が連続した文化の中にいたことが分かるが、実は縄文晩期の土偶の様相はいくつかの系統に分けることができ、それなりに複雑だ。

読者のみなさんも単純化したい気持ちをグッと抑えてほしい。時として真実はそのディティールにしかあらわれず。進化や変化の方向は必ずしもひと方向だけではない。この縄文後晩期の東北地方の土偶の変遷について詳しくは「変化する土偶。」（本書二九二頁）を見てほしい。前出の金子さんがまと

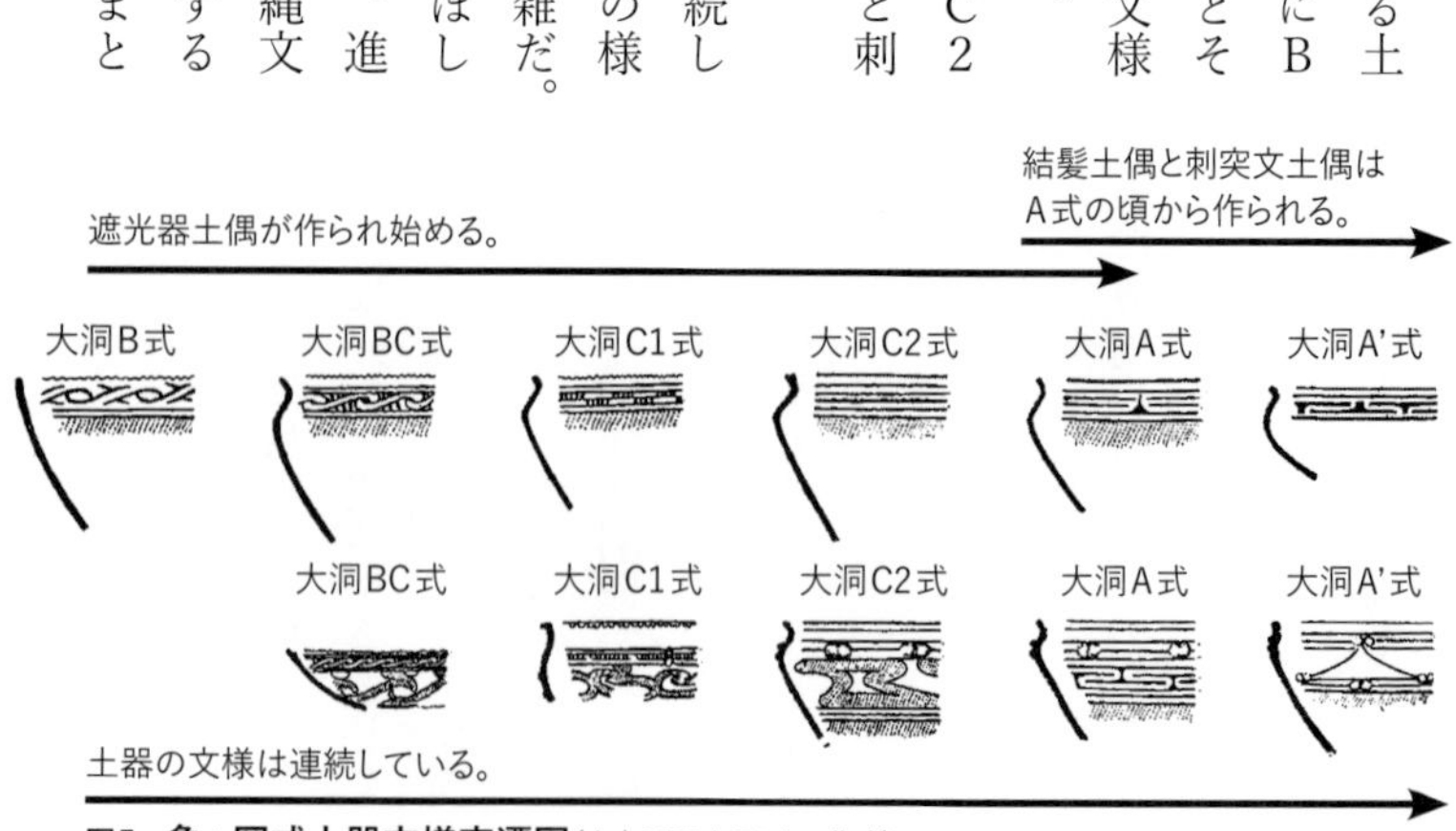

図5　亀ヶ岡式土器文様変遷図（山内1930を元にして作成）

図6　肩パッド土偶。刺突文土偶に影響を与える。（福島県西方前遺跡）三春町歴史民俗資料館蔵

めている。

ざっとこの土偶の変遷を見れば、亀ヶ岡遺跡のしゃこちゃんを代表とするいわゆる目の大きな大型で中空な遮光器土偶は大洞ＢＣ２期をピークに成立し、Ａ１期まで作られる。が、並行して小型で中実の遮光器土偶、x字土偶と呼ばれる土器の雲形文様がそのまま人体化したような小型の土偶、小型遮光器土偶から変化した屈折土偶と呼ばれる、裸（のよう）で少し膝を曲げた土偶も並行して作られている。やがて、その屈折土偶や小型の遮光器土偶の流れを受けて、結髪土偶が成立する。

という流れだ。結髪土偶に少し遅れ、縄文晩期末になると刺突文土偶が作られ出す。金子さんによれば、「この地方の伝統である遮光器土偶と屈折像土偶が融合したような土偶を基本として、大洞Ａ１式期の東日本各地に点在していた「肩パッド土偶」（図６）と呼ばれる土偶と共通の肩パッドを取り入れ、成立したようだが、大洞Ａ２式期の岩手県北上市九年橋（くねんばし）遺跡にその祖型のような土偶はあっても、九年橋遺跡例とは少し隔たりがあり、刺突文土偶の成立は割と唐突で、大洞Ａ'式古期と言わざるを得ません」とのことだ。

「言わざるを得ません」とはやや固っ苦しいが、その成立にはまだまだ謎な部分があるようだ。

金子さんは続ける。「結髪土偶と刺突文土偶は、大洞A'式古期以降併存するわけで、以前、その関係を検討してみましたが、はっきりとはわかりませんでした。違う遺跡から出土することもないわけでもないですが、同じ遺跡から出土する方が多いです。出土状況に違いも見出だせませんでした」

本書ではわからないことはわからないと書こうと思っている。土偶はまだまだ謎が多い。

しかし、『土偶を読む』の説を鵜呑みにすれば、ちょっと前まで土偶を使ってクリの祭祀を行っていたはずの縄文人が、ある日から土偶でサトイモの祭祀を始める。この間まで『土偶を読む』でいう「極めて写実的に描かれた」クリの精霊だったはずの土偶が、いつの間にかサトイモの精霊に変わり、いや、コメだ。いやいや今日からヒエだ。となる。もしかしたらこれって干支のようなもので毎年変わるようなものなのか、と勝手に思考をめぐらせてしまうのだが、それは多分、筆者がこの原稿を書いているのが年末年始だからだろう。

何度も繰り返すが、土偶はほとんどの場合、連続している。その中で枝分かれし、別系統として並行していたとしても、お互いに影響されて変化しているのは明らかで、そこにモチーフがあるのであれば、どこからどこまでと境界線を引くことは難しい。

結髪部分がイネをかたどっていると『土偶を読む』では考察している。面白い発想の転換かもしれないが、これもやはり問題が多い。似たものは似たものという理論で髪型がイネとしているのだが、写実で見るとしたら「結った髪（結髪）」の方が素直に見れる。例えばイネであるとしたら束ねた結髪がイネの茎だったとしても、まとめた髪の毛の中に穂を表した「何か」があるべきではないだろうか。片方にたわわに豊作の実をつけるべきではないだろうか。茎だけを頭にまとめた意匠と言われたらそれまでだけど、茎に豊作を祈る象徴性がどれほどあるだろうか。それとも現代の神社などのしめ縄につながるのだと話は進んでいくのだろうか。

髪の毛というと当たり前で面白くないと思うかもしれないが、よく見てほしい。この髪型、髪型だとしても十分面白い。個人的には稲穂というよりも断然面白い。髪型としては奇妙すぎると思える方は、もう一度、パドメ・アミダラの髪型（本書八九頁）を振り返って見てほしい。

まだ、ヒエとサトイモ、刺突文土偶と遮光器土偶が残っている。続けて検証を見てほしい。

5－2　刺突文土偶

結髪土偶の頁ですでに触れているが、ヒエである刺突文土偶。

この土偶もまた、縄文晩期、結髪土偶から少しだけ遅れて出現した土偶だ。だからほんの少し弥生時代に近い。青森最速水田でお馴染みの砂沢遺跡の弥生時代前期でも刺突文土偶が出土している。

図7
刺突文土偶
晩期後葉
青森県平川市
(程森遺跡)
東京大学総合研究博物館

だからまだこちらをイネにしていればとも思う、惜しい。ねじれている。いや、どちらにせよ縄文晩期にイネはない。西日本で稲作が始まってもしばらくは東北では稲作を始めない。ないものはない。

ヒエを栽培していた証拠もない

ねじれていると言えば『土偶を読む』のヒエの解説では、ヒエの種類は「イヌビエ」だろうと考察している。その上で肩から胸部にかけて描かれるねじれた隆線（盛り上がった線）に注目し、これはヒエ特有のねじれではないかと考えている。しかし、残念ながらねじれるのは栽培種のみ、野生種のイヌビエにはねじれはない。三〇八頁からの対談に参加してもらっている植物考古学の研究者である佐々木由香さんに聞いても、縄文晩期にヒエの栽培を縄文人が初めていたという証拠も今のところないようだ。

また、残念ながらこの身体に沿ったねじれた隆線については、前出の金子さんは土偶の形態変化から、これは手ではないと否定している（本書三〇五頁）。

しかし、イネよりまだマシである。イネとは違いヒエは寒さに強い植物で、東北でも育てることは可能だ。ただ、マシというだけで現実としてはその証拠はない。

『土偶を読む』では植物考古学者の吉崎昌一の論文「縄文時代の栽培植物」（吉崎一九九七）を引

用し、ヒエの利用が縄文前期から中期にかけて栽培化されていたことを述べ、「というわけでヒエの利用は古く、縄文晩期の東北でヒエが栽培されていたことは確実」と話を飛躍させる。

しかしこれは文字通り飛躍だ。中期までの話は中期までで、今は晩期の話をしている。その間には一〇〇〇年以上、長ければ二〇〇〇年の大きな開きがある。晩期の東北では残念ながら確実なヒエ利用や栽培の証拠はない。

さらに詳しく佐々木さんに聞く。

「科学分析でもヒエはヒエ属から種レベルで区別することが難しいので、野生型なのか、栽培型なのかの証明は難しい。ただし、ヒエはC_4植物（光合成の仕方での分類で、多く食べていたとしたら骨などにその証拠が残りやすい）なので、明らかに食べているのであれば人骨の同位体を分析することによってわかるのですが、東北でそのような顕著な例はありません」

やはりこの頃の縄文の食卓も従来的なクリやクルミ、コナラやカシ類などの堅果類の植物質食料が主要な食料になっていたようだった。その他には海が近ければ魚や海産物、山が近ければ山のものを採取していただろう。

興味深い事例と発表がある。東北ではなく長野県での事例だ。

東京大学総合研究博物館の米田穣（よねだみのる）教授らの研究チームが小諸市、七五三掛（しめかけ）遺跡の縄文晩期末人骨の同位体を分析し、C_4植物の摂取から従来的な狩猟採集生活をしながら渡来文化の一部である雑穀（アワ・キビ）を食べていたことも推定した。これは縄文時代の伝統的な食文化の一部に雑穀が加わったことを表し、そのことを「低水準食料生産」時期とし、時期や地域によって多様な食料生産の形態があり、単純に狩猟採集と稲作と二分できない段階があったとの考えだ（米田ら二〇二一）。これもまた興味深い。縄文時代の食料生産は、地域やその地域の中でも集落ごとに個別の食糧生産の形があり、なかなかに一様ではないことも推測している。もちろん共通する部分も多いのだが。

時期と地域を並行する結髪土偶と刺突文土偶の出土状況や出土遺跡になんら違いがないことはすでに述べた。この二つだけ見ても土偶と食糧生産の関連は見えてこない。寒さに強い植物であるヒエと寒さに弱い植物であるイネが同じ遺跡で同時に育てられる様子は想像するのは難しい。縄文時代にビニールハウスなどはない。

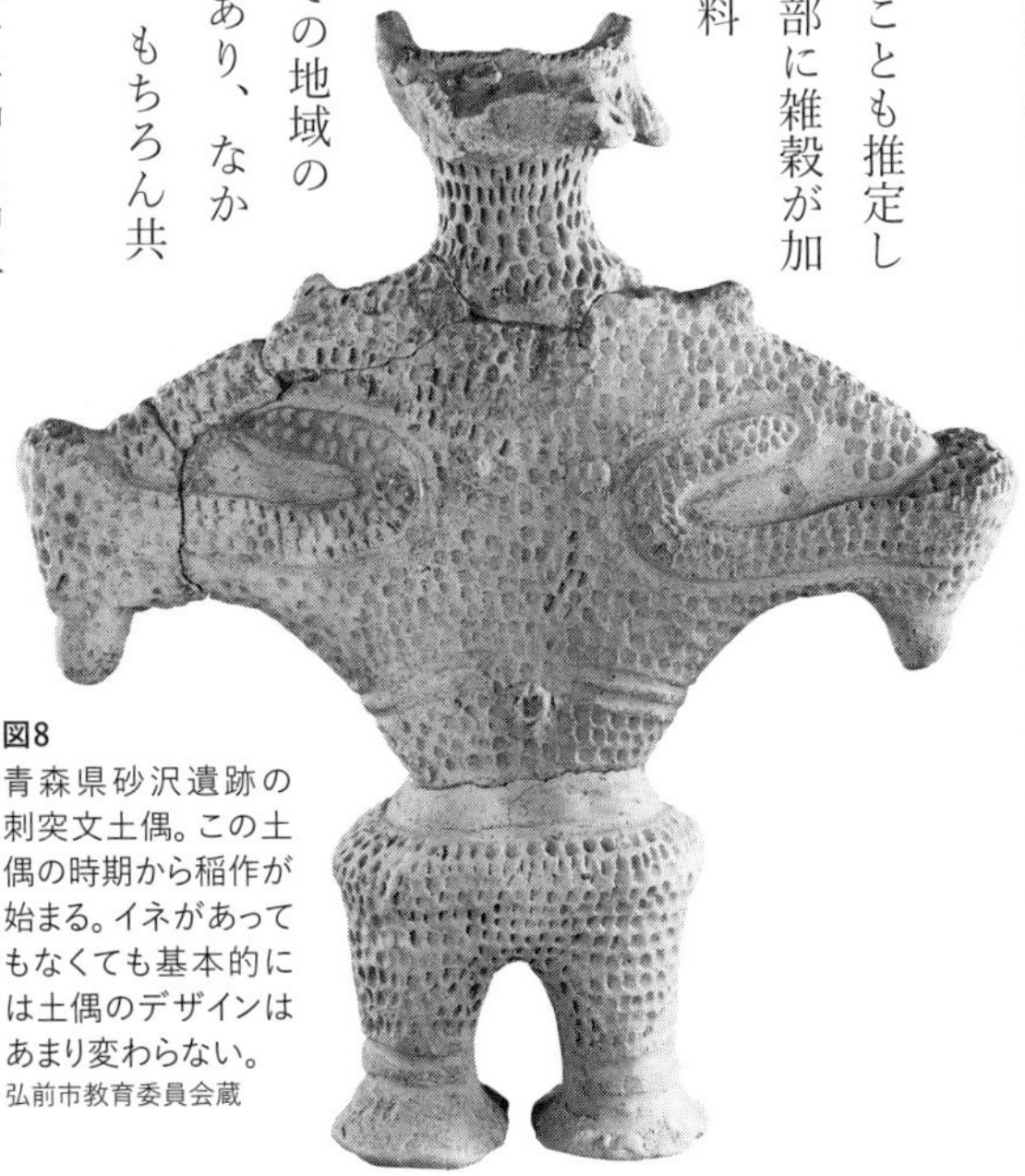

イコノロジー＝見た目についても多くを語る必要はないだろう。この土偶に施される文様は

図8
青森県砂沢遺跡の刺突文土偶。この土偶の時期から稲作が始まる。イネがあってもなくても基本的には土偶のデザインはあまり変わらない。
弘前市教育委員会蔵

名前の通り「刺突文」である。竹串のような道具で全身に及ぶ文様帯に細かく刺突を加えていく。もちろん、こういった技法はかねてから縄文時代にはあったわけだが、全身に及ぶ刺突であれば、縄文後期初頭に新潟県を中心に作られていた三十稲場（さんじゅういなば）式土器（図10）は良い手がかりになりそうだ。『土偶を読む』でもこの土器との比較が必要だったように思える。縄文時代には珍しく蓋付きの土器が作られ、文様は細かな全身の刺突で作られ、その造形にはどことなく縄文晩期の刺突文土偶の雰囲気もある。造形だけ見れば共通点の多いこの土器との比較をおすすめしておきたい。時期は全然違うけど……。

図9　刺突文土偶頭部。濃くて良い顔しています。（青森県大川目遺跡）むつ市教育委員会蔵

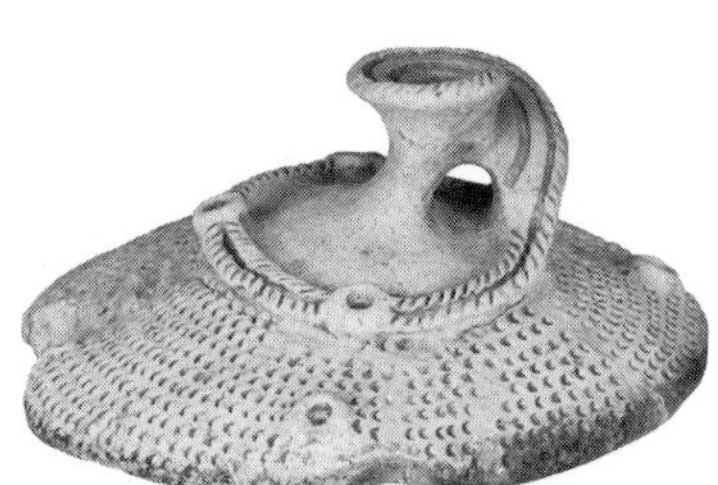

図10　三十稲場式土器。上の蓋形土器は図9の土偶頭部に似ていて新たなイコノロジーを発揮してしまいそうになる。下の深鉢型土器の胴部の文様は基本的に刺突文だ。（岩野原遺跡）新潟県長岡市教育委員会蔵

縄文後期初頭の新潟でヒエが利用されていた可能性は否定しないが、やはりこの頃のメインの食料ではないだろう。

個人的に思う結髪土偶と刺突文土偶の面白いところとは、日本の西側が弥生時代となって、稲作なんかを始めちゃったりしていた頃に、東北の縄文人は土偶を作り、縄文文化の真っ只中にいたということだ。

寒冷化によって従来の生業にその限界を感じていたことも水田を作ってすぐやめてしまったりすることで推測できる。彼、彼女らは西からやってくる新しい文化の息吹をどう感じていたのか。縄文晩期から弥生時代にかけての東北縄文人たちの苦悩と希望がこの土偶に込められているのかもしれない。

『土偶を読む』検証

結髪土偶

イコノロジー(見た目の類似)

結髪がイネである造形的特徴はない。

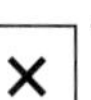

編年・類例

考慮に入れているようには見えない。

イネの栽培

結髪土偶が作られ始めた頃に稲作は東日本に到達していない。

刺突文土偶

イコノロジー(見た目の類似)

似てるとは言えない。刺突文が施される土偶は縄文中期から少なくない。

編年・類例

考慮に入れているようには見えない。

ヒエの栽培

明らかに利用している証拠はない。

検証 6

遮光器土偶——サトイモ

東京国立博物館蔵
出典：ColBase

図1 遮光器土偶
晩期前葉～中葉
青森県つがる市
（亀ヶ岡遺跡）

遮光器土偶の中心地点ではサトイモは

遮光器土偶はサトイモの精霊。『土偶を読む』での結論だ。最後であるこの章も『土偶を読む』の中では一、二を争う疑問の章だ。

サトイモの精霊であるその理由は遮光器土偶の紡錘(ぼうすい)形の形状をした手足がサトイモに似ているということから、土偶の文様との類似、頭はサトイモの親芋で、大きな目は親芋から小芋を取り出した空洞で……この土偶の考察への検証は最後の章だったということもあり、すでに検証疲れをしてしまった状態で読むこの考察はなかなかのダメージがあった。

「私の仮説に従えば、縄文晩期前葉の東北地方に遮光器土偶が出現したということは、その時期に当地で何らかの食用植物の組織的な栽培が開始されたことを意味している」(土偶を読む二七九頁)と、『土偶を読む』は言い切る。

いったい何を言っているのだろうか。これまでの本書の『土偶を読む』の検証では、取りあげられた、クリ、オニグルミ、ハマグリ、はモチーフにしたという土偶の出現時期や範囲よりもかなり長く広く利用され、土偶の出現との関連はまったく見えない。これを組織的な栽培の証拠とするにはさすがに言い過ぎだ。長い縄文時代を見る解像度も低すぎる。さらにイタボガキ、トチノキ、イネ、ヒエに至っては、その土偶の出現時期に食用利用された形跡がほとんどない。だから当然、当該の土偶の出現時期に当地で当該の食用植物の組織的な利用が始まった、という現象は、今まで一度も起きていないはずだ。

さて、サトイモである。サトイモの植生について見てみよう。『土偶を読む』では、サトイモの栽培可能範囲を北海道の道南まで広げている。が、現代で一般的にサトイモがちゃんと採れるのは（育つのは）、実は岩手県南部が限界だ。サトイモを河原で煮て食べる「芋煮会」の風習も山形が有名であっても（現在では宮城や福島でも行われている）、岩手北部、北秋田、青森では芋煮会は聞いたことがない。元々は熱帯の植物であるタロイモの仲間であるサトイモは、寒さのため、北東北では育たないのだ（安野一九九三）。遮光器土偶が作られた縄文晩期と現在の気温と植生はほとんど変わっていない。そして遮光器土偶の成立は北東北。ということは……だからここで話を終わらせてもいい。もちろん中部高地のトチノキ同様、遮光器土偶が作られた頃、遮光器土偶が作られた中心地点である北東北で、サトイモが利用されていたという証拠は見つかっていない（参考：本書三三二頁）。

そもそもサトイモのような澱粉質の資料、根茎類は低湿地遺跡でも残存しにくい。例えば土器の圧痕などにその痕跡があれば良いのだが、いずれにせよ見つかっていないのだから証明することはできない。

『土偶を読む』でもサトイモを育てるのには北東北は寒すぎるということはわかっていて、この頃にサトイモがあった証拠がないことについて、文中では「縄文中期農耕論」の藤森栄一に大きく共感を寄せている。在野の考古学者であった藤森先生がなかなか学会に認められずにいたことと、研究者からお墨付きがもらえない新説の境遇に重なるものを感じている。

例のごとく脱線するが、読者にもぜひおすすめしたい考古館が長野県富士見町の井戸尻考古館だ。ここは展示されるものが

東京国立博物館蔵
出典：ColBase

図2
宮城県恵比須田遺跡のほぼ完形の遮光器土偶。体部の文様は様式化されている。

特濃で、さらに従来の考古学ではなかなか研究されずにいた、古今の神話との整合性や縄文土器に写される図像の研究として「図像学」がめちゃくちゃ進んでいる場所だ。余山貝塚の土偶の章で小林公明さんの考察を少しだけ紹介したが、小林さんは井戸尻考古館の元館長だ。そしてもちろん縄文中期農耕論もここが震源地だと言ってもいい。どんなに研究が進んでも賛否がある世界ではあるが、今一度、井戸尻を訪れてみてほしい。

井戸尻考古館の「図像学」は証明されたものではない。側から見てその神話の援用やそこから導き出される論考は時に飛躍しているのではと思うこともある。かつても今も考古学界から批判も多い。しかし、一般的な考古学研究とは違うアプローチでも、ベースには考古学があり、発掘調査や報告書の刊行、その上、遺跡の保存にもきちんと留意しながら活動をしているごく真っ当な考古館でもある。図像学といっても当然編年や類例を押さえた上での「図像」だ。土器でいえば、縄文中期を代表する「勝坂式」という土器の型式をさらに細分した「井戸尻編年」は今や長野や山梨ではスタンダードになっている。

徐々に大きくなる遮光器土偶の目

ここでもやはり土偶の編年を見てみることにしよう。遮光器土偶から前章の結髪土偶、刺突文土偶の編年と形態変化については、「土偶は変化する。」(本書二九二頁)で、金子昭彦さんに詳しく解説してもらっている。あわせて読んでほしい。

遮光器土偶は縄文晩期の北東北で成立した土偶で、当然のように前の時代からの流れを受け継いでいる。竹倉説がサトイモだと指摘する紡錘形の手足はすでに同じ地域の後期の土偶、例えばクリの精霊と結論づけられた北海道の中空土偶や合掌土偶（土偶を読む八七頁）にもその萌芽を見ることができる（すぼまって極端に小さな足など）。その変遷を辿って見ればその手足も、顔も、何もかもが徐々に変わっていくことが見て取れるだろう（図2、3）。土偶の身体の模様をサトイモの特徴になぞらえてもいたけれど、これも前の時代（クリ時代）からその原初を見ることができる。これも繰り返すが文様は同時代の土器からの転用の部分が大きい。

大きな目はサトイモの親芋から小芋を取り外した跡だと『土偶を読む』では考察されるが、この土偶は最初から大きな目だったわけではない。編年を見れば、遮光器土偶の目は徐々に大きくなっていっているのがわかるだろう（図3）。後期でコーヒー豆のようだったつぶらな瞳は時間をかけて顔全体を埋め尽くすような巨大な「目」に変化する。

頭の王冠はサトイモの葉っぱとしているが、そもそも似ているようには見えない。遮光器土偶の頭の王冠は大きく二種類くらいあり（図4）、その中でいくつかのバリエーションもあるのだが、客観的に見て葉っぱと見えるもの見当たらない。

他の土偶と同じように徐々に形態変化していく流れは、遮光器土偶も例外ではない。現象と

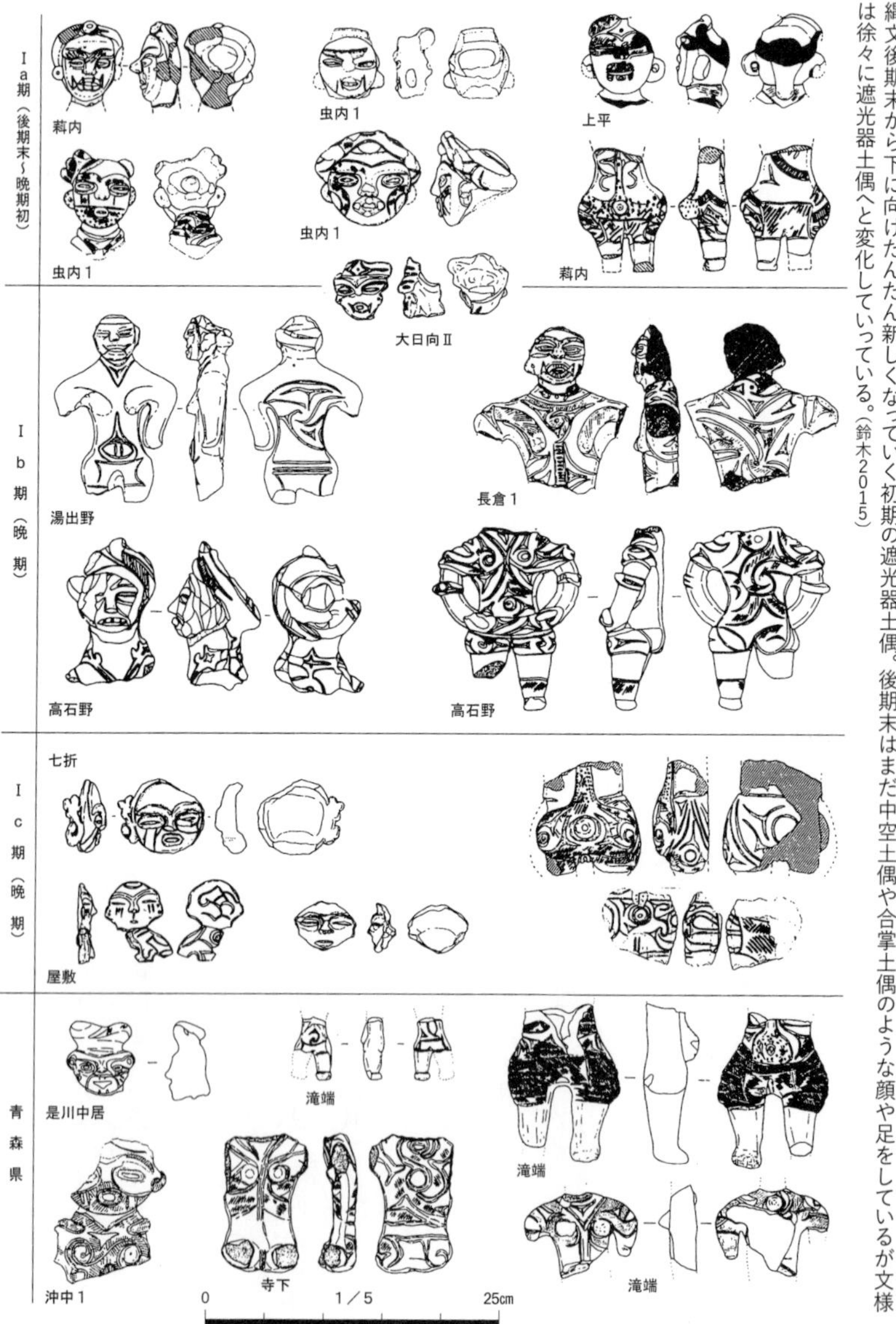

図3　遮光器土偶の萌芽期の変遷過程

縄文後期末から下に向けだんだん新しくなっていく初期の遮光器土偶。後期末はまだ中空土偶や合掌土偶のような顔や足をしているが文様は徐々に遮光器土偶へと変化していっている。（鈴木2015）

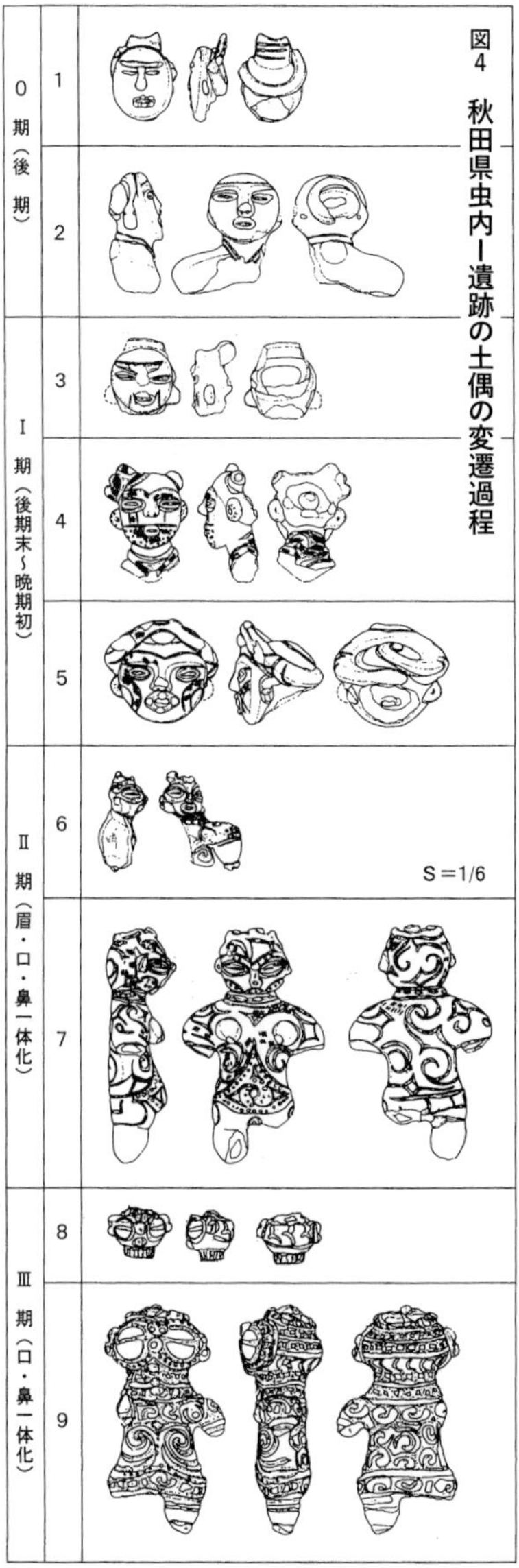

図4　秋田県虫内Ⅰ遺跡の土偶の変遷過程

0期（後期）
1
2
Ⅰ期（後期末～晩期初）
3
4
5
Ⅱ期（眉・口・鼻一体化）
6
S＝1/6
7
Ⅲ期（口・鼻一体化）
8
9

これは遮光器土偶の顔の変化。徐々に目が大きくなるなど後期の土偶が徐々に遮光器土偶に変化していくことが見える。一つの遺跡から出土した土偶の変遷なのでこれはものすごくわかりやすい。（鈴木2015）

して当たり前のようにある。

『土偶を読む』では遮光器土偶の美しさについて、亀ヶ岡遺跡のしゃこちゃんのフォルムの均整が取れていることなどを例とし、さらにこの高さと幅の比率が黄金比に続き美しいとされる白銀比（一：一・四一）になっていることを美しさの秘密として延々と説明する。しかし、遮光器土偶の高さと横幅の比率はまさに土偶によって千差万別、背の高い痩せ型の遮光器土偶もいれば、極端に横幅の広い遮光器土偶もいる。その比率は一定ではない。どちらかと言えば時代によって徐々に幅広になっていく傾向がある。それでもそこまで言うならばと、例にあげられているしゃこちゃんのサイズを確かめてみる。

しゃこちゃんの高さは三四・二センチ、幅は二五・三センチ、縦横の比率は一：一・三六。……あれ、そこまで……まあ、誤差のつもりなのかもしれない。いずれにせよ遮光器土偶も色々である。中には黄金比のものも白銀比のものも、青銅比のものもあるかもしれない。読者のみなさんもぜひ土偶のサイズを測ってみよう。

『土偶を読む』で、亀ヶ岡遺跡のしゃこちゃんが美しい縦横比をしているかに紙幅をとった理由は、遮光器土偶のモチーフは顔ではなく、その身体に主題があると説明が続く。「美学的なアプローチから言うと、亀ヶ岡土偶の全体的なフォルムを規定している部位は、じつは「紡錘形の四肢」にある」（土偶を読む二八四頁）として、顔ではなく手足がこの土偶の主題であると考え、元美大生の美学的に豊富な知識で「ボディに見飽きない躍動感が与えられているのである」と理由を付けているのだが、それらの文言を一つ一つ追っていけば、感覚的で、到底説得力のある説明ではない。

図5　是川中居遺跡の遮光器土偶。こういった王冠型の頭部も典型的だ。
八戸市埋蔵文化財センター是川縄文館蔵

美大出身者が美術的な話をしだすと、途端に思考停止におちいる人が多いことを筆者は知っている。どんなに他分野で力を発揮している人であっても、こと美術やデザインに極端な苦手意識のある人はかなり多い。

いずれにせよ、デザインの仕事で何十年も飯を食っている筆者は、思わず頭を抱える。こんなことを言うと良くないなとは思うが、多くのデザインの現場では「白銀比」や「黄金比」という言葉は、だいたい、何かのコンペでのプレゼンでクライアントを説得する時にしか言い出さない。そこには「デザインを言語化してもなかなか伝わらないであろうクライアントにはこう言っておけばいい」という軽薄さがないとは言えない。だから仕事でそういったプレゼンをされたことがある人は、そう思われているんだなと提案側を疑った方が良いだろう。とにかく単純な矩形（くけい）（長方形）でない限り、比率をそのまま図形や形に当てはめることは難しい。立体物であればなおさらだ。

また余談で字数を増やしてしまった。かなり余計なことも言ってしまったかもしれない。

そもそも『土偶を読む』、「合掌土偶」の章では、土偶に主題があるのであれば、合掌土偶で一番顕著な部分であるポーズではなく、「顔」に注目する理由として、この時はこんなことを書いている。

「多くの場合、われわれ人間は対面する相手をまず「顔」で認知することからもわかるように、相手がフィギュアであっても、やはりわれわれが最初に注目するのはその顔だろう。それゆえハート形土偶と同様、顔部に何らかの示唆的な特徴が造形されているならば、そこに製作者が伝達したい最重要の情報——土偶のモチーフを解読する最大のヒント——が表現されていると考えるのは自然なことだ」(土偶を読む八八頁)

このように冒頭で土偶は顔が最重要であると宣言しているにもかかわらず、今回は顔ではなく手足に「解読コード」があると述べる。素直に見れば、遮光器土偶の最大の特徴は顔で、「遮光器」というニックネームも顔から付けられているのにもかかわらず。

その理由はただ一つ、プロポーションがいいから。と、曖昧で理由になっていない。

サトイモはそもそも北東北では育たない上に、編年を考えず、点で見た遮光器土偶を「サトイモの精霊」というのが合理性がないことはここまで読んでいただいたみなさんはわかっていただけたと思う。突然手足に主題があると言い出すことのおかしさも理解してくれたと思う。それでももう少しこの考察に付き合うことにする。

『土偶を読む』ではサトイモ論をさらに進め、土偶の使用したシチュエーションを考察している。東北ではサトイモの保存方法が土の中に埋めて保存することを考慮し、遮光器土偶はサトイモの守護者として一緒に埋められていたとの土偶の使用方法の「シナリオ」を提示している。

その広げた想像の翼の正否は置いておいて、実はこう言った事例こそ考古学が得意とする面である。出土状況、出土場所、出土数、それらは遺跡を発掘した後に編纂される各個別の遺跡の「発掘調査報告書」を見ていけばこの説の妥当性がわかるはずだ。

例えばサトイモを土中に保存するとしたら土坑のようなものを作り、土偶を一緒に埋めるというシチュエーションが考えられるわけだけど、遮光器土偶の出土場所は土坑は少なく、土器捨て場や遺物が集中して出土する場所から見つかることが多い（金子二〇二二）。

当時の土偶の様相を俯瞰してみると、この時期作られた土偶は遮光器土偶だけじゃない。遮光器土偶であっても大きく二つに分けられる。大型で中空のものと、小型で中実のものだ。デザインは同じに作るが、大型のものはかなり丁寧に作られ精製のものが多い。この二つも役割が同じかどうかも考えなければならない。また同時期にはx字形土偶や屈折像土偶も作られる（本書二九六頁）。こういったいくつか種類があることと、それらの役割やモチーフの考察については『土偶を読む』では最後まで触れられることはなかった。

それらの類例や同時代で並行する別系統の土偶をきちんと見ていけば、単純に土偶にモチーフを求めることを一から考え直す機会にもなる。もちろん「あたり」（アウトライン）を付けて、調査に取り掛かることは問題ではない。ただ、考慮に入れなければならないことは、読み解けなかったとしても考慮に入れなければならない。遮光器土偶のすぐ隣にある事象なのだから。

縄文ルネサンス

サトイモでなくても遮光器土偶は面白い土偶だ。その造形はあまりにもユニークで、世界中探したって似たものは見つからない。それは縄文時代そのもののユニークさと相まってここでしか生まれなかった特別な造形だ。古くからさまざまな人たちを魅了してきたこの土偶だが、現代でも土偶と言えばこの遮光器土偶を真っ先に頭に浮かべる人も多いほどだ。

それは縄文時代でも同じようだった。なにしろこの土偶（と大洞式の土器）は作られた文化圏である北東北というくくりを超えて、南東北、関東、中部高地、西日本、土器で言えば沖縄（図6）にまで北東北の影響を受けたものが見つかっている。今と違いインターネットもテレビもラジオもない時代に日本を縦断する一大トレンドになったのがこの土偶（と土器）だ。なぜ、これほどまでに支持されたのか、はっきりした理由は、まだわかっていない。

わかっていないなりにその理由を少しだけ想像する。國學院大学名誉教授の小林達雄さんがこんなことを言われている。

「縄文後期後葉に、突如九州の熊本で土偶を一〇〇体近く作る遺跡が出てくる（三万田（みまだ）遺跡や上南部（かみなべ）遺跡など）。それまで九州で土偶はあまり作られない。そして晩期になると西日本、近畿地方でも土偶が多く作られ始める。例えば奈良県の橿原市の橿原（かしはら）遺跡から二〇〇体を超える土偶が出土する」。もちろん近畿地方ではこれまではあまり土偶は作られなかった。小林さんはこういった現象は、新しい文化である稲作文化が北部九州にやってきて、自分たちの文化の土台が揺すられた、縄文人による縄文復興運動ではないだろうかと考察している（大野ほか二〇〇六）。

文化圏を飛び越え広がる遮光器土偶ももしかしたら縄文復興運動、縄文ルネサンス運動として作られたのかもしれないと考えると、やたらと面白い。新しい文化の到来にかねてからの文化をもう一度見直そうという反応は、いくつかの民族事例でも見ることができ、決して珍しいことではない。しかし、これは決して定説ではない。「論」でもなく「談話」だ。北部九州では縄文時代晩期の始まる約三〇〇〇年前に稲作の証拠が出ているが、熊本で「土偶復興運動」が始まる後期後葉とはまだ時間的なズレがある。

逆も考えられる。影響というにはあまりにも本場と遜色のない大洞A1式が中部高地、関東西南部の土で作られ、北陸を経由して高知県に持ち込まれているという事例がある（関根、柴二〇二二）。これは東北出身の大洞式土器の製作者が西に向かい移住していた可能性を示唆している。また、沖縄からも大洞式土器の工字文に近い文様を持つ土器が見つかっている（図6）。

いずれにせよ縄文時代でも、西と東で人、モノ、情報は行き交っている。だから東北の縄文人も、栽培こそしなくとも、西で始まった水田稲作や新しい文化のことは知っていた可能性はある。その時に彼、彼女たちは何を思ったのだろうか。それも一様ではなかったであろう。

また、前出の岩手県立博物館の金子さんは、いくつかの遮光器土偶の後頭部に安置していては付くはずのない、何かで擦れたような跡があることから、土偶は携帯されていた可能性を指摘している（金子二〇二七）。縄文人は土偶を持ち歩いていたのかどうか、これも面白い説だ。確かに冒頭の亀ヶ岡遮光器土偶も恵比須田（えびすだ）遺跡遮光器土偶（図1、2）も後頭部に擦れがある。ちなみに遮光器土偶の後頭部、意外とちゃんと髪の毛しているのでそこもチェックしてほしい（図7）。

自家中毒的な認知バイアス

遮光器土偶とサトイモも合理性のない考察だ。『土偶を読む』の著者である竹倉さんは、まずこの遮光器土偶（東京国立博物館のウェブページで見た画像）がサトイモに見えたことから着想を得て、最終的に一冊を書き下ろしている。ハート形土偶は森で見つけたオニグ

平安山原B遺跡出土の「亀ヶ岡」土器片
北谷町教育委員会蔵

図6　右の亀ヶ岡遺跡の台付土器（右）の台の部分と同じような工字文という文様が描かれた土器が沖縄から見つかっている（上）。

『成田コレクション考古資料図録』弘前大学附属亀ヶ岡文化研究センター（2009）から

※平安山原B土器片は工字文が多段化しており、中部・北陸の特徴を示すが、胎土に含まれる火山ガラスから生産地は九州地方である。

図7 土偶の後頭部にはウェービーヘアが。（是川中居遺跡）
八戸市埋蔵文化財センター是川縄文館蔵

ルミ。カックウと合掌土偶は特に悩みもせずクリ、山形土偶は最初はクリと思ったけど労せずハマグリを見つける。ミミズク土偶は図鑑で探し、縄文のビーナスもほとんど悩まずにトチノミをそのモチーフとしている。もちろん一冊の本の物語として多少の苦労話なども入れているが、ほとんどのものはネットで土偶の写真と食用植物の写真を見比べて同定していったように思える。特筆すべきは新説はほとんどすべての土偶と食用植物がほぼ最初のインプレッションで見つけたものに確定させているという点だ。もしこれらがすべて蓋然性の高い「正解」に近いものだったとしたら、筆者は手放しで喝采を送っただろう（なにしろすごい打率だ！）。もちろん多くの研究者もこぞって追随したに違いない、そこに何かしらの蓋然性があるのであれば。

「土偶は何をかたどっているのか」という『土偶を読む』の主題である問いについて、すでに本書の読者は薄々勘づいているだろう。繰り返し説明したように、時代時代で漸進的に変化する土偶の形態変化の中に（人体や女性性（※）以外の）モチーフが滑り込む隙間は限りなく小さい。ここまで見てきたすべての土偶も形態変化のグラデーションの中にいる。前出の金子さんもこう言う、「（土偶の造形は）『流行の変化』に過ぎない」（本書二〇七頁）。だから「――何をかたどっ

※土偶は元々人体、それも女性をかたどっていたものが圧倒的に多いことは古くから統計が取られ（大野1910、中島1943など）（参考：本書193、200頁）、これをことさら否定する必要はない（参考：本書270頁）。特に原初である草創期の土偶は間違いなく「女性」だ。

ているのか」、この問いを前提条件にする前に、「土偶にモチーフはある」という思い込みを捨て、もう一度土偶を見つめ直す必要があるだろう。

『土偶を読む』の本文中や、出版後のさまざまな媒体で著者の竹倉さんは認知バイアスという言葉を使い、従来からの考古学やそれを支持する筆者のような人たちを批判している。

そしてサントリー学芸賞の受賞の言葉でこう述べる。

> 「『土偶を読む』において遂行されたのは、男性による知的資源の寡占によって形成されたこの集団的な認知バイアスを解体し、イコノロジーを用いた学際的な手法によって土偶という古代遺物を、そしてわれわれ自身の野生の感覚を奪還することであった」（第43回サントリー学芸賞　受賞のことば［社会・風俗］、竹倉史人）

結局のところ、最初に思いついた認知から抜け出すことができず、自家中毒的な認知バイアスに囚われてしまっているのは、『土偶を読む』も同じであった。

『土偶を読む』検証

遮光器土偶

△ **イコノロジー**（見た目の類似）
手足は似ているかもしれない。この△はおまけです。

× **編年・類例**
考慮に入れているようには見えない。

× **サトイモの植生**
遮光器土偶の中心地点である北東北ではサトイモは育たない。

検証7 土偶を読む図鑑を読む

　ここからは『土偶を読む図鑑』で新しく紹介された土偶を検証してみたいと思う。『土偶を読む』が売れたことで、第二弾として子ども向けに『土偶を読む図鑑』も二〇二二年四月に刊行された。版元は小学館という大手出版社。図鑑や学習教材なども得意な出版社から出される図鑑。また、既定路線のように同年五月には全国学校図書館協議会選定図書にも選定され、縄文時代の専門家の学問的な検証を経ることとなく、小中学校の図書館にもこの図鑑が置かれるようになる。小学生や中学生であれば、縄文時代について初めて触れる本がこの『土偶を読む図鑑』になる場合も多いだろう。

『土偶を読む図鑑』は直感的だ。解説もかなり割愛している。少しでも「縄文リテラシー」があれば（本書『土偶を読むを読む』をここまで読んでいただけたみなさんにはすでに備わっているはずだ）いくらでも反駁できるはずだけど、手元にデータのない方は簡単に信じてしまうだろう。これでより一層、子どもたちの記憶にこの説が刷り込まれる。夏休みや冬休みの自由研究にこれを取り上げる可能性だってある。そこまで行けば各地の考古館がやんわりと「違うよ～」と教えてくれるかもしれないけれど、教える方にも教えられる方にも、どちらの心にも小さな傷が残るだろう。もし、お子さんや友人や知人が『土偶を読む図鑑』を読んでいたら、ぜひ本書も副読本として読んでいただけたらと願う。

では、『土偶を読む図鑑』で追加された土偶の新説の検証をしてみたい。

7-1 縄文の女神

山形県立博物館蔵（左ページのものも同様）

図1 国宝 縄文の女神
中期中葉、山形県舟形町（西ノ前遺跡）

山形県の国宝土偶、縄文の女神＝トチノミと考察されている。

トチノミである理由にあげられているのは腰回りの出尻のデザインが中部高地の縄文のビー

ナスに似ているから。それから女神が出土した遺跡から鏃などの狩猟具がほとんど出土せず、植物加工に使う石器が大量に発見されていることをあげている。

しかしよく見てほしい。そもそも縄文の女神は顔がなく（※）、まったくトチノミに似ていない。ここではあれだけこだわっていたイコノロジーという手法を使っていない。

縄文の女神はどちらかと言えばエリンギに似ていると思うのは筆者だけだろうか。

一つずつ疑問点を検証してみよう。まず、縄文の女神やそのタイプの土偶が作られた縄文中期の山形県では、例によってトチノキ利用の証拠は少ない（※2）（縄文の女神は中期中葉大木8b式期、同タイプの土偶は中期初頭から作られる）。東北の太平洋側ではトチノキ利用の痕跡が中期から見つかってくるのだが、ここでは中期終わりから後期以降だ。もちろん土偶の出土した西ノ前遺跡も同様でここからトチノキ利用に関連しそうな遺物や遺構は何一つ出ていない。

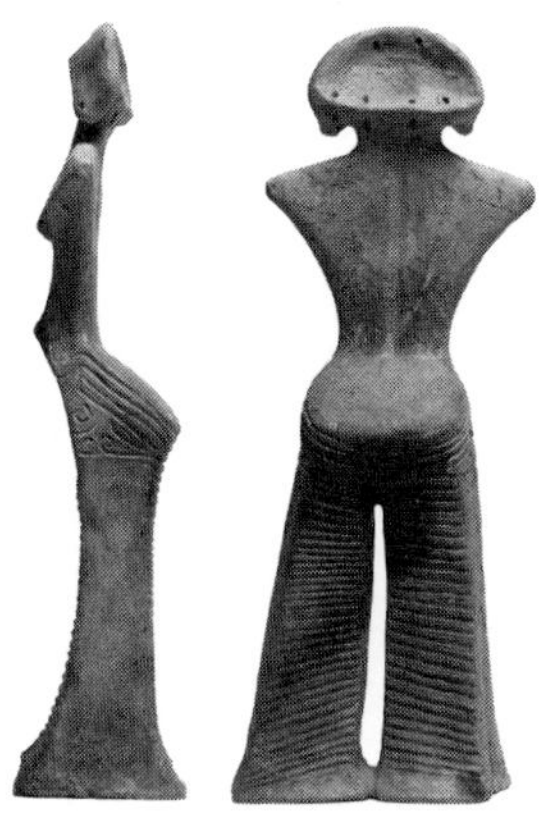

図2　絶妙なバランスの土偶。顔は作られず、頭部の造形はアーチを描く。

この遺跡では土壌のサンプルを採取し、土壌を水洗して得られたものについて自然科学分析も行っているが、見つかったのは炭化した木片（樹種は同定不可）とシソかエゴマの果実。やはりトチノキ関連はなし。土偶のモチーフがシソ、エ

※ちなみに、縄文の女神と同タイプの土偶には顔が付くものもいる。残念ながらトチノミには似ていないが。

ゴマであればまだ矛盾は少ないのだが、どちらにも縄文の女神は似ていない。

また、『土偶を読む図鑑』では「植物加工に使う石器が大量に発見」（土偶を読む図鑑（以下図鑑）八八頁）（山形県埋蔵文化財センター一九九四）との遺跡の報告書の記述をトチノミと関連づけているのだが、これは少し、いやだいぶ問題がある。西ノ前遺跡で見つかった「植物加工に使う石器」の、その内訳は磨石（すりいし）、凹石、石皿。普通に考えればクルミやドングリ類などの堅果類を割る凹石に、中身をすりつぶす磨石と石皿。これはトチノミに限ったものではまったくなく、縄文生活全般の必需品のようなものとも言える。これもずいぶん雑な考察だ。

もう一つ、『土偶を読む図鑑』では腰回りに施文されている文様をトチノキの発芽シーンを表した「絵」とし、足の細かな縞々文様を根の表現と考えられるとしているが、これも何か論拠を示しているわけではない。もしかしたらまだその考察を発表していないだけなのかもしれないが、あるのであればぜひまた検証してみたい。今のところ、縄文の女神の考察はかなりふわりとしている。

『土偶を読む図鑑』検証

縄文の女神

イコノロジー（見た目の類似）
まったく似ていない。

編年・類例
考慮に入れているようには見えない。

トチノキの植生
縄文中期の山形ではトチノキはほとんど利用されていない。

※2 山形県での中期に遡るトチノキ利用の形跡は、遊佐町の小山崎遺跡から前期初頭と中期中葉のトチノキ種子破片が見つかっているが、わずかの量で、利用の始まった確実な証拠とは言えない。小山崎遺跡で本格的にトチノキ利用が始まるのは後期中葉からとなっている（山形県遊佐町教育委員会2015）。また、西置賜郡小国町の市野々向原遺跡では土坑内から中期末葉のトチノキ種子の集積が確認されている（山形県埋蔵文化財センター 2000）。これは土偶の作られた時期とは重ならない。

7-2 仮面の女神

図4　こちらは長野県新町泉水遺跡の仮面土偶。愛称は「日本のへそ土偶縄文の母ほっこり」
辰野町教育委員会蔵、辰野美術館展示

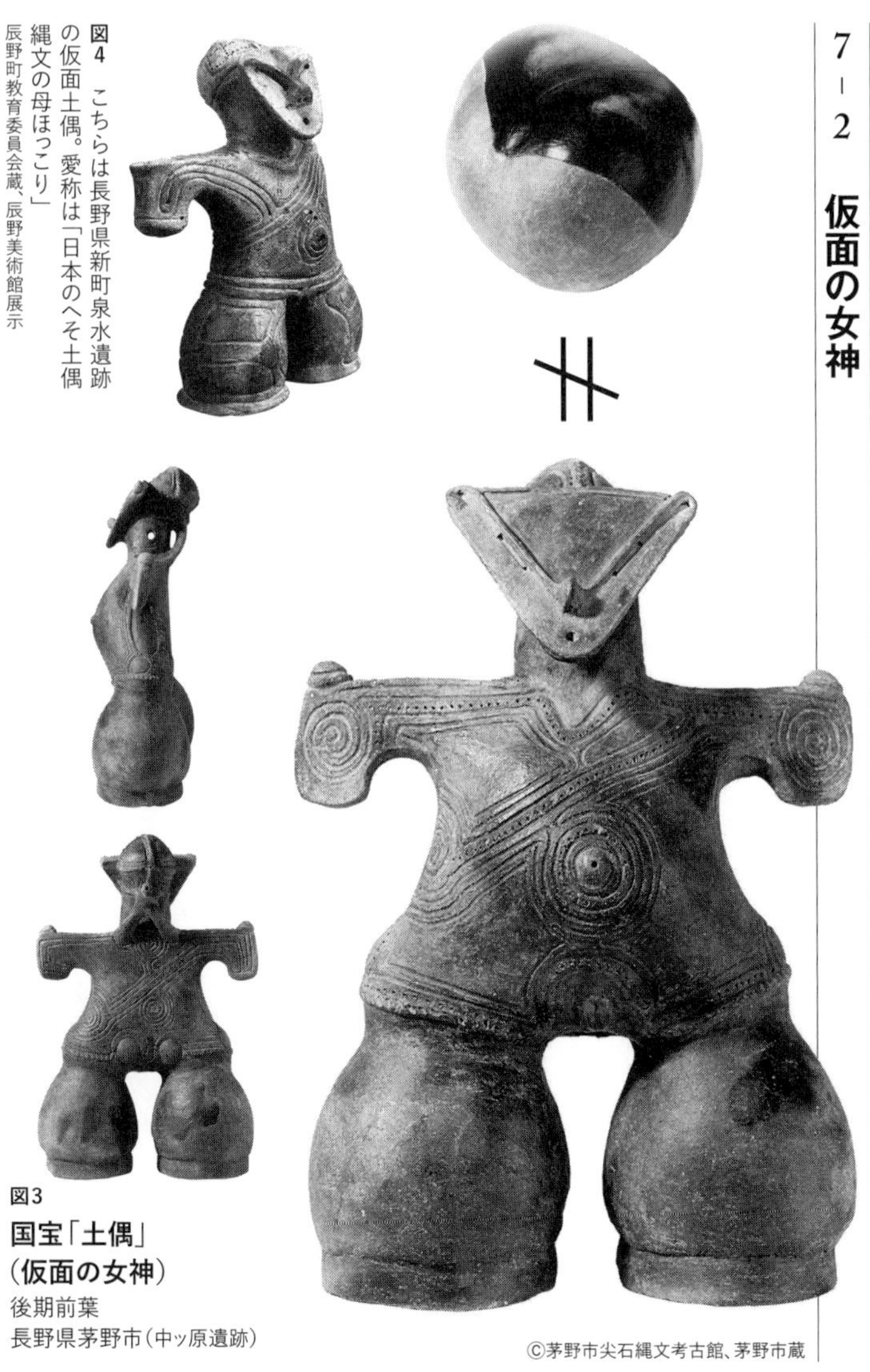

図3
国宝「土偶」
（仮面の女神）
後期前葉
長野県茅野市（中ッ原遺跡）

仮面の女神＝トチノミとこの土偶も考察されている。

仮面の女神はもちろん国宝土偶の一つだ。長野県茅野市の尖石（とがりいし）縄文考古館で同じく国宝の縄文のビーナスと一緒に展示されている。『土偶を読む図鑑』では、その縄文のビーナスと同様に仮面の女神をトチノミ土偶、『土偶を読む』でいう「カモメライン土偶」と認定している。

しかし、こちらもイコノロジーを捨ててしまったようにまるで似ていない対比だ。

考察も検証するところもあまりなく、なんというか「似てない」以外の言葉はない。

縄文のビーナスでは顔と臀部がトチノミであるとの考察だが、仮面の女神の場合は膨らんだ両脚が「連なって実るトチノミの果実をモチーフにしたのだろう」（図鑑九一頁）と少しだけイコノロジーを発揮しているが、切れかけの電池のように説得力も微弱だ。三角形の板のような仮面がトチノミの最終形態と言われてもどう見てもトチノミには見えてこない。

結局のところ中途半端に整合性を取ろうとしたせいか、『土偶を読む』のような底抜けに明るい考察ではなくなってしまっている。あの見た目のわかりやすさが魅力な考察だったはずで、だからこそ今まで縄文時代に触れてこなかった人たちを惹きつけていたはずなのに……、なぜか少し残念でもある。

良い点もある。縄文のビーナスの時期にはトチノキ利用の証拠がなかった中部高地にもこの頃からようやく少しだけ証拠が出る。それは縄文のビーナスでの項で詳しく説明しているのでぜひ読んでほしい（本書一〇九頁）。

だからこの土偶はトチノキ利用と重なるのだ！　と少しは言えるわけなのだが、そうであれば時期の違う縄文のビーナスはトチノキと重ならないことを飲み込まないといけない。さて、どちらの証拠を飲み込むのだろうか。

さらに言えばこの土偶は考古学的にはハート形土偶の影響を強く受けたものとされている。時期はハート形土偶の終わり頃に重なり、周辺の類例や、共通のデザイン要素を持っていることを考えればハート形土偶と関連していることがわかる。

ハート形土偶の中心である南東北とは離れているためにデザインはかなりの地域性があるが、ハート形と仮面の女神は関連して考えるべきだろう（本書四六頁）。

ハート形土偶は『土偶を読む』ではオニグルミとされている。ハート形と仮面の女神、『土偶を読む』にとっては相反する考察だが、この関連を否定するのであれば、より蓋然性の高い理由が必要になってくるだろう。

『土偶を読む図鑑』検証

仮面の女神

イコノロジー（見た目の類似）
まったく似ていない。

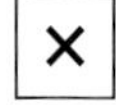

編年・類例
考慮に入れているようには見えない。

トチノキの植生
仮面の女神の頃には中部高地ではトチノキの利用は始まっている。しかし、分布範囲や時期がぴったり重なるわけではない。

7-3 始祖女神像（バンザイ土偶）

図5
始祖女神像
中期後葉
長野県富士見町
（坂上遺跡）
井戸尻考古館蔵

始祖女神像（バンザイ土偶）＝トチノミだ。

またトチノミかい！　と言うなかれ、この土偶に関しては縄文のビーナス（本書九八頁）と同じ時期（縄文中期の中でも幅はあるが）、同じ地域、同じ系統と位置づけられる土偶なので、どうしたって竹倉説ではトチノミであると言わざるを得ない。そもそも『土偶を読む』でいう「カモメライン土偶」の仲間だと勝手に思っていたのだが……あらためてこの土偶はトチノミだと言う必要はないはずなのに、わざわざ取り上げるのはどういうことだろうか。

山形の縄文の女神と同様に腰回りの細かな沈線（ちんせん）文様をトチノキの発根・発芽の様子を表していると断定している。が、現段階ではどこがどうなのかはわからない。

この細かな文様は衣服の文様ではないかという考察もある。こういった文様をもつ土偶の類例も含め腰部がスカートのように広がっていることからそう推測され、さらに施文される渦巻と棘文はアイヌの衣装にも描かれる「棘」とよく似ており、これは魔除けの意味があったのではないかという考えだ（水沢二〇一九）。筆者にはそちらの方が妥当な考察のように思える。

いずれにせよ坂上遺跡からはトチノキ利用の証拠は出ていない。

『土偶を読む図鑑』検証

始祖女神像

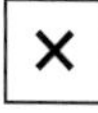

イコノロジー（見た目の類似）
まったく似ていない。

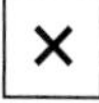

編年・類例
考慮に入れているようには見えない。

トチノキの植生
カモメライン土偶同様、縄文中期の中部高地ではトチノミはほとんど利用されていない。

7-4 三内丸山遺跡の大型板状土偶

＝

三内丸山遺跡センター提供

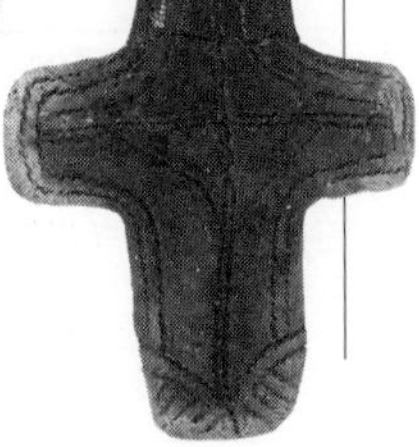

図6

大型板状土偶

中期中葉
青森県三内丸山遺跡
全長34.2センチ。

板状土偶＝トチノキ。トチノミじゃなくてトチノキかい！　と声に出して突っ込んでしまったのがこの土偶だ。その手があったかと感心したのも束の間、縄文中期の三内丸山ムラでトチノキ？　と、やっぱり首をひねる。三内丸山遺跡では実に約二〇〇〇点の土偶が出土しているが、そのほとんどが板状土偶で十字型の平べったい形をしている。顔はと言えばかなりバリエーションが多く、この大型板状土偶のようなややホラーな顔つきなものもいれば、赤ちゃんのようにおぼこい顔つきのものもいる。『土偶を読む図鑑』では、その数多くの中から、自ら設定した「カモメライン土偶」の種類をいくつか見つけたようで（それがどれかはわからない）、カモメライン＝トチノミの独自の方程式の元、板状土偶はトチとなってしまったようだ。実ではなく木にしたのは、トチノミとはまったく似ていないからか、十字のポーズが木に似ているとインスピレーションを感じたのか、詳しく書かれていないのでわからない。

　では三内丸山遺跡の縄文人はトチノキを利用していたのかと言えば、NOではない。前述のように（本書三二頁、参考：本書三四〇頁）三内丸山遺跡は遺跡の中の谷の堆積物に含まれる花粉を分析していて、その結果、縄文中期中葉から、徐々にトチノキの花粉が増えているのだ。だからこの説はもしかしたら結構信憑性があるかと言われたらそれはもちろんNOと答えたい。やはり前述のように三内丸山遺跡は縄文前期中葉から中期末葉まで、約一七〇〇年続いた大集落で、特に縄文時代前期末から中期にかけて三内丸山遺跡周辺のほとんどの台地斜面から台地縁にクリの純林が広がっていたことが推定されている（吉川ほか二〇〇六）。件の大型板状土偶は中期中葉に作られ、三内丸山遺跡でのトチノキ利用の始まりの時期と重なるが、板状土偶はそれ以前（前期末〜中期前葉）にも多く作られ、その大部分はトチノキ利用と重

三内丸山遺跡センター提供

図7　体部の円形刺突文で数を表していると言われる板状土偶。

ならない（青森県教育庁文化財保護課 二〇一七）。後期が近づくにつれ、トチノキ花粉が増えてくるのだが、逆に板状土偶は作られなくなる傾向にあり、板状土偶の発生時期と最盛期には周辺はほとんどクリ林だっただろう。

この時期の土偶の面白い点をいくつか紹介したい。顔のバリエーションが多いのも特徴だ。大型のものにはある程度ルールがありそうなのだが、中型、小型はかなり個性的なものが多い。形はほぼ十字型だけど、扇形のものもあり、その中でも個性がある。胴体の文様も二つの胸とヘソ（お腹の膨らみ）を基本形として、割と自由度が高く定まらない。中には数を表すと言われている土偶（図7）もあり、実は板状土偶はかなり多様で個性的な土偶である。

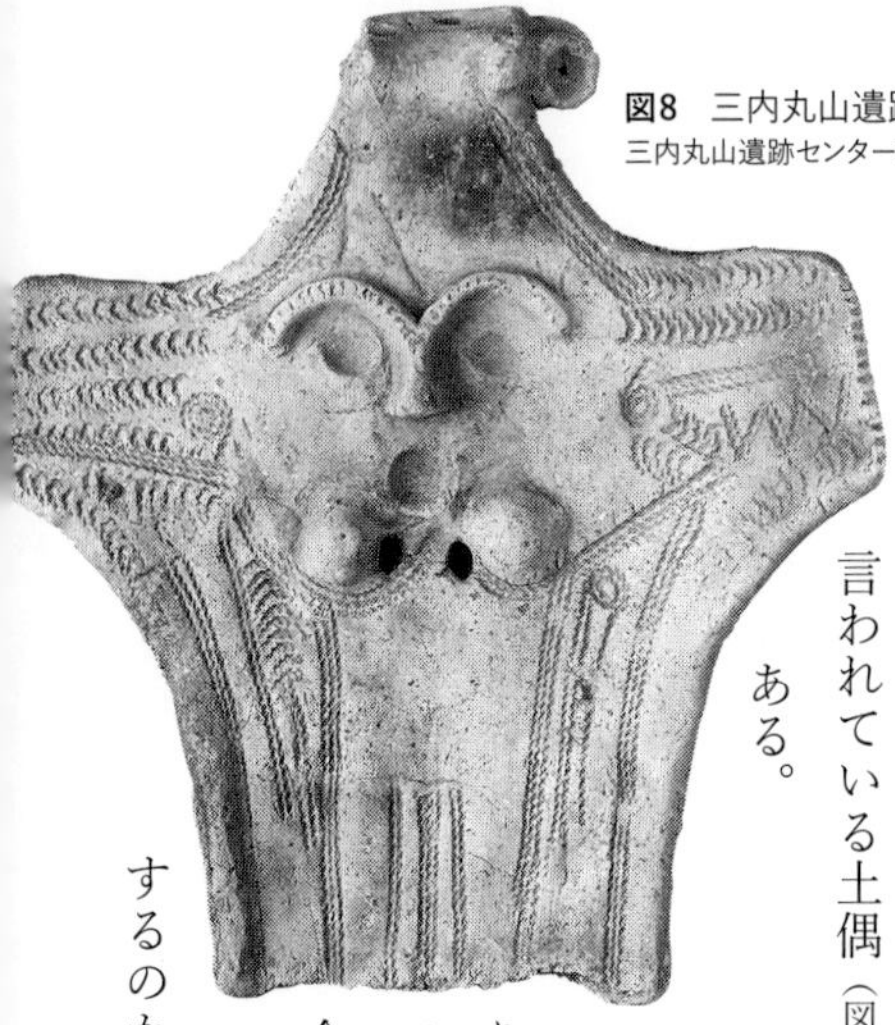

図8　三内丸山遺跡板状土偶
三内丸山遺跡センター提供

また、この数の多さも特徴だ。現在出土している全国での土偶の総数は、ざっと見積もって約二万点（はっきりとはわからない）。その内の実に一〇％（二〇〇〇点）が三内丸山遺跡から出土していることになる。縄文時代の全国の遺跡数が約九万箇所と考えればとんでもない数字なのはわかるだろう。なぜこんなに土偶がこの遺跡から出土するのか、それこそ土偶の使い方を考える上で重要なポイントであり、こういった極端な偏りもまた、土偶の役割は一様ではないことを示唆しているのではないだろうか。ちなみに土偶出土数第二位の遺跡は山梨県の釈迦堂遺跡の一一一六点。全土偶の約五％が釈迦堂遺跡のものだ。

板状土偶の造形の変遷にも興味深い点がある。初期の板状土偶の顔の位置はなぜか十字型のクロスする部分（図8）に作られることが多く、時代が降るにつれてだんだんと上に顔が付けられるようになるのも面白い。顔のスタート地点を絶対に間違えている。縄文時代には本当に「なぜ？」が多い。

『土偶を読む図鑑』検証

板状土偶

×	**イコノロジー**（見た目の類似） もう似ているとか似てないとか、そういった話ではないのかもしれない。
×	**編年・類例** 考慮に入れているようには見えない。
×	**トチノキの植生** 一部が重なるが、多くの板状土偶の作られた時期は、三内丸山遺跡の周辺はクリ林だった。

7-5　縄文くらら

縄文くらら＝イネ。結髪土偶をイネにしてしまったことで、同様の結髪らしき（頭部のねじり鉢巻）装飾のあるこの青森県野辺地町の土偶もイネとせざるを得なくなってしまった。後戻りができなくなってしまったのだろう。

すでに結髪土偶の項でイネについては検証している。この土偶の作られた縄文後期の東北には東北はおろか西北九州への稲作の到来までにもかなりの時間的な開きがあり、当然この時期やその前後でも水田を作っていたという証拠は一つもない。

もちろんその無理は承知のようで『土偶を読む図鑑』では、水稲の可能性は限りなく低いとし、「陸稲、あるいはイヌビエなどをモチーフにしていると推測できる」（図鑑九四頁）としているが、その証拠は特にあげられていない。

陸稲はやはり寒い場所では育たず、あったとしてもメインの食材にはならず、重要視されて

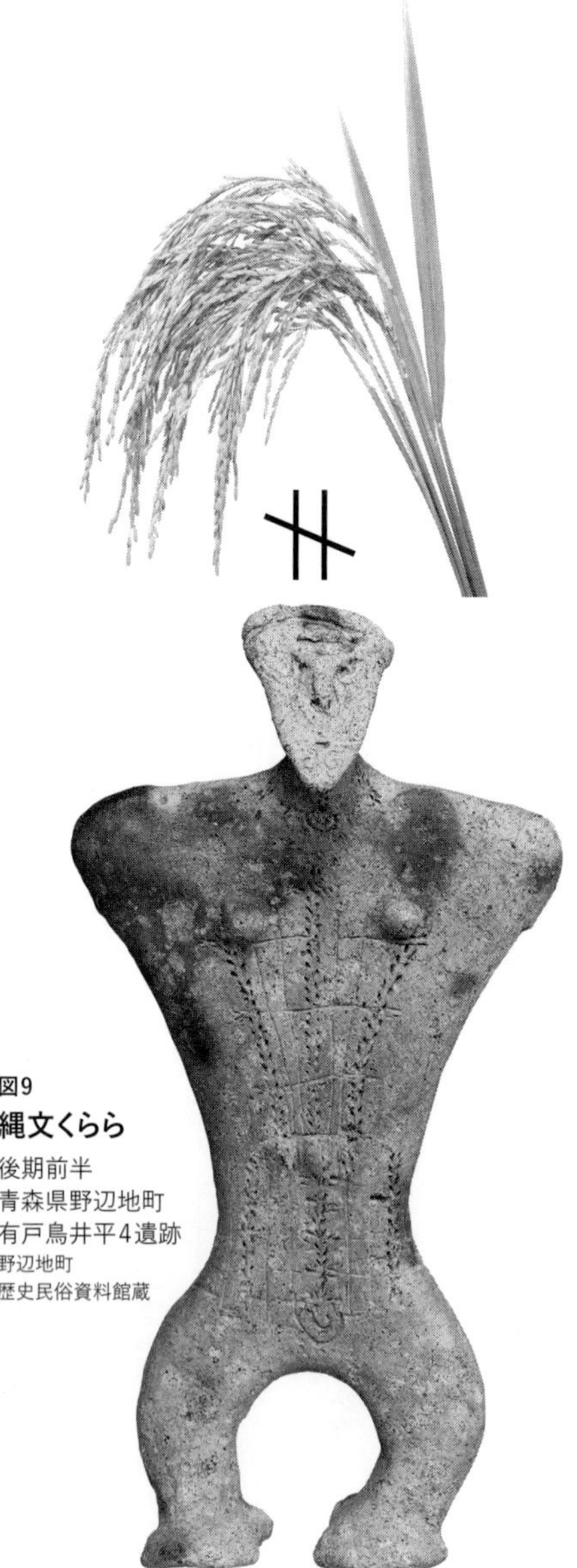

図9
縄文くらら
後期前半
青森県野辺地町
有戸鳥井平4遺跡
野辺地町
歴史民俗資料館蔵

いたものではないだろう。さらにイヌビエの証拠があるわけではないが、そうであればそもそもの結髪＝イネではなくなる。『土偶を読む』ではイネとヒエは分けて考えていたはずだが、図鑑では不思議とあまり気にしていないようだ。

扇形の形状がイネを表しているともしているが、この形状は板状土偶のある系統の流れを踏んでいる。これもまた扇形の身体はイネと決めてしまったことによる狭い認知バイアスのようなものだろうか。

実はすでに山形土偶の検証ページでこのタイプの土偶の頭部は登場している（本書六九頁）。山形土偶の前段階の入組状突起土偶がそれにあたる。この時期の東北の土偶の変遷もなかなか複雑で一筋縄ではいかないが、頭の形が似ているから（正直似ていないが）という理由だけで同じモチーフにしてしまうとさらに矛盾が大きくなるだろう。

縄文晩期後葉の結髪土偶と後期前半の縄文くららが作られるまでに千数百年の開きがある。これを同質のものと考えるのはひどく乱暴で雑で投げやりな考察だ。

『土偶を読む図鑑』検証

縄文くらら

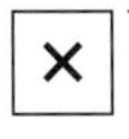

イコノロジー（見た目の類似）
いいや似てません。

編年・類例
考慮に入れているようには見えません。

イネの栽培
ありません。

検証のまとめ

項目のまとめ

全15ケース

イコノロジー(見た目の類似)

1つの角度を平面的に見た比較に終始し、立体的に検証した例は皆無。また類例や編年を考慮に入れれば、これら1つの角度での類似は偶然であると言わざるを得ない。

○ =0　△ =4　× =11

編年・類例

すべての土偶について、編年と類例を考慮に入れているようには見えない。提示する資料は恣意的なものが多い。

※類例のないオオツタノハは除く

◎ =0　○ =0　△ =0　× =14

当該植物の植生や栽培(貝の利用)

範囲も時期も広いメジャーな食用植物(貝)の重なりは△としている。が、そもそも食用での利用ではないものを食用としたり、メジャーなものであっても時期が重ならないもの、利用の証拠がないものが多く、総じて土偶と食用植物の関連は見えない。

※食用でない前提のオオツタノハは除く

◎ =0　○ =0　△ =5　× =9

以上が筆者の『土偶を読む』、『土偶を読む図鑑』の検証だ。

すべての土偶に対し検証のポイントとしてあげたものを、右ページにまとめている。できるだけ冷静な目で見たつもりだが、見ての通り結果は芳しくはない。特に考古学的なデータ、事象としてわかっていることで見れば、限りなく零点に近い。『土偶を読む』での実証データとの主張を一つひとつ読み解き、ファクトチェックしてみれば、かなりの部分で恣意的な運用が目立ち、事実からはかけ離れてしまっている。これを考古学者に評価しろとは無茶な話だ。また、最初の認知を正しく検証できていないため、その後の考察は皆目見当違いの方向に進むしかない。一部が間違えているのではなく、ほぼすべての論証が合理性を放棄し破綻している。「解明した」との触れ込みは、あきらかに間違いであることを解明することができたと思う。

検証を終え、今思うのは、『土偶を読む』は〝大発見〟であろうとして、自身の仮説を信じすぎてしまったのではないだろうか。また、独立研究者（と名乗る）の立場として、従来の説とは違うものにこだわりすぎてしまったのではないだろうか。反証する多くの事実（事象）を振り切り、自身の説を肯定してくれる「何か」を探すことで、『土偶を読む』は出来上がった。

前提として提示している土偶をめぐる統計データ（土偶を読む三七頁）（年代や土偶の点数、推定人口の表）についても指摘しなければならないことがある。三〇八ページからの対談内でも指摘（本書三二五頁）されるが、データは現時点では正確ではない。その理由は対談を読んでもらうとして、ここでも一つ指摘する。データの読み方を理解していないがための初歩的な間違えのようだ。「絶対年代の目安」として小林謙一さんの「年代測定縄文時代の暦年代」（小林二〇〇八）を元に表にしているが、出典をあたれば、この暦年代は炭素14年代法を用いた年代法で、単位はcalBP（cal=Calibrated date, BP=Before Physics）。考古学でこの単位を使う場合は大気圏内核実験による放射線の影響を受けていない一九五〇年を起点にするとされていて、三二二〇calBPとの表記は、一九五〇年から三二二〇年前。つまり現在（二〇二三年）から考えれば三二九三年前ということになる。『土偶を読む』では単純に三二二〇calBPを、calBPを単位として付けずに「今から三二二〇年前」としてしまっているため、この表で提示されている年代はすべて約七〇年ズレていることになる。草創期、早期はざっくりとした数字で表しているので、「だいたい」で解釈できるが、前期以降の「絶対」年代は一〇年単位でデータを出しているため違和感が大きい。しかし、この暦年代は、確率が高い年代幅から割り出した推定値で、目安としての数値なので、あまり細かいことを言いたいわけではないが、データを用いての「分析」であれば、元のデータを正確に理解する必要はある。少なくとも表として提示するのであればば単位をcalBPとしておくか、ＢＣ（紀元前何年前）であれば問題がなかった（ちなみに出典元（小林二〇〇八）の実年代の推定もやや古くなっている。現時点で推測される暦年代（小林二〇一七、二〇一九）を元にした縄文時代の年代は六ページに掲載している）。

こういった間違えは通常、本を出す前段階の校正（チェック）で発見されて然るべきものだと思っているのだが、これがこのまま放置されているのであれば、この本は校正をきちんと通していているのかも気になってくる。この表記は『土偶を読む図鑑』(小学館)にも受け継がれている。

一方で、論証が散々でも、主張が一〇〇%間違っているとは言い切れないとも思っている。そもそも縄文時代はインターネットもテレビもない時代だ。彼らがもし自分の作るものの造形にモチーフを求めた場合に身の回りにあるものに影響される可能性は常になくはない。また、縄文人は広く世界を知らなかったとしても、深く身近な世界を理解していたと筆者は思っている。自分の身の回りの世界については相当な知識を持っていたはずだ。だから、時に貝や堅果類に何かを託したり、そのデザインを借用することは可能性としてはゼロではない。土偶の形態変化や類例を見れば、その時々の土偶にモチーフがある可能性は低い、が、たとえモチーフにしなくても、その思いを土偶に込めることだってできる。

二〇二一年に『土偶と石棒』(雄山閣) という縄文時代の儀礼についての本を上梓された考古学者の谷口康浩さんは、井戸尻・勝坂系土偶 (『土偶を読む』でいうカモメライン土偶) は、中部 (中部高地)・関東地方の内陸地帯で確立された植物利用技術、とりわけダイズ・アズキやクリの栽培技術と、それを軸とした生業活動に密接に関連しているとの見通しを提示している。

同書では、こうも述べる。「例えば井戸尻・勝坂系土偶と隣接する同時期の関東地方には、漁労民集団の性格を持つ阿玉台（おたまだい）式土器を文化指標とする地域文化があったが、土偶の出土が極めて少なく土偶文化が希薄である。こうした明瞭な地域差から見ても、中期の土偶文化が普遍的なものではなく、各地域の基本的な生業活動に関係していた事が首肯されよう」（谷口二〇二一）。

これは一章を通し理路整然と解説され、まったくもって合理的な推論であると思う。『土偶を読む』と似た結論を提示しつつも、地域文化から見た個々へのアプローチは一八〇度違う。

谷口さんはまとめとして、土偶を作り出した人々の生産活動と社会構造の関係を考慮、文化の全体的な構造の中で考察する必要があるとし、「固有の地域文化を対象とした検討を個々に進め、しかる後にその系統的関係や文化的異同を明らかにしていくのが、望ましい研究の進め方である。地域文化をまたいだ、よりマクロな議論を進める際にも単純な形態的比較は危険であり、文化全体のコンテクストを視野に入れた上での比較検討が求められる」（谷口二〇二一）と、書籍を締め、決して『土偶を読む』だけに向けられた言葉ではないにせよ、「単純な形態的比較」に釘を刺す。

また、余山貝塚の章でも引用した、立命館大学の矢野健一さんは『立命館史学』四一号に寄せた書評で『土偶を読む』を厳しく批評し、その上で「中期の土偶増加の要因になった人口増加は打製石斧を利用したマメ類などの原始的農耕に起因すると考えられており、中期の土偶にも、そのような栽培作物の表現を探す方が、縄文のヴィーナスとトチノキの実との類似を見出すよりも土偶増加の理由としては賛同を得やすいと思う」（矢野二〇二一）とやさしくも的確なアドバイスを送っている。

さらに土偶の研究史（本書一八四頁）を見渡せば、地域の生業、特に農耕と土偶を結びつけた論考はこれまでにも決して少なくないこともわかるだろう。

本書での検証とはまったく逆に、『土偶を読む』を大きく評価した「サントリー学芸賞」の佐伯順子（同志社大学教授）氏の選評を一部を抜粋して引用しよう。

「私は精霊が示す〝かたち〟を受け取り、縄文人たちと同じように、そこから目に見えない精霊の身体を想像した」――縄文時代から降りてきた霊媒を自認するような、著者の神秘的ことあげ。「直観的なヴィジョン」「縄文脳インストール作戦」など、いわゆる学術論文の形式を学問の正当派とする認識からは、あるいは本書の叙述は受け入れにくいかもしれない（中略）――土偶を人体のデフォルメや女性像とみなす〝通説〟を覆し、本書は、イギリスの人類学者ジェームズ・フレイザーの『金枝篇』における植物霊祭祀にも触発されて、土偶は縄文人の食用植物の形象であると説く。ハート形土偶とクルミ、さらには、現代のクリのキャラクターと土偶の形状との類似性の指摘など、著者の視覚表象の分析は、過去から現代へと縦横無尽にかけめぐる。新説を単なる思いつきのイメージ連鎖に終わらせないよう、オニグルミの分布との関連性など、当時の植生や食生活の実態も視野に入れ、実証的に議論を進めようとする。

この新説を疑問視する「専門家」もいるかもしれない。しかし、「専門家」という鎧をまとった人々の言うことは時にあてにならず、「これは○○学ではない」と批判する〝研究者〟ほど、その「○○学」さえ怪しいのが相場である。「専門知」への挑戦も、本書の問題提起の中核をなしている。（中略）――「学」と「芸」の双方を備える著作こそがふさわしいとされる本賞の理念を体現する可能性を秘めた一冊として、選考委員会は大胆に本書を評価した。学術と評論のあわい、「専門」の内外を往還する生産的「知」の対話が、本書によって喚起されることを期待する。

（第43回　サントリー学芸賞・選評〈社会・風俗〉）

重複するが、同志社大学の佐伯順子さんは、専門知というものに対してこう批評している「この新説を疑問視する「専門家」もいるかもしれない。しかし、「専門家」という鎧をまとった人々のいうことは時にあてにならず、「これは○○学ではない」と批判する〝研究者〟ほど、その「○○学」さえ怪しいのが相場である」

佐伯さんは専門知というそのもの、例えば「自身の専門知を含む専門知」を省みる機会としてこの評を書いたのかと言えば、そうは読めない。これはそのまま、額面通り、「考古学者」

に向けた言葉として受け取ろう。

『土偶を読む』は、何人かの専門家にその自説を披露し、お墨付きを求めたがほとんど相手にされなかった。というエピソードを当該書の中で少しだけ触れている（土偶を読む三四二頁）。サントリー学芸賞の選評はなぜかそのことを「専門知」への挑戦として「問題提起の中核」と捉え、主たる当該書の評価としている。しかし、その評価が成り立つ前提として『土偶を読む』での考察が、今までの研究では明らかにならなかった事柄の指摘や、「説」としての高い蓋然性を持っている必要があるだろう。そうでなければ、佐伯さんが考古学者に向けた〝批判〟は的を射ることにはならない。専門家に「お墨付き」がもらえないのは当然で、『土偶を読む』での専門家への批判もただの逆恨みにしかならない。サントリー学芸賞もぬかるみに勇足を踏んだことになる。

選評での指摘通り、『土偶を読む』は専門家から学術書としては受け入れられていない。本書『土偶を読むを読む』に、執筆やインタビューなどで参加していただいた研究者のみなさんも含め、ほとんどの考古学の研究者は『土偶を読む』での説には否定的に見える。しかし、それはあくまでも論証が破綻していること、不十分であることが理由（白鳥兄弟二〇二二）で、竹倉さんが専門家でないことを問題視している専門家は筆者の見たところ一人もいない。『土偶を読む』は専門家でないことが問題視されていると、いくつかのメディアは喧伝するが、それはまったくもって事実ではない。この言説がどこから発生したかわからないが、これはただの風評被害である。どんなジャンルのどんな人物でも縄文時代や土偶を研究し、それをまとめることに制限はない、が、こと学問となると厳しく精査されるのは当たり前だろう。考古学に限らず、どの分野であっても学問の最前線は鉄火場だ。生半可ならボコボコにされる。

『土偶を読む』では「さんざん探してはみたものの、結局、私の研究に「お墨付き」を付与できるいかなる「権威」もこの世に存在しない（新しい挑戦とはどうやらそういうものらしい）」（土偶を読む三四三頁）。こう独りごちる。どの専門家に見せてどんな話をされたのかはわからない。が、一つ言えるのは研究者は「権威」や「お墨付き」のためだけの存在ではない。もし何かしらの指摘を受けたりしたのであれば、そこに真摯に向き合うべきだったのではと思う。また、専門家を「権威」と揶揄し、批判するのであれば、専門家の評価を「盛って」、自身の評価に利用するような行動は矛盾している。絶対に避けるべきだった（本書二三九頁）。

本書で「土偶は変化する。」（本書二九二頁）を寄稿していただいた、岩手県立博物館の金子昭彦さんは『土偶を読む』の感想としてこんなことを言う「結局のところ事実の前に謙虚であらねば真実なんて掴めないでしょう」。『土偶を読む』で一番欠けているのは、まさにこのことだと思う。自説のためには事実であろうと簡単に目を瞑り誤魔化し改変する。そこにある事象を受け入れようとしない。それはおよそ研究書の姿勢ではない。

研究史をほとんどよく示していないことも問題だ。中空土偶の項で論文を引用させていただいた北海道の世界遺産推進室の阿部千春さんはこう言う「イコノロジーを軽々に考古学に取り入れるのは、日本の考古学史における編年学をよく知らないからではないでしょうか。すでに研究史の中では、形態の類似による間違いが時におこることを諌めるため、甲野勇、八幡一郎、山内清男の「編年三羽烏」（本書一九五頁）が「見た目の類似点から判断するのではなく、長期間の形態の変化、いわゆる編年の中で判断することが重要だ」と教えてくれています。そうした学史の上で今の考古学は成り立っているのです。『土偶を読む』で繰り広げられるイコノロジーがゲーテの形態学ほど奥行きがあるのであればよかったのかもしれませんが、そうは思えない」。

土偶の謎は面白い。これを研究のテーマに選ぶセンスに個人的には拍手を送りたい。当時の生業と土偶の関連に目を付けたことも評価したい。しかし、土偶はそんなに単純ではない。縄文時代は長く広い。最初と最後では別の時代かと言えるほどあらゆる事が変わっている。縄文時代に作られた人型の土製品という共通項があったとしても、しばしば断絶し、しばしば作られすぎる時もある。極端に粗製に作られるものもあれば極端に精巧に作られるものもある。しかし、総じてその出土数は土器に比べて、極めて圧倒的に極端に少ない。同時期であっても、文化圏が違えば、その作られる数に大きな差が出ることもある。

縄文人の食卓もまた一色ではないだろう。狩猟採集できる動物や植物は多彩で、季節によっても地域によっても変わる。同じ時代、同じ地域で同じ土器文化、同じ土偶文化を共にしたとしても、住んでいる場所や立地によって何を食べているかは大きく変わる。人それぞれに好みだってあるだろう。縄文人も食に祈りを捧げつつ、明日の献立を思い浮かべ、食を楽しんでいたのではないかと筆者は想像する。

『土偶を読む』ではいくつかの民族誌や人類学の文脈から論拠にできそうなものを探し出し援用する。が、現在の縄文研究では、人類学的な事例を〝単純に〟当てはめる時期はすでに終わっている（参考：本書三六五頁）。地域性と年代の違いは大きい。場所と時代で生業のありかたも社会の構造も変わる。縄文人たちがその時々で個別の問題を抱え、時に祈りで解決しようと考えたとしたら、土偶もまた個別のタスクを抱えていたのではないかと思う。

本書で土偶の研究史（本書一八四頁）をまとめていただいた白鳥兄弟さんも同様の指摘をする「「土偶」というのは、あくまで現代の研究者が作った枠組みでしかない。すべての土偶が同じ性格をもっていたとは限らない」（白鳥兄弟二〇二二）。その上で縄文時代の土偶がすべて同じ性格をもつと前提することは、多くの考古学者も意識的・無意識的に共有している。と、自省的に語る。

本当に土偶の謎に迫りたいのであれば、恣意的に資料をテーブルに置いていっても意味がない。ここに自己顕示欲は必要ない。ありったけの資料や研究を、とにかくありったけテーブルに載せなければならない。そこに「イコノロジー」があってもいいと思う。さまざまな科学的な検証や実証データに合わせて、少々アナクロで直感的であっても、正しく考察すれば、研究のテーブルにその場所はある。

本書で検証した通り『土偶を読む』での読み解きは破綻している。

読者に対して誠実ではない面や、過去の研究を都合よく利用した上に軽視し、時に読み間違え改変し、さらに敵視する姿勢ははっきり言って不快で、筆者は本書を書き、編するにあたり、「この先は通さねえぜフェイク野郎」（キングギドラ二〇〇二）という気分でもあった。

「フェイク」なのは『土偶を読む』を持ち上げ、評価した多くの知識人にも言える。専門外の領域に踏み込み評論するのであれば、まずは自身がそのジャンルの専門外であることを前提とした上で評論すべきであるはずなのに、何もかもわかっているかのように振る舞い、正しくジャッジできないような事柄でも、簡単に「正しい」と評価する。そこにも大きな憤りを感じる。

本書での検証に、もし反論があるのであれば、批判を受け止め、再度きちんと調べ、取材をし、真摯に応えたいと思う。

もし、ただのお墨付きではなく協働する縄文時代の研究者があらわれ、竹倉説に本当の考古学的な知見が加わったとしたら、それは本当に楽しみだと思う。その中で「これは正しい」と思えたら、より大きな拍手で応えたい。

参考文献（五〇音順）

青森県教育庁文化財保護課　二〇一七　『三内丸山遺跡44』青森県埋蔵文化財調査報告書588
青森県埋蔵文化財調査センター編　一九九一　『北の誇り・亀ケ岡文化――縄文時代晩期編』、青森県文化財保護協会
安孫子昭二　二〇二二　「竹倉史人著『土偶を読む』批判」『東京考古』第四〇号
阿部千春　二〇一五　「マルチジェンダーな遺物を生んだ縄文人の思考」『東北学』05、はる書房
阿部芳郎　二〇二二　「山形土偶の出現と地域社会」『土偶と縄文社会』（阿部芳郎編）、雄山閣
安斎正人　一九九〇　『無文字社会の考古学』、六興出版
安野眞幸　一九九三　「里芋とアイヌ語地名」『文化紀要』第三八号
今福利恵　二〇一一　『縄文土器の文様生成構造の研究』（未完成考古学叢書8）、アム・プロモーション
今福利恵　一九九〇　「勝坂式土器様式の個性と多様性」『考古学雑誌』第七六巻二号
今福利恵　二〇一九　「勝坂式土器における動物文様と人体表現」『山梨県埋蔵文化財センター研究紀要』35
上野修一　一九九七　「東北地方南部における縄文時代中期後葉から後期初頭の土偶について」『土偶研究の地平1』、勉誠社
上野修一　二〇二二　「関東地方における山形土偶の出現」『土偶と縄文社会』（阿部芳郎編）、雄山閣
上野修一　二〇一九　「ハート形土偶の成立と変遷」『ハート形土偶大集合!!』（図録）、群馬県立歴史博物館
エルヴィン・パノフスキー（浅野徹、塚田孝雄、福部信敏、阿天坊耀、永沢峻訳）　二〇〇二　『イコノロジー研究』（上・下）、筑摩書房
大野雲外　一九一〇　「土偶の形式分類に就て」『東京人類学会雑誌』第二九六号
大野晋、金関恕編　二〇〇六　『考古学・人類学・言語学との対話―日本語はどこから来たのか』、岩波書店
岡村道雄　二〇一〇　『縄文の漆』、同成社
小川忠博写真、原田昌幸監修　二〇二二　『土偶美術館』、平凡社
奥谷喬司　二〇〇一　『日本近海産貝類図鑑』、東海大学出版会
忍澤成視　二〇一一　『貝の考古学』、同成社
小野美代子　一九八一　「加曽利B式期の土偶について」『土曜考古』第4号、土曜考古学研究会
金子昭彦　二〇一五　「縄文土偶の終わり――東北地方北部／弥生時代土偶の編年――」『考古学研究』第六二巻第二号
金子昭彦　二〇一七　「弥生時代の縄文土偶」『青森県考古学』第二五号
金子昭彦　二〇一七　「第7章　遮光器土偶は何のために作られたのか」『遮光器土偶の世界』（図録）、岩手県立博物館
金子昭彦　二〇二三　「東北地方・縄文晩期の土偶（7）」『紀要』第41号、岩手県文化振興事業団埋蔵文化財センター
瓦吹　堅　一九九〇　「山形土偶」『季刊考古学』第三〇号、雄山閣
瓦吹　堅　二〇一二　「椎塚貝塚・福田貝塚の土偶」『高島多米治と下郷コレクションについて　福田貝塚・椎塚貝塚編』、大阪歴史博物館
瓦吹　堅　二〇一二　「土偶多出遺跡の様相」『土偶と縄文社会』（阿部芳郎編）、雄山閣
キングギドラ　二〇〇二　「公開処刑 feat.BOY-KEN」『最終兵器』、デフスターレコーズ

工藤雄一郎/国立歴史民俗博物館編　二〇一四　『ここまでわかった！縄文人の植物利用』、新泉社
國木田大　二〇二二　「縄文時代後半期のトチノキ利用の変遷」『北海道大学考古学研究室研究紀要』2号、北海道大学大学院文学研究院考古学研究室
小林謙一　二〇〇八　「縄文時代の暦年代」『歴史のものさし』、同成社
小林謙一　二〇一七　『縄紋時代の実年代』、同成社
小林謙一　二〇一九　『縄紋時代の実年代講座』、同成社
小林達雄編　二〇一二　『縄文土器を読む』、アム・プロモーション
小林康男　一九九〇　「出尻土偶」『季刊考古学』第三〇号、雄山閣
佐伯順子　二〇二一　「第43回 サントリー学芸賞 選評〈社会・風俗部門〉」、https://www.suntory.co.jp/news/article/14024-3.html（二〇二二年一二月一〇日取得）
埼玉県北本市教育委員会　二〇一九　「北本市埋蔵文化財調査報告書 第22集」『デーノタメ遺跡総括報告書』
設楽博己、石川岳彦　二〇一七　『弥生時代人物造形品の研究』、同成社
設楽博己　二〇一九　「土偶あれこれ」『ハート形土偶大集合!!』（図録）、群馬県立歴史博物館
設楽博己　二〇二〇　『顔の考古学』、吉川弘文館
鈴木克彦　二〇一五　『遮光器土偶の集成研究』、弘前学院出版会
鈴木正博　一九九五　「「土偶インダストリ論」から観た堀之内2式土偶」『茨城県考古学協会誌』第七号
関　暁夫　二〇〇六　『ハローバイバイ・関暁夫の都市伝説―信じるか信じないかはあなた次第』、竹書房
関根達人、柴正敏　二〇二二　「高知県土佐市居徳遺跡出土の大洞A1式装飾壺はどこでつくられたか?」『日本考古学協会』第87回総会研究発表要旨』、日本考古学協会
高田和徳　二〇〇五　『縄文のイエとムラの風景――御所野遺跡』、新泉社
竹倉史人　二〇二一　『土偶を読む――130年間解かれなかった縄文神話の謎』、晶文社
竹倉史人　二〇二三　『土偶を読む図鑑』、小学館
谷口康浩　二〇二一　『土偶と石棒』、雄山閣
田嶋正憲　二〇二一　「南海産オオツタノハ製貝輪の分布圏から見た彦崎貝塚出土資料の評価」『半田山地理考古』第九号
勅使河原彰　二〇一六　『縄文時代史』、新泉社
トリシア・バー、アダム・ブレイ、コール・ホートン　二〇一八　『スター・ウォーズ　ビジュアル・エンサイクロペディア』、学研プラス
中島寿雄　一九四三　「石器時代土偶の乳房及び下腹部膨隆に就いて」『人類学雑誌』第五八巻七号
名久井文明　二〇一九　『食べ物の民俗考古学』、吉川弘文館
能城修一、佐々木由香　二〇一四　「遺跡出土植物遺体からみた縄文時代の森林資源利用」『国立歴史民俗博物館研究報告』第一八七集

能城修一、吉川昌伸、佐々木由香　二〇二一「縄文時代の日本列島におけるウルシとクリの植栽と利用」『国立歴史民俗博物館研究報告』第二二五集
白鳥兄弟　二〇二一「竹倉史人「土偶を読む」について」、https://note.com/hakucho_kyodai/n/n1b370030eaa4（二〇二一年六月五日 取得）
春成秀爾　二〇〇二『縄文社会論究』、塙書房
藤沼昌泰　二〇一二「埼玉県後谷遺跡」『土偶と縄文社会』（阿部芳郎編）、雄山閣
北海道恵庭市郷土資料館　二〇一四『史跡カリンバ遺跡』（図録）
松田陽、岡村勝行　二〇一二『入門パブリック・アーケオロジー』、同成社
松本直子、中園聡、時津裕子　二〇〇三『認知考古学とは何か』、青木書店
三上徹也　二〇一四『縄文土偶ガイドブック』、新泉社
水沢教子　二〇一九「コラム　土偶に描かれた渦巻文と「棘」」『土偶展』（図録）、長野県立歴史館
望月昭秀　二〇二一「『土偶を読む』を読んだけど」（1）〜（3）・番外編、（1）https://note.com/22jomon/n/n8fd6f4a9679d、（2）https://note.com/22jomon/n/n213f1979a479、（3）https://note.com/22jomon/n/n12c313a766c2、（番外編）https://note.com/22jomon/n/nf752c626f69e（二〇二一年一一月二六日閲覧）
矢野健一　二〇二二「書評　竹倉史人著『土偶を読む――130年解かれなかった縄文神話の謎』（晶文社、二〇二一年）」『立命館史学』第四一号
山形県埋蔵文化財センター　一九九四『西ノ前遺跡発掘調査報告書』
山形県埋蔵文化財センター　二〇〇〇『野向遺跡・市野々向原遺跡・千野遺跡発掘調査報告書』山形県埋蔵文化財センター調査報告書71
山形県遊佐町教育委員会　二〇一五『小山崎遺跡発掘調査報告書』遊佐町埋蔵文化財調査報告書10
山崎和巳　一九九〇「みみずく土偶」『季刊考古学』第三〇号、雄山閣
山田康弘　二〇一八『縄文人の死生観』（角川ソフィア文庫）、KADOKAWA
山田康弘　二〇一九『縄文時代の歴史』（講談社現代新書）、講談社
山梨県埋蔵文化財センター　一九九四『上の平遺跡第6次調査・東山北遺跡第4次調査・銚子塚古墳南東部試掘』山梨県埋蔵文化財センター調査報告書94
山内清男　一九三〇「所謂亀ヶ岡式土偶の分布と縄紋式土器の終末」『考古学』1―3
吉岡卓真　二〇一二「土偶の装飾表現と装身具」『土偶と縄文社会』（阿部芳郎編）、雄山閣
吉川昌伸、鈴木茂、辻誠一郎、後藤香奈子、村田泰輔　二〇〇六「三内丸山遺跡の植生史と人の活動」『植生史研究』特別第二号、日本植生史学会
吉崎昌一　一九九七『縄文時代の栽培植物』、第四紀研究36―5
米田穣、中沢道彦、田中和彦、高橋陽一　二〇二一「長野県七五三掛遺跡出土人骨の同位体分析で示された、縄文時代晩期後葉の雑穀栽培を伴う低水準食料生産」『日本考古学』第五三号
ゆでたまご　一九七九〜『キン肉マン』、集英社

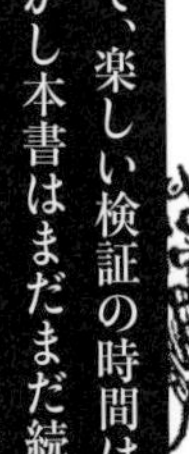

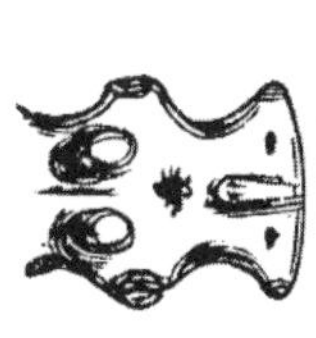

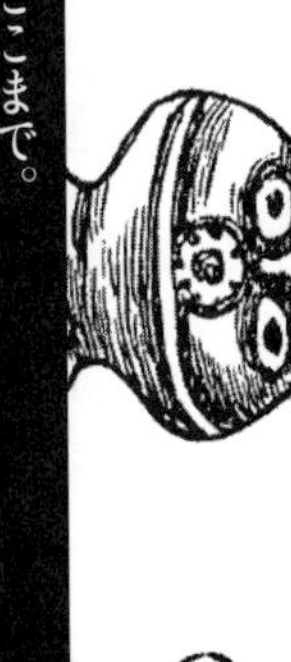
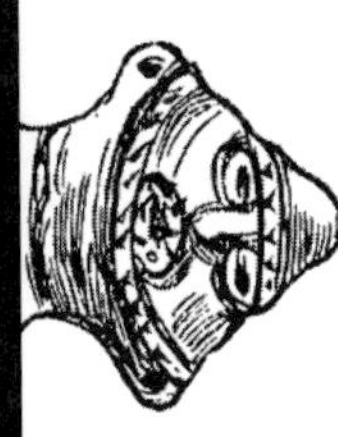

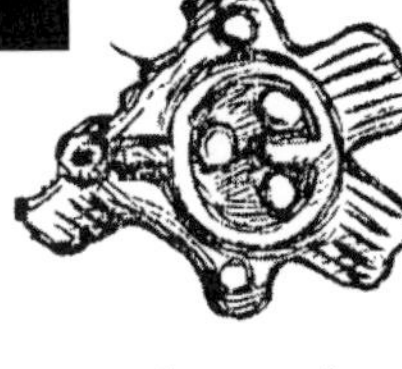

さて、楽しい検証の時間はここまで。

しかし本書はまだまだ続く。ここからはさらに土偶や縄文時代の解像度を高める企画が始まる。まずは土偶の研究史、これは今まで土偶についてどんな研究がされてきたのかを一覧でき資料的な価値も高い。そして縄文後晩期の東北北部での土偶の形態変化についての論考。考古学者の山田康弘さんへのインタビューに、実際に国宝の土偶を展示している青森の是川縄文館の学芸員である小久保拓也さんと、長野県の尖石縄文館の山科哲さん、植物考古学者の佐々木由香さんとの対談。どちらも、今、考古学で研究されていること、縄文研究の現在位置がわかるようなお話が聞ける。さらにはパブリックアーケオロジーの観点から専門知についての論考や、考古学と人類学の関係史も寄稿していただいた。その上ちょっとしたおまけとしてある実験も企画した。もしかしたらここからが本番なのかもしれない。

「土偶とは何か」の研究史

白鳥兄弟

Hakucho_Kyodai

大道芸人・考古学者

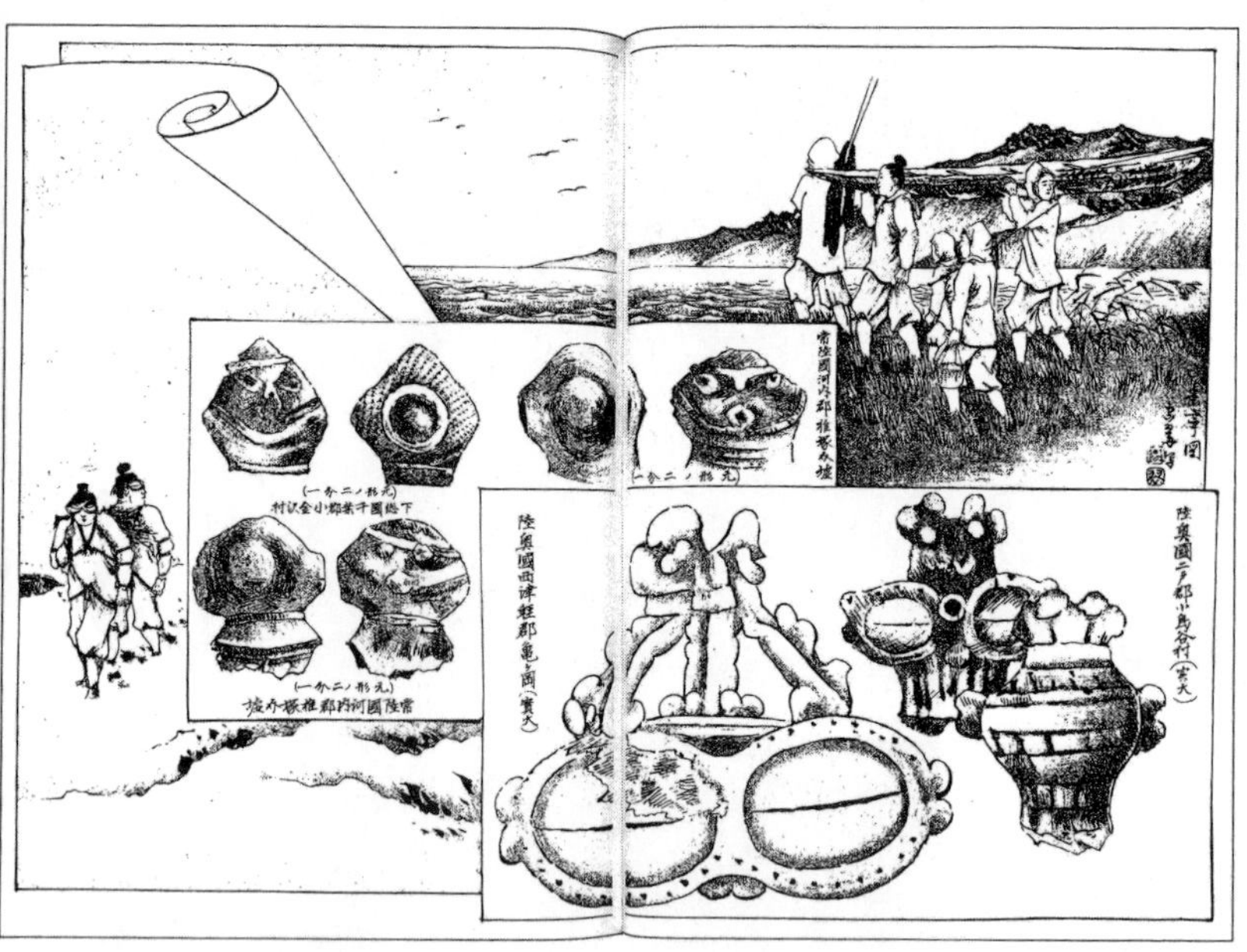

『風俗画報』「コロボックル風俗考」

二〇二一年に刊行された竹倉史人による著作『土偶を読む』（晶文社、二〇二一年）。この本に対する評価は、考古学界の内外で大きく分かれている。考古学界での反応は、論証不足や論理の破綻を指摘するものが多かった（白鳥兄弟二〇二一、矢野二〇二一、安孫子二〇二二）。だがベストセラーになった事実は多くの人の関心を呼んだことを示しているし、サントリー学芸賞を受賞したことからもわかるように、同書を斬新な新理論を確立したものとする評価もある。

それでは、果たして『土偶を読む』は本当に考古学の新理論を打ち立てたといえるのだろうか。本稿ではそれを考えるための前提として、これまでの研究で「土偶とは何か」がどのように論じられてきたのかを振り返る。

1　本稿の目的と内容

1-1　土偶研究の「通説」

『土偶を読む』においては、土偶研究の「通説」として、二〇〇八年に東京国立博物館で開催された『国宝 土偶展』の展示図録の文章を引用している。

> 土偶の解釈にはさまざまなものがあります。母体から生まれ出る新たな生命の神秘に根差し、再生と多産や安産祈願の意味を読み取る説①、豊かなる獲物の象徴とする説②、病気や怪我を治すために土偶を打ち砕き身代わりとする説③などはその代表例です。
>
> （東京国立博物館 二〇〇八『国宝 土偶展』図録三頁、傍線は引用者による）

この引用部分にもとづいて、竹倉は通説を①再生・多産・安産祈願説、②狩猟成功祈願説、③病気・怪我治癒説の三つに整理し、これらの説はいずれも成り立たないと否定した。

しかし、このような通説のまとめ方には大きな問題がある。例えば、二番目に挙げられている「狩猟成功祈願説」なるものは、実際には主張されたことはないのである。狩猟だけではなく採集や原始農耕も含めて「豊穣」を祈願する説は存在する。傍線部②では「獲物」とあり狩猟のみを対象としているように読めるので、引用部分が問題のある表現だったことは否定できない。ただし、実はこの引用部分は図録の本文ではなく、巻頭にある主催者の「ごあいさつ」である。この一文をもって「通説」を代表させるのは適切ではないだろう。

竹倉は「考古学者」による従来の解釈を手厳しく批判するが、批判対象の具体的な引用はこれ以外にはほとんどみられない。それでは考古学者や他の分野の研究者によってこれまでどのような説が唱えられてきたのかを振り返ってみようというのが、本稿の趣旨である。

1-2 本稿の内容

本稿では「土偶とは何か」という点を中心に、土偶の目的（何のために作られたか）や用途（何に使われたか）に関する研究史を概観する。

『土偶を読む』では、用途や目的についての疑問は先送りにしてまずは土偶の「正体」を明らかにするという方針が宣言されているから（三一九頁）、用途や目的を扱うことに違和感をもつ人もいるかもしれない。しかし考古学では正体不明の遺物に対して、まず出土状況などからどのように使われていたのかを復元し、そこから目的を推測するというアプローチがとられることが多い[※1]。例えば、祭壇に安置されたという状況から礼拝の対象であったと推測するようなアプローチである。「土偶は神像である」というような「正体」は、そうした用途や目的に関する考察を通じて明らかにされることになる。こうした理由から本稿では土偶の用途や目的に関する研究も含めて「土偶とは何か」に関わる研究を取り上げるが、具体的な使用方法の復元に関わる個別の研究は対象としない。特に「土偶はわざと壊されたのか」という問題については、土偶の用途と関わるテーマとして多くの議論が蓄積されてきたが、本稿ではその具体的な内容には踏み込まず、壊される／壊されないに関わらず土偶が何だと考えられてきたのか、という点に焦点を当てることにしたい。

土偶は、女神像、神像、精霊像、呪物、身代わり像、お守りなどさまざまなものだと考えられてきた。着眼点が異なっているため、これらは必ずしも並立しないものではない。女神像はもちろん神像の一種であるし、女神像でかつお守りだということもありうる。長年にわたる土偶研究では、同じ内容を違う言葉で言ったり、同じ言葉で異なる内容を指したりすることもあった。以下の記述では、わかりやすさを重視して筆者なりに言い換えた場合がある。

土偶の記録は江戸時代に遡るが、本稿では近代考古学が始まった明治時代以降を対象とし、『土偶を読む』の出版（二〇二一年）よりも前に限定する。第一期：**明治期**（一八六八年〜一九一二年）、第二期：**大正〜昭和戦中期**（一九一三〜一九四五年）、第三期：**昭和戦後期**（一九四六〜一九八八年）、第四期：**平成期以降**（一九八九〜二〇二〇年）の四つの時期に大きく区分する。

※1：この点について、日本考古学が土偶の形態から象徴的意味を探究する分析方法をもたなかったためだとする渡辺仁による批判もある（渡辺二〇〇一）。渡辺の土俗考古学的アプローチについては後述するが、竹倉のように用途や目的を棚上げにして見た目から土偶の「正体」を言い当てるという方法ではない。

2-1 第1期

明治期

◎1868〜1912年

コロボックルにせまる

明治元年 1868

1869 戊辰戦争

1876 モースによる大森貝塚発掘。日本における近代考古学の始まり

1877 西南戦争

1879 帝国大学の生徒であった飯島魁と佐々木忠次郎による陸平貝塚の発掘調査。日本人の手による最初の発掘調査

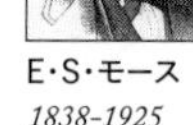
E・S・モース
1838-1925

第一期（明治期）は、日本考古学の黎明期である。日本の近代考古学は一八七七年の**E・S・モース**による**大森貝塚の発掘**で幕を開けた。しかし、この調査や二年後にモースの教え子である飯島魁・佐々木忠次郎によって行われた陸平貝塚の発掘では、土偶は出土しなかった。明治期の土偶研究は**東京人類学会**と帝国大学理学部**人類学教室**を中心に進められ、その中心人物は人類学会の創始者で人類学教室の初代教授となる**坪井正五郎**だった。

坪井は理学部の学生だった一八八四年に東京人類学会の前身団体を結成した。一八八六年に会誌第二号に掲載された**白井光太郎**による**「貝塚より出でし土偶の考」**で東京池袋出土の土偶が報告されたのが、同誌における土偶の初登場である（白井一八八六）。白井は会の設立メンバーで、一八八四年に坪井・有坂鉊蔵と共に弥生式土器第一号を発見した人物である。土偶の用途についてはおもちゃ、神像、飾りの三つの可能性を挙げた上で、オーストラリア先住民の類例から、飾り（アクセサリー）だと推測した。これは坪井の教示によるものだったが、坪井はこの報告の付記でお守りの可能性を指摘している。

同じ頃やはり白井や坪井が関わる形で始まった**コロボックル論争**では、石器時代の日本列島の住民がどんな民族であったのか、という点に関心が集中していた。遺跡・遺物から当時の風俗を復元し、それを世界各地の民族と比較する

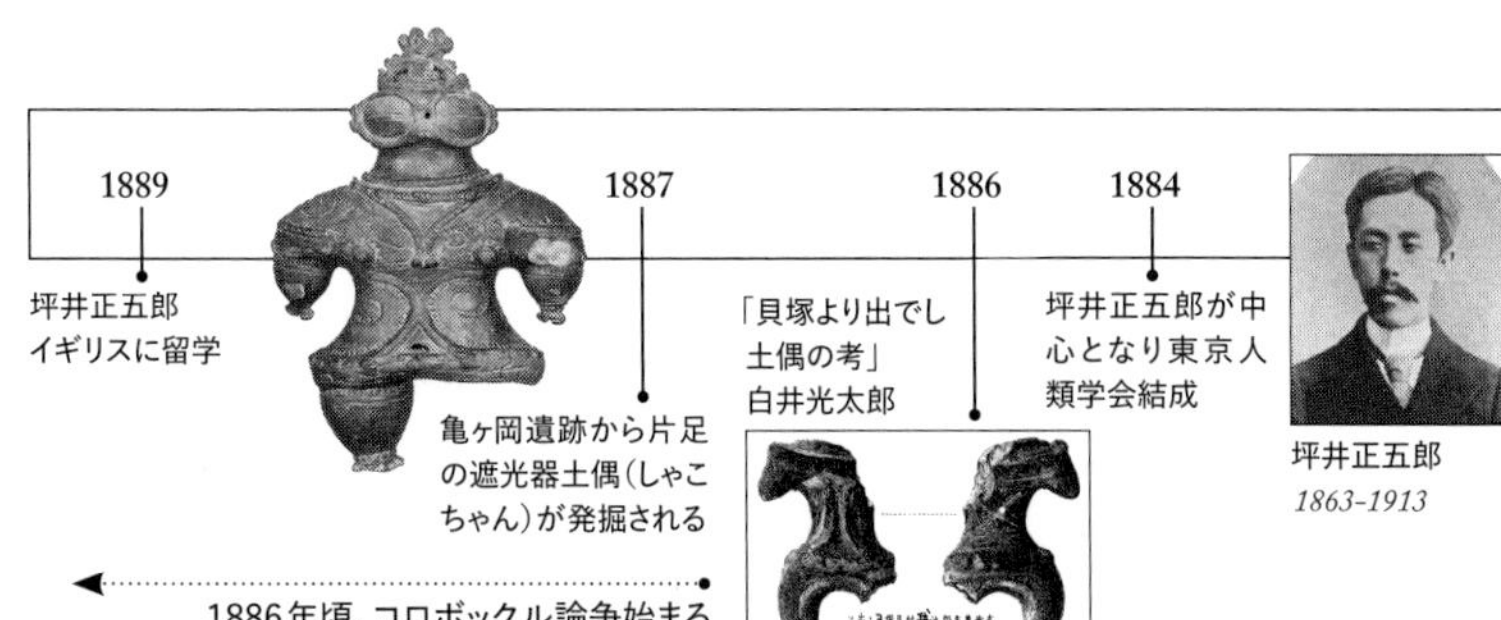

という方法で研究が進められる中で、土偶は髪型や衣服などの直接遺跡に残らない風俗を示す手がかりとして重視されたのである。例えば今日も使われる「**遮光器**」土偶の名称は、英国留学中の坪井が大英博物館で北方民族の遮光器（雪眼鏡）を実見し、これを東北地方の土偶にみられる目の表現と結びつけたことに由来する（坪井一八九〇・一八九一）。今日の視点からみると「なぜ縄文の資料をわざわざエスキモーと結びつける必要があるのか」と思うかもしれないが、当時の研究の文脈では、**他民族の風俗と比較**することが重要だったのである。

坪井の留学中に人類学教室の助手を務め、精力的に各地の調査旅行を行ったのが**若林勝邦**だった。若林は一八九一年に北海道から関東までの土偶を扱った「**貝塚土偶ニ就テ**」を発表した（若林一八九一）。取り上げられた三十三点のうち青森県**亀ヶ岡遺跡**出土例が十五点を占めている。土偶についての最初の集成的研究であり、中空／中実の分類も示されたが、土偶研究の目的は石器時代の風俗を復元することだとして、土偶が何に使われていたのかという用途論には触れていない。なおタイトルに「貝塚土偶」とあるように、当時は現在でいう土偶も埴輪もひっくるめて「土偶」とし、古墳で見つかるものを「**埴輪土偶**」、貝塚で見つかるものを「**貝塚土偶**」と呼ぶことが多かった。研究が進むにつれて、次第に「埴輪」と「土偶」の使い分けが確立していくことになる。

翌一八九二年、後に帝室博物館総長を務める歴史学者の**三宅米吉**が人類学雑誌上で土偶に言及した（三宅一八九二）。若林が報告した土偶のうち体部が板状

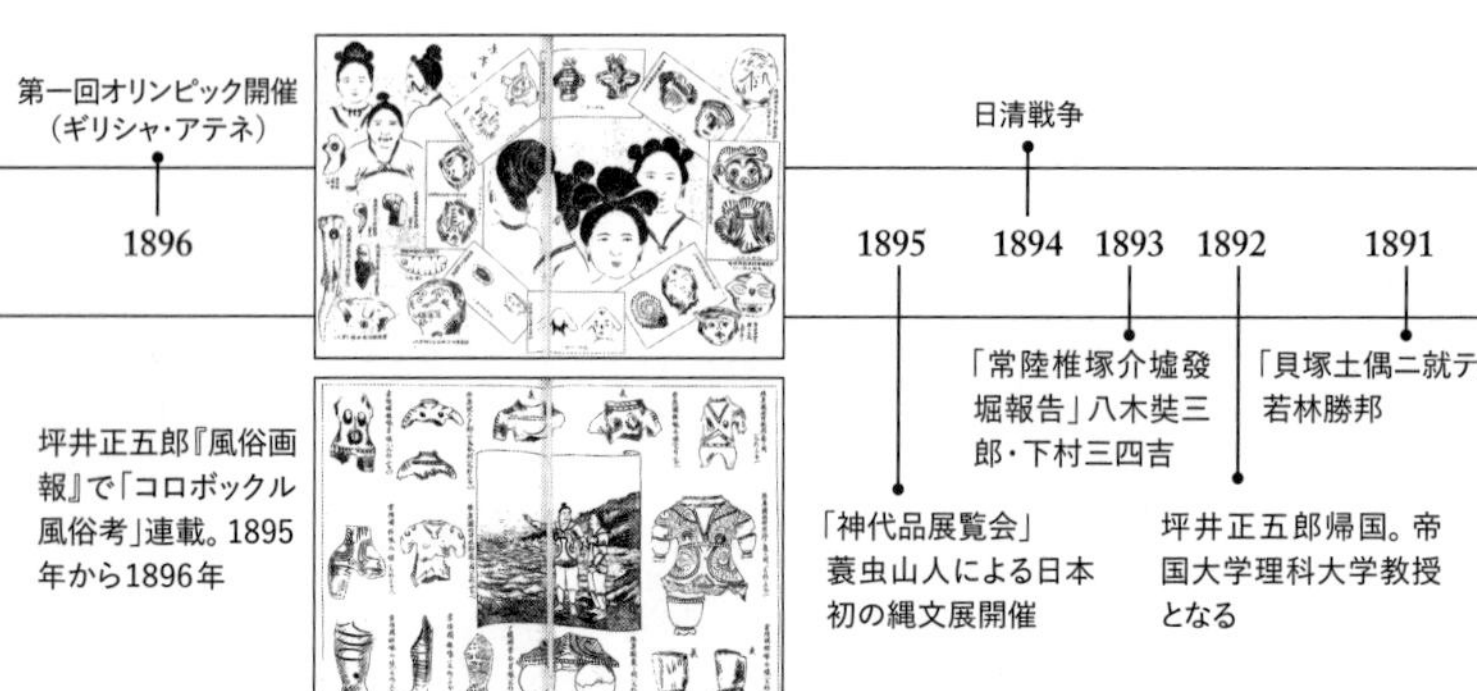

のものは、人形ではなく土器に付属する「装飾物」だったと考えている。完形の資料が乏しい時代の限界だったといえる。

同年秋に帰国した坪井は人類学教室の教授となった。翌年、同教室の標本取扱だった**八木奘三郎**が文科大学生の**下村三四吉**と茨城県**椎塚貝塚**の発掘調査を行った（八木・下村一八九三）。この調査では土偶が十三点出土し、報文ではその用途にも言及された。土偶には大小や形状が異なるものがあることから必ずしも一定の用途ではなかったとした上で、小さいものはお守りか飾り、おもちゃ、大きいものは記念のためか礼拝のためという可能性を挙げている。動物形土製品に比べて土偶（人物像）が多いことを指摘し、アイヌ民族は人物像を作らないことから、貝塚を残した人々はアイヌ民族とは異なると考えた。

坪井は一八九五年から一八九六年にかけて『風俗画報』に**「コロボックル風俗考」**を連載した。毎回見開きの図版が掲載されていたが、そこに登場する石器時代の住民（コロボックル）の髪型や入墨、衣服は土偶を参考にしたものだった。第八回では土偶そのものを取り上げ、巧妙精緻に作られたものがあることから信仰に関わる**神像**か**お守り**の可能性が高いと考え、さらに破損例が多いことから「妄信」により**わざと壊した**と考えた（坪井一八九六）。土偶が**実在の人の形**か、あるいは**想像上の神の形**か、という問題も提起している。

一八九七年には、**大野延太郎**（雅号・雲外）による**「土偶ト土版ノ関係」**が発表された（大野一八九七）。大野は人類学教室に画工として勤め、のちに助手

「土偶とは何か」の研究史

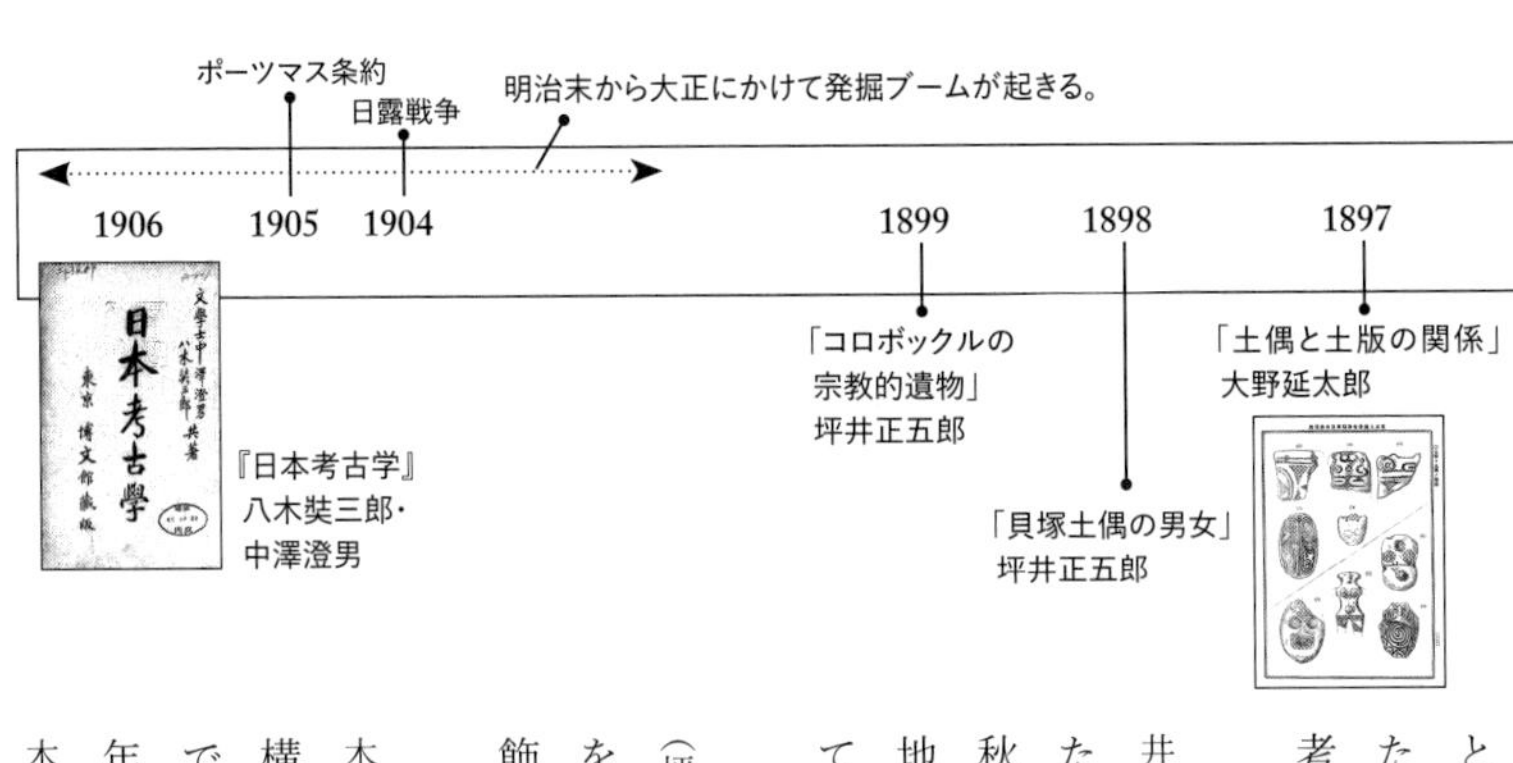

となった人である。大野はまず土版は携帯品で宗教上のお守りだろうと推測した。そして土偶と土版には密接な関係があることから使用法も共通していると考え、土偶も**お守り**だと結論した。

一八九八年、坪井は**「貝塚土偶の男女」**で、**土偶の性別**について論じた（坪井一八九八）。乳房の大小、腹部のふくらみ、衣服の表現などに注目して区分した結果は、女八例・男一六例で**男が多い**というものだった。扱われた資料は青森・秋田と茨城のものが中心で、基本的に東北地方晩期の遮光器土偶を男性、関東地方後期の山形土偶を女性とみていたようである。土偶の性差に注目した初めての試みだったが、土偶の地域差や時期差という視点を欠いていた。

翌年、坪井はさらに**「コロボックルの宗教的遺物」**で、土偶の性格を論じた（坪井一八九九）。抽象化された土偶や土版・岩版との比較から、土偶は人間の形を写すことよりもその「意を寓する」ことに重点が置かれており、おもちゃや飾りではなく**宗教的遺物**だと結論した。

八木は一八九八年に概説書**『日本考古学』**を坪井の校閲のもとに刊行した（八木一八九八）。同書は過去の社会を考古学的な資料にもとづいて解説するという構成で、土偶は**風俗復元**のための材料として先史時代の衣服・風習などの項目で言及されていた。八木はその後人類学教室から台湾総督府に移り、一九〇六年に**中澤澄男**との共著で同名の書籍『日本考古学』を博文館から刊行した※2（八木・中澤一九〇六）。一八九八年刊行の単著とは逆に遺物や遺構の分類から始ま

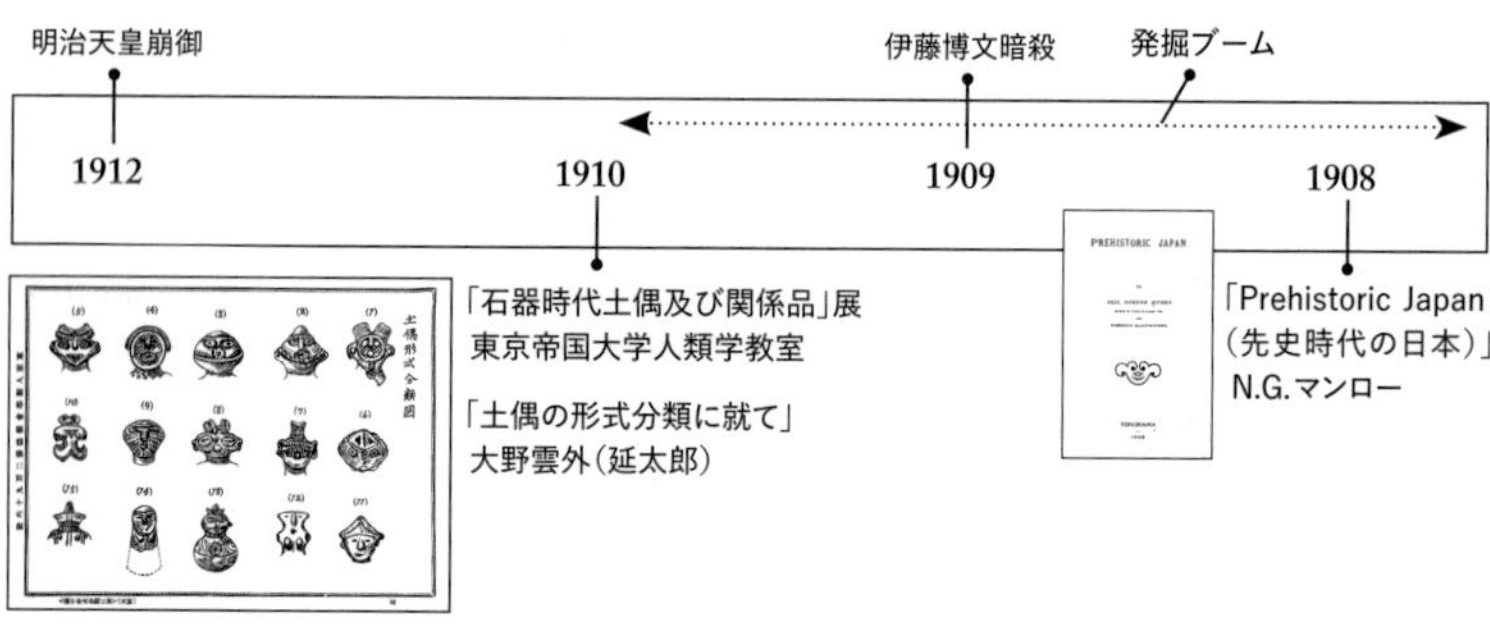

る構成であり、「**土偶総論**」と題した一節では土偶の**階層的な分類案**が示された。ただし、過去の事物の目的を明らかにすることは容易ではないため、土偶はやはり当時の「**風俗調べ**」資料にすることが最も有益だと述べており、「土偶総論」も服飾・風習の項目の冒頭に置かれていた。

明治末から大正にかけて、アマチュア考古愛好家による**発掘ブーム**が起こった。特に**水谷幻花・江見水蔭・高島唯峰**らは発掘の三勇士とも呼ばれ、多くの貝塚で遺物の収集を目的とした発掘調査を行った。彼らの活動もあって、特に関東地方における土偶の発見数は急増した。

N・G・マンローはスコットランド出身の医師であり、横浜で開業医として働きながら考古学の調査を行っていた。一九〇八年に刊行したPrehistoric Japan（先史時代の日本）は、英語による初めての**本格的な日本考古学の概説書**だった（Munro 1908）。親交のあった高島の収集品を中心に、土偶の**写真図版**も多く掲載されている。マンローは、土偶は**死者像・祖先像**であり、礼拝の対象だったと考えた※3。そして乳房の突出で判断すれば**女性の方が男性よりはるかに多い**と坪井とは逆の結論を述べている。坪井や後述する大野が衣類や髪型も判断基準としたのに対し、マンローは医師らしく基準を乳房だけに絞っている（ただし突出した乳房が本当に女性を示すのかどうかには留保も付けている）。この他にも「遮光器」は目を誇張した表現だと考え、上衣の合わせ目とされていた「正中線」をへそないし子宮から伸びる活力の象徴だと考えるなど、当時の日本考古学界の主流とは異なる立場からの見解を述べている。

一九一〇年三月、東京帝国大学人類学教室において「**石器時代土偶及び関係品**」の展覧会が開かれた（坪井一九一〇）。二日間という短期間だが、**土偶展の元祖**ともいうべき展示である。出陳された資料は、人類学教室のものに加えて、水谷・江見・高島・中澤らのアマチュア考古愛好家の所蔵品だった。

この展覧会を受けて発表されたのが、大野による「**土偶の形式分類に就て**」である（大野一九一〇）。大野は総数二八七点の土偶を一五の形式に分け、さらにこれらの土偶の性別について検討した。坪井と同様に乳房の大小と衣服を判断基準としているが、その結果は反対で、**女が多い**（女二一三点、男四七点、不明二七点）というものだった。ここから土偶は**女神**であり、さらに**安産の守り神**だったと推測している。

このように第一期においては、土偶から**当時の風俗を読み取る**ことに関心が集中していた。土偶の分類も試みられたが、土偶の時期差や地域差は考慮されていなかった。このような限界はあるが、散見される土偶の用途についての言及には、現在にも通じる内容が含まれている。土偶は**宗教に関連する遺物**であり、**お守り**だとする見解が有力だった。土偶が**わざと壊された**、土偶の性別は**女性が多い**という点も指摘されている。**女神像**、さらに踏み込んで**安産の女神**だという解釈もこの時期に提示された。

※2：初版では一八九八年の八木単著と一九〇六年の八木・中澤共著に関わる記述が誤っていたため訂正する。この点については、早傘氏（@hayakassa）にご指摘いただいた。

※3：土偶を祖先像であるとする見解や坪井の遮光器説に対する批判は、一九〇六年刊行の*Primitive culture in Japan*にすでに登場している（Munro1906）。この部分の初出は一九〇六年とすべきだが、マンローの代表作である*Prehistoric Japan*に沿って紹介した。

2-2　第2期

大正〜昭和戦中期◎1912〜1945年

大地と豊穣の女神

大正元年 1912
1913 森永ミルクキャラメルが発売／坪井正五郎死去
1914 第一次世界大戦開戦
1916 京都帝国大学に考古学講座が設置される
1917 ロシア革命
1918 第一次世界大戦終結

『考古学』高橋健自

第二期は、大正時代から太平洋戦争終戦までの昭和時代とする。第一期の中心的人物だった**坪井の死**（一九一三年）によってコロボックル論争には終止符が打たれた。一九一〇年代から二〇年代にかけては大正デモクラシーと呼ばれる自由主義的な風潮がみられた時期だが、考古学の世界でも新しい動きが生じていた。一九一六年には京都帝国大学に考古学講座が設置され、一九一〇年代末には東北帝国大学の**松本彦七郎**によって東北地方の貝塚の発掘が行われた。

一九一三年、東京帝室博物館の**高橋健自**は概説書『**考古学**』の中で土偶に触れ、土偶が奇妙な形をしているのは、**宗教的信念**からわざと不可思議に作ったためだと考えた（高橋一九一三）。

一九二〇年、宗教学者の**津田敬武**は著書『**神道起源論**』の中で、土偶の形態が千差万別であることから神像ではないと考え（神の表現には決まりがあるため）、死者の霊魂が留まる**死者像**と神前に奉納される**崇拝者自身の肖像**の二つの可能性を挙げた（津田一九二〇）。後者はメソポタミアの神殿に奉納された祈念者像のようなものを想定していたのだろう。

坪井の後を継いで東京帝国大学で人類学を担当したのは**鳥居龍蔵**だった。この頃東北地方の貝塚を発掘していた松本彦七郎は、宝ヶ峯貝塚の上下の層で出土する土器が異なることから土器の違いを時期差だとする考えを示した（松本

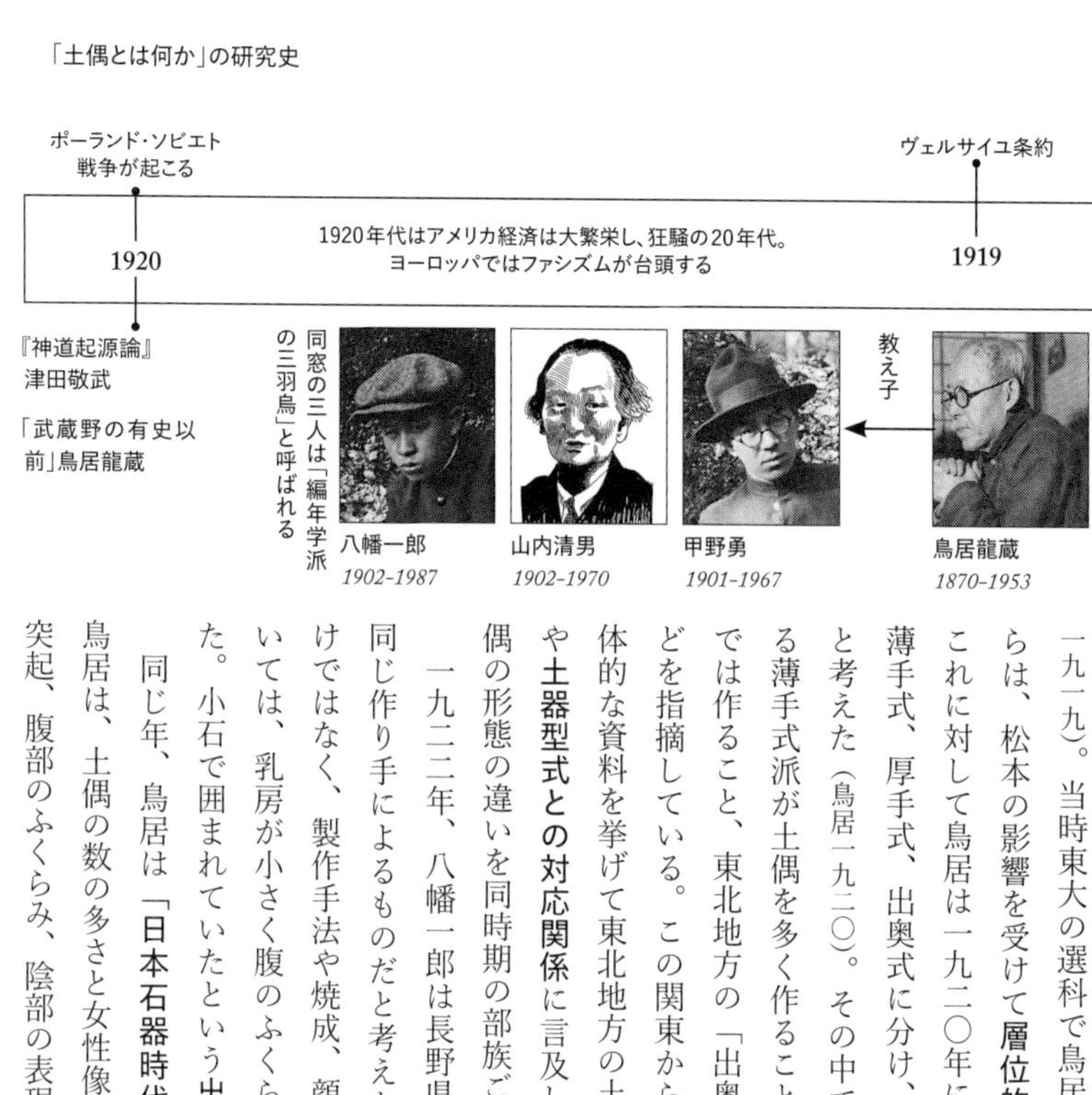

一九一九）。当時東大の選科で鳥居の教え子だった**甲野勇・山内清男・八幡一郎**らは、松本の影響を受けて**層位的発掘**による縄文土器の**編年研究**を開始する。これに対して鳥居は一九二〇年に「武蔵野の有史以前」で、石器時代の土器を薄手式、厚手式、出奥式に分け、これらを**同時代の部族の違い**を反映したものと考えた（鳥居一九二〇）。その中で土偶についても言及しており、海岸に分布する薄手式派が土偶を多く作ること、厚手式派は関東では土偶を作らないが甲信では作ること、東北地方の「出奥式土偶」が関東の遺跡からも出土することなどを指摘している。この関東から出土する「出奥式土偶」については、後に具体的な資料を挙げて東北地方の土偶と比較している（鳥居一九二三）。**土偶の分布や土器型式との対応関係**に言及した最初期の研究であるが、鳥居はこれらの土偶の形態の違いを同時期の部族ごとの風俗の違いを反映したものと考えていた。

一九二二年、八幡一郎は長野県尖石遺跡発見の土偶を報告し、厚手式土器と同じ作り手によるものだと考えた（八幡一九二二）。同じ遺跡から出たというだけではなく、製作手法や焼成、顔面把手との類似を根拠にしている。用途については、乳房が小さく腹のふくらみもないことから、**安産のお守り説を否定**した。小石で囲まれていたという**出土状況**にも注目している。

同じ年、鳥居は「**日本石器時代民衆の女神信仰**」を発表した（鳥居一九二二）。鳥居は、土偶の数の多さと女性像が多数を占めることに注目する。乳房の著しい突起、腹部のふくらみ、陰部の表現などの特徴が「未開人や古代の遺物の女神像」

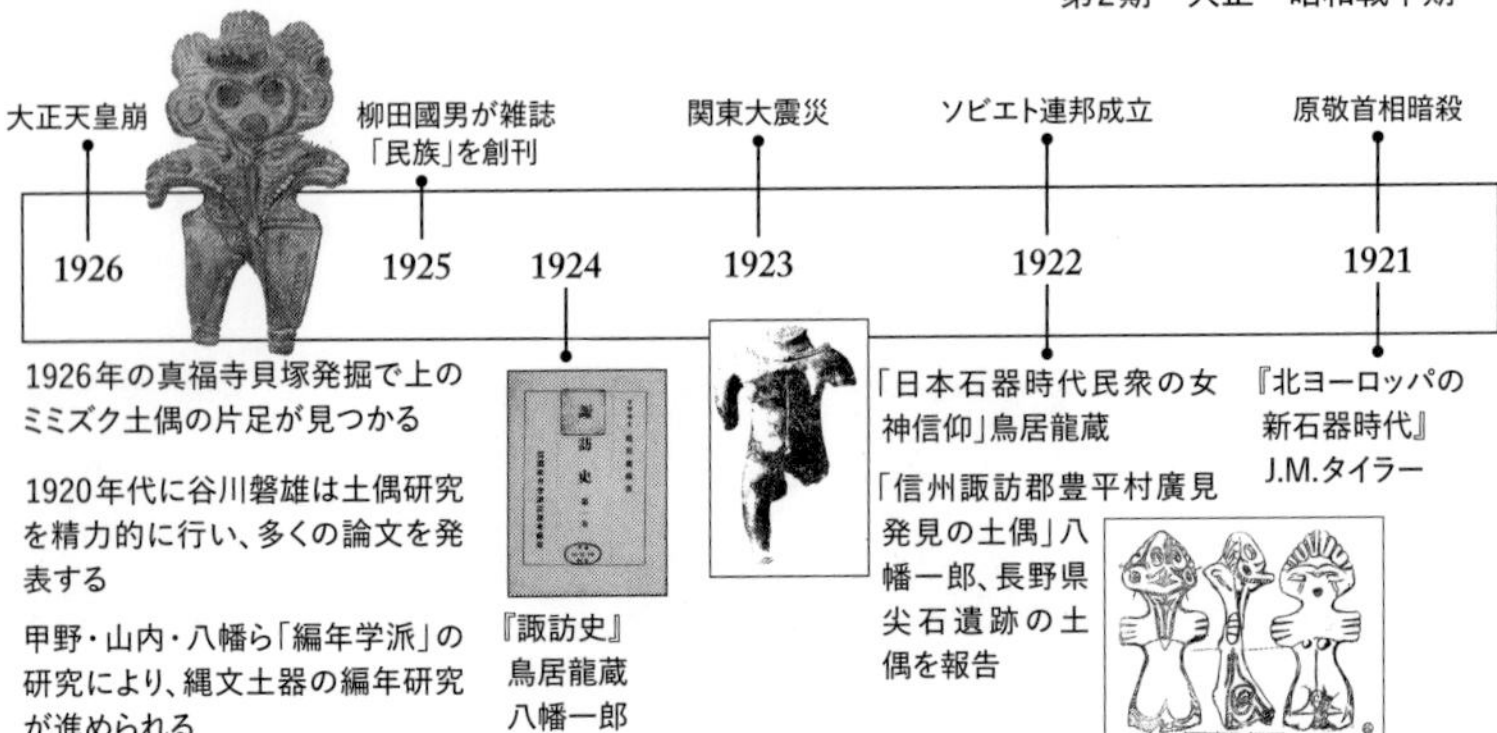

と共通することから、**女神信仰**が行われていたと考えた。さらに土版は女神のお守り、顔面把手も女神を表現したもので、いずれも女神信仰に関わる遺物だとした。大野とは異なり、土偶は家の中や岩・木の上に安置した**神像**だと考えている。土版が薄手派に多く、顔面把手が厚手派に限られるのに対して、土偶はいずれの地域にも分布することから、「種族全体」の信仰対象だったと推測した。鳥居はさらにヨーロッパや中央アジアの新石器時代の人形の例を引いて、女神信仰の発生は地母（Earth mother）、すなわちearth（大地）、vegetation（植生）、fertility（豊穣）の神霊に関係すると述べている。そして日本の石器時代には女性が農耕に従事し、土器や土偶を作り、さらにシャーマンだったと考えたのである。前年に刊行されたばかりのアメリカの人類学者J・M・タイラーの『北ヨーロッパの新石器時代』から「女神の信仰は新石器時代の特徴なり」という言葉を引用しているので、同書での地母神信仰についての説明をみておこう。

> 農耕の導入は、宗教に対する考えと儀式にもう一つの重要な変化を引き起こした。耕作地では、ちょうど人間の母親が子どもを産むように、大地は彼らの主な食料源である作物に実りをもたらした。そしておそらく、彼らの考えでは、動物や人間に対しても同じであった。したがって、大地の神（もちろん女性）あるいは豊穣の女神ないし精霊に対する信仰と崇拝が広範囲にみられた。（J. M. Tylor 1921 New stone age in northern Europe. 邦訳は引用者による）

鳥居の**地母神説**は、このような海外の最新の研究を背景にして、土偶と女神信仰、さらに**農耕の存在**を結びつけるものであった。石器時代の「初歩農耕」の傍証として環状石器を挙げ、掘り棒だと推測している※4。ここで注意しておきたいのは、当時はまだ「縄文時代」という概念はなく、狩猟採集の時代だという認識もなかったという点である。そうした中で鳥居は「石器時代」に農耕があったと考え、地母神信仰と結びつけて土偶を解釈したのである。

二年後に刊行された『諏訪史』の先史時代編は鳥居と八幡の共著であるが、土偶は女神崇拝の証拠だとされるなど土偶の解釈については鳥居説の色が濃い（鳥居・八幡一九二四）。注目されるのは、「厚手派」の土製品と「現代表現派」の彫刻を比較している点である。**キュビズム**の彫刻家であるオシップ・ザッキンの作品と、岡谷丸山遺跡出土の土偶の写真を並べている。ただし厚手派の製品は現代美術のような自由な表現による作品ではなく、「**紋様化**」の結果生まれたものだとしていた。

一九二〇年代に土偶研究を精力的に行ったのが、後に神道考古学を確立する**谷川**（大場）**磐雄**である。谷川は中学生の頃から鳥居の主催する武蔵野会に参加していたが、一九二〇年代に発表した一連の論考では、土偶についてさまざまな側面から議論を展開していた。人間と動物の要素を持つ土偶を**トーテミズム**、陰部を表現した土偶を**性崇拝**に関わるものと考え（谷川一九二二―一九二三）、女性の生殖力を神聖視して**女性崇拝**がおこり、女性の姿をした**お守り**を持つようになったと述べ（同一九二五）、土偶の用途は神像ではなく**呪物**であり、完形の土偶には**霊力が憑りつく**が破損するとその能力を消失して捨てられたと説明した（同一九二六）。後年には、土偶は女性崇拝の対象となる**神像**だとも述べている（大場一九三五）。

鳥居は一九二四年にトラブルから大学を辞め、再び大陸を主なフィールドとする。甲野・山内・八幡らは選科修了後それぞれの道に進むが、一九三〇年代にかけての彼らいわゆる「**編年学派**」の精力的な研究によって、縄

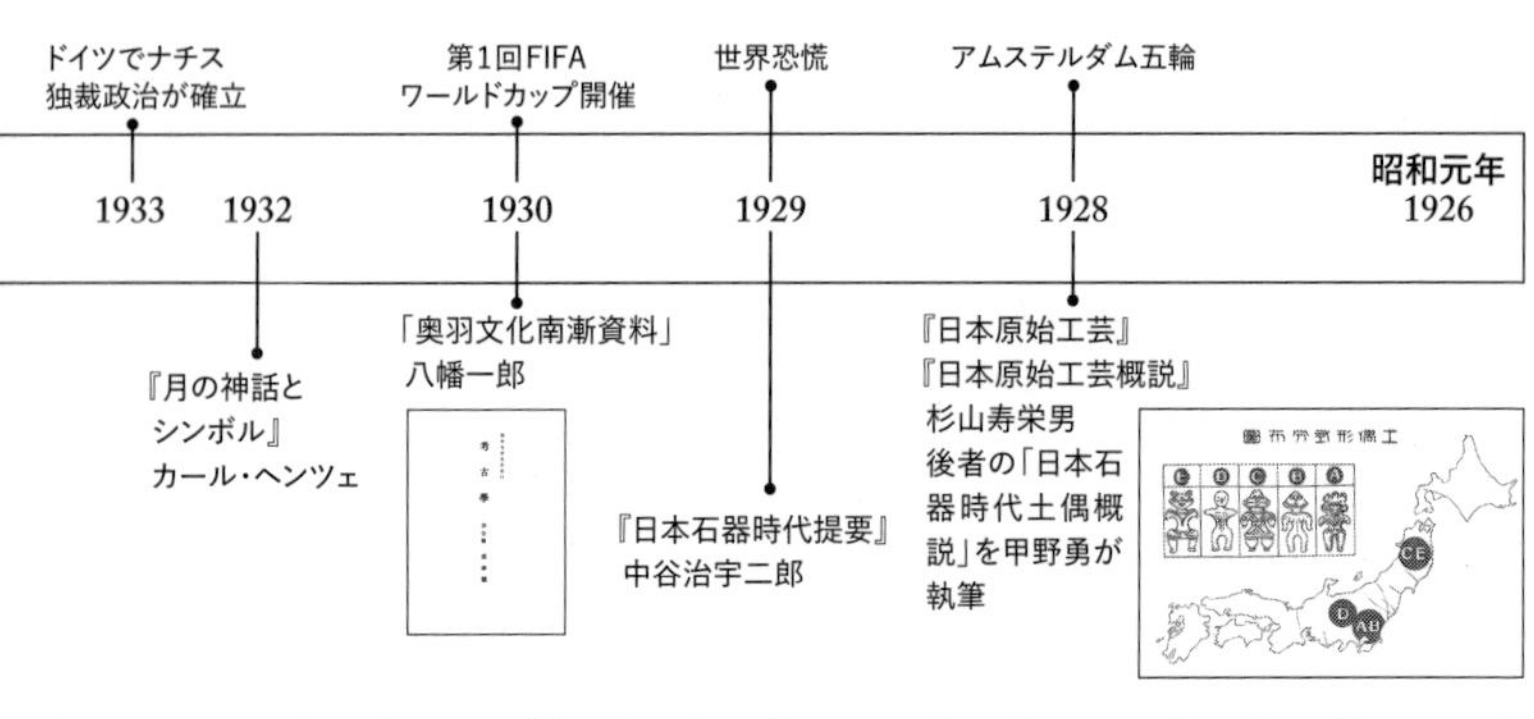

文土器の編年が構築されていった。

杉山寿栄男は一九二八年に図集『**日本原始工芸**』と『**日本原始工芸概説**』を刊行した※5（杉山一九二八a・b）。杉山は図案家で、原始工芸のコレクター・研究者としても知られていた。『日本原始工芸』には図版十四葉・百十七点の土偶が掲載されていた。同書の図版解説で、杉山は土偶が**写実的に作られていない**ことを指摘し、過去の風俗や宗教を探求するよりも、まずは形や文様を**工芸的見地**から観察し比較することが必要だと説いた。『日本原始工芸概説』では、土偶は「**神の意識まで到達しない一つの宗教具**」だと述べている。

この『日本原始工芸概説』で「**日本石器時代土偶概説**」の項目を執筆したのは甲野勇であり、主に**顔面の形態**によって土偶をA〜Eの五つの形式に分類した（甲野一九二八）。土偶の表現法には時と地域によって変化があるというが、地理的分布が示されただけで年代的関係には触れていない※6。土偶からの風俗復元に対しては、水掛け論に終わるだろうとやはり否定的だった。

一九三〇年、八幡一郎は鳥居（一九二三）も注目していた**亀ヶ岡文化**の影響を受けた関東地方の土偶を集成した（八幡一九三〇）。同年山内清男はこれに資料を追加して、**土器編年との対比**や遮光器土偶の**目の表現の変化**について述べている（山内一九三〇）。この頃の編年学派による論考では、土偶は何に使われたのかという用途の問題には言及されていない。まずは編年の整備に集中し、遺物の用途論には踏み込まないという態度が示されている。

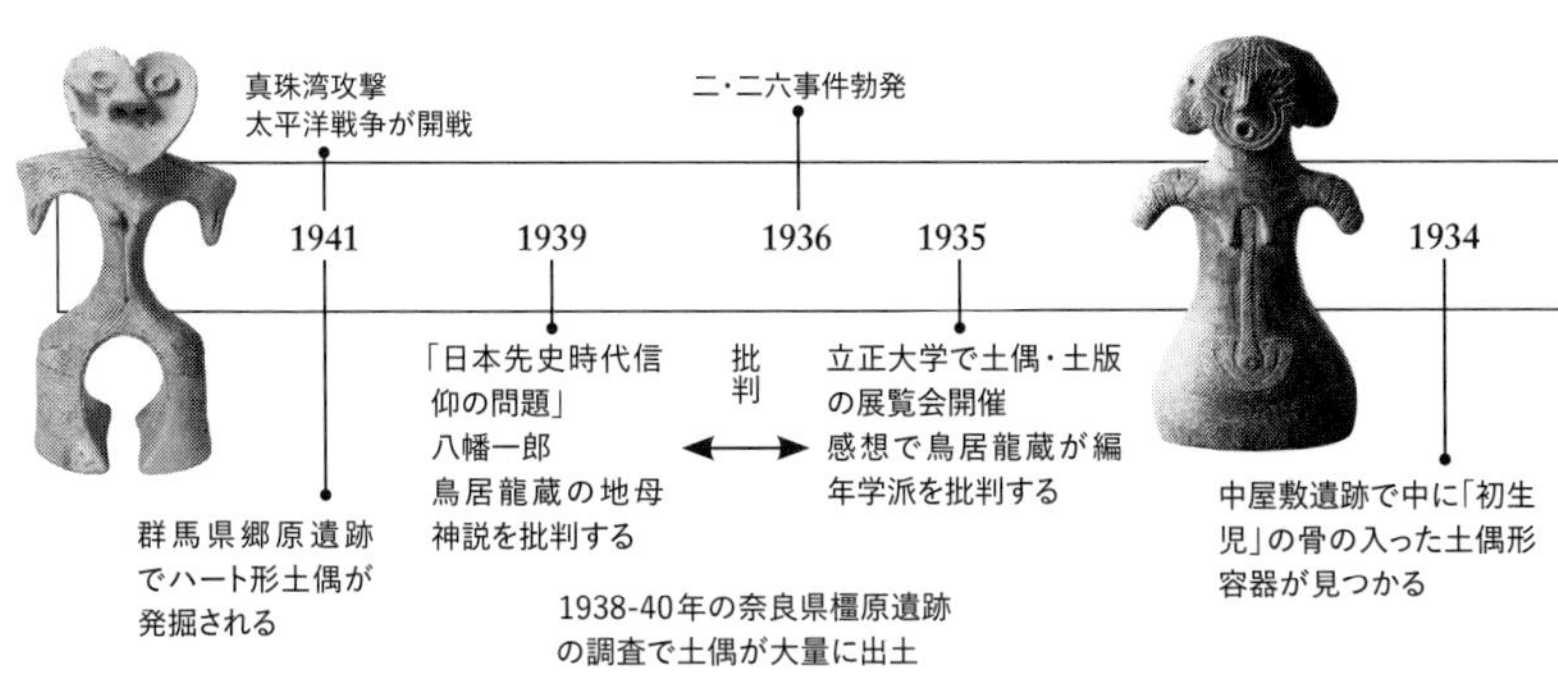

「土偶とは何か」の研究史

一九二九年、**中谷治宇二郎**（雪の研究で知られる中谷宇吉郎の弟）は『**日本石器時代提要**』を刊行した（中谷一九二九）。遺物の**分布研究**を得意とした中谷は、高橋、谷川、甲野の分類を組み合わせて土偶を七つに分類し、それぞれの分布を示している。土偶の用途目的についての自身の考えは述べていないが、土偶の破損率は土器と変わらないとして**故意破損説を否定**している。

昭和初期には**美術史**の中でも土偶が取り上げられるようになった。一九二九年に刊行された平凡社の『**世界美術全集**』第三巻では、ギリシャや中国の古代美術と並んで日本石器時代が扱われており、土偶・土偶形容器二点が図示されている。ただし考古学者の**柴田常恵**による解説は石器時代の概説であり、個別の資料の解説でも土偶を宗教的遺物とする従来通りの考古学的見解が述べられたに留まる（柴田一九二九）。翌一九三〇年に『**東洋美術**』誌で組まれた日本美術史特集では土偶・土偶形容器七点の写真が掲載されたが、染織工芸史研究者である**明石染人**による論考で先史時代の**服飾や文様を知る手がかり**として扱われただけだった（明石一九三〇）。このように当時は美術史的な観点から土偶そのものが論じられることはなかったといえる。

カール・ヘンツェは、一九三二年に『**月の神話とシンボル**』で古代中国とアジア・環太平洋地域の月神話と象徴を論じたが、この中で日本の土偶にも言及している（Hentze 1932）。ヘンツェはベルギー出身のドイツ人で、画家から中国古代美術研究に転じた人物である（島・檜枝一九八九）。北海道輪西出土土偶の「二

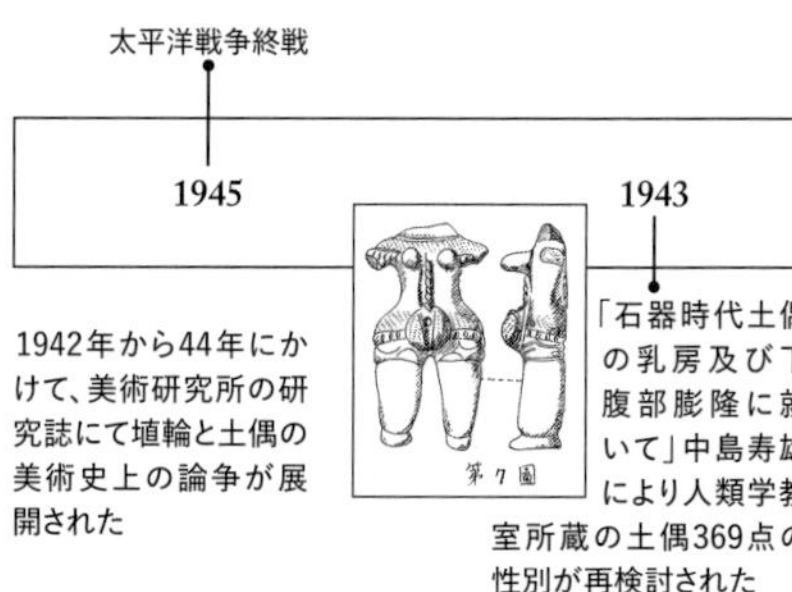

重渦巻文」や青森県床舞出土土偶の「単純渦巻文」を、**月のシンボル**の例として挙げている。ヘンツェ論文については一九四八年の座談会『日本民族・文化の起源』※7でも言及されており（石田他一九四九）、日本人研究者にも読まれていたことがわかるが、この土偶の文様に関する解釈が受け入れられることはなかった。

一九三四年には神奈川県中屋敷遺跡で**「初生児」の骨が中に入った土偶**が出土し、甲野は類例を集成して**土偶形容器**と命名した（甲野一九三九・一九四〇）。土偶は女性で妊娠した姿のものが多いことから、土偶と妊娠・出産の間には緊密な関係があったはずだと甲野は考えた。したがって乳幼児と土偶にも深い関係があり、幼くして死んだ子の骨を入れるのに母性的性質をもつ土偶形容器を作ったと推測したのである。

一九三五年には立正大学で杉山の協力による土偶・土版の展覧会が開催され、鳥居がその感想を記している（鳥居一九三五）。最近の日本石器時代の研究者は**容器の形式論ばかり**で土偶の研究に進展がないと、編年学派を批判した。日本の土偶は**写実ではなく理想**であり、さらに**模様化**する点が特徴だという持論を述べている。

八幡は一九三九年**「日本先史時代信仰の問題」**で土偶を取り上げた（八幡一九三九）。縄文文化に農耕が行われた証拠がないとして、鳥居の**地母神説を批判**した。また、シベリア諸民族が多様な人形をもつことを紹介し、民族例による土偶の解釈も難しいとする。**土偶の型式と文化圏との対応**から土偶が作られた社会的背景を知り、さらには土偶の意義に迫ることができるとして、**編年的研究**の重要性を説く。そして中期には**神像的**だった土偶が、後期には**人間的**になり、さらに**お守り**に変化するという見通しを示した。

太平洋戦争中の一九四三年、**中島寿雄**は神像説、特に**地母神像説**の立場から、人類学教室所蔵の土偶三六九点の**性別**を論じた（中島一九四三）。髪型や服装から性別を判断するのは無理だとして外陰部・乳房・腹部に注目し、形状の組み合わせを検討している。最終的には**女性と判定されるものが多く**、確実に男性といえる例は一つもないと結論づけた。この中島の結論は、資料が大幅に増加した現在も多くの研究者によって支持されている。

一九四二年から四四年にかけて、美術研究所（現・東京文化財研究所）の刊行する雑誌『画説』（およびその後継誌『**美術史学**』）で、埴輪と土偶に関して美術史上の論争が展開された。彫刻史研究者の**大口理夫**がヴェルフリンの様式論を適用して**埴輪をルネサンス的**、**土偶をバロック的**と評したのをやはり美術史家の**熊谷宣夫**が批判したものである（大口一九四二、熊谷一九四四）。この中で土偶は彫刻史に埴輪を位置づけるための比較対象として取り上げられており、その原始性が強調されていた。

第二期の土偶研究では、まず鳥居や谷川によって土偶の**宗教的な意味**を考える研究が行われた。続いて土器の編年的研究が進められる中で、土偶も**土器型式と対比**する形で扱われるようになったが、土偶の用途や目的を論じる研究は低調となった。鳥居の**地母神説**が登場し、批判もあったがその影響はずっと後まで残った。この時期に現れた**編年中心**や**出土状況重視**などの研究方針は、現在にも引き継がれている。

※4：鳥居の同論文はまず『宗教学研究』に掲載され、加筆されたものが『人類学雑誌』に掲載された。刊行はいずれも一一月である。掘り棒についての記述は人類学雑誌掲載時に新たに加えられた。
※5：『日本原始工芸』は一九二六年九月から翌年十二月にかけて全十集が配布され、これをまとめたものが一九二八年二月に刊行された（藤沼他一九九七）。挿図入りの図版解説が付属する。『日本原始工芸概説』は、もともとは『日本原始工芸』の分冊に添えて配布されたものが、やはり一九二八年六月に単行本として発売されたものである。
※6：山内（一九三〇）によれば、甲野はC類（遮光器土偶）がE類（結髪土偶）より古いと考えていたらしい。この編年観は現在のものと一致する。
※7：石田英一郎、岡正雄、江上波夫、八幡一郎が参加して行われ、江上の「騎馬民族征服王朝説」が発表されたことでも有名な座談会である。

2-3 第3期

昭和戦後期◎1946~1988年

壊される土偶 殺される女神

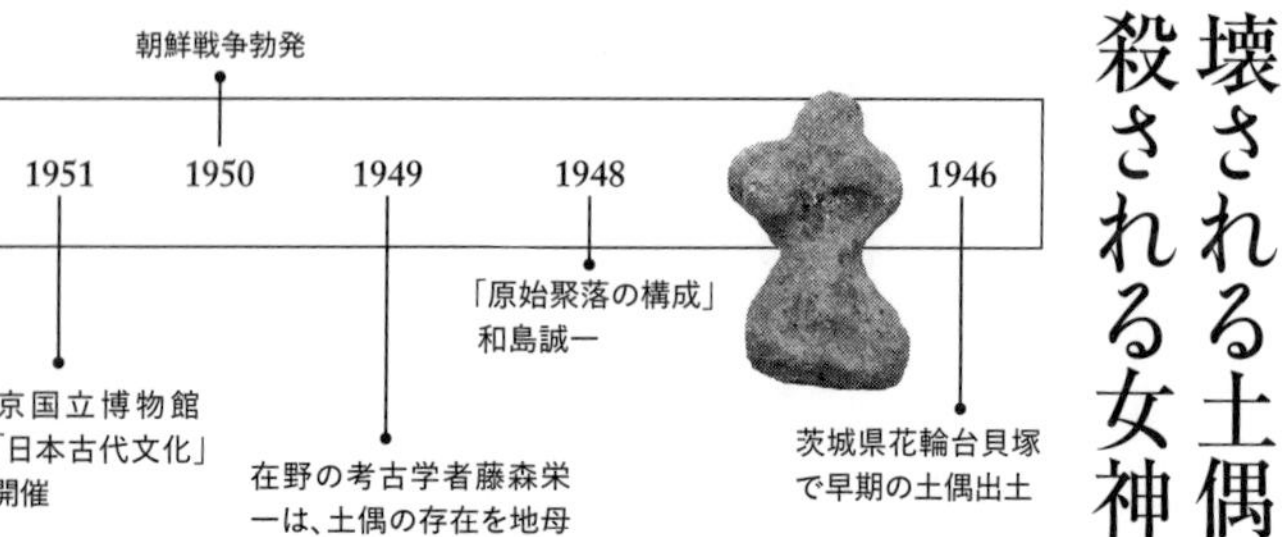

第三期の昭和戦後期は、ほぼ米ソが対立した冷戦期に相当する。考古学においても他の歴史学の諸分野と同様に、マルクス主義的な史的唯物論・発展段階論的な歴史観が大きな影響力をもっていた。経済的には戦後復興期と高度経済成長期、バブル経済期の一部を含み、**国土の開発**に伴って**埋蔵文化財の調査体制**が整備され、**出土資料が飛躍的に増大**した時期でもある。

戦前から**史的唯物論**による考古学研究を進めていた**和島誠一**は、一九四八年に発表した**「原始聚落の構成」**で、縄文時代から古代にかけて集落と社会の構造がどのように変化したのかを論じた（和島一九四八）。この中で縄文時代に**母系的な婚姻形態**が存在したことの根拠として、土偶が女性像であることを挙げている。

一九四九年、諏訪をフィールドとする在野の考古学者**藤森栄一**は、土偶の存在を**地母神信仰**、さらには農耕が存在した証拠だと考えた（藤森一九四九）。八幡による地母神説批判を裏返した形で、土偶の存在を根拠に農耕の存在を推測したのである。藤森はこの後、中部高地における**縄文農耕論**を展開していく。

日本の抽象絵画の先駆者とされる**長谷川三郎**は、一九四八年に神奈川県稲荷山貝塚出土の**筒形土偶**を題材とした「無題　石器時代の土偶による」を描いていたが、一九五〇年に著書**『モダンアート』**で土偶に言及した（長谷川一九五〇）。土偶は気味が悪く神秘的で、上手ではないが見る者を引きつける力をもつ存在

「土偶とは何か」の研究史

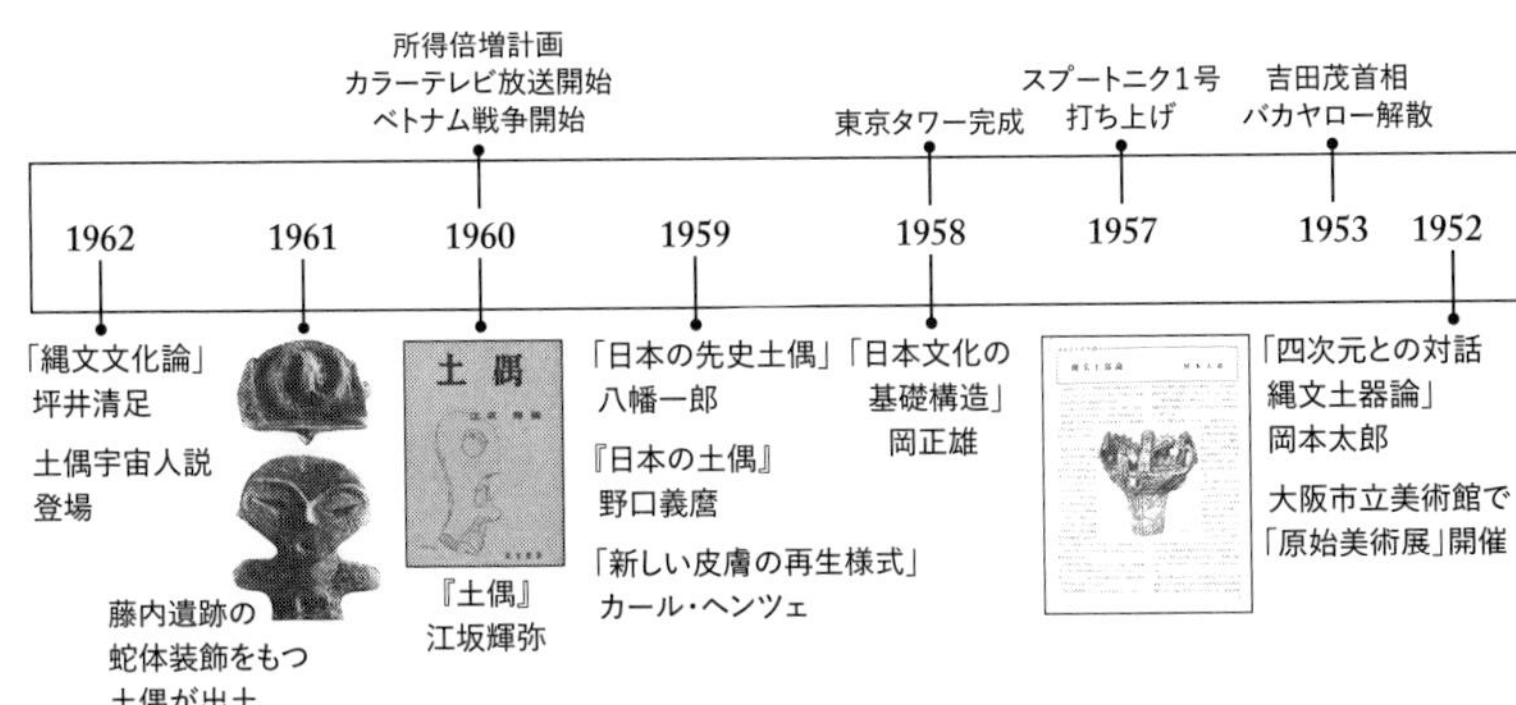

として、アフリカや太平洋の**原始芸術**と対比されている。

一九五二年には**岡本太郎**が**「四次元との対話　縄文土器論」**を発表し、**縄文の美**を**「発見」**した。掲載写真は土器と土偶が半々だが、本文ではほぼ土器が論じられており、土偶についての具体的な言及はなかった（岡本一九五二）。

民族学者の**岡正雄**は、神話、宗教、社会構造にみられる**重層・混合性**から、日本文化は複数回にわたって列島に到来した文化が混淆して生まれたと考えた※8（岡一九五八）。縄文時代中期にメラネシアと類似するタロイモ（サトイモ）を栽培する**母系的な芋栽培民文化**が到来し、土偶もその要素の一つとされた※9。なおここで想定された芋栽培は民族学的な知見から推測されたもので、考古学的証拠に基づくものではない。後年の論考では、土偶はニューギニアの祖先木像と類似した**祖先像**ないし**地母神像**だとされている（岡一九六五）。

一九五九年、八幡は**「日本の先史土偶」**において改めて土偶を論じた（八幡一九五九）。土偶が作られた目的について、考古学は「何のために」という設問が一番苦手だと断わった上で、**神像説**、**お守り説**、**身代わり治療説**を挙げ、それぞれの根拠と疑問点を挙げている。自身がかつて注目した特殊な出土状況の土偶からのアプローチについては、そうした事例は稀有だと悲観的な見通しを示している。そして「間接手段の一つ」として他地域の類例と比較する方法を採り、ヨーロッパ後期旧石器時代や北方ユーラシア新石器文化など**狩猟漁撈社会にみられる女性像**との共通性を指摘している。

同年、**野口義麿**は『**日本の土偶**』で特殊な出土状況を示した例を検討し、「呪術的なものとして崇拝され、信仰的な行事に使われ、あるいは埋葬のようなことにも関係があったのではないか」との結論を示した（野口一九五九）。土偶には**多様な目的**があったという立場の表明であり、後年『**土偶芸術と信仰**』でより明確に述べられている（江坂・野口一九七四）。

やはり一九五九年には、**カール・ヘンツェ**の「**新しい皮膚による再生祭式**」が発表されている（ヘンツェ一九五九）。ヘンツェはこの中で土面や土偶にみられる「遮光器」表現を、アステカの穀物神であるシペ・トテック像を参照して解釈した。シペ・トテックとは「皮を剥がれた我々の主」という意味であり、ヘンツェは遮光器土偶を生贄になった者の皮を剥いでかぶるという**再生の儀式**を示すものと考えたのである。この論文は後にネリー・ナウマンによって紹介されたが、日本考古学では全く受け入れられなかった。これは日本の学界が閉鎖的なためというよりは、縄文時代にこうした儀礼の存在が想定しがたいためだろう。

一九六〇年には、**江坂輝弥**による『**土偶**』が刊行された（江坂一九六〇）。この時点での**土偶研究の総決算**といえる著作であり、地域・時期ごとの**編年的研究**と**出土状況**の検討が行われている。土偶が**全て女性像・女神像**であるという前提で用途論にも言及し、お守り説、豊穣の女神説、身代わり説を紹介している。ただしこれは同書のプロローグでの記述であり、本文中には用途論への言及はなかった。

一九六二年、**坪井清足**は『岩波講座日本歴史』の「**縄文文化論**」で、縄文時代を**呪術の支配した停滞的な社会**だったと考えた（坪井一九六二）。土偶については、農耕との関連で取り上げられている。特殊な出土状況を示した土偶を埋葬されたものと捉え、「農耕文化に広くみられる**地母神信仰**の祭式と強い**類似性**」を示すとしている。

一九六三年、明治時代に創刊された美術研究誌である『**国華**』が二号にわたって日本原始美術・縄文の特集を組んだ。土偶を扱った論考のうち、ここでは芹沢長介と江上波夫のものを紹介する。

芹沢長介による「**縄文時代の土偶**」では、土偶が狩猟採集社会の産物であることから、ヨーロッパ旧石器時代の**ヴィーナス像**と同じ性格をもつものと考えた（芹沢一九六三）。女性のもつ**生殖力・繁殖力**を形にしたもので、（狩猟採集の対象である）**動植物の繁栄を願った女性像**だとする。

江上波夫は勝坂式土器の動物意匠を**図像学的**に解釈することを試みた（江上一九六三）。顔面把手や土偶のうち頭髪の隆起曲線文が蛇形になっているものは**蛇**と関係のある神的存在だったと想定し、三本指の土偶についても**蛙**との関連を指摘した。騎馬民族説の提唱者として知られる江上らしく、イラン・中国から新大陸に至る幅広い事例を参照して、蛇や蛙は**農耕に関わる特別な意味**をもっていたと述べている。

詩人・評論家の**宗左近**は著書『**反時代的芸術論**』中の「縄文の火炎」で、岡本太郎の影響を強く受けて、縄文土器・土偶の芸術性を論じた（宗一九六三）。宗は縄文時代に**火に対する崇拝**があったと考える。また焼き物の発明は人による神さながらの創造であり、作られる土器土偶もまた神だったとする。こうした「神と人と作品の三位一体」から縄文の祭りが生まれ、土器や土偶は「**祭りの道具であり、同時に祭られる主**」だったと考えた。

一九六九年、**水野正好**は「**縄文時代集落復原への基礎的操作**」において、与助尾根の集落は二棟ずつの三小群から構成され、それぞれの小群（家族）に石柱・石棒・土偶の**祭式**が伴うと推測した（水野一九六九a）。

同じ一九六九年、『**大地と呪術**』が**国分直一**と岡本太郎の編集によって刊行された。水野による「縄文の社会」では、自らの提唱する祭式の内容についてより具体的に説明している（水野一九六九b）。石柱祭式は祖先祭祀、石棒祭式は狩猟・男性的な祭祀、**土偶祭式**は「生と生長、死からの復活の過程を実修する**地母神的・女性的要素の強い祭式**」だったという。国分による「**呪術の役割**」では、壊されて埋められた土偶について、出産に伴って**土偶を「殺す」儀礼**があったと考えている。すなわち、強い子を産むために妊娠した女性の身代わりの土偶をシャーマンが壊して埋葬したというのである。この呪術の前提には、植物の種子を大地に埋めて「殺す」と芽を出して

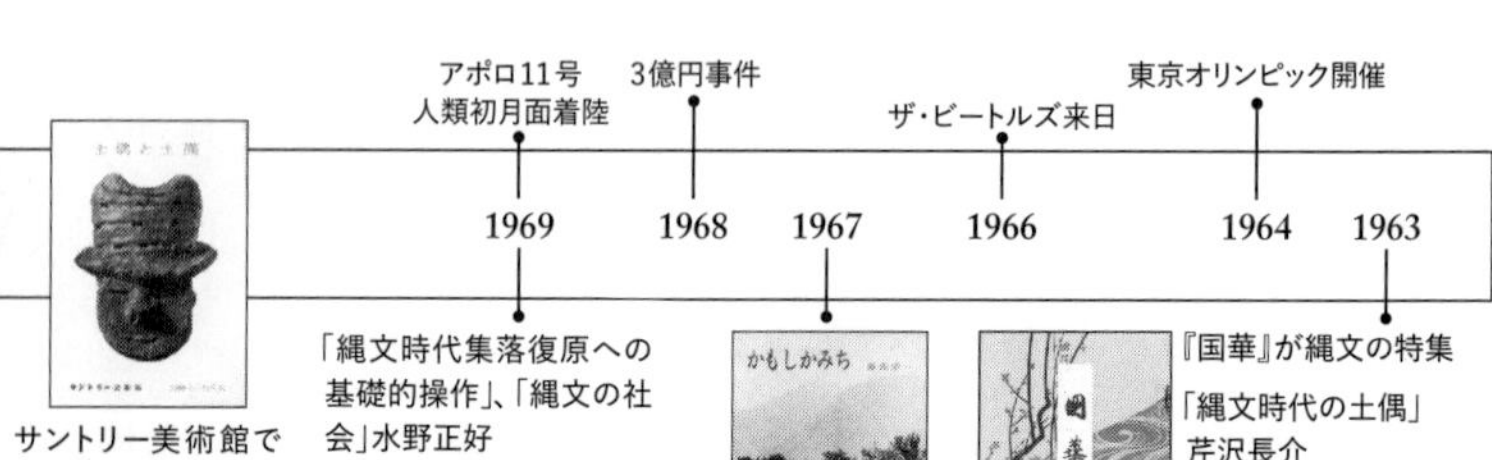

『国華』が縄文の特集

「縄文時代の土偶」芹沢長介

「勝坂式系土偶の動物意匠について」江上波夫

『反時代的芸術論』宗左近

『かもしかみち』藤森栄一

「縄文時代集落復原への基礎的操作」、「縄文の社会」水野正好

『大地と呪術』を国分直一と岡本太郎が編集、「呪術の役割」国分直一、「根源の美」岡本太郎

「縄文の呪性」藤森栄一

サントリー美術館で「春の特別展 土偶と土面」が開催。全国の土偶や土面など300点が展示される

再生するという経験があり、**農耕を前提**とした解釈である（全ての土偶に当てはめているわけではない）。岡本太郎による「**根源の美**」では、中期の土偶が壊されることについて「**全体像を把握するために、逆に壊すという行為**」だとする考えが示された（岡本一九六九）。芸術家らしい感覚的な思考といえるだろうか。

藤森栄一もこの年「**縄文の呪性**」を発表した。藤森は土偶が欠けた状態で埋納された例をわざと壊されたものと考え、**神話**と結びつけて解釈した（藤森一九六九）。古事記のオオゲツヒメや日本書紀のウケモチノカミなどの女神が殺されて死体から五穀が生まれたという記述を参照して、**土偶をわざと壊して豊穣を願う儀式**が存在したと考えたのである。

民俗学者の**桜井徳太郎**は一九七〇年に発表した「**のろい人形**」の中で、縄文時代の土偶に破壊されたものがあることについて、呪詛のためというよりも「**病気治療の呪法**」ではないかと推測している。古代の民間信仰では病気や死は悪霊の憑依によっておこると考え、その付着した部分（ケガレ）を取り去れば直ると信じられていた。土偶は生身の人間の代用品のヒトガタとして、こうした呪術に用いられたと推測している。民俗学の立場から土偶の身代わり像説を述べたものである。

一九七四年、雑誌『**信濃**』は前年逝去した藤森の追悼号を組み、水野が「**土偶祭式**」を復元した論文を発表した（水野一九七四）。土偶は全て**妊娠・出産に関わる女性像**であり、胎児の出生にあたって壊され、その破片がばらまかれ

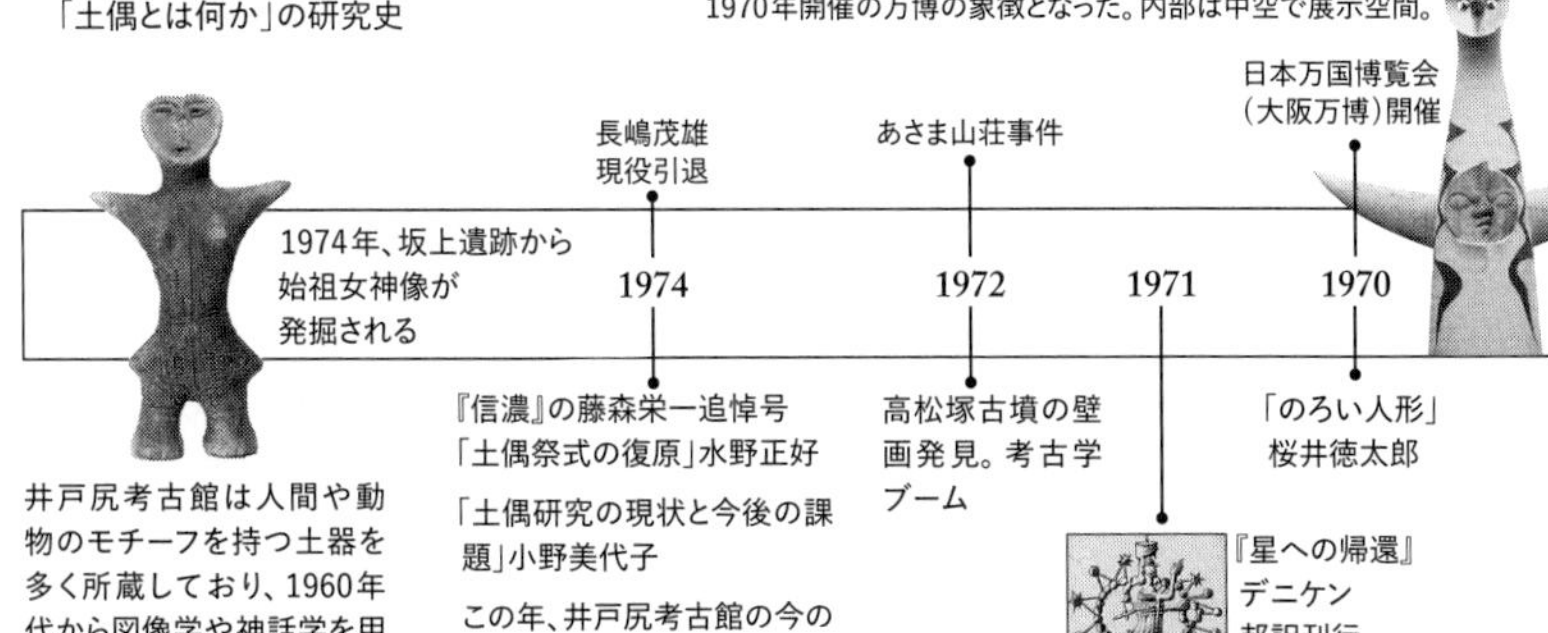

て**「村の全ての新生に力を与える」**という。さらに土偶形容器を蔵骨器（骨壺）だとする考えを否定し、土偶が妊娠した状態を表すために小児を殺して骨を中に入れたという**人身御供**の可能性を想定した。この論文中では農耕との関係は明言されていないが、付記には一九六二〜六三年頃に藤森にこの土偶祭式論の構想を伝えていたとあり、藤森の**地母神説**と密接に関連した内容であった。また、一九七一年開催の出雲神話のシンポジウムでは**「土偶は、縄文時代の原始農耕につながるもの」**（二四三頁）という水野の発言もあった（伊藤編一九七三）。観念が先行しているという批判もあるが（小野一九七四など）、水野の土偶祭式論はその後の土偶研究に大きな影響を与えた。

神話学者の**吉田敦彦**は、熱帯地方の「古栽培民」の農業起源神話である**ハイヌウェレ型神話**が日本列島にも古くから存在したと考え、その証拠として縄文時代の土偶を挙げている（吉田一九七六）。藤森や水野の殺される女神説を、比較神話学に取り込んだものだといえる。

一九七五年、ドイツの**ネリー・ナウマン**による**「縄文時代の若干の宗教的観念について」**が『民族学研究』に発表された（ナウマン一九七五）。ナウマンはヘンツェの影響を強く受けており、**図像学と神話学**によって土偶の宗教的意味の読み解きを試みた。藤内遺跡出土の勝坂式期の土偶を出発点として、そこに**蛇**や**三日月**の象徴を見出し、その中心にある宗教的観念は**「死と再生」**だと考えた。そしてこうした勝坂土偶にみられる宗教的観念は、メソポタミアから中国を経て日本に伝

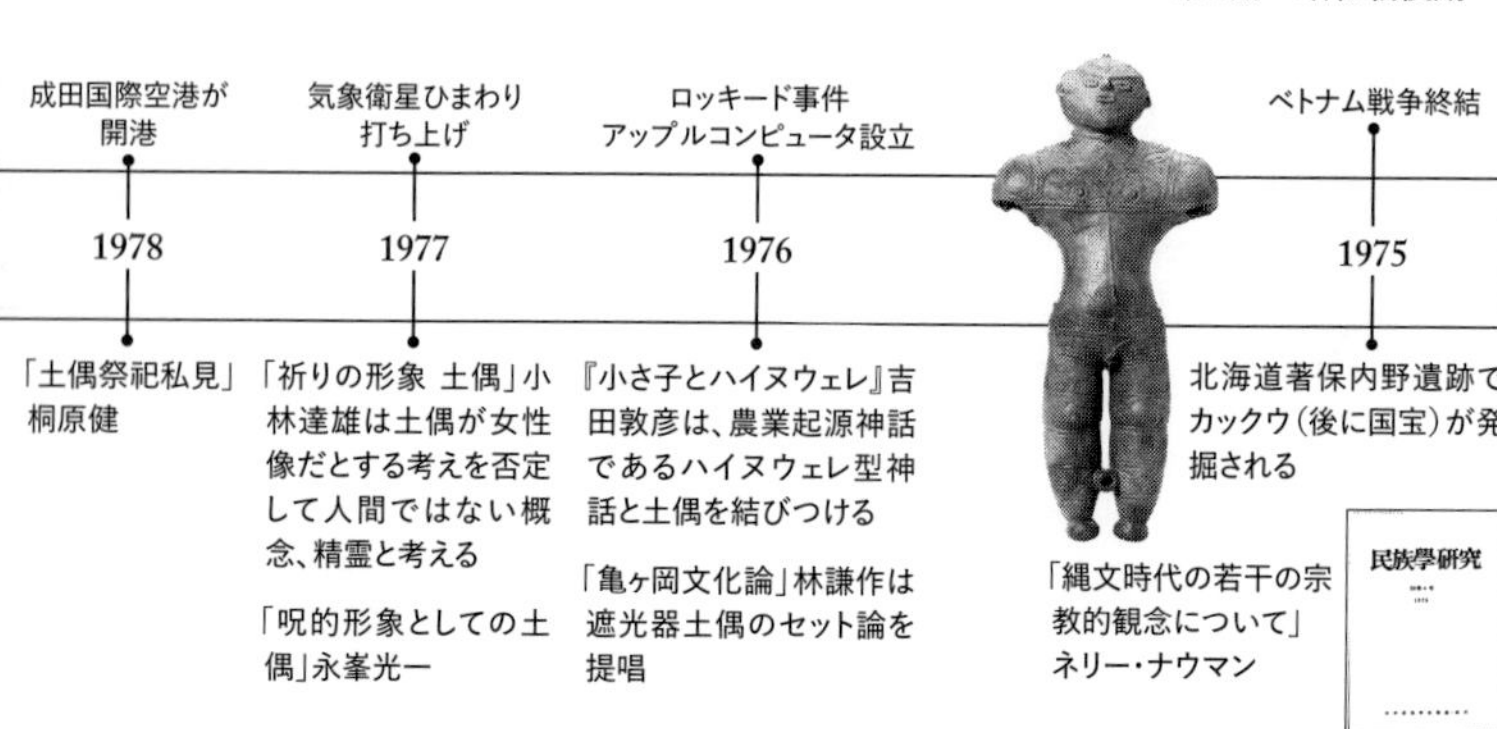

わったとする※10。さらに一九八二年には遮光器土偶をやはり**月の死と再生**を象徴するものとして解釈している（ナウマン一九八二）。ナウマンによる研究は日本考古学の主流に大きな影響を与えることはなかった。しかし、具象的な文様をもつ土器が豊富な長野県の**井戸尻考古館**では、早くから**武藤雄六**によって**土器文様の図像学的解釈**が試みられるなどこうした研究を受け入れる素地があり、**小林公明**や**田中基**らはナウマンとも交流しながら、図像学や神話学を用いた研究を展開した。

林謙作は亀ヶ岡文化の土偶が大小の遮光器土偶と粗雑な作りの土偶から構成されるという**セット論**を提唱した（林一九七六）。遮光器土偶が集団の儀礼、粗雑な作りの土偶が個別の女性の儀礼に関わるもので、遮光器土偶の大小の違いは集団の規模によるというものである。

女神説に対して否定的な立場に立つのが**小林達雄**である。小林は土偶が女性像だとする考えを否定して**人間ではない概念を実体化したもの**だと考え（小林達一九七七）、のちにこの概念を「**精霊**」と呼んでいる（小林達一九八八など）。土偶は「**第二の道具**」の一つとして縄文人が儀礼や呪術に用いたものだとするが、その具体的な内容には踏み込まない。また、土偶がわざと壊されただけではなく、最初から特定の部位で**分割されるように作られた**とも考えている。

永峯光一は土偶を**停滞的社会で発達した呪物**として捉え（永峯一九七七）、土偶には人体をそのまま表したものと、何らかの存在（実在／非実在）を**擬人化**したものがあると指摘した。また、土偶は**女性によって作られ**、**女性によって使**

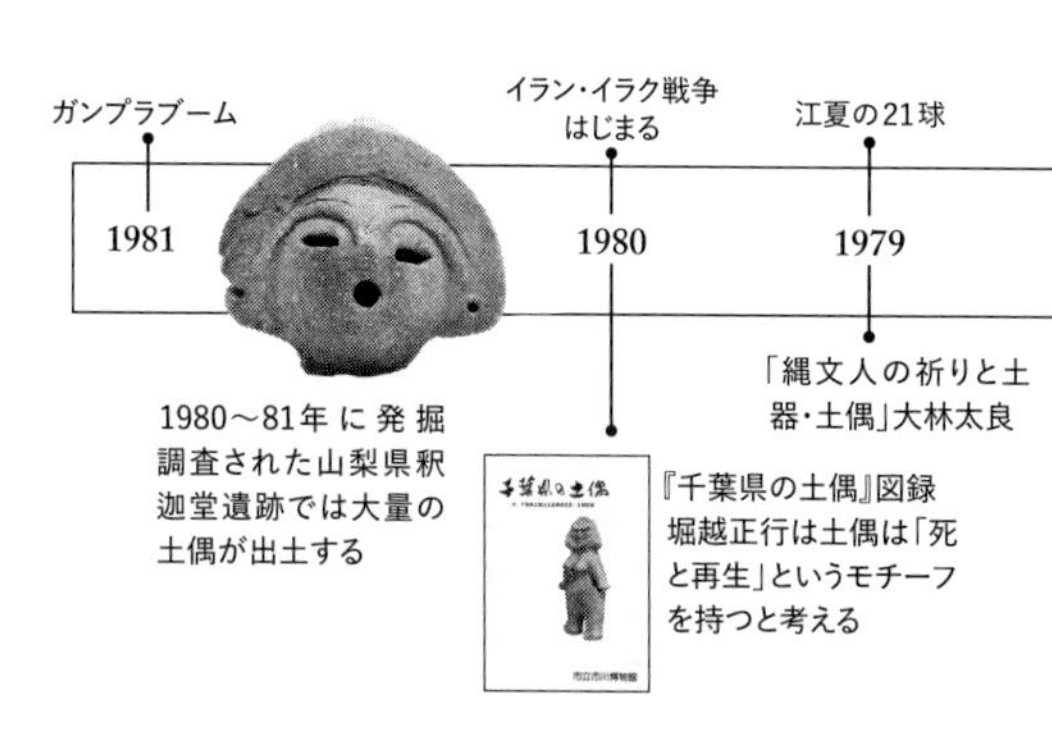

われた（まつられた）と考えている。

桐原健は中部高地の土偶について、埋葬された例があることを理由に「再生」との関連や地母神説を否定した（桐原一九七八）。土偶は**精霊**であり、**出産にあたって「殺される」儀礼**があったと考えている。

民族学の**大林太良**はフランクフルトでハイヌウェレ型神話の提唱者であるイェンゼンの下で学んだが、ハイヌウェレ型神話による土偶の解釈に対しては否定的だった（伊東編一九七三）。大林は土偶の宗教的意味を明らかにするために、「広い意味において文化的伝統が近いと考えられる」**東南アジアやオセアニアの民族例**と比較する（大林一九七九）。例えばしゃがんだ姿勢や足を開いて踏ん張った姿勢の土偶については、太平洋沿岸の民族例と共通することから**祖先像・死者像**だと考えている。

一九八〇年に開催された「千葉県の土偶」展の図録で、**堀越正行**は遺跡によって出土数にばらつきがあることから、土偶は治療や安産祈願といった個人的使用ではなく、**集団的な目的**で作られたと考えた（堀越一九八〇）。土偶は**「死と再生」**というモチーフをもち、**集団の結束の強化**のための儀礼の中で製作使用され、おそらくは**祖先崇拝的**な色彩があったと推測している。

鈴木正博は一九八二年に埼玉県高井東遺跡出土の土偶を、装飾をもたない**下位土偶**と、精製土器と関連する文様をもつ**上位土偶**に分類した（鈴木正一九八二）。下位土偶は個人単位の儀礼、上位土偶は集落単位の儀礼に用いられたと述べている。

一九八〇～八一年に発掘調査された山梨県釈迦堂遺跡では千点を超える大量の土偶が出土したが、そのほとん

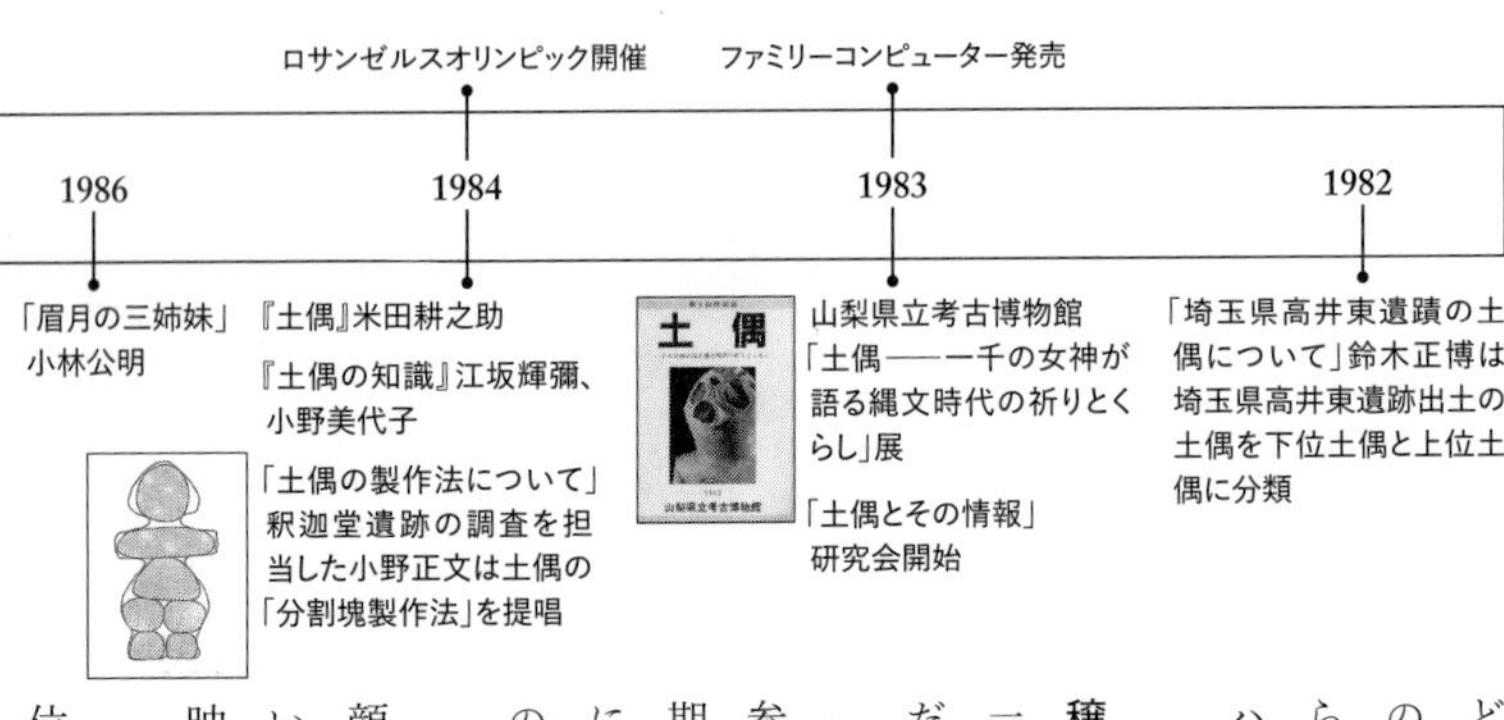

どが破損しており、接合する例も少なかった。調査を担当した**小野正文**は土偶の**「分割塊製作法」**（ぶんかつかいせいさくほう）を提唱し、土偶が最初から壊されることを念頭に置いて作られたと考えた（小野正一九八四）。そして藤森・水野・吉田らの見解を引用して、ハイヌウェレ型神話や根茎類（サトイモ）の農耕と結びつけて解釈している。

米田耕之助は、土偶は女性のみがもつ「生命の誕生」を模倣して作られて**豊穣・繁殖**を祈ったが、後に**死者を意味する**ものに変化したと考えている（米田一九八四）。死者である土偶を破壊することによって、新たな誕生を願ったものだとも述べている。

小林公明はナウマンの影響を強く受け、古代中国や太平洋地域の資料を広く参照して、**天体や暦**といった観点から縄文の図像を読み解いた。小林は縄文中期の顔面把手や土偶に特徴的なイチョウ形※11の眉間に注目し、これが月、さらには死と再生を象徴していると考えた（小林公一九八六）。藤森の殺される女神説の影響も強く受けており、土偶は**殺される月の神**であり、**穀霊**だと考えている。

宗教学者の**山折哲雄**は、**『日本人の顔』**で土偶と人物埴輪を対比し、両者の顔の造形の違いが縄文人と古墳時代人の**顔立ちの違い**を反映しているのではないかと述べた（山折一九八六）。縄文土偶の顔つきを、モデルの顔つきを直に反映したものとみるのは珍しい。

磯前順一は、ユングの**分析心理学**を応用して土偶を人類の心の発達史の中に位置づけた（磯前一九八八）。縄文時代の心的段階は「太母（グレート・マザー）

1986年9月、長野県棚畑遺跡から縄文のビーナス（後に国宝）が発掘される

の植物段階」であり、土偶は豊穣の力や予知力をもつ「母元型」の心的表現物だという。土偶を破壊する儀礼の意味は植物祭祀だけには限られず、**元型を定期的に更新**する意味があったと考えている。また、土偶の多様な形態は多様な生業を反映したものだとも述べている（同一九九〇）。

第三期には、**縄文農耕論**と関連して**殺される女神説**が提唱され、**比較神話学**や**図像解釈学**による土偶の研究も行われた。縄文農耕論自体は学界の定説とはならなかったが、殺される女神説は有力な説として受け入れられた。国土開発の進展に伴って土偶の出土数が桁違いに増加した時期でもあり、釈迦堂遺跡での事例は土偶の**故意破損説**や殺される女神説にとって有力な証拠とされた。一九八三年からは「土偶とその情報」研究会の活動が始まったが、十数年にわたる長期プロジェクトとなったことから、次の第四期で扱う。

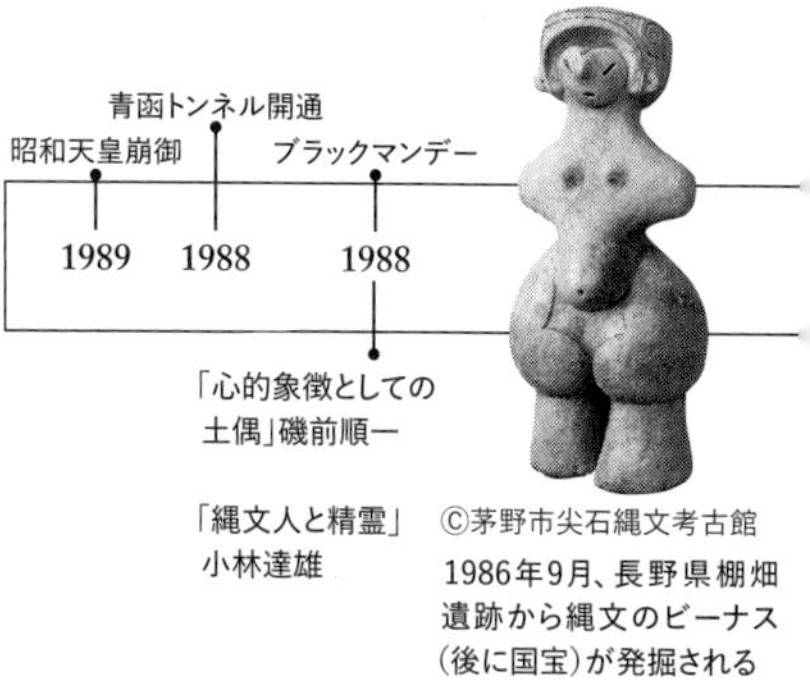

第三期には土偶に関わる博物館展示も多く行われた。一九五一年秋に東京国立博物館で行われた「**日本古代文化**」展の第一室では、東北・関東地方の資料を中心に多数の土偶が展示された（東京国立博物館一九五三）。この展示は翌年発表された岡本太郎の縄文論のきっかけとなったともいわれる。一九五二年に大阪市立美術館で開催された「**原始美術展**」では、縄文時代から古墳時代の遺物が中国・ギリシャ・南米などの資料と並べて展示された。同館の刊行する『美術ニュース』誌特集号の解説では、土偶を神聖視したために写実的ではない**怪奇な表現**になったとして、そこに「タブーに縛られた石器時代人の生活」を読み取っている（上田一九五二）。一九六九年にはサントリー美術館で**特別展「土偶と土面」**が開催され、弥生・続縄文文化やオホーツク文化のものを含めて四〇〇点余りの資料が展示された（サントリー美術館一九六九）。

一九八〇年代に入ると、各地における資料の増加を反映して、地域ごとに対象を絞った土偶展が開催されるようになった。一九八〇年には市川市立市川博物館（現・市川考古博物館）で「**千葉県の土偶**」展、辰野町郷土美術館で「**信濃の土偶**」展が開催された。一九八三年に山梨県立考古博物館の開館一周年特別展として開催された「**土偶――一千の女神が語る縄文時代の祈りとくらし**」展では、発掘されたばかりの釈迦堂遺跡や金生遺跡の土偶を含めて県内外の土偶が展示された。図録では「土偶とは何か」というテーマについて、江坂輝弥、永峯光一、水野正好といった考古学者に加えて、芸術家の岡本太郎、比較神話学の吉田敦彦が短文を寄せている（山梨県立博物館一九八三）。

ここでやはり第三期に登場し、考古学界では全く相手にされなかったが一般には現在も浸透している「有力説」にも触れておこう。土偶は**宇宙服を着た宇宙人の姿**だという説である。

土偶宇宙人説※12の初出は、現在確認できる限りでは一九六二年九月に**宇宙友好協会**（CBA）の会報『空飛ぶ円盤ニュース』に「**じょうもんスーツの謎**」として掲載された記事である（鷲尾一九六二）。翌月にはソ連の作家**カザンツェフ**による記事が『アガニョーク』誌一〇月号に掲載され（Казанцев 1962）、早くも同年一二月に『週刊読売』で紹介されている（無記名一九六二）。カザンツェフは、一九〇八年のツングースカ大爆発について宇宙船衝突説を唱えた作家で、CBAとも交流があった。おそらく土偶宇宙人説は、カザンツェフやCBAを含むUFO研究家のサークル内で登場した考えだったのだろう。宇宙友好協会は空飛ぶ円盤とのテレパシーによるコンタクトを目指す団体だったが、一九六〇年頃から終末論・陰謀論に傾いてカルト化していった。土偶宇宙人説が展開されたのもこの時期であり、カルト団体の会誌が社会的にもっていた影響力はそれほど大きくなかっただろう。

土偶宇宙人説の流布に大きな役割を果たしたと考えられているのが、スイスの**エーリッヒ・フォン・デニケン**である（橋本二〇〇九）。彼の著作『未来の記憶』は、太古に宇宙人が地球を訪問していたと主張するもので、一九六八年に刊行されて世界的ベストセラーとなった。日本でも翌年に翻訳が刊行されたが、この中には土偶についての言及は一切ない。デニケンの著作に土偶が登場するのは一九六九年に出版された第二作『**星への帰還**』であり（デニケン一九六九、邦訳は一九七一年）、一九六八年にモスクワでカザンツェフに会って土偶を見せられたというエピソードがある。一九七〇年には同書をもとにした映画も制作され（日本公開は一九七四年）、カザンツェフが遮光器土偶のレプリカを持って登場する。

一九七三年に刊行された小学館の図鑑『**なぜなに空飛ぶ円盤のふしぎ**』では、円盤から降り立った巨大な遮光器土偶型宇宙人を古代人が迎えうつ姿が描かれている（この「なぜなに学習図鑑」は、「イルカがせめてきたぞっ」で有名なシリーズであり、版元の小学館は約半世紀後に『土偶を読む図鑑』を刊行する）。土偶宇宙人説が急速に浸透した背景には（もちろんデニケンの影響力もあっただろうが）、一九六九年の**アポロ11号の月面着陸**があったことは想像に難くない。瞬間最高視聴率六八・三％を記録したという生中継で、ヘルメットと宇宙服を身に着けた宇宙飛行士のシルエットが多くの人の脳裏に焼き付けられていたからである。

※8：岡の日本文化論の骨子は一九三三年にウィーン大学に提出された博士論文『古日本の文化層』（Oka 2012）である。この博士論文は長い間公刊されなかったが、その内容は一九四八年の座談会『日本民族・文化の起源』のベースとなった（本書三六七頁参照）。

※9：岡の博士論文が執筆された一九三〇年代には、まだ縄文前期の土偶は知られていなかった。

※10：江上（一九六三）も中国仰韶文化と勝坂文化を取り上げているが、両者が（系譜上）無関係なのは明らかだとした上で比較した江上に対して、ナウマンは両者に伝播による関係があったと考えていた。

※11：小林の注目したこの「イチョウ形」は竹倉の「カモメライン」と同じものを指す。後に小林は、余山貝塚出土のミミズク土偶（竹倉の「星形土偶」）の頭部についても図像学的解釈を試みており（小林公一九九五）、その概要を安孫子（二〇二二）が紹介している。

※12：「遮光器土偶宇宙人説」とされることも多いが、カザンツェフの一九六二年記事で図示された三点の資料は、椎塚遺跡出土の山形土偶と亀ヶ岡遺跡出土の遮光器土偶・土面である。『週刊読売』では山形土偶のみが転載されており、当初は必ずしも遮光器土偶に限定した議論ではなかったことがわかる。

2-4　第4期

平成期以降◎1989~2020年

二万点の土偶情報

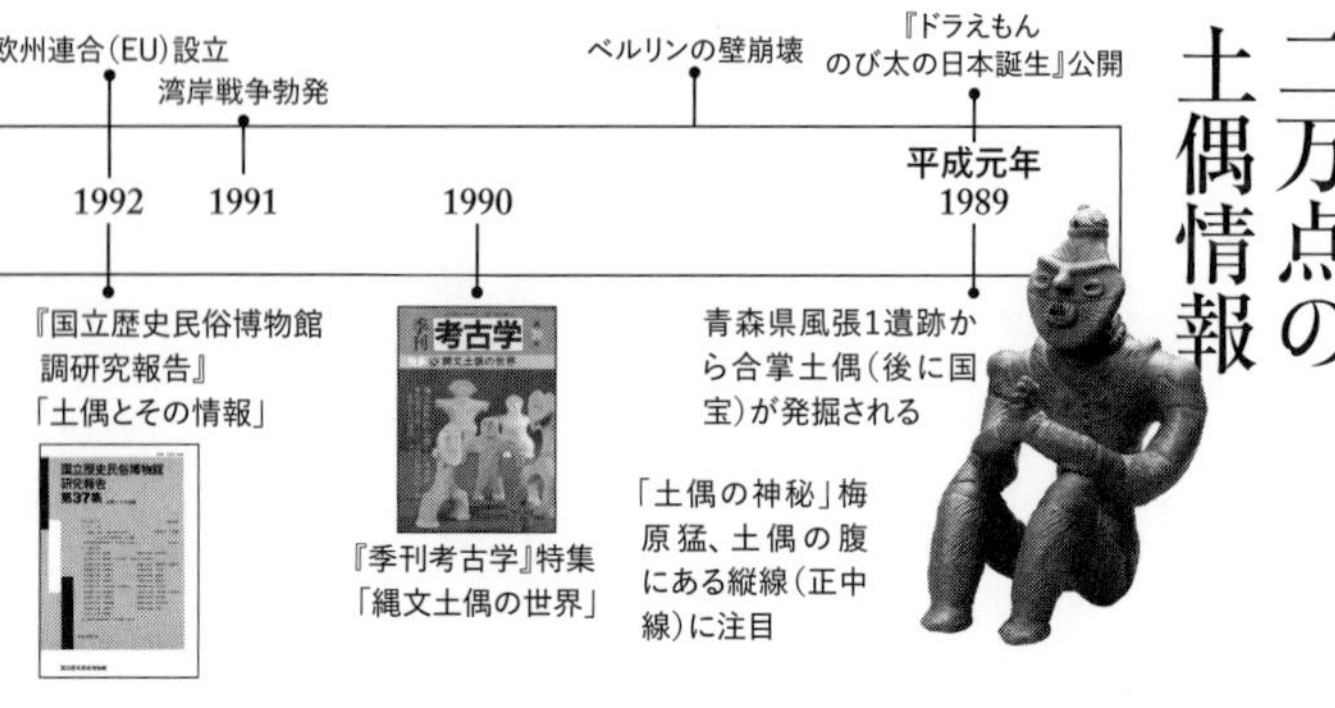

第四期は携帯電話やインターネットが普及し、高度情報化社会が到来した時期である。

昭和末期に始まっていた**「土偶とその情報」研究会**の活動が、この時期の土偶研究の方向性を決定づけた。この研究会は国立歴史民俗博物館の**八重樫純樹**（情報学）と國學院大學の**小林達雄**を中心として、土偶のデータベース化を目指す全国の研究者の共同プロジェクトとして実施された。その成果は国立歴史民俗博物館の研究報告第37集（一九九二）と論集**『土偶研究の地平』**四冊（勉誠社、一九九七～二〇〇〇年）として公刊されている。小林は論集の冒頭に掲げられた論文で過去の研究と民族例を幅広く参照しながら、土偶を**縄文人の観念技術**として位置づけている（小林達一九九七）。ただし物質文化から縄文人の世界観に踏み込む方法論がないため、現代人がその観念技術の具体的な内容を知ることは困難だとも指摘した。八重樫も土偶の用途機能論について「まだその研究段階に達するに至っていない」として、**系譜と分布**を明らかにすることを中心課題とした（八重樫一九九七）。このプロジェクトによって全国的な土偶の様相が明らかになった意義は大きく、その後の土偶研究は全てこの基盤の上に進められてきたといってよい。二〇〇四年には**成田滋彦**らによって**土偶研究会**が設立され、全国の土偶出土情報の集成が継続的に行われるとともに、テーマを定め

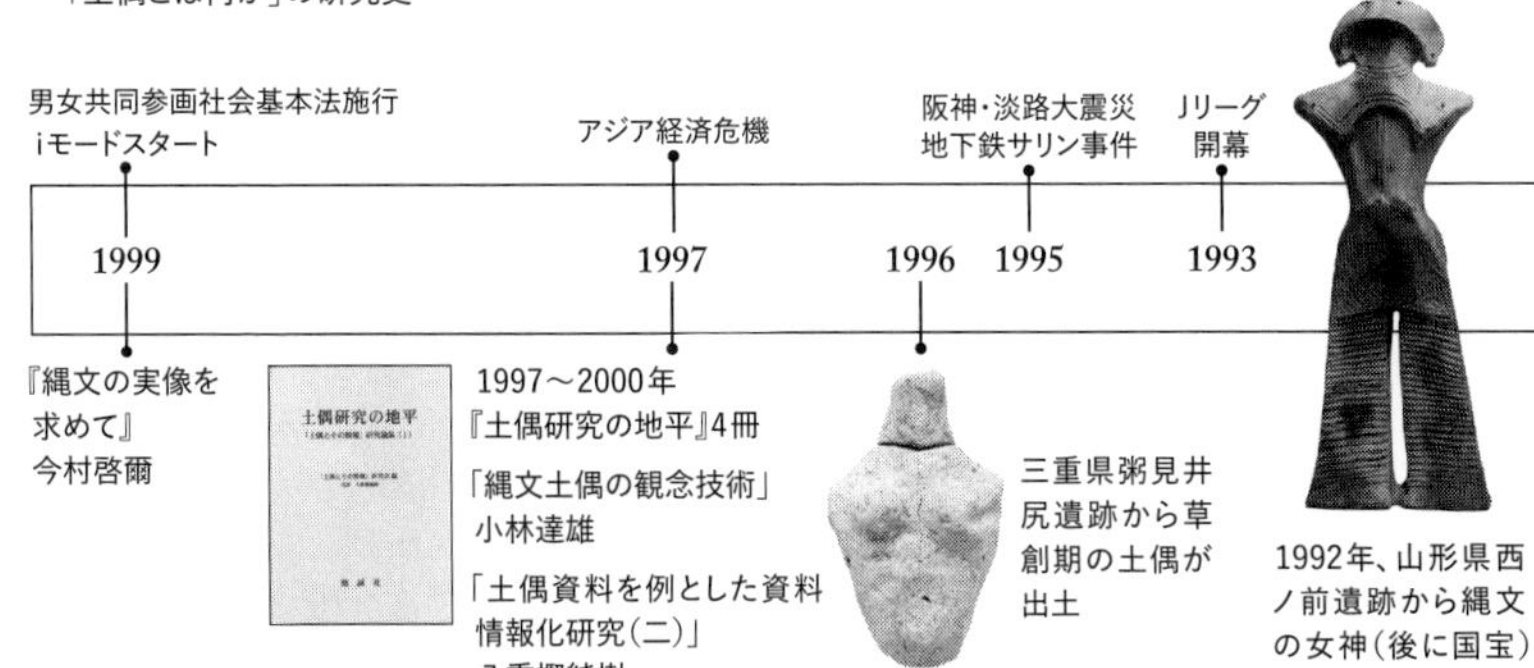

た研究集会が開催されている（成田二〇二〇）。

それでは、「土偶とは何か」に関わる第四期の研究についてみていこう。

哲学者の**梅原猛**は、土偶の腹にある**縦線**（**正中線**）に注目した（梅原一九八九）。アイヌや東北地方の民族例を挙げて、縄文時代には「妊娠した女性が死んだとき、腹を切って胎児をとり出し、その女性を胎児とともに土偶をつけて葬ったのではないだろうか」と考えた。土偶の故意破損や埋納例を統一的に説明しようとしたものであるが、考古学的な裏付けは乏しい。

設楽博己は縄文晩期末から弥生初頭の中部〜南東北の土偶について、土壙（墓）からの出土例が多いことや乳房の表現が失われることから、土偶の性格が変質して**葬送儀礼**に取り込まれた可能性を指摘した（設楽一九九〇）。

藤沼邦彦は、土偶は成熟した女性をモデルとしているが、それは人ではなく**精霊の姿**であり、さらに土偶は**精霊が宿る依代**だとした（藤沼一九九七）。土偶は精霊だとする点では小林達雄説と共通するが、女性でわざと壊されないと考える点では異なっている。土偶は**女性に関わる守り神**であり、**豊穣**とともに**安産**なども祈願したものだと考えている。

今村啓爾は、土偶の分布が**植物質食料**を基盤とした繁栄が目立つ地域・時期と重なることが多いという点が、女性の生産力を大地の生産力になぞらえて祈願したという説の傍証になるかもしれないと指摘した（今村一九九九）。

生態人類学や**土俗考古学**の研究を推進した**渡辺仁**は、晩年に縄文土偶の研究

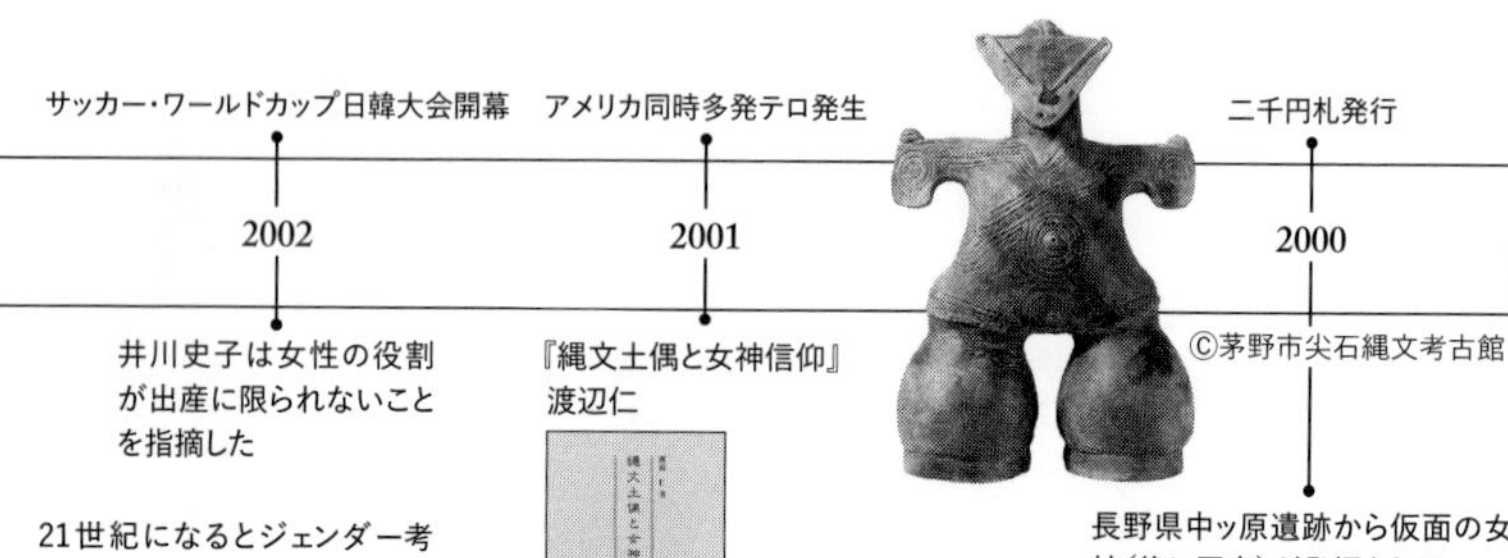

Ⓒ茅野市尖石縄文考古館

に取り組んだ（渡辺二〇〇一）。渡辺は、「土偶が何であるか」という本質的な議論には**形態のもつ象徴的意味**の探求が不可欠だとする。渡辺の方法は、狩猟採集社会におけるヒト形偶像の民族例を参照してモデルを構築し、それを縄文土偶の解釈に適用するというものである。縄文土偶のもつ**怪異性**という特徴から、おもちゃや祖先像ではなく**女神像**だとした。さらに狩猟採集民には大地の生産性という観念や豊凶を生殖力と結びつける発想はないとして、地母神説や豊穣の女神説を否定する。結論としては、**安産を含めた家族の守護神**である女神像だとして、北方ユーラシアの後期旧石器時代ヴィーナス像からマタギの山の神に至る系譜の中に位置づけている。

小杉康は「土偶」と呼ばれてきた「粘土焼成の人体形造形」に特定の一つのはたらきが対応していたかは疑問だとして、「**形式としての土偶の虚構性**」を指摘した（小杉二〇〇二）。その上で土偶を女性や妊娠を象徴する**母体像**、超人間的な再生産の象徴である**神像**、両義的な**半人半神像**に整理した。縄文時代中期から晩期にかけて、これらの像が年代を隔ててくり返し出現するとして、この現象を「**神像回帰**」と呼んでいる。一方で縄文人がなぜこのような像を作ったのかをその心理に分け入って説明することは難しいとも述べている。

二一世紀になると、**ジェンダー考古学**の立場から土偶研究についても言及されるようになった。**井川史子**は従来の土偶の解釈では縄文社会における女性の役割が出産の能力に限定される傾向があったことを指摘した（Ikawa-Smith 2002）。

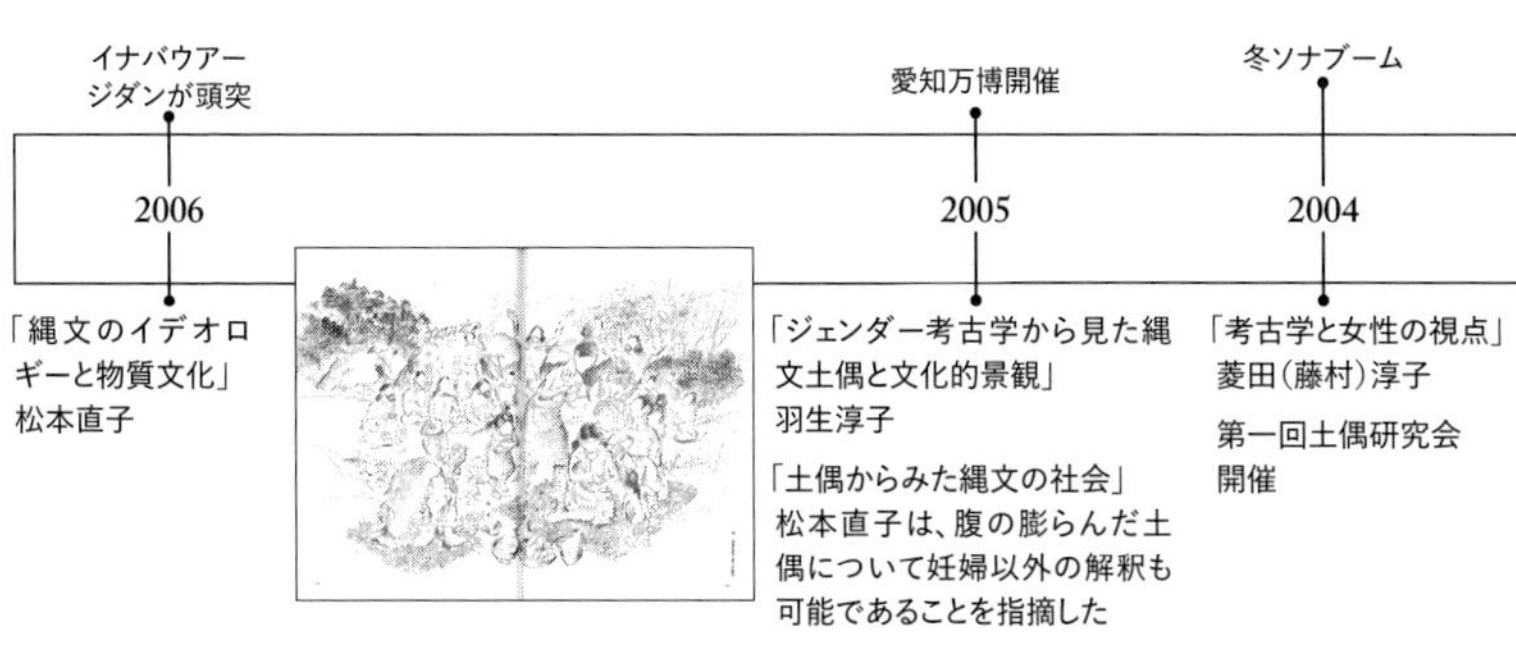

さまざまな経済活動（採集や耕作、加工、製塩など）が女性によって担われていた可能性があり、その女性の担う役割が土偶の製作とも関連していたかもしれないと述べている。

菱田（藤村）淳子は、多産を奨励したり母性を重視する考えは近代になって形成されたものだとして、これを狩猟採集社会に当てはめることに疑問を投げかけた（菱田二〇〇四）。また、女性の視点からは多産は必ずしも望ましいことではなかったかもしれないと指摘した。

羽生淳子は大量の土偶が出土した三内丸山遺跡の分析を行い、土偶の増加する時期が磨石類の増加する時期とほぼ重なっている（やや遅れる）ことを示した（羽生二〇〇五）。土偶祭祀は**植物食を集約的に利用する生業活動**（民族誌では女性主体のことが多い）を基盤として発展した可能性があるという。

松本直子は、従来妊婦と解釈されてきた腹のふくらんだ土偶の中に、**経産婦が含まれている可能性**があるとした（松本二〇〇五）。釈迦堂遺跡では土偶に表現される身体の特徴が妊婦から経産婦、さらに未成熟な女性へと変化していると して、これを当時の社会での女性の位置づけの変化に結びつけて解釈した。すなわち、子どもを産む存在としての女性から血縁社会で重要な地位に立つ中年女性、さらに集団間のネットワークづくりで価値を持つ未婚女性へという、当時の社会で**重視された女性像の変化**を復元したのである。また翌年松本は**認知考古学**的な観点から縄文文化の土偶と南東ヨーロッパの土偶の比較を行い、両

者がともに**定住化**や**人口増加**に伴って**社会関係が複雑化**した時期に発達することを指摘した（松本二〇〇六）。それは人間がそれまで体験したことのない人工的な住環境をつくり出した時代であり、そうした新しい環境での生活に移行するにあたって、**集団特有の世界観**を身につけるために、土偶を含む物質文化が重要な役割を果たしたと想定している。

伊藤正人は、日本列島を東西に大きく区分した上で土偶の形態の変化をまとめ、手持ちの胴体像から立像、さらに小型化した立たない土偶という**祭祀形態の変化**を想定した（伊藤二〇〇五）。また、土偶の偏在や地域差を、人形や顔、目の表現に対する**「忌避」**によるものとして読み解いた。

小野美代子は、土偶の胴部を乳房・腹部・腰部と臀部の造形が表現された**「カンバス」**として捉え、類型化を行った（小野美二〇〇七）。土偶は、**多産や繁栄、食料獲得への祈りの対象**だったと考えている。なお土偶がわざと壊されることは考えられないとする。

原田昌幸は、縄文時代を通じて土偶の**「役割期待」が変化**したと考えた（原田二〇〇七）。豊満なトルソーを表現する発生期の土偶は**子孫繁栄**を主要な目的とした**女神像**で、**個人・家族レベルの呪物**であり、中期に出現する顔をもつ立像土偶は**豊穣のシンボル**として**集落やそれ以上の規模の祭祀**に使われた。さらに中期末～後期初頭の土偶減少期を経て土偶の性格が転換し、後期後半から晩期にかけて**性別を超越した神像**になったという。

「土偶とは何か」の研究史

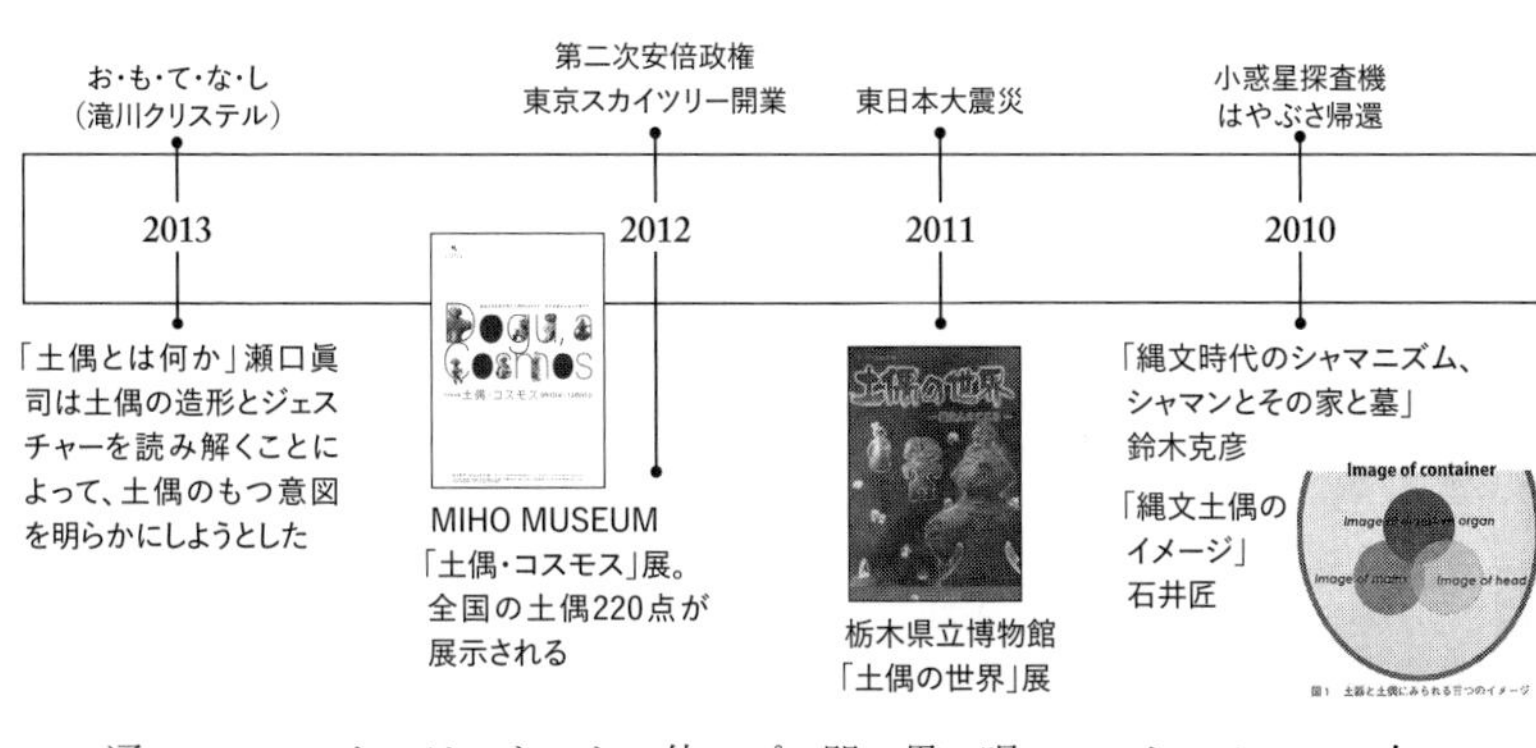

阿部友寿は、縄文終末期以降の副葬される土偶や土偶形容器について、**怪異な表現をもつ祖先像**だったと推測している（阿部二〇〇七）。

鈴木克彦は、縄文時代の信仰がアニミズム、シャーマニズム、トーテミズムのいずれだったかを論じた。縄文時代には**シャーマニズム**が存在し、土偶は**シャーマンの持ち物**だった可能性を想定している（鈴木克二〇一〇）。

石井匠は、縄文時代の土偶全体を貫くコンセプトとして**「消化器土偶」**を提唱した（石井二〇一〇）。口や尻の穴が深く穿たれていたり、時に口から尻まで貫通したりするような土偶は日本列島各地のさまざまな時期にみられ、「消化器土偶」の名称で呼ばれることもあったが、あくまで個別の事例や特定のタイプにみられる特徴の指摘に留まっていた。石井は「消化器」の概念を拡張し、体部正面の縦方向の貼付文（いわゆる正中線）についても消化器を表したものと考える。これによって消化器表現は一部の土偶にみられる変わった特徴ではなく「早期から晩期まで一貫して継承されていく」ものになった。さらに石井は、土器と土偶が**「消化器・頭部・母体」**という三つのイメージで連動していたと考え、土器で食材を煮込むプロセスと人の体内で食材が消化されるプロセスのイメージを重ねている。

鈴木正博は、晩期後葉の頭部に穿孔をもつ大形土偶に注目し、この孔に縄を通して操る**「マリオネット土偶」**だったと考えた（鈴木正二〇一〇）。新たな土偶の使用方法を提唱したものといえるが、関節の可動性がない人形を頭部につけ

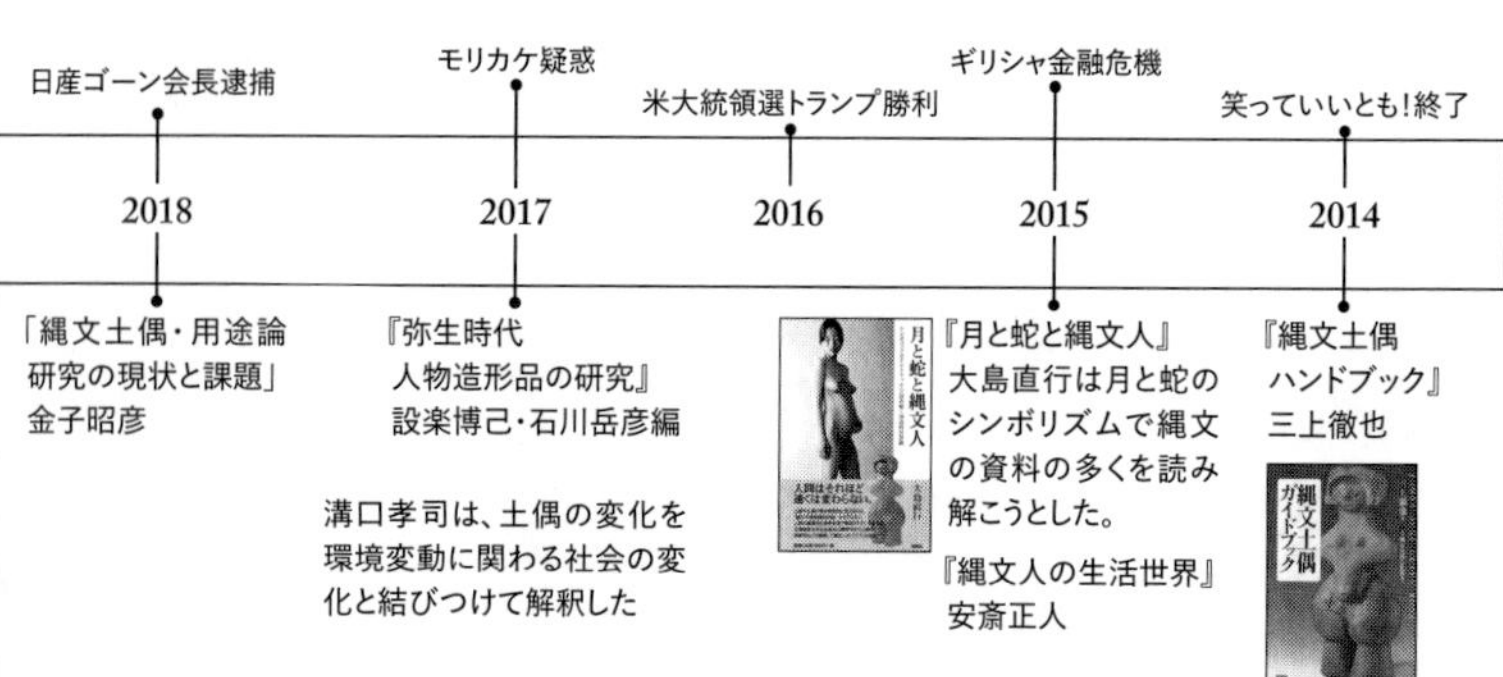

た縄だけでどの程度操れたのかについては疑問も残る。また、鈴木は従来の土偶の用途論研究は誰にもわからない答えを求める「**無いものねだり**」に陥りがちだとして、土偶の形態の年代的変遷と地方的変容を見極めることの重要性を説いた（鈴木正二〇一一）。

瀬口眞司は、土偶装飾付土器やポーズ土偶の造形とジェスチャーを読み解くことで、土偶のもつ意図を明らかにしようとした（瀬口二〇一三）。頭部と体部の分離、二組四本の腕、「うつろ」の表現が共通してみられることから、降臨・憑依を示した偶像だと考えた。縄文時代中期の中部・西関東の土偶は、「**降臨すべきものが憑依するための依代**」だと結論している。

三上徹也は、**『縄文土偶ガイドブック』**で独自の土偶分類を提示した（三上二〇一四）。人間に近いかどうかによって、抽象土偶／超抽象土偶／具象土偶に分類し、これとは別にモデル土偶／コピー土偶／ランダム土偶という分類軸も示している。土偶の目的については、抽象土偶の多くは**女神像**、具象土偶のうち静的表現のものを**祖先像**、動的表現のものを**おもちゃ**だとする。さらに、ランダム土偶（統一性を欠いた粗製の土偶）については、**土器焼成の成功**を祈って一緒に入れたものだとする考えを提示した。

大島直行はナウマンの図像解釈学的な研究に触発され、**月と蛇のシンボリズム**でいろいろな縄文の資料を読み解こうとした（大島二〇一五）。土偶の顔が上向きである点や口が丸く開く点などから、土偶は命の源である「月の水」を受

「土偶とは何か」の研究史

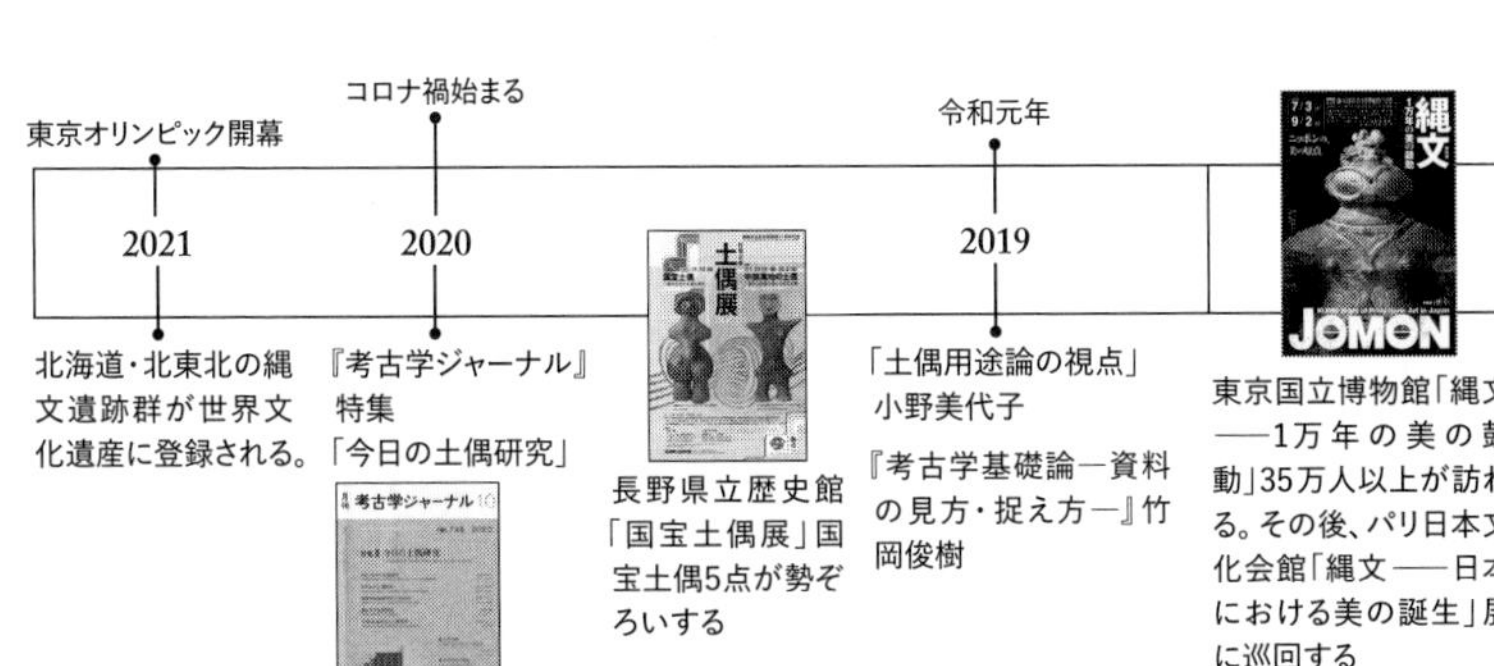

け止める容器だと解釈をしている。

安斎正人は、一部の考古資料にみられる実用性を大きく超えた芸術的表現を**「過剰デザイン」**と呼び、製作者のアイデンティティーなどが表現されていると考えた（安斎二〇一五）。土偶の優品についても、「過剰デザイン」の例として取り上げている。

設楽博己は、縄文時代の末期になると副葬される例や男女一対の例が現れる点に注目し、**土偶の性格の変化**を論じた（設楽・石川二〇一七）。変化する前の土偶は女性の手で作られた**女性原理の象徴**で、**ヒトの誕生と生育に関わる呪物**だったとする。また、土偶の顔面の線刻は入墨を表したものだとして、過去の風俗と結びつける解釈を一部復活させている。

溝口孝司は、土偶は**人間の知覚と伝達行為の手段**であり縄文時代を通じてその役割を変質させたとして、土偶の変化を環境変動に関わる社会の変化と結びつけて解釈した（Mizoguchi 2017）。ただし土偶が一貫して女性像であったことから、土偶の基本的な性質も一貫して**女性の生産力の象徴**だったと考えている。

金子昭彦は、遮光器土偶の用途について何度か論じているが、ここでは二〇一八年の論文にしたがって紹介する（金子二〇一八）。立像形態の土偶は女性が**植物質食料の採集**のために森に入る際に持ち歩く**お守り**として出現し、後からそれ以外の用途が加わったとする。特に**安産祈願**に特化したのが非立像形態の土偶で、住居や村の中で使用されたと考えている。土偶がわざと壊されたとは考えず、**大型遮光器土偶も携帯した**と考える点に特徴がある。

竹岡俊樹は、本州東部の土偶を対象として、土偶の機能と意味の解読を行った（竹岡二〇一九）。縄文時代は**象徴を用いる神話的世界**であり、その儀礼は神話のエピソードをなぞったものだっただろうと推測する。土偶は集落の中に安置されて何年かに一度壊され分散されるが、それは世界を創った神が自らをいけにえとして供えて世界を救済・更新するような神話と結びついていたと考えている。

第四期には**全国的な集成**と各地域における**編年研究の進展**によって、土偶の時期的・地域的な様相がかなり明らかになった。これを受けて改めて土偶の用途論についての関心も高まっており、瀬口（二〇一二）、金子（二〇一五）、小野（二〇一九）らはそれぞれの視点から土偶用途論の研究史をまとめている[※13]。**土偶の用途目的は単一ではなく多様であるとする見方が浸透**したため、縄文社会の変化と土偶の変化を絡めて論じる研究や、特定の時期・地域に対象を絞った研究が多くみられる。一方で、縄文時代の土偶全般を貫く何らかの共通性・法則性を見出そうとする試みも行われている。

第四期は縄文遺物が国宝に指定されるようになった時期でもある。指定されたのは火焔型土器以外は土偶であり、一九九五年の棚畑遺跡出土の縄文のビーナスを皮切りに、著保内野遺跡出土の中空土偶（二〇〇七年）、風張1遺跡出土の合掌土偶（二〇〇九年）、西ノ前遺跡出土の縄文の女神（二〇一二年）、中ッ原遺跡出土の仮面の女神（二〇一四年）が相次いで国宝に指定された。二〇〇九年に東京国立博物館で開催された「国宝 土偶展」は、大英博物館における *"The Power of Dogu"* 展の里帰り展として行われ、約十三万人が訪れたという。また、二〇〇九年頃からは「北海道・北東北の縄文遺跡群」の世界遺産登録に向けた市民向けの普及活動が展開され、その中で土偶が取り上げられる機会も増えた。

二〇一〇年代には、各地で土偶を取り上げた展示が開催された。筆者の目についたものだけでも、二〇一一年栃木県立博物館「土偶の世界」、二〇一二年MIHO MUSEUM「土偶・コスモス」、二〇一二年北海道開拓記念館「北の土偶」、二〇一七年豊橋市美術館「東海大土偶展」、二〇一七年岩手県立博物館「遮光器土偶の世界」、二〇一九年群馬県立博物館「ハート形土偶大集合」、二〇一九年三内丸山センター「あおもり土偶展」、二〇二〇年長野県立歴史館「中部高地の土偶」などがある。これ以外に縄文全般を取り上げた展示でも土偶が大きく扱われることは多かった。特に二〇一八年に東京国立博物館で開催された「縄文——一万年の美の鼓動」展には約三十五万人の来場者があり、「縄文ブーム」とも呼ばれた。

従来の土偶に対する見方は考古学的な研究対象とするものが主流で、美術的な鑑賞の対象とするものが若干みられる程度だったが、二〇一〇年代になるとやや異なる角度から土偶を楽しむ動きが目立つようになった。土偶の大衆化とでもいえるだろうか。筆者である白鳥兄弟は、「土偶マイム」のパフォーマンスを二〇一〇年頃から行っている。ライターの譽田亜紀子は『はじめての土偶』（武藤・譽田二〇一四）など多くの一般向け著作を刊行し、「かわいい」という視点から土偶を紹介している。「土偶の日運営委員会」（現在の縄文ドキドキ会）は、語呂合わせで十月九日を土偶の日にしようという活動を二〇一三年頃から行っていたが、近年は公的な施設でもこの日にイベントを行うなど一定の定着をみている。二〇一五年に創刊された縄文ZINEは縄文をテーマにしたフリーペーパーであり、やはり研究とは異なる切り口で土偶を含む縄文の面白さを伝えようとしている。

※13：金子は「資料は増えたが研究は全く進んでいない」と手厳しく総括している。他にも「土偶研究は（中略）方法論が今尚旧態依然で何ら進展も展望もなく」（鈴木克二〇一〇）という見解もあり、新たな研究方法を模索している時期だともいえる。

3 まとめ

3-1 各説の内容

最後に「土偶とは何か」についての主な説の内容を簡単にまとめておこう。

土偶は宗教的な意味をもたないと考えるのが、おもちゃ説と飾り説である。おもちゃ説は土偶の研究史では必ず言及されるが、実は正面切って唱えられたことはほとんどない。最初に言及した白井（一八八六）をはじめ、対立候補として挙げるだけで採用されないのである。土偶におもちゃが含まれるとする場合でも、どの資料がおもちゃなのかを具体的に指し示していないことが多い。数少ない例外が三上（二〇一四）であり、いわゆるポーズ土偶がおもちゃだと考えている。宗教的な意味をもたない飾りとしては、身に着けるアクセサリー（装身具）と安置する置物が考えられる。この飾り説もおもちゃ説と似た立場であり、白井（同前）がアクセサリーの可能性が高いとした以外は、ほとんど主張されたことはない。これは坪井（一八九九）以来土偶が宗教的な意味をもつ遺物だと考えられてきたためである。

携帯して身を守るお守り説は坪井による白井（同前）へのコメントで登場し、大野（一九一〇）によって主張された。これに対して、鳥居（一九二二）は安置して礼拝した神像だと考えた。お守り説は小型の土偶、神像説は大型の土偶に対して、それぞれ現在も有力な説であるが、金子（二〇一八）のように大型品も携帯したと考える意見もある。

土偶を女神だと考える説は、わざと壊されたと考えるかどうか、再生・豊穣・大地・農耕などと結びつけるかどうかによって、さまざまなバリエーションがある。

妊娠や出産に関わる安産の女神だとする説は、大野（同前）が安産のお守りだと想定して以来、現在に至るまで有力説の一つである。女性のもつ出産という能力自体に対する崇拝があったと考える説もある（谷川一九二五）。

この女性のもつ生産力（出産）と大地のもつ生産力（豊穣）を重ね合わせ、大地の女神が豊穣を司るという信仰があったと考えるのが地母神説である（鳥居同前）。地母神説は八幡（一九三九）によって否定されたが、藤森（一九四九）によって引き継がれ、さらに殺される女神説として発展した（同一九六九）。これは殺された女神の身体からさまざまな作物が生えてくるという農耕開始神話と壊された土偶（女神像）を重ねて、土偶を壊して豊穣を祈る儀礼があったと考えるもので、土偶には女性が多い／壊れて見つかるものが多いという古くから指摘されてきた二つの特徴を、農耕に関わる「殺される女神」の儀礼によって説明する。水野（一九七四）の土偶祭式論やハイヌウェレ型神話との関連を考える吉田（一九七六）の考えもここに含めていいだろう。これに対して、ナウマン（一九七五）は、生産力や豊穣との結びつきを否定し、「死と再生」のシンボルとして土偶を解釈する。再生や豊穣とは結びつけず、出産に関わる儀礼で女神が殺されるという桐原（一九七八）の説や、土偶の故意破損を否定するが多産や豊穣との結びつきは認める小野美代子（二〇〇七）の説などもある。女神の性格を家の守り神（渡辺二〇〇一）、あるいは女性の守り神（金子同前）だとする意見もある。

精霊とは物に宿る霊的な存在を指し、アニミズム（生物・無生物を問わず全ての物に霊が宿るという原始的な信仰）を念頭に置いて用いられていることが多い（杉山一九二八b、藤沼一九九七など）。一方、小林達雄（一九七七など）は、男女の性別を超越した存在として「精霊」を用いている。小林は土偶を壊すために作られたと考えるが、現代人がその儀礼の意味を理解する方法は今のところないとして、それ以上の解釈には踏み込まない。竹岡（二〇一九）の神話的世界による解釈も、これに近い態度だといえる。

半人半獣像は人間と動物の要素を合わせ持つ像で、三本指や蛇身装飾をもつ土偶がこのように扱われることがある。トーテミズム（ある人間集団が特定の動植物と特別な関係があるとする信仰）（谷川一九二二―一九二三）や原始農耕（江上一九六三など）との関連が想定されている。

「半神半人像」は小杉（二〇〇二）が提唱したもので、「母体像」と「神像」の両義的な造形表現とされている。小杉の用いる「神像」も一般的な用法とはやや異なる概念であり、女性と人面の象徴性によって定義されている。なお母性を表現した土偶の典型例とされることの多い縄文のビーナスを、小杉は母体像ではなく半神半人像だとしている。

死者像・祖先像は、祖先崇拝において礼拝の対象となったり、呪術に使われたりするもので、マンロー（一九〇八）や津田（一九二〇）、大林（一九七九）などが唱えた。渡辺（同前）は土偶の怪異性から祖先像ではないと否定したが、阿部（二〇〇七）は死者像と祖先像を区別して、終末期の土偶の一部を怪異な表現の祖先像だったと想定している。

呪術に使われる道具が呪物である。身代わり像も呪物の一種で、体の悪い部分を撫でた後にその部分を壊すことによって災厄を捨て去る呪術に使われるものである。土偶研究に「呪物」という語が登場するのは谷川の論文であり（谷川一九二六）、土偶の破損にも触れているが、身代わり治療には言及していない。八幡（一九三九）は複数の説を列挙する中で、大場（谷川）の個人的な発言として身代わり像説を紹介している。明記はされていないが、谷川の呪物説は身代わり像が念頭にあったということだろうか。戦後になって、野口（一九五九）は「呪物説」として身代わり像説を紹介して「多くの学者に認められている」と述べ、江坂（一九六〇）も東北シベリアの民族例を紹介して身代わり像説を有力な仮説だとしている[※14]。民俗学の立場からも桜井（一九七〇）が身代わり像説を唱えており、この説の広がりを確認できる。だが、女性像が多い点や怪異な姿に作られる点を説明できないためか、現在はあまり主張されることはなくなったようである。

トランス状態で超自然的存在と交信する存在がシャーマンであり、シャーマンを中心とする宗教がシャーマニズムである。土偶とシャーマンを結びつけたのは鳥居（同前）が最初であるが、最近でも鈴木克彦（二〇一〇）などシャーマンの道具だとする解釈がある。呪物説の一種ともいえるだろう。

依代は民俗学の分析概念で神霊がよりつくものを指す。土偶の依代説は、土偶そのものが霊性をもつのではなく神霊が宿るための器だとする考えである。古くは谷川（同前）が土偶に霊力がよりつくという考えを示していたが、近年では瀬口（二〇一三）がこの土偶依代説を積極的に展開している。

最近新たに登場した見解としては、土偶全体に対する石井（二〇一〇）による消化器土偶説、粗製の土偶に対する三上（同前）による土器焼成成功祈願説などがある。また、土偶に女性像が多いことを女性のもつ妊娠・出産という能力と結びつけることが多かったが、女性の能力はより多様であり女性像の意味も多様でありうるとする見解が、ジェンダー考古学の立場から提唱されるようになった（Ikawa-Smith 2002、羽生二〇〇四、松本二〇〇五）。時期による土偶の性格の変化は古くから指摘されていたが（八幡一九三九など）、近年の資料の充実に伴ってより具体的に議論されるようになった。設楽（一九九〇）が注目する葬送儀礼に結びつく終末期の変化、小杉（同前）による神像回帰説、原田（二〇〇七）による女性像から神像への変化などがある。

※14：後年、江坂（一九九〇）は『日本の土偶』において、江上波夫がかつてシャーマンが身代わり治療に用いるチュクチ族の木偶と縄文時代の土偶が似た用途で使われたものではないかと述べたと書いている。ただし、この内容については出典を確認できず、口頭での教示だったのかもしれない。

3-2 おわりに

『土偶を読む』の内容のうち、土偶は植物に関わる祭祀で使われた、女性像ではない、精霊である、擬人化である、などの主張そのものは目新しいものではない。また研究方法として人類学や神話学の知見を取り入れることや、土偶の形を図像学的に解釈することも行われてきた。土偶研究が型式編年や出土状況の分析を重視してきたことは確かだが、決してそれだけに終始してきたわけではないことはおわかりいただけたかと思う。それらの議論が果たして説得力のあるものであったかどうかについては、ぜひそれぞれの原典を当たっていただきたい。

それでは、『土偶を読む』には新しい視点が全くないかといえば、もちろんそんなことはない。竹倉説のオリジナリティーは、土偶が植物（竹倉説では貝を含む）の形をそのまま写したものだと考えた点にある。竹倉説に対する評価は、プラスのものであれマイナスのものであれ、まずはこの点について行われるべきであろう。

謝辞　本稿の執筆にあたっては、千葉毅氏に貴重なご助言をいただいた。また、小松隆史氏・榊田朋広氏・橋口豊氏には、文献の探索にご協力いただいた。吉田屋遠古堂（二〇二二）氏の土偶研究史に関するノートも参照させていただいた。末筆であるが、記して感謝したい。

参考文献

はじめに・一――東京国立博物館　二〇〇九　『国宝土偶展』

竹倉史人　二〇二一　『土偶を読む――130年解かれなかった縄文神話の謎』、晶文社

白鳥兄弟　二〇二一　「竹倉史人「土偶を読む」について」、https://note.com/hakucho_kyodai/n/n1b370030eaa4（二〇二二年六月五日取得）

矢野健一　二〇二一　「書評　竹倉史人著『土偶を読む――130年解かれなかった縄文神話の謎』（晶文社、二〇二一年）」『立命館史学』第四一号、一五七―一六四頁

安孫子昭二　二〇二二　「竹倉史人著『土偶を読む』批判」『東京考古』第四〇号、一一九―一三八頁

一期――――白井光太郎　一八八六　「貝塚より出でし土偶の考」『人類学会報告』第一巻二号、二六―二九頁

坪井正五郎　一八九〇　「ロンドン通信」『東京人類学会雑誌』第五巻五二号、二八一―二九四頁

若林勝邦　一八九一　「貝塚土偶ニ就テ」『東京人類学会雑誌』第六巻六一号、二三五―二五四頁

坪井正五郎　一八九一　「ロンドン通信」『東京人類学会雑誌』第六巻六二号、二六三―二七三頁

三宅米吉　一八九二「貝塚土偶ノ一種」『東京人類学会雑誌』第七巻七四号、二六〇―二六三頁
八木奘三郎・下村三四吉　一八九三「常陸椎塚介墟發掘報告」『東京人類学会雑誌』第八巻八七号、三三六―三八九頁
坪井正五郎　一八九六「コロボックル風俗考」第八回『風俗画報』第一〇四号、三〇―三三頁
（再録：一九七二『坪井正五郎集上』日本考古学選集2、築地書館、八六―九一頁）
大野延太郎　一八九七「土偶ト土版ノ関係」『東京人類学会雑誌』第一二巻一三一号、二〇一―二〇四頁
坪井正五郎　一八九八「貝塚土偶の男女」『東洋学芸雑誌』第一八巻二〇六号、四九〇―四九四頁
八木奘三郎（坪井正五郎校閲）一八九八『日本考古学』上、小林新兵衛
坪井正五郎　一八九九「コロボックルの宗教的遺物」『東洋学芸雑誌』第二〇九号、四五―四九頁
（再録：一九七二『坪井正五郎集上』日本考古学選集2、築地書館、一七〇―一七五頁）
八木奘三郎・中澤澄男　一九〇六『日本考古学』、博文館
Munro,N.G. 1906 *Primitive culture in Japan.* Transactions of the Asiatic Society of Japan, vol.34. Yokohama.
Munro,N.G. 1908 *Prehistoric Japan.* Yokohama.
坪井正五郎　一九一〇「最近一年間事業報告（承前）」『東京人類学会雑誌』第二六巻二九六号、四五―四八頁
大野雲外　一九一〇「土偶の形式分類に就て」『東京人類学会雑誌』第二六巻二九六号、五四―六〇頁
吉澤　宏　二〇一四「中澤澄男とその周辺の人々」『山麓考古』第二一号、一六九―一九〇頁

二期

高橋健自　一九一三『考古学』聚精堂
松本彦七郎　一九一九「陸前國實ケ峰遺蹟の分層的小發掘成績」『人類学雑誌』第三四巻五号、一六一―一六六頁
津田敬武　一九二〇『神道起源論』、大鐙閣
鳥居龍蔵　一九二〇「武蔵野の有史以前」『武蔵野』第三巻三号、一―九頁
（再録：一九七五『鳥居龍蔵全集』2、朝日新聞社、一一一―一一九頁）
Tylor, J.M. 1921 *New stone age in northern Europe.* C. Scribner's Sons, New York.
八幡一郎　一九二二「信濃諏訪郡豊平村廣見発見の土偶」『人類学雑誌』第三七巻八号、二七〇―二七四頁
鳥居龍蔵　一九二二「日本石器時代民衆の女神信仰」『人類学雑誌』第三七巻一一号、三七一―三八三頁
谷川磐雄　一九二二―一九二三「石器時代宗教思想の一端」一～三『考古学雑誌』第一三巻四号、二四八―二五三頁、第一三巻五号、三二一―三二九頁、第一三巻八号、五〇四―五一二頁
鳥居龍蔵　一九二三「石器時代に於ける関東と奥羽との関係　殊に土偶に就て」『人類学雑誌』第三八巻五号、一九六―二〇一頁

鳥居龍蔵・八幡一郎　一九二四「第一部　先史時代」『諏訪史』（再録：一九七六『鳥居龍蔵全集』3、朝日新聞社、九―一二三頁）
谷川磐雄　一九二五「日本女性地位の変遷」『國學院雑誌』大正十四年四月号、二三―四五頁
谷川磐雄　一九二六「土偶に関する二三の考察」『國學院雑誌』大正十五年五月号、四八―五七頁
杉山寿栄男　一九二八a『日本原始工芸』、工芸美術研究会
杉山寿栄男　一九二八b『日本原始工芸概説』、工芸美術研究会
甲野　勇　一九二八「日本石器時代土偶概説」『日本原始工芸概説』、二三一―二五一頁
柴田常恵　一九二九「図版解説　土偶」『世界美術全集』第三巻、平凡社、八六―八七頁
中谷治宇二郎　一九二九『日本石器時代提要』、岡書院
八幡一郎　一九三〇「奥羽文化南漸資料（三）」『考古学』第一巻三号、一八五―一八七頁
山内清男　一九三〇「「所謂亀ヶ岡式土器の分布云々」に関する追加1」『考古学』第一巻四号、六一―六五頁
（再録：一九六七『山内清男・先史考古学論文集』第三冊、一二八―一三二頁）
明石染人　一九三〇「先史及び原史時代の文様と服飾」『東洋美術』特輯第一巻、四五―五九頁
Hentze,C. 1932 *Mythes et symboles lunaires.* Editions "De Sikkel," Anvers.
大場磐雄　一九三五『考古学』現代哲学全集16、建設社
鳥居龍蔵　一九三五「「土偶・土盤展覧会」を観る」『武蔵野』第二二巻四号（再録：一九七六『鳥居龍蔵全集』12、四五四―四五九頁）
八幡一郎　一九三九「日本先史人の信仰の問題」『人類学先史学講座』15、一―一八頁
甲野　勇　一九三九「容器的特徴を有する特殊土偶」『人類学雑誌』第五四巻一二号、五四五―五五一頁
甲野　勇　一九四〇「土偶形容器に関する一二の考察」『人類学雑誌』第五五巻一号、一〇―一三頁
大口理夫　一九四二「埴輪論」『画説』昭和十七年七月号、三三六―三四五頁、昭和十七年八月号、五四六―五五五頁、
昭和十七年十一月号、七二九―七四〇頁
中島寿雄　一九四三「石器時代土偶の乳房及び下腹部膨隆に就いて」『人類学雑誌』第五八巻七号、二八七―二九九頁
熊谷宣夫　一九四四「土偶と埴輪」『美術史学』昭和十九年二月号、六七―七七頁
石田英一郎・岡正雄・八幡一郎・江上波夫　一九四九「日本民族＝文化の源流と日本国家の形成」
『民族学研究』第一三巻三号、二〇七―二七七頁
島亨・檜枝陽一郎　一九八九「ヘンツェ・ナウマン論文の解説と補足」『縄文図像学Ⅱ』、言叢社同人、一〇九―一五六頁
藤沼邦彦・小山有希　一九九七「原始工芸・アイヌ工芸の研究者としての杉山寿栄男（小伝）」
『東北歴史資料館研究紀要』二三号、一―二九頁

三期――――

和島誠一　一九四八「原始聚落の構成」『日本歴史学講座』
（再録：一九七三『日本考古学の発達と科学的精神』、和島誠一著作集刊行会、四八一―五〇四頁）

藤森栄一　一九四九「日本原始陸耕の諸問題」『歴史評論』第四巻四号（再録：一九七九『藤森栄一全集』9、一六―二二頁）

長谷川三郎　一九五〇『モダンアート』、東京堂

岡本太郎　一九五二「四次元との対話　縄文土器論」『みづゑ』第五五八号、三―一三頁

上田宏範　一九五二「日本の原始美術」『美術ニュース』第四巻、二〇―二四頁

東京国立博物館　一九五三「日本古代文化展総合目録」『日本考古図録』付録、朝日新聞社

岡　正雄　一九五八「日本文化の基礎構造」『日本民俗学の歴史と課題』日本民俗学大系2、五―二一頁

八幡一郎　一九五九「日本の先史土偶」『MUSEUM』第九九号、一三―一五頁

野口義麿　一九五九『日本の土偶』、紀伊国屋書店

カール・ヘンツェ　一九五九（邦訳一九八九）「新しい皮膚による再生祭式」『縄文図像学Ⅱ』言叢社、一〇―二九頁

江坂輝弥　一九六〇『土偶』、校倉書房

坪井清足　一九六二「縄文文化論」『原始及び古代（一）』岩波講座日本歴史1、岩波書店、一一一―一三八頁

芹沢長介　一九六三「縄文時代の土偶」『国華』第八五五号、五―一一頁

江上波夫　一九六三「勝坂式系土偶の動物意匠について」『国華』第八五五号、四三―五四頁

宗　左近　一九六三『反時代的芸術論』、七曜社

岡　正雄　一九六五「日本民族文化の形成」『縄文・弥生・古墳時代』図説日本文化史大系1、一一〇―一二〇頁

水野正好　一九六九a「縄文時代集落復原への基礎的操作」『古代文化』第二一巻三・四号一―二一頁

水野正好　一九六九b「縄文の社会」『大地と呪術』日本文化の歴史1、学習研究社、一九九―二〇二頁

岡本太郎　一九六九「根源の美」『大地と呪術』日本文化の歴史1、学習研究社、一二〇―一二八頁

国分直一　一九六九「呪術の役割」『大地と呪術』日本文化の歴史1、学習研究社、一二九―一四三頁

藤森栄一　一九六九「縄文の呪性」『伝統と現代』8（再録：一九七九『藤森栄一全集』9、一一七―一二四頁）

サントリー美術館　一九六九『土偶と土面』

桜井徳太郎　一九七〇「のろい人形」『歴史読本』十五巻七号、一〇二―一〇九頁
（再録：一九七七『霊魂観の系譜』、筑摩書房、一二二―一二四頁）

伊藤清司編　一九七三『出雲神話』シンポジウム日本の神話3、学生社

水野正好　一九七四「土偶祭式の復原」『信濃』第二六巻四号、二九八―三一二頁

小野美代子　一九七四「土偶研究の現状と今後の課題」『遮光器』第八号、八〇—八六頁
江坂輝弥・野口義麿　一九七四『土偶芸術と信仰』、講談社
ネリー・ナウマン　一九七五「縄文時代の若干の宗教的観念について」『民族学研究』第三九巻四号、二七七—二九七頁
吉田敦彦　一九七六『小さ子とハイヌウェレ』、みすず書房
林　謙作　一九七六「亀ヶ岡文化論」『東北考古学の諸問題』(再録：二〇〇一『縄文社会の考古学』同成社、四三八—四五九頁)
小林達雄　一九七七「祈りの形象　土偶」『日本陶磁全集3　土偶・埴輪』、中央公論美術出版、四五—五二頁
永峯光一　一九七七「呪的形象としての土偶」『土偶・埴輪』日本原始美術大系3、一五五—一七一頁
桐原　健　一九七八「土偶祭祀私見」『信濃』第三〇巻四号、二四一—二五五頁
大林太良　一九七九「縄文人の祈りと土器・土偶」『図説日本文化の歴史』1、小学館、一九三—二〇二頁
堀越正行　一九八〇『千葉県の土偶』、市立市川博物館
鈴木正博　一九八二「埼玉県高井東遺蹟の土偶について」『古代』第七二号、一—八頁
ネリー・ナウマン　一九八二(邦訳一九八九)「逆剥——天の斑駒を逆さに剥ぐこと」
　『哭きいさちる神＝スサノオ』、言叢社、一〇三—一四五頁
山梨県立考古博物館　一九八三『土偶——千の女神が語る縄文時代の祈りとくらし』
小野正文　一九八四「土偶の製作法について」『甲斐路』第五〇号、一九—二二頁
米田耕之助　一九八四『土偶』考古学ライブラリー21、ニュー・サイエンス社
小林公明　一九八六「眉月の三姉妹」『山麓考古』第一七号、九〇—一九三頁
山折哲雄　一九八六『日本人の顔』、NHKブックス
磯前順一　一九八八「心的象徴としての土偶」林道義編『ユング心理学の応用』、みすず書房、一七二—一九七頁
小林達雄　一九八八「縄文人と精霊」『縄文人の道具』古代史復元3、講談社、一七三—一七七頁
春原史寛　二〇〇八「岡本太郎「縄文土器論」の背景とその評価」『藝叢』二五号、七九—一〇二頁

土偶宇宙人説関連

鷲尾　功　一九六二「じょうもんスーツの謎」『空飛ぶ円盤ニュース』第五巻八号、一二—一三頁
Казанцев, A. 1962 'Шлем и Тыква' Огонек 1962(10):pp.20—22
無記名　一九六二「宇宙人は日本に来たことがある」『週刊読売』一二月九日号、八〇—八二頁
エーリッヒ・フォン・デニケン　一九七一(原作一九六九)『星からの帰還』、角川文庫
橋本順光　二〇〇九「デニケン・ブームと遮光器土偶＝宇宙人説」吉田司雄編『オカルトの惑星』、青弓社、八六—一一〇頁

四期

梅原　猛　一九八九「土偶の神秘」『縄文の神秘』人間の美術1、学習研究社、一四〇—一七〇頁
江坂輝弥　一九九〇『日本の土偶』、六興出版
設楽博己　一九九〇「有髯土偶」『季刊考古学』第三〇号、四〇—四一頁
磯前順一　一九九〇「土偶の象徴機能」『季刊考古学』第三〇号、五一—五五頁
小林公明　一九九五「天を頂く土偶」『山麓考古』第一八号、一〇五—一一二頁
小林達雄　一九九七「縄文土偶の観念技術」『土偶研究の地平』1、勉誠社、九—二〇頁
八重樫純樹　一九九七「土偶資料を例とした資料情報化研究（一）」『土偶研究の地平』1、勉誠社、二一—五二頁
藤沼邦彦　一九九七『縄文の土偶』歴史発掘3、講談社
今村啓爾　一九九九『縄文の実像を求めて』吉川弘文館
渡辺　仁　二〇〇一『縄文土偶と女神信仰』、同成社
小杉　康　二〇〇二「神像が回帰する社会」『縄文社会論（上）』、同成社、一三三—一八〇頁
Ikawa-Smith, F. 2002 'Gender in Japanese prehistory.' In Nelson S.M. and Rosen-Ayalon M.(eds.) *In Pursuit of Gender: Worldwide Archaeological Approaches.* AltaMira Press, Walnut Creek.
菱田（藤村）淳子　二〇〇四「考古学と女性の視点」『文化の多様性と比較考古学』、考古学研究会、三三五—三四四頁
羽生淳子　二〇〇五「ジェンダー考古学から見た縄文土偶と文化的景観」『三内丸山遺跡年報』第八号、九二—九六頁
伊藤正人　二〇〇五「顔の輪廻」『古代学研究』第一六八号、一九—三九頁
松本直子　二〇〇五「土偶からみた縄文の社会」『縄文のムラと社会』、岩波書店、一二七—一六六頁
松本直子　二〇〇六「縄文のイデオロギーと物質文化」『心と形の考古学』、同成社、七九—一〇〇頁
小野美代子　二〇〇七「縄文土偶と祭祀」『原始・古代日本の祭祀』、同成社、四二—六六頁
原田昌幸　二〇〇七「土偶の多様性」『心と信仰』縄文時代の考古学11、同成社、一七—三三頁
阿部友寿　二〇〇七「土偶の社会的意味機能」『心と信仰』縄文時代の考古学11、同成社、三四—四五頁
鈴木克彦　二〇一〇「縄文時代のシャマニズム、シャマンとその家と墓」『縄文時代』第二一号、一四三—一六五頁
石井　匠　二〇一〇「縄文土偶のイメージ」『日本基層文化論叢』椙山林継先生古稀記念論集、雄山閣、二七—三七頁
鈴木正博　二〇一〇「「縄紐吊り（操り）土偶」の世界——弥生式土偶の形成と北奥——」『異貌』第二八号一三—三七頁
鈴木正博　二〇一一「土偶に学ぶ」『古代』第一二六号、一—六二頁
瀬口真司　二〇一一「土偶の機能・用途に関する理解の移ろい」『紀要』財団法人滋賀県文化財保護協会、第二四号、一五—二七頁

瀬口眞司　二〇一三「土偶とは何か」『紀要』公益財団法人滋賀県文化財保護協会、第二六号、八―二〇頁
三上徹也　二〇一四『縄文土偶ガイドブック』、新泉社
武藤康弘・譽田亜紀子　二〇一四『はじめての土偶』、世界文化社
安斎正人　二〇一五『縄文人の生活世界』、敬文舎
大島直行　二〇一五『月と蛇と縄文人』、寿郎社
金子昭彦　二〇一五「縄文土偶・用途研究の現状と課題」『縄文時代』第二六号、一六一―一八二頁
設楽博己・石川岳彦編　二〇一七『弥生時代人物造形品の研究』、同成社
Mizoguchi,K. 2017 'Anthromorhic clay figurines of the Jomon period of Japan.' In Insoll T.(ed.) *The Oxford Handbook of Prehistoric Figurines.* Oxford University Press, Oxford, pp.521―544
金子昭彦　二〇一八「縄文土偶の二つの使い方」『青森県考古学』第二六号、三五―四八頁
小野美代子　二〇一九「土偶用途論の視点」『Dogu』第二号、二一―三六頁
竹岡俊樹　二〇一九『考古学基礎論――資料の見方・捉え方――』、雄山閣
成田滋彦　二〇二〇「土偶研究会と明日の土偶研究」『考古学ジャーナル』第七四五号、一頁

まとめ――吉田屋遠古堂　二〇二二「土偶研究の立ち位置を整理してみた」、
https://note.com/yoshidayaonkodo/n/nd5ccbebeb412（二〇二二年一一月三〇日取得）

写真クレジット◎188頁　E・Sモース＝Edward S. Morse. From Popular Science Monthly Volume 13、https://commons.wikimedia.org/wiki/File:Edward_S._Morse_1878.png、パブリック・ドメイン◎189頁　坪井正五郎＝東京帝国大学理科大学教授坪井正五郎君、https://commons.wikimedia.org/wiki/File:Mr._Shogoro_Tsuboi,_professor_of_the_College_of_Science_of_the_Imperial_University_of_Tokyo.jpg、パブリック・ドメイン◎189頁 遮光器土偶＝東京国立博物館蔵（出典：ColBase）◎195頁 鳥居龍蔵＝毎日新聞社「毎日グラフ（1952年1月10日号）」、https://commons.wikimedia.org/wiki/File:Ryuzo_Torii_01.jpg、パブリック・ドメイン◎195頁 甲野、八幡の顔写真（加曽利貝塚B地点（1924））＝くにたち郷土文化館蔵◎196頁 ミミズク土偶＝東京国立博物館蔵（出典：ColBase）◎199頁　土偶形容器＝個人蔵◎199頁　ハート形土偶＝個人蔵・東京国立博物館提供・Image: TNM Image Archives◎202頁　花輪台貝塚土偶＝南山大学人類学博物館◎207頁　井戸尻始祖女神像＝井戸尻考古館蔵◎208頁　中空土偶＝函館市教育委員会提供◎209頁　土偶の顔＝釈迦堂遺跡博物館蔵◎211頁　国宝「土偶」（縄文のビーナス）＝茅野市蔵　Ⓒ茅野市尖石縄文考古館◎214頁　国宝 合掌土偶＝八戸市埋蔵文化財センター是川縄文館蔵◎215頁　国宝 縄文の女神＝山形県立博物館蔵◎215頁　三重県粥見井尻遺跡出土土偶＝三重県埋蔵文化財センター提供◎216頁　国宝「土偶」（仮面の女神）＝茅野市蔵　Ⓒ茅野市尖石縄文考古館

大麻3遺跡における土偶出土状況
江別市郷土資料館提供

土偶を読むを読む

interview

今、縄文研究は?

山田康弘
Yasuhiro Yamada

聞き手 望月昭秀

発想の面白さはある

望月　山田さん、本日はお時間とっていただきありがとうございます。

山田　こちらこそ、どうぞよろしくお願いします。

望月　今回は、縄文時代研究の現時点について主にお話をお聞きできればと思っています。一般の方が思っているより、縄文時代の研究はかなり進んでいると思うので。

その前に一つお聞きしたいことがあります。『土偶を読む』のことについてです。朝日新聞のGLOBE＋での竹倉史人、いとうせいこう、中島岳志の三氏の対談記事で、竹倉さんが「山田さんがこの説を博物館の論文として世に出す案に賛成してくれた」と、名前を出し、好意的に認めていただいたというようなことを言われているのですが、この経緯について教えていただけますでしょうか。

インタビューは二〇二二年八月に東京都立大学の山田康弘研究室で行われました。

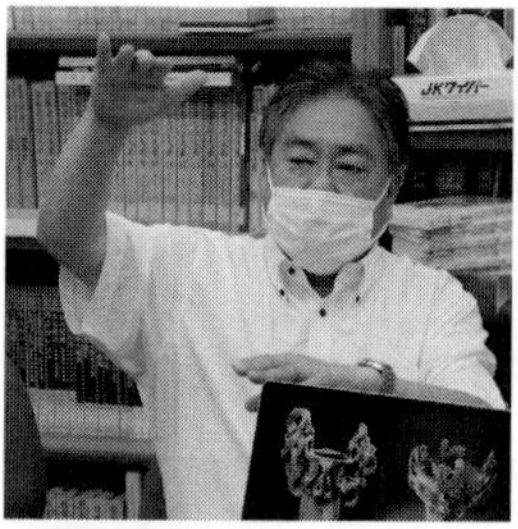

山田康弘

東京都立大学人文社会学部教授

やまだ・やすひろ◎1967年、東京都生まれ。国立歴史民俗博物館教授を経て、東京都立大学人文社会学部教授。専門は先史学。縄文時代の墓制を中心に当時の社会構造・精神文化について研究を行う一方で、考古学と人類学を融合した研究分野の開拓を進めている。著書に『縄文人も恋をする！？』（ビジネス社、2022）、『縄文時代の歴史』（講談社、2019）、『縄文時代の不思議と謎』（実業之日本社、2019）がある。

竹倉　絶賛してくださる方が圧倒的に多数ですが、その一方で「こんなのゴミだ」と言わんばかりの方もいて（笑）。いろいろな意見が出ている状況をとても興味深く眺めています。じつは当初、この研究は考古学の学術論文として発表するという可能性もあったんです。いとうさんも出演なさった映画「縄文にハマる人々」に出ていらした国立歴史民俗博物館教授の山田康弘先生のもとにお伺いしたら、丁寧に見ていただき、同博物館の論文として世に出す案に賛同してくださって。

（「『土偶を読む』の裏テーマは専門知への疑問　『素人』と揶揄する風潮に危機感」二〇二一、朝日新聞 GLOBE ＋）

山田　これは正確には一部正しく、一部誤解です。実際の経緯をお話すれば、まず竹倉さんが、当時私のいた国立歴史民俗博物館を訪れて、原稿を見てほしいという依頼があった。その原稿は、今考えると彼の本のダイジェストのようなものでした。で、面談時に『国立歴史民俗博物館研究報告』（以下、歴博研究報告）に投稿したいという申し出がありました。私としては他の雑誌への投稿も提案したのですが、竹倉さんは歴博研究報告がいいとのことでした。私自身、若手の面白い発想をする研究者を応援したいという気持ちもあり、調整させてほしいと彼に言いました。その原稿を読んでみると、学術的に難しいところは多々あるけれど、発想はすごく面白かった。だから、なんとかものにならないかなと。

望月　発想のスタート地点は面白いですよね。実際、それを問題視している人はいないと思います。

山田　これまでの土偶研究とは違っていましたね。ただ、相当叩かれるだろうなと。たとえば、歴博研究報告っていう学術研究誌に載るには、やっぱり査読（レフェリー）があるわけですね。その査読が行われる中で、かなり厳しいコメントがつくだろうなっていうのは、読ませていただいた段階でもうわかっていた。
ただ、論文じゃなくても、研究ノートとか、そういった形でも、この発想を世に出すのは面白いかなと思ったわけなんですね。でも、いきなりあれを論文で出すのは、まず無理だろうと思うんです。最初にきちんと研究史を踏まえていただいて、どういう研究がこれまでにあったのかということをおさえていただいたうえで、たとえば論文じゃなくても研究ノートとか、そういった形で学術的に出すっていうこともできないわけじゃないだろうと。ですが歴博研究報告となると、投稿資格の問題が特に大きかった。
彼は歴博の共同研究活動とは接点のない人だったんですね。だから、その人の論文を歴博研究報告に載せるということは、投稿資格の問題から、よっぽどのアクロバティックなことをしていかないと、載せることはできないわけです。歴博の研究報告というのは、歴博の教員、あるいは共同研究に参加した人、何らかの形で歴博の研究に関わっている人じゃないと基本的に投稿資格がないんですね。そこに持ってこられて。

望月 言い方は悪いですが、「抜け道」を探してあげようと調整していたんですね。

山田 たとえば、私が自分の主催する共同研究の中で、彼にゲスト発表者で発表してもらって、という形でなんとか道筋をつけようかとも考えたのですが、そのときすでに進行していた共同研究の内容とマッチするものではなかった。また、研究報告に載せる論文や研究ノートなどは、刊行スケジュールの問題から一年近く前から決まっているんですよ。だから、そこにどういうふうに入れていくかっていうのは、すごく難しかったんですよね。
見通しがつかめなくて、時間がかかってしまい、なかなか連絡できなかったのは確かなのですが、調整をしている最中に、とある出版社からこんな問い合わせがありました。『土偶を読む』の原稿が持ち込まれており、著者が「歴博の山田氏絶賛」と言っているが、それは本当なのかと。

望月 「山田氏絶賛」ですか、それは大きく出ましたね。

山田 はい、その編集者の方は、そうおっしゃってましたね。時間がかかっていたのは確かですが、なんとかしようと動いていたときに、そういった書籍化という話がこちらにきたのはちょっとおかしいぞって。で、その出版社には「絶賛」とかそういうものではなくて、先のような経緯をお話しました。こちらとしては、何の連絡もなくそういうことになっているのは、ちょっと話の筋が違うのではないかと思い、それで歴博研究報告への投稿の話はお流れになりました。

望月 この間に竹倉さん側での事情や経緯は何かしらあったかもしれませんが、結果的には山田さんの名前を自分を権威付けするために利用して売り込みをしていたことになってしまっている。これはあまり愉快なことではないですね。その竹倉さんが考古学界を「権威」として批判することで、大きな評価を受けている。これは不思議なことですね。

山田 その後、別の出版社から出版された『土偶を読む』が送られてきましたが、第一章だけ読んで、残念ながら、やはり学術的には成立していないと思いました。

批判で自由な議論はできなくなる?

望月 こういう本に対して「違うよ、間違いだよ」と言ってしまうと、自由な議論ができなくなるんじゃないか、という声も多少はあったりもするんですが。

山田　それはどういう本の体裁で出てくるかによると思うんですね。たとえば学術研究書ではなく、一般書として出てくるのであれば、それは書いている人の考えで刊行していけばいいと思うんですね。私の場合、自分の名前と肩書きを出しているので、一般書だったとしても、その内容について学術的な責任を持ちつつもりで書いていますが、Amazon で検索してみても、現在ではいろんな立場や考えの人が縄文について書かれていますよね。それを一般書という形で出してくるのは、私は構わないと思います。もちろん「私の土偶論」や、「私の縄文文化論」、そういうテーマのものになったとしても、その人が良心にしたがって、きちんと責任を持って、一般書として出すことは、構わない。ただ、なんの考古学的研究実績もなく、査読を受けた経験もない、そういった方の著書が学術研究書であると銘打って出てくるのは、いかがなものか、と。そこがすごく難しいところになります。

で、一般に理系分野では、一般書なのか学術研究書なのかわからない、そういった曖昧な本ってまず出てこないんですよ。もっとも、理系分野の場合には、著書を執筆するよりも、いかにインパクトファクターの高いところへ論文を発表できるかが重要ですからね。本として出てきたら、レベルの高いものもありますが、それは基本的に一般書扱いです。しかし、文系分野だと、一般書であっても本を出す、自分が単著で出すということが業績として、しかも大きな業績として評価されることがあるんですよね。そういう状況で、ある程度のボリュームのあるハードカバーの本が出てきたときに、これが学術研究書かそうじゃないかっていうことを、何で見極めるのかと言うと、内容、論理構造から参考文献の引用方法までを含めた内容です。そして、誰が書いたのかも重要です、正直なところ。

たとえば、一見考古学の学術研究書のような体裁をとっていて、著者が大学の名誉教授の人だったということがあっても、最近は大学を退職されたまったく専攻の違う先生が、縄文について書いていたりすることがあるから、「〇〇大学の名誉教授」という肩書きだけじゃ信用しちゃダメだよってことは、学生たちにはよく言いますね。そして、本のどういうところを見て、学術研究書かどうか判断するのか。まずチェックしろというのは、参考文献、引用文献がきちんと体裁が整った形で載っているかどうかという点ですね。それが学術研究書として成立するかどうかの最初の一歩であると。

望月 学術であるかそうでないかで話が変わってくるんですね。

山田 だから、私が書かせていただいた『縄文人も恋をする!?』（山田二〇一二）は、参考文献とか引用先とかが載っていませんので明らかに一般書で、論文を書く際に引用してよい文献ではありません。

また、私が講談社から出させていただいた『縄文時代の歴史』（山田二〇一九）という本ですが、これは、参考文献、引用文献を章ごとに明示していますし、図の出典も明確です。出版形態が新書なので、それ故に一般書の扱いになりますが、読んでみれば意外にしっかりとした内容を持っていて、引用文献としても、まぁ使えるということがわかると思うんですね。だから、なぜ単行本として出さなかったのか、と私の恩師である春成秀爾先生に怒られました。さらに完全な学術研究書である拙著『人骨出土例にみる縄文の墓制と社会』（山田二〇〇八）では、B5版二四頁にもわたって引用・参考文献が列挙されています。

そういう目でみたときに、『土偶を読む』は学術研究書として、その最初のラインをきちんとクリアしているだろうか。明示された参考文献や引用文献そのものは、註の中に取り込まれて、非常に少ない。註そのものについてはいささか記述があるが、一方で図の出典の記載方法や参考・引用文献の記載方法などは未熟である。そういった点から見た場合、私はこれを学術研究書とは判断できない。あくまでも一般書であると考えます。そういう学術研究書としての最低ラインがクリアできて、初めて本文内容の議論ができるでしょ、と私は考えるわけですね。それを「せまい」・「排他的」と言うのは違うと思います。

望月　議論の前に、学問としての最低ラインをクリアして欲しいということでしょうか？

山田　だから、一般書として読む分には全然構わない。だけど、これは学術研究書ではないと思っているので、正直に言って私自身の研究に対して何かを付加する部分はないです。

望月　『土偶を読む』にほとんどの研究者が公に何のリアクションもなかったのはそういうことが大きかったんですね。

『縄文人も恋をする!?』は一般の方も手に取りやすい本ですが、では、一般書でいろんな人たちが楽しめる縄文の本を出されるときに、学問として意識されていることはありますか？

山田　一般書であっても一番重要なのは、検証可能性ですよね。ここでは今まで論文とかで発表してきたこと、あるいはずっと日々考えていることを、結構「大胆」に書いている。だから「想像の羽を広げて、想像をたくましくして」と言うところは、もちろんあるんです。ただ「これについてどういうことなんですか」って聞かれたら、それは、先にこういった考え方があって、こういった先行研究があってということをきちんと説明できると思うんですね。

さらに、それに対してはきちんと引用文献を出すこともできます。だから、そういった部分、なぜそう言えるのかという点について、きちんと説明ができ、どうしたら検証ができるのか説明ができる。そこに今度は反証の可能性が存在する。それが一番大切なんだろうと思うんです。

ただ日本の考古学っていうのは、検証可能性、反証可能性っていう部分に対してはゆるいところが確かにあって、仮説の言いっぱなしということも多かった。でも、考古学という学問の発展過程として、多くの仮説を提示する段階というのは、やっぱり必要なプロセスだったと思うんです。

たとえば縄文時代のお墓の研究をする場合、お墓から当時の死生観や社会構造がこうだったんじゃないかっていうことを、まず仮説として出すのですが、ではそれをどうやって検証するんだっていうのは、絶えず研究者仲間から言われてきました。「墓はなんとでも言える」って。特にそういう精神文化の研究っていうのは、強く批判されていたところなんです。

私は若い頃から縄文時代の人骨出土例を中心として、精神文化や社会構造を考古学的に理論立てて研究してきたのですが、この一〇年くらいのところで、人類学の研究、人骨の理化学的な分析が急激に進展し、これまで立てた仮説を検証できるようになってきました。たとえば、考古学では人骨の出土位置や分布状況、頭の向きや抜歯の型式などから、当時の家族や親族構造を推定していましたが、現在では核DNAを縄文人骨から抽出して分析し、その成果と考古学的研究成果をあわせて当時の家族形態や親族構造を復元したりとか、そういう話ができるようになってきています。少なくとも近い将来の研究射程に入ってきている。ようやく、これまで「言いっぱなし」になっていた仮説を検証することができる研究段階に入りつつあるんですよ。

縄文人が死後の世界をどう考えていたかっていうのは、当然ながら理化学的な分析からでもなかなか検証できないんですけども、そういった死生観を生み出した人々がどういった家族構成を持っていたのかとか、社会構造だったのかという、精神文化と密接な関係を持つ集団構造がわかるようになってきたことは大きい。

民族誌と考古学との接続の問題

望月　以前の考古学研究って人類学、民族学の研究と一緒にやっていたような印象があったんですけど、最近はそこまででもないのでしょうか。

山田　たとえば、一九七七年に林謙作先生が『考古学雑誌』に「縄文期の葬制　第一部　研究史」という論文を書かれていますね（林一九七七）。その中で民族学的な知見の安易な引用を強く批判されているんですね。かつて、清野謙次先生が「埋葬の際に頭の方向を東に向けている、だから太陽崇拝だ」と、そういうふうに非常に粗野な形で生の民族誌と考古学的資料を、何の媒介項もなしに結びつけたことがありました。そういう方向性に対して、林先生は痛烈な批判を行っています。

ほぼ同じような時期に、大林太良先生が「縄文時代の社会組織」（大林一九七一）という論文を書かれて、私も参考文献としてしばしば利用するんですけども、その中でコパースという研究者の論理を援用しつつ、生の民族誌を直接的に考古学的資料と結びつけるんじゃなくて、たとえば生業形態が一致している、あるいは彼らが住んでいる自然環境が一致しているとか、かなり制限した形で民族誌は利用していかなければいけない、と言われています。その通りだと思います。まったく前提条件なしに民族誌を探せば、考古学的資料と類似する事例は必ずあるんですよ。

望月　『土偶を読む』で竹倉さんが自身の土偶研究の基盤とし、引用するイギリスの人類学者ジェームズ・フレイザーの『金枝篇』ですが、ほとんど同じ理由で、現在の民族学、人類学では、批判なしに引用するのはやめましょうよ、というのが、前提となっています（参考：本書三六五頁）。

山田　『金枝篇』自体が、一種の古典ですよね。だから研究史の中で取り扱っていく話で、類感呪術とか接触感染呪術（ケガレたものに触ると、ケガレがうつるなどといった考え方）とか、そういうのは確かに一般化され、現在でも使える側面はあるんですけども、それをダイレクトに、今の段階で批判なしに結びつけるっていうのは、やっぱりこれだけ研究が進展してきた中では難しいところがありますよね。

望月　結局こういったふうに乱暴に民族誌を持ち出すのは、何十年も前の議論に戻ってしまう感じはあるのかなと思っています。

山田　民族誌と考古学を接続させるのは、相当制限をかけていかないと難しい問題です。たとえば縄文文化の場合には、ひところ、いわゆる北米北西海岸のトリンギットやハイダ・ツィムシャンという人たちとすごく比較されました。八〇年代には、たとえば小林達雄先生や佐原真先生が、向こうの狩猟採集民には階層があり、その中で奴隷がいて、奴隷の女性と身分の高い子供が合葬されるような事例があるんだということをおっしゃっていました。それで、今までは成人女性と子供が出てくる合葬例は、親子の合葬例というふうに捉えていたけど、必ずしもそうじゃないんじゃないかとか。そんなふうに向こうの事例と比較しながら、議論されることがすごく多かったんですよね。

だけど、私自身もそれでいいのかっていうことで、BC Studies とか、Ames や Cybulski の論文とか、向こうの研究文献をたくさん取り寄せて、ズーッと読んだら、やっぱり縄文とは違うよね、これ、ってなる。生業形態は狩猟採集段階と言えるのかもしれないけど、むしろ社会組織の展開の仕方は弥生に近い。たとえば、戦争用の要塞を作って戦争をやる。日本なら弥生時代の環壕集落とか、そういうところに近い、と。そういうのを書かせていただいたりして、民族誌をダイレクトに縄文文化に結びつけることを批判してきたんですね（山田二〇〇五）。

民族誌の中ではこういうことありますよって、私も利用はしますけれども、それについては、人類史の中で一般化できるもの以外の特殊なものは「想像の翼をおおいに広げて」、文中にきちんと断りを入れて、可能性の一つとして提示する、という感じです。

望月　民族誌はかなり慎重に利用しないといけないんですね。話は横道にそれますが、山田さんも言われている「想像の翼をおおいに広げて」って言葉、本来は良い意味の言葉なのですが、「想像が飛躍しすぎている」ことへの戒めのような使い方を考古学界隈ではされることがよくありますね。あれ、誰が最初に言い出したんでしょう。

山田　誰でしょうね(笑)。でも、「想像の翼」も大切で、そういう部分がないと、研究の突破口がなくなるっていうのは、一方で事実なんですよ。わかんないことだらけですから。何かしら新しい視点で、新しい考え方で、って言うときに、こういった民族誌的な視点というのが利用されるっていうのは、あってもいいかなと思うんですね。

望月　たとえば「似ている」という視点で始めても、それは何の問題もないっていうことですよね。

山田　はい、まったく問題ありません。ただ、その「似ている」っていうのって、証明するのがすごく難しくて。何をもって似ているって言うのかっていうところが。たとえば、私たち考古学研究者は石棒を取り上げて、「これはファロス（男根）だ」とか言うんですけど、似てるっちゃ、似てるんですけど、本当にそうかって言うと、それだけでは本当はわからない。ただ似ている、似てないというだけの議論は、各個人の印象次第ですから、反証可能性はありません。また、石棒は男根として性象徴に関する呪術具ではなく、男性の力強さを表象するものだという説もあります。

だから、石棒の使用痕を見てみましょう、使われ方を見てみましょう、出土状況を見てみましょうとか、そういった事実を少しずつ、すぐには有力な証拠にはなっていかないかもしれないけども、積み上げていって、蓋然性を高めていくことが重要なんです。そうすると、石棒の頭部に摩滅痕や敲打痕(こうだ)があったりという使用場面を推察できる事例が見つかったり、石棒が土器埋設遺構(埋甕、後述)の中に突っ込まれて出てきた事例があったり、埋甕のすぐ横からセットとなって出てきたり(この場合は石柱か)、いわゆる出産文土器と同じ土坑から出てくるだとか、どうも男性性と女性性を表すモノがペアになるみたいな感じで共伴する事例っていうのがいくつか出てくる。そうなると、やっぱり、石棒は男性のシンボルをかたどったものでいいんじゃないかなと、なるわけです。で、注口土器の注口部に、なかなかリアルな男性器(陰茎と陰嚢)を模したものが付くことがありますよね。ああいうのが出てくると、縄文人も性的な部分をかなり意識して、意匠化しているってことがわかります。そういうところも傍証になりますね。

望月 サイズも形状も、ものすごくリアルな石棒もありますからね。

理化学で前進している考古学研究

望月 最近(二〇二二年夏)、青森県八戸市の是川縄文館の展示(特別展「行きかう土器とヒト」)を見てきたんですけど。是川縄文館と弘前大学が共同研究で土器の胎土に含まれる火山ガラスの分析をして、土器はどこで作られたのか、どこの粘土で作られたのかというのを検証していて、すごく面白かった。

意外なところで作っていたり。他地域からの持ち込みだと考えられていた土器が実は現地の土で作っていたり、へーと感心しました（本書三四六頁）。

山田　ようやくそういう話ができるようになったんです。縄文土器の胎土分析は、しっかりとした研究史があるのですが、それが具体的な事例と結びつきだした。そうすると今度は、整形された土器の方が動いたのか、それとも、土器に整形される前の粘土の方が動いたのか、ってことになる。これも単純ではなく、たとえば東南アジアのタイ東北部にある土器作りの村へ民族調査に行くと、そこでは土器を作る粘土は相当動き回っている。向こうでは、よい土器を作ることのできる粘土は商品として流通していますから、そう簡単に縄文時代とは同じように言えないのかもしれないけど。だけどこれまで、土器というものが、一つの集落内で本当に生産・自給されているのか。あるいは「土器づくりムラ」みたいなものがあって、そこでスペシャリストが土器を作り、集落外へ搬出されているのか、なかなかわからなかった。当時の人々がどういった土器の生産形態、流通形態を持っているかというのが、やっぱりわからなかったんですよね。そこと結びついた議論が、理化学的な分析が進展してきたことによって、だんだんできるようになってきた。

望月　ＤＮＡとか、火山ガラスもそうですけど、学際的な研究で、今はこういう研究が進んでいるとか、理化学的な研究では、ここに注目してほしいなどありますか。

山田　それは、やっぱり古代ＤＮＡですよね。現在では、残りがよければ人骨そのものから核ＤＮＡが取れるようになってきてるんです。従来はすごく手間暇かかって、お金もかかって、それでいて駄目でしたというのも多かったんですが、最近では資料採取方法も改良されてきて、抽出率も高くなってきています。また、いろんな研究機関で、いわゆるＰＣＲ（傷ついて、バラバラになっているＤＮＡを増幅させる）をしたり、次世代シーケンサーという機械を使ってＤＮＡの分析をする。中にはそれを行う専門の会社が出てきたりしていて、コストが安くなってきているんですね。ただ、いとこだとか、はとこだとか、そういった三親等を越えてくるような人々の関係を推定するっていうのはまだ難しいんです。だけど、二親等以内にある親兄弟を推定することは、結構できるようになってきました。

なかなか縄文時代では具体的な事例は見つからないんですけど、古墳時代だったらば、二人並んで埋葬されている人たちが実は親兄弟の関係にあるだとか、そういうのを核ＤＮＡによって言えるようになってきています。

望月　縄文のムラの家族構成も結構見えてくるかもしれない、これは風景が浮かびますね。

山田　たとえば廃屋墓とか、住居の中で人骨が複数体まとまって出土しているようなところでは、十分応用できるはずです。今、千葉県古作貝塚の人骨をサンプリングさせていただいていて、そのＤＮＡの分析を東京大学の太田博樹先生にお願いしています。この事例は、考古学的にもまとまりがよくて、三世代位を含む小家族集団の埋葬例ではないかと考えられているものです。もしうまくいけば、縄文時代の家族の家系図が描けるかもしれません。今までの考古学的研究では、複数の人骨が群をなしていて、頭の向きが揃っていると、この辺は同一の家系なんじゃないかとか、あるいは合葬されていると、この人たちは兄弟なんじゃないか、親子じゃないかって、そういうふうに推定していたんですけども、ミトコンドリアＤＮＡや核ＤＮＡが分析できるようになってきたことで、それを検証することができるようになりました。実はこのような検証によって、これまでの仮説がひっくり返ったりして、現在、墓制や社会構造の研究は結構大変なことになっています。

それからＤＮＡの情報を、人骨以外のところで応用することが行われつつあります。たとえば縄文人のコプロライト（糞石）などの排泄物に、どのような動植物のＤＮＡが含まれているのかも分析できます。この解析方法はまだ未確立なのですが、事例研究としてそういうのを調べると、思っていた以上に縄文人はマメを食ってるぞ、とか、しかもそのマメはどうも野生種らしいとか、そういうようなことがわかってきているんです。

望月　糞石から、そこまでわかるんですか！

山田　ある環境内にどのような生物が存在するか、それをＤＮＡで一気に分析するメタゲノム解析（※環境ＤＮＡ解析）というのがありますが、それで有名なのはネッシーの研究ですね。ネッシーが本当にいるかどうか、もしいるならばそのＤＮＡがネス湖の水の中に存在するはずだと。それで、ネス湖の水をあちこち、浅いところ、深いところ二〇〇ヶ所くらいから汲んできて、どんなＤＮＡが入っているか分析したという研究があります。結局、未知の巨大動物のＤＮＡはなかったようですが、あれとまったく同じ発想で、縄文時代の遺跡の中には縄文人が掘った穴、土坑がありますが、その中の土に含まれているＤＮＡを分析できたら面白い。土坑の中に人が埋葬されたのか、それとも食料としての木の実が入れられていたのか、あるいはそれ以外のものが入っていたのかということがわかっただけでも、考古学的にはものすごいプラスですよね。そういった土壌からＤＮＡを取ってきて、その中に何が入っていたのか、分析ができるようになってきた。もし、この分析方法が確立したら、応用範囲は広いですから、考古学は確実に変わります。

望月　今まで土坑の土を分析と言うと「リン」が検出されたとか、されなかったとかは聞いたことがありましたが、そういうレベルではないんですね。

山田　リンって難しいんですよ。リンって肥料に使われちゃうじゃないですか。だから遺跡が調査前の段階で、かつて畑として使われていて、化学肥料がまかれていた場合、あちこちの土の中からリンって出てくるんですね。だからそういう場合には、比較対象資料として、まったく全然違う場所からサンプリングをして、それから土坑を半分に断ち割って、上から順番に土をサンプリングするなどの方法で、一つの土坑に対して中の土の上から下まで、いくつものサンプルを採集する必要があります。そして、リン酸の濃度を測って、土坑の上からだんだんだんだん下の方に行くにつれて、リン酸の濃度が低くなっていくような状況が出てきちゃったら、それは上から肥料が染み込んだ証拠だから駄目（使えない）って話になるんですよね。そういうことがなくて、土坑の底部付近で、リン酸の濃度が急に上がるっていうのであれば、それはいいんですけども、なかなか難しいですね、リン酸分析は。

望月　でも、これからは土の中からＤＮＡを探すことができるかもしれない。

山田　まだ試行段階ですが、将来的には可能だと思います。それから人骨そのものとなると、炭素・窒素の同位体分析が注目されます。これは人骨に残存しているコラーゲンを抽出して、その中に含まれる炭素13と窒素15という同位体の比率を分析して、その人が一体どのような食べ物を摂取していたのか、シミュレーションするものです。この分析によって、縄文人は地域によって食べ物がかなり違っていたということもわかりました。また、最近『日本考古学』にも論文が出ましたけど、縄文時代の晩期後半にアワやヒエなどの、いわゆる雑穀が結構食べられていたぞ（米田ら二〇二一）というのが、この方法でわかるようにもなってきました。また、炭素・窒素同位体分析を応用すると、人の移動を議論できるようになります。あとストロンチウムですね。

望月　ストロンチウムとは?

山田　ストロンチウム（Sr）って自然界にもともと少量ある元素で、食べ物や水を通して人間の体に入るんですね。そうすると縄文時代は今と違って基本的にはそこの土地でとれた動植物を食べていますから、その土地におけるストロンチウム同位体のSr86とSr87の比率とおんなじものが体に残されるんですよ。で、ストロンチウムって人の体内ではカルシウムと非常に似たような動きをするので、歯とか骨に蓄積されるんです。歯っていうのは、顎の中で作られる年齢が決まっています。たとえば第一大臼歯だったら、何歳くらいに歯冠が形成されるとか、そういうのは大体決まっています。一方で、骨というのは大体一〇年くらいで入れ替わるんですけども、歯は生え替わらないですよね。だから歯のエナメル質のストロンチウム同位体比の値と骨から取れたそれを比較してみて、両者の値がほぼ一致すれば、その人は基本的にその地域から動いていないということがわかります。だけれども、両者の値が大きく変わっていると、その人は多分子供のときの生活場所から、別なところに移動してきた人だと判断できるわけです。

抜歯の型式（図1）で、春成秀爾先生が言っていた、4I系（上顎左右の犬歯二本に加えて、下顎の切歯四本を除去する）とか2C系（上顎左右の犬歯2本に加えて、下顎の犬歯2本を除去する）とかありましたよね。装身具の保有状況などから、4I系抜歯の人がその集落出身の身内で、2C系抜歯の人が外から集落に入って来たよそ者と言われていて、縄文時代の親族構造を分析する際の大きな手がかりとなっていました。たとえば、もし外から来た人が女性ばかりでしたら、その集落では夫方居住婚を採っており、それ故に父系的な社会があった可能性がある。無論、その逆もありえるわけです。それをストロンチウムで検証してみたところ、仮説通りにはいかなかったんですよ、４Ｉ系、２Ｃ系どっちにも、動いていない人と外から来た人がいますねって（日下二〇二二）。

望月 それは移民の持ってきた文化ではなくて。

山田 別の何かでしょう。私はそういうのを踏まえて、抜歯が表すのはその集落出身者なのか、婚姻などで移動してきた人なのかっていうムラ出自じゃなくて、出自集団のもっと大きな人のまとまり、クランでしょうか、部族でしょうか、そこ難しいんですけど、そういう大きな人間集団があって、それの成人後における社会的経験を踏まえた表象じゃないかなと考えています。

こんなふうに、従来あった仮説を理化学的な方法を使って検証して、成り立たないのであれば、さらにその分析結果を踏まえた上で、より蓋然性の高い仮説を提示する。で、もう一回、それが検証される。今、そういう研究プロセスのサーキュレーション（循環）がようやくできつつあるんです。だからこれまで墓屋（お墓を研究する人）は、本当に「見てきたような嘘をつく」って言われていたんですが、今、

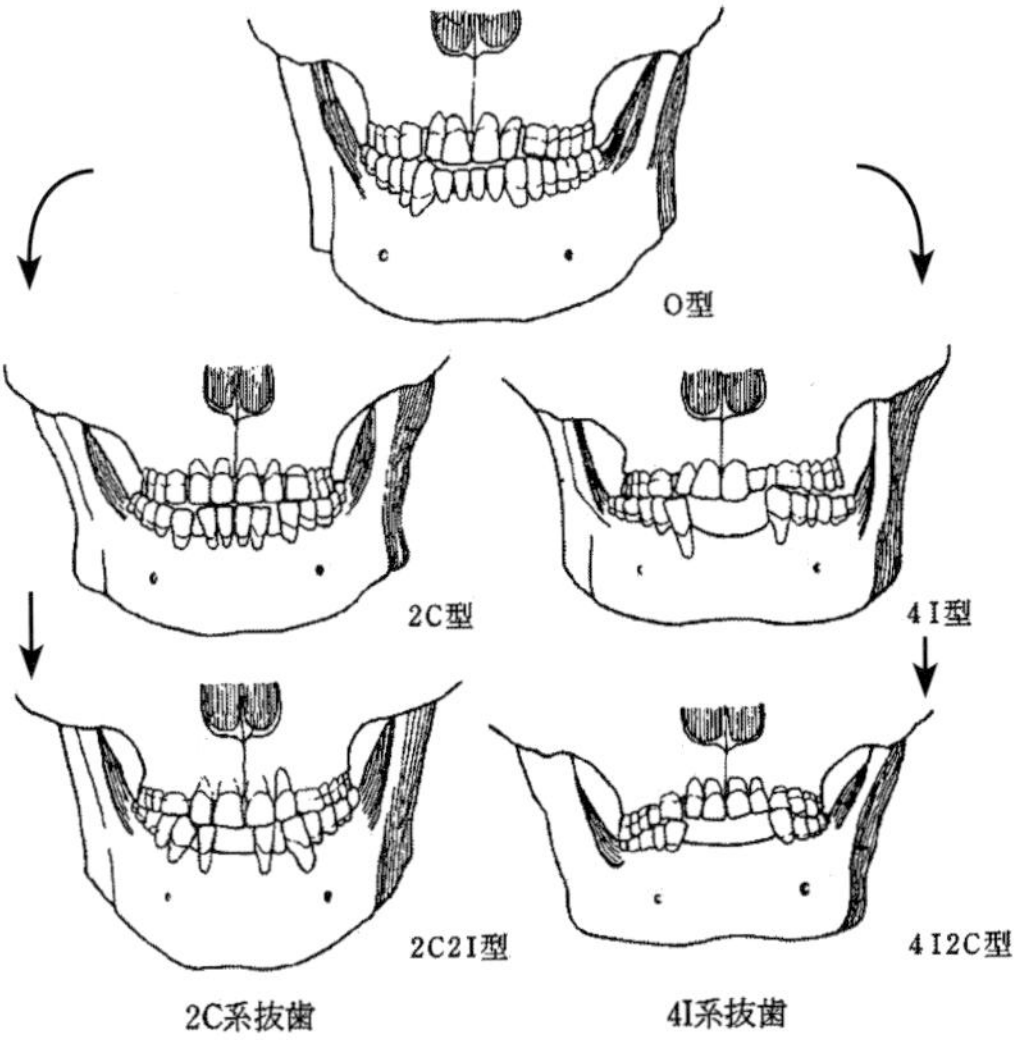

図1　縄文時代晩期における抜歯系列
春成秀爾 2002『縄文社会論究』より、
矢印加筆

人骨を利用して一番検証の可能性が進んでいるのは、多分墓制論や社会構造論だと思うんですね。そういった形で考古学の方も、ようやく仮説の提示と検証の両方が行われるようになってきた。自然科学に近いような形での学問的な体裁がだんだん取れる部分も出てきている、それは間違いない。

だから一方では、特に縄文時代の場合は、純粋に考古学だけで解決できる問題って非常に少なくなっちゃった。動物考古学や植物考古学と言っている分野もそうですね。動物学＋考古学、植物学＋考古学。しかも、形態だけでなく、ＤＮＡや同位体を含めた理化学的分析が重要になってきている。

こういう研究が広がっていけば、ハイブリッドって言ったらいいのかな、いくつもの多様な、多分野の視点を持っている若手研究者がどんどん出てくると思いますし、私もそういう教育をしていきたいと思います。そういう人が出てきたら、多分あと一〇年くらいで、考古学の得意とする遺物の編年的研究だけではなくて、生業形態や集団構造、居住形態、精神文化といった研究分野に理化学的分析を伴う研究っていうのが、もっとたくさん出てくるはずです。だから、私は縄文時代の研究って、閉鎖的だとはまったく思わないんですね。

望月　僕もそう思います。

山田　話は横道に逸れますが、土器の研究をやってらっしゃる方って、一歩下がって外から見ていると興味深くて。土器の文様の、この線が勢いよくこっちに抜けている、抜けていない、といった議論で、それだけでずっとおいしいお酒を飲める人たちが多いんですね。決して揶揄しているのではありません。それだけ、モノにこだわって、熱心なんだということで、そういう感覚が共有できるのは本当に楽しいひとときなんです。実感として言えます。

あと、考古学協会の図書交換会は、東京ビックサイトでやっているコミックマーケットみたいです。最近と言っても、コロナの影響で、ここ二年ほど開催されていませんが、それ以前では、売り場に旗を立てたり、おそろいのジャンパーとか着ていたりするところもあったので、よく似ていました。会場に雲ができないだけで。悪い意味じゃなくて、いわゆるオタクの人たちの熱心さと何ら変わらないよな、って思いながら私も見ていたことがあります。まぁ、私もその一人なのですが。でも、もともと考古学という学問には「魔道」というか、人を引きつけてやまない、そういうところがありますね（杉山一九九九）。

望月　土器屋（土器研究者）の人たちを敵に回すと恐ろしいなと思います（笑）。ものすごく精緻なので。僕も最近はSNSなどで土器の写真を投稿するときになるべく土器型式を明記しようとしているんですが、当然土器屋の人も結構見ていて、間違えたら何言われるかわからないのですっごいビクビクしながら投稿しています。怒られるとかではないのですが。

お話を聞いて、今、縄文の研究って、閉塞感があるというわけではなくて、全然進んでいないというわけではなくて、さらに今、進んでいる段階なんだってよくわかりました。

山田　ものすごい勢いで前進しています。日進月歩です。特に理化学的分析との接点を持つようになったところっていうのは。

マメなどの栽培問題も遺伝子レベルで話が進んでいて、野生のものを彼らが非常に効率よく利用している段階なのか、それとも栽培種なのか。栽培種の中でも今度は遺伝子の組み換えだって起こってきますからね。そういうレベルまでいってしまっているものなのか。そういった議論が、実は行われています。

動物もそうですよね、イノシシを飼っていたか、飼っていなかったか。昔は歯槽膿漏があると、これがブタだとか、頭が丸みを帯びているとブタだとか、そういった形態による議論がありましたけども。今はもう遺伝子が組み換わっているのか、そうでないのかとか、そういったところまで話を持っていくことができる。

私は、今お話してきたような、ハイブリッドな学問領域を日本で本格的に立ち上げたいんです。英語でIntegrative bioarchaeology、日本語だと統合生物考古学という、まだあまりこなれていない名称になってしまいますけど。

人骨と土器でわかること

望月 より実証的な考古学にだんだん変わってきているんですね。

山田 これまでも考古学っていうのは、ある意味実証的だったんですよ。ただし、精神文化的側面は非常に難しい。土偶なんかも、本格的に意味や用途を研究するとなると非常に難しい。

望月 土器に関して言えば、考古学界からも編年ばかりやりすぎるのはよくないみたいな、もうちょっと「意味」の方に進んだ方がいいんじゃないかって話もありますね。

山田 それは昔から言われています、本当に昔から。縄文土器研究の泰斗でいらっしゃった八幡一郎先生・甲野勇先生（参考：本書三八四頁）がですね、『ひだびと』という地方誌で、赤木清（プロレタリア作家の江馬修）という人と論争した「ひだびと論争」というのがありました。一九三七年から三八年にかけて。この問題はそれくらい昔から論争になっている。だから、土器の形や文様にどんな意味があるのかという問題意識は古くから共有されてはいる、と思います。ただ、八幡先生たちは、研究を進めるにはきちんとした「編年」と「分類」、「分布」と「時間軸」が必要なんだってことを言われていたわけですよね。佐原真先生も土器の分類と編年はいつまでやるんだって聞かれたら、「それは考古学が終わるまで」っておっしゃっていましたけど、それはまったくその通りで、編年的研究はすごく重要なんです。

望月 土器の編年自体は空間と時間の、ちゃんと「ものさし」になりますか。

山田 ものさしになっています。土器そのものが動くと、たとえば関東地方の中期の遺跡に東北地方の大木式土器が入ってきているとわかった場合、さっき言ったように、人が動いてきて、この土地に入ってきているんじゃないかって、そう考えることもできますよね。あるいは、原産地が遠く離れている黒曜石が遺跡から出土した。そういったときに、黒曜石原産地を含む場所に分布している土器も一緒に遺跡から出土していたりすると、物資や人がどのような交換体系のもとに動いているのか、そういうことを考えるときにすごく重要になるわけです。だから、縄文土器の広域編年ってすごく重要なんです。こういった基礎的な研究というのを考古学は、やっぱりずっとやっていかなきゃいけない。

ひところアメリカの方で、「ニューアーケオロジー」という流れが、一九六〇~七〇年代にあったんです。で、なぜそういうムーブメントが起こってくるのかって言うと、その理由の一つが炭素14による年代測定法が開発されたからなんですよね。年代を理化学的に決定できるようになったから、「これからの考古学者は編年なんてやらなくていい。時期は科学的な年代測定でわかるから、もういいんだ。ようやく意味のところを考えられる」となった。ビンフォードという人がそのムーブメントの旗手だったわけですけど、理化学的分析や民族誌を援用しつつ、そういう文化変化のプロセスに注目して法則化を目指す方向性が、ニューアーケオロジーとか、あるいはプロセス考古学と呼ばれていたんですね。日本にもその影響が入ってはきたのですが、だけど、一方で土器編年研究の成果による細かい時間差だとか、地域差だとか、土器からわかることもたくさんあるよ、ということもきちんと認識されていた。ここ重要ですね。

そして、現在の技術で人骨を測ったとしても、その人骨の年代幅が、場合によっては、どうしても較正年代（２ＳＤ）で、2772 (95.4%) 2538 calBP のように、二〇〇年くらいの幅が出るんですよ。

望月 そんなに人骨も誤差が出るんですね。

山田 誤差ではなくて、確率の問題です。人骨に含まれている炭素14を測るんですけども、沿岸部の縄文人は海産物をたくさん食べているじゃないですか。炭素って水に溶けやすいので、海の中には古い炭素がたくさん入っているんですよ。それをプランクトンが吸収して、プランクトンを小さな魚が食べて、最後に大きな魚が食べて、大きな魚を人が獲って食べるので、特に貝塚地帯に住んでいた人々は、そういう理由から海に含まれている古い炭素14をたくさん取り入れていますから、測定したらそっちにひっぱられて、古い値が出ちゃうんですよ。海洋リザーバー効果って言うんですが、その影響で。つまり測った数字そのまんまでは駄目なんですよ。ですので、それを補正してあげる必要があります。ただ、そうなってしまうと補正した年代（較正年代）っていうのは、ダイレクトに計測した数字ではなく、海洋リザーバー効果、必ずしもそれだけではないのですが、たとえばそれがこれくらい影響を与えているという仮定（もちろんこの影響を科学的に見極めようとかなりの努力が行われていますが）のもと、算出されたものですから、悪い言い方をすると、一種の解釈になってしまう。仮定が変われば、数字も変わってくる。

土器に付着している、たとえば土器の外に付いていて明らかに薪に起因するような炭化物ならそれは海洋リザーバー効果を考えなくていいので、古木効果（※）は別として、そのまま話ができるのですが、土器の中で何を煮たのか、おこげとかそういうものの中に海産物が入っていたりすると、その海産物が年代測定値に与えた寄与率というのはどれくらいなのか調べなければいけない。ところが、これを調べるのってなかなか大変なんですね。

そうなってしまうと、私たちは数値として補正がかかっているもの、たとえば「この人骨は2850（95.4%）2702 calBPです」と出たとしたら、「二八五〇年前から、二七〇二年前の間に来る確率が九五％ですよ」という形で出てくるので、最大一五〇年くらい年代幅がある。そうすると、この一五〇年の中に縄文土器の型式が何個入るのかっていう、ことになる。ですから、たとえ人骨の年代を測定したとしても、ピッタリ今から何年前ですという話にはなりません。場合によっては、土器型式の目盛りの方が細かいこともあります。そこは注意が必要です。

ですが、人骨の年代測定例を増やしていくうちに、これまでの考古学的時期決定、これは副葬された土器とかがない場合、人骨の周りから出てくる縄文土器片の型式から、その人骨の年代を推定してきたのですが、これが結構あてにならないっていうのも、わかってきたんですね。現在は人骨そのものの年代を測れるようになりましたから、その年代と周辺から出てきた縄文土器片の推定年代が、一致するかしないか、これを見ていくことによって、従来の考古学的手法はどれだけ蓋然性が高いのか、チェックできますよね。ですから、今や、人骨の年代測定はマストです。

望月　土器の研究も従来の編年に加え炭素14法が採用されて「新地平編年」として一度、年代が細かく、そして大きく変わったじゃないですか、そのようなことはこれからも起きるのでしょうか?

※老齢の樹木の中心部を用いた場合やその木材が後世に転用されたものである場合は木材の放射性炭素年代とその木材が実際に使用された年代に差が生じること。

山田　これからもあるでしょう。ただ、炭素14以外の年代測定法、年代をもっと絞り込めるような年代測定法が開発される必要がありますね。今、自然科学の方で、いろいろと開発が試みられていますが。

新地平編年って、関東地方の縄文時代中期の土器編年で一番細かいんですよね。いろいろあるかとは思いますが、すごい研究です。

望月　土器の編年は精緻に見ていけば最終的に一回の土器焼きまで細別できると話を取材の中で聞いたことあるんですけどそこまで細かくやれる可能性はあるんでしょうか。

山田　可能だと思いますが、それがどこまで正しいんですかって話になっちゃいますね。考古学研究者は遺物・遺構を分類するときに型式という概念を用いますが、かつて、型式とは何か、何を表すのかって話をするときに、たとえば杉原荘介先生が『原史学序論』の中で、型式とは何かという議論をしている、それからチャイルドが『考古学とはなにか』という本で型式とは何かと書いている、などといろいろな議論をしていました。私なんかも学生の頃にそういう議論にハマったことが。

望月　山田さんもハマった。

山田　型式＝人（集団）なのかどうか。縄文研究者は、やっぱり最初は土器の勉強から入りますからね。で、土器の勉強をしたときに、もしそんなに分類が細かく可能ならば、最後には個人にたどりつけるんじゃないのって。でも個人までいったら、それは型式なのかって。確かに縄文土器にはある種のクセがあって、これとこれは同じ作者っぽいなっていうのはありますよね。ですから、本当に製作者個人までいくんだったら、もっと研究の幅広がるかもしれないけど、本来、型式っていう概念で明らかにしようとしたものとはちょっと違う。

望月 確かにそうですね。精緻にやるかどうかはそこに目的がないと。個人的には縄文人の個人の手癖とかわかったら、めちゃくちゃ親近感沸きますけどね。

山田 そこまで細かくやってわかることが重大だったら多分やるでしょうし、そこまでいかなくてもその話はできると言うのなら、また違うかもしれませんけどね。

男性の世界観と女性の世界観

望月 ちなみに先ほどおっしゃった「土偶は難しい」って、それはなぜなんでしょうか。

山田 土偶の形もそうなんですけど、用途を考える場合、私たちは形そのもの以上に、出土状況をものすごく重要視するんですよね。

土偶の場合は、出土状況というのが、通常の場合、土器捨て場みたいなところからバラバラになって出てきたりとか、それから包含層中からバラバラになって出てきたりする。それでいて接合する事例は少ない。だから敢えてバラバラに壊すんだって説が出てくるわけですけども。そしたら土器だって壊れてるじゃんって話に。水掛け論というか。

望月 一八〇〇年代終わりから故意破壊説とそうでない説がせめぎあっていますね(本書一九〇頁)。

山田 そういう研究史がありますね。縄文時代文化研究会が『縄文時代』という研究誌を出しているのですが、それの一〇号が「縄文時代文化研究の一〇〇年」と言って、相当大部なものがまとめられています。そこに土偶の用途論とか、しっかりまとめられているんですよ。これまでどういった研究があったのかって。これを見ていくと、とにかく考えつくようなことは、ほぼ出ている。だけれども、土偶の用途というのは純粋な考古学的な方法そのものからでは、まだまだわからないところが大きいんですよね。たとえば「大きい土偶と小さい土偶が同時期にありますね」といって、大きいのは集落全体の祭祀で、小さいのは個人的なレベルのものじゃないかとか。

そういうような形での研究は、実はかなり行われています。土偶祭祀のあり方についても、すでに水野正好先生が言及されていて、私も学生のときに読みました（水野一九七四）。で、さっき、久々取り出して読み返してみたら、「本当か?」とかいろいろ批判的にメモしてあって、自分でびっくりしました。

望月　それは山田先生が書き込んだんですか（笑）。ちょっと見させてもらったら、「why?」とかも書いてありますね。

山田　学生の頃ですね。土偶についてここの主張は矛盾していないか、とかって書き込んだんでしょうね。

私自身は、土偶というのは、なんて言うのかな、土偶そのものを一個だけ取り出しても議論はできないと思うんです。様々な方法論で多角的に攻めないと。たとえば、土偶もそれ以外の呪術具も、西日本では多くないですよね。それはなぜかといったら、私は「定住」をキーワードにして理解しているんです。縄文時代の東日本は、しっかりとした住居跡が多くて、集落の数も多い。すなわち定住性が高い。ということは、おそらく人口数が多く、人口密度も高かったでしょう。そういう場所では、多くの人が生活しているが故に様々な問題が生じてくる。周辺の食料が少なくなるとか、対人トラブルも多くなったでしょう。しかも他の有望な場所には、もう動けない。そういうところにはすでに人が住んでいるからです。定住生活をすると、食料問題やご近所問題といった社会問題を、全部移動以外の方法でクリアしなければいけなくなるわけですよね。大変ですよ、これ。縄文の東日本の中部高地だとか関東だとか東北とか北海道の南部といった人口数が多そうな地域の人たちは、これを移動以外の方法でクリアしていたわけです。そりゃ、祭祀をたくさん行う複雑な社会になるでしょう。逆に西日本の人たちっていうのは、基本的に人口が少ないですから、問題が生じたときには移動しちゃえばいいんですね。

望月 環境悪化や迷惑な隣人問題は移動で解決できるんですね。

山田 環境が悪くなったから動こう、となる。寒いね、となったら温かいところに行こう、となる。こういったモビリティの高い集落像を、二〇年前に島根大学にいた頃に論文にまとめました(山田二〇〇二)。そうしたら結構怒られたんです、縄文は定住だって。彼はモノを見てないからわかんないんだって。でも、東日本の集落を見てきた私にとってみれば、中国地方の縄文集落なんて、申し訳ないけど、スッカスカですよ。で、こういう諸問題は、移動で簡単に解決できる。もともとは、私が筑波大学の学生だった頃の指導教官だった西田正規先生のアイデアなんですけどね。移動生活は、本当はすごくいいものなんだよ。動物だったり、人間以外はみな移動生活しているでしょ、って。確かに現代人ほど強固な定住生活をしている霊長類はいません。縄文時代の中国地方では、竪穴住居跡の掘り方だってすごく浅いし、集落だって住居跡が二、三棟しかない。土偶だって、ほとんど作られない。そういう呪術具にほとんど頼らないで、中国地方の縄文人は生活していますよ。それは、人口数が少なくて、人口密度が低く、モビリティが高いから。様々な生活上の問題が生じない、生じても移動することで解決できるからなんですよね。

それを東日本ではできないから、土偶だとか石棒だとか、ああいった道具を使って盛んに祭祀を行い、その不安を解消する、問題解決をしているんだってことを、いろんなところで書かせていただいています。東と西で非常に大きな人口差がある背景には、そのような居住形態の差があって、それが精神文化の差につながるっていうことですよね。

山田　下は小山修三先生の研究をもとにした縄文時代における人口推定数です（小山一九八四）（図２）。今、私たちの方でも、これをベースにして遺伝子の変異のあり方を利用した分析を応用した形で、作り直しをしています。東北、関東なんていうのはこんなに人がいるのに、中国地方の中期では全体で一二〇〇人しかいないって、集団維持ギリギリですよね。だから、山の中で知らない人にあったら怖いっていう、そういう世界ですよ。

望月　もしかしたら人恋しいかも……。

山田　いやいやいや、ソロキャンプしていて、山の中歩いていて、お婆さんに会ってごらんなさい、怖いから。面白いのはね、こういうときに、お爺さんとお婆さん、どっちに会った方が怖いですかって学生に訊くと、けっこうお婆さんの方が怖いって言うんですね。

望月　（笑）、なんなんでしょうね。

山田　それは、すでに民俗学的な研究テーマとして取り上げられていますので、そちらをお読みいただいて。男女と

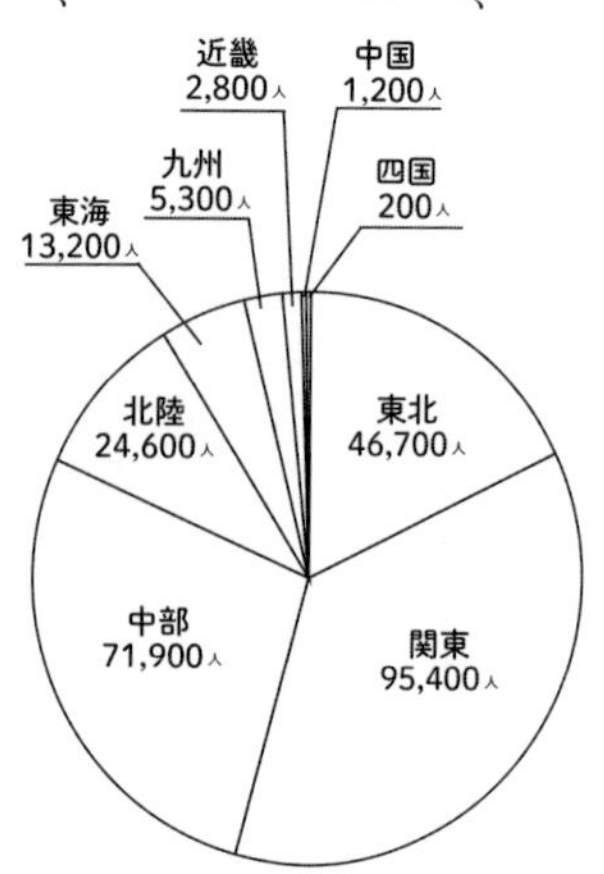

図2　縄文時代における人口推定数
小山修三1984『縄文時代―コンピュータ考古学による復元』「表2 縄文時代の人口と人口密度」より作成

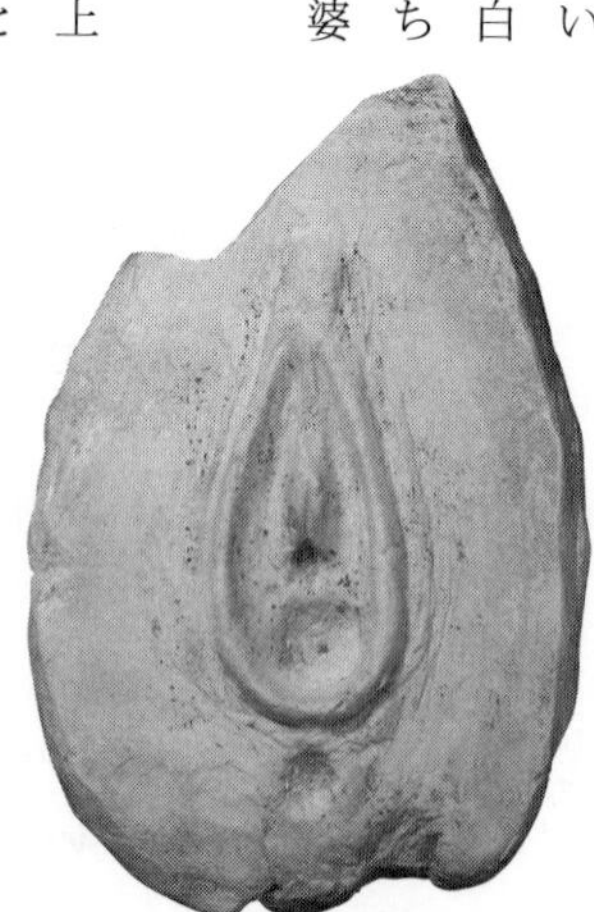

図3　女性性を表した石器（秋田県三升刈遺跡）
©由利本荘市教育委員会、同所蔵

いうことで言えば、縄文時代の呪術具っていうのは、男性的なものと女性的なものがあると感じます。たとえば、秋田県三升刈遺跡出土例（図3）のように、こんな直接的なものもある。

望月　これびっくりするくらい写実的で、見ていて恥ずかしくなるくらいですよね。

山田　相当写実的です。このような縄文時代の性象徴については、以前に春成秀爾先生が歴博研究報告（春成一九九六）の中に書かれています。だからそういう中で、こんな土偶（長野県棚畑遺跡出土土偶「縄文のビーナス」）（図13）が出てきたときに、どう考えますかっていうことなんですけど。たとえばお腹が大きい土偶（山梨県鋳物師屋遺跡出土土偶）（図4）や、私は出産土偶でいいんだろうと思いますが、こういう土偶（山梨県釈迦堂遺跡出土出産土偶）（図5）。これ（北海道著保内野遺跡出土土偶）（図6）は、男性と見るか女性と見るか、ちょっとわからないですよね。ただ、横から見るとお腹大きいですよねっていう。

望月　ただ中年太りっぽくもありますけどね（笑）。

図6　中空土偶（著保内野遺跡出土）
函館市教育委員会提供

図5　出産土偶
（山梨県釈迦堂遺跡出土）
釈迦堂遺跡博物館蔵

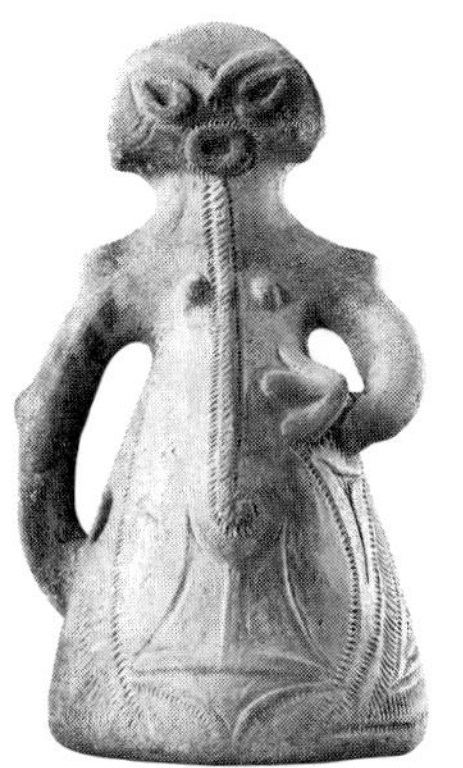

図4　妊娠土偶
（山梨県鋳物師屋遺跡出土）
南アルプス市教育委員会蔵

山田　最古の段階で、同時期のものは三重県粥見井尻遺跡にもありますね（図12）。これも乳房があり、女性像のトルソーです。土偶は女性性の象徴ってよく言われますが、一方で精霊を模したものとも言われたりします。ですが人って、たとえば精霊を今から想像してくださいって言われたときに、まったく思いもつかないというか、まったく新しいものってなかなか頭の中に描けないと思うんですよね。だから今まで自分が知っているものの中にそういうイメージを仮託して、それをデフォルメさせていくっていうのが、ホモ・サピエンスの基本的なものの考え方だと思うんですね。

そういう考え方をヒトはするんだ、ということを、まず話の前提としておきたいと思います。そして、土偶っていうのは当初から直立、あるいは胸なら胸を前に出す形で、立った状態を前面として見るような形で作られている。たとえば先ほどの長野県棚畑遺跡出土土偶、「縄文のビーナス」（図13）ですが、いろんな人が言ってるんですけど、足の長さが両方で違っていて、少しずれているんですよね。だから、おそらく歩行している様を表している。となると、明らかにこれは直立二足歩行ですよ。直立二足歩行するような動物っていうのは、ヒト以外にいない。というより、人類の定義です、直立二足歩行は。

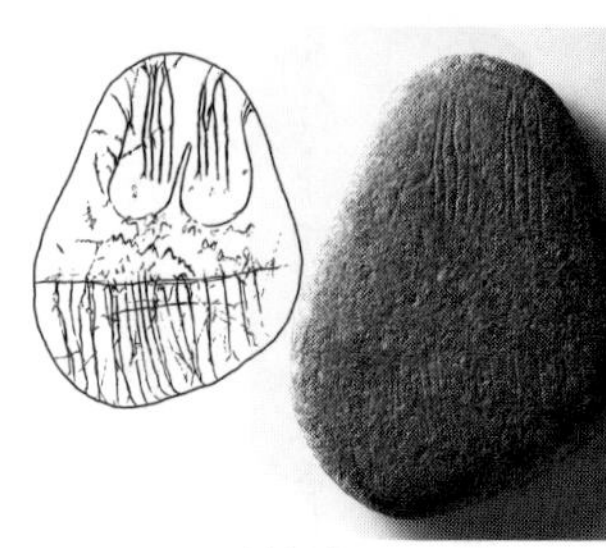

図10　線刻礫
（愛媛県上黒岩岩陰遺跡出土）
上黒岩遺跡考古館所蔵

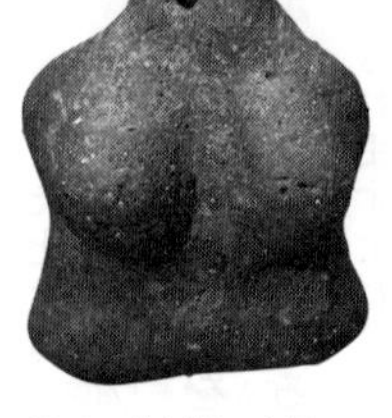

図11　草創期の土偶
（滋賀県相谷熊原遺跡出土）
滋賀県提供

図12　草創期の土偶
（三重県粥見井尻遺跡出土）
三重県埋蔵文化財センター提供

図14　仮面の女神（長野県中ッ原遺跡出土）

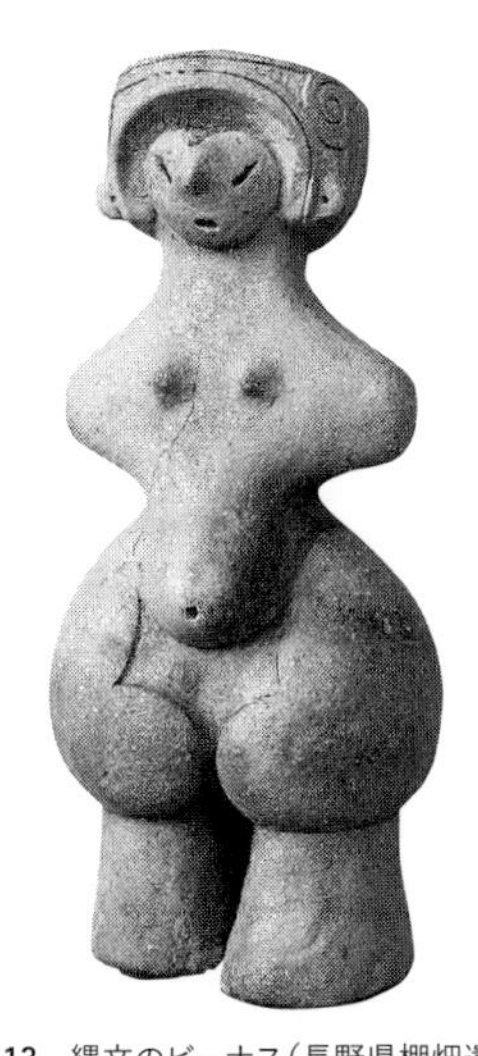

図13　縄文のビーナス（長野県棚畑遺跡出土）

どちらも©茅野市尖石縄文考古館、茅野市蔵

だから、長野県中ッ原遺跡出土土偶、仮面のビーナス（図14）も、二足直立して、股間に性器を思いきり見せて。着衣しているからか乳房は見えないけど、女性ですよね。ただ後ろにね、座りダコのようなものがあるんですよ。そこはサルっぽい。でも、サルで二足直立ということはない。だから、直立二足歩行をしているってことを考えると、やはり土偶のイメージは当初からヒトじゃないかと。ヒトを模しているんだと。そして乳房。左右一つずつの乳房、こういう膨らみのある乳房を持つ動物っていうのは、日本列島域に住んでいる霊長類の中では、ヒトしかいない。そういうことを考えると、敢えて土偶を「ヒトの女性の姿を模したものではない」って否定する必要はないだろうと思っています。

望月　草創期の土偶（図11、12）は顔も手足がなくても完全に女性としか見えないですよね。

山田　それがどんどん概念の広がりとともに、様々な形状が登場していくんだっていうのが、多分、本当のところだと思うんですね。山形土偶なんて、ほとんどの事例が乳房がとても大きいですよね。こう前に出て、ロケットのような形になっている。乳房を非常に意識している。それがミミズク土偶になってくるとまた変わってくるんですけども。そういうことを考えていくと、やっぱり土偶って、自立しなくとも直立する呈で、明確な乳房を一対、胸の体前面で作り出していて、尻尾がない。尻尾がある土偶ってないんですよね。

望月　確かにそうですね。尻尾がある土偶は見たことがない。他の多くの哺乳類のように乳房がたくさんあるものも。

山田　やっぱりヒトでしょう。だから繰り返しますが、土偶の本来的なイメージのもとになっているのはヒトでいいと思うんです、形態から言って。顔はトチノミでもハマグリでもいいんですけど、そういう顔してても、あれはやっぱりもともとはヒトでしょ、と。ここは動かない。あの乳房を持っている、そしてお腹が大きい。それから、思いきりこういう女性器を出しているようなものも見ると、やっぱりこういうのってヒトの女性を模したものだよね、そこは否定できないでしょ、って思うんです。

望月　土偶のモチーフは「ヒト」がベースにあるのは確かなんですね。一方で土偶の用途は一様ではないんじゃないかって話もずっとありますね。

山田　土偶の用途を考えるときに、土偶だけを見ていると、そこで思考的に詰まっちゃいます。たとえば、私は同じ女性性を持つ資料として、土器埋設遺構（埋甕）のことを一緒に考えるんですね。こういうのって、赤ちゃんを埋葬するための土器棺だったりします。東アジアの民族誌としても、子供をその中に入れることで再生を願うだとか、いくらでも聞くし。実際に、私もタイに調査に行ったときに、そういう事例を目の当たりにしてきました。

山梨県の津金御所前遺跡に出産文土器（図15）というものあって、土器の胴部から子供が生まれている場面を表現したものがあります。土器が母体になっているんですね。こういうものがやっぱり出てくる。

ちなみにこの土器、復元が恣意的じゃないかとかいろいろ言われたんですけど、これで間違いないです。この胴部の顔も土器本体とつながらないんじゃないかとの批判もあったのですが、ちゃんとつながります。歴博でレプリカを作製する際に、本当にバラバラになった状態のデータを見せていただいて、確認しました。

それからこういう出産場面とされる絵が描かれている土器もあります（長野県唐渡宮遺跡出土土器）（図16）。こういう事例をみると、やはり土器そのものに女性性が託されているのではないかと思います。その女性性を託されている土器が、意図的に埋められている。それが土器埋設遺構で、そういう土器そのもののことを埋設土器と言います。この女性性が託されている土器の中に、（再び）生まれてくることを願う「なにか」を入れて祭祀を行うわけですね。

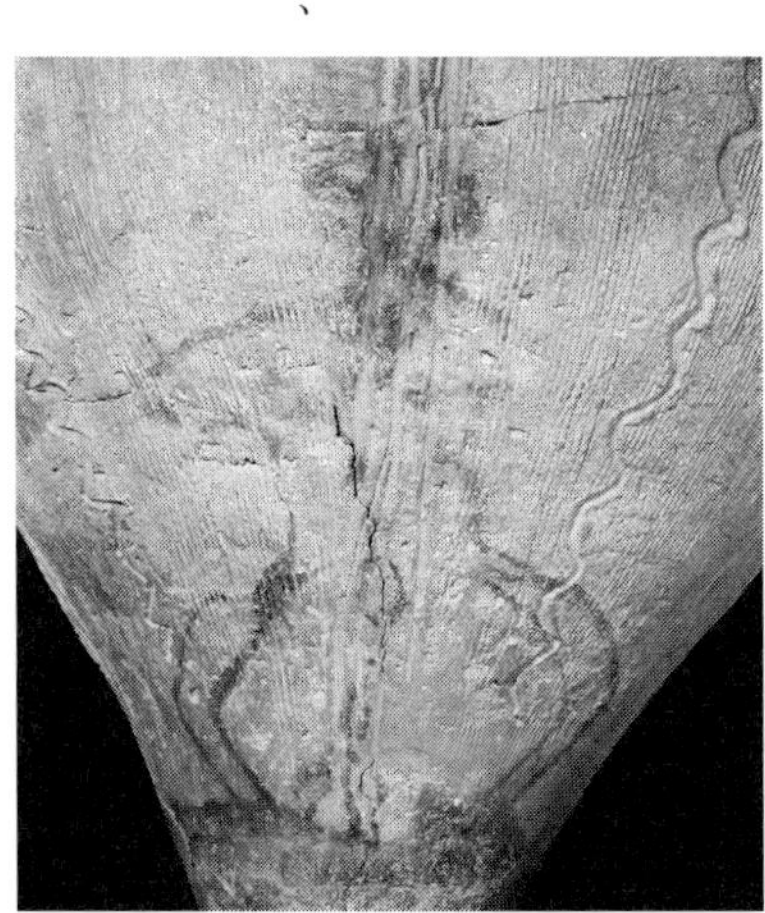

図16　人体絵画土器（長野県唐渡宮遺跡出土）
井戸尻考古館蔵

図15　出産文土器（山梨県津金御所前遺跡出土）
北杜市教育委員会提供、北杜市考古資料館蔵

また、中部高地の土偶には、土器を持っているものがあります。土偶なのに、なんでわざわざ土器を持つんだと。多分、土器と土偶に一脈相通ずるものがあるからだと思うんですけども。ただ持っているだけじゃなくて、もう抱きしめちゃっているのもあれば(図17)、さらに一体化しちゃってるのもある(長野県長峯遺跡出土土偶)。こういうのも傍証にはなるでしょう。

いずれにせよ埋設土器や土偶は、やっぱり女性がモチーフになっているっていうことであれば、そこで期待されるものというのは、女性性の中でも、男性には不可能な、生命を生み出すっていう、そういうことなんだろうと。こういう発想こそがジェンダーバイアスだって言われちゃうと苦しいですがね。

図17
(山梨県小淵沢町付近出土)
江坂輝彌2018『日本の土偶』より、所蔵先不明

埋設土器なんかは母体に見立てられているから、そこに再生してほしい、多くあってほしい様々なもの(人だけに限らず、食料物資も含めて)を入れて、そしてそこでお祀り(土器埋設祭祀)をすることで、再び生まれ出ずる、増産されると、そういうことなんだと思います。それから妊産婦の埋葬例があるのですが、これらの葬法は特殊です。妊産婦の死は、縄文人が持つ再生・循環という死生観、生命観(図18)自体の危機

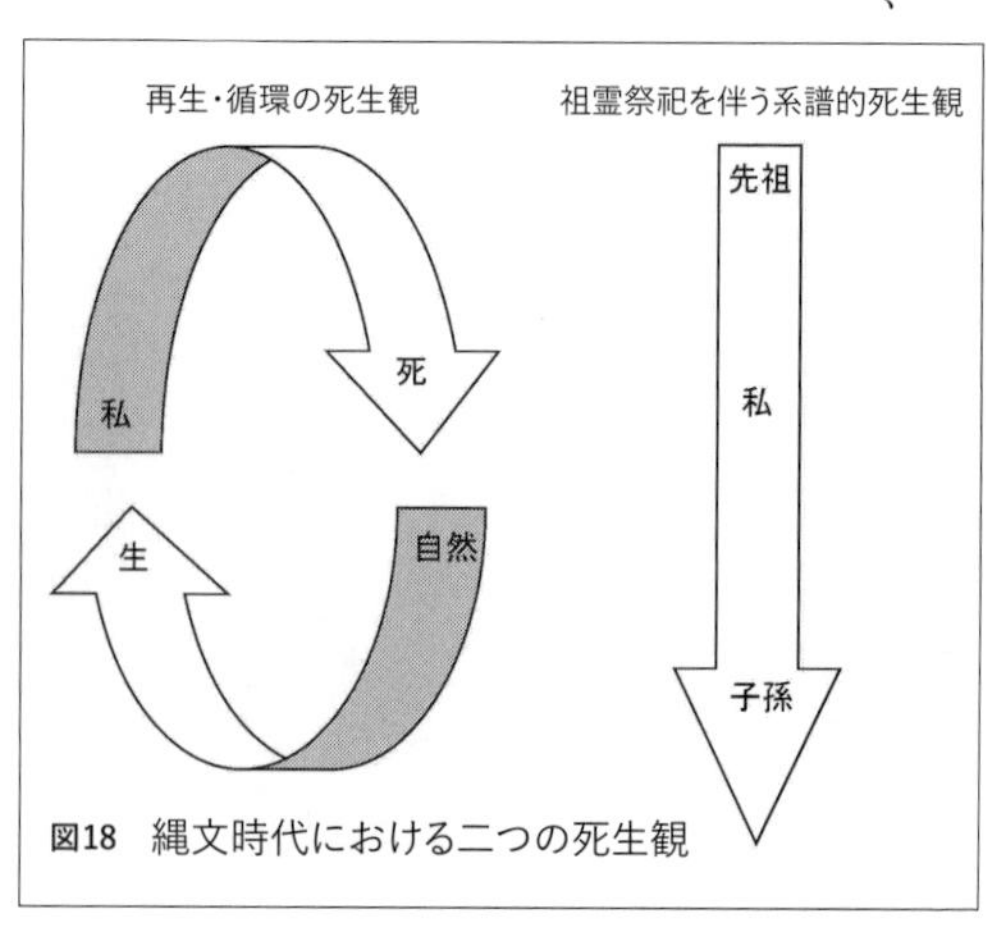

図18 縄文時代における二つの死生観

に直結します。「再生・循環の輪」が壊されるんですよね、出産時の事故で妊産婦が亡くなると。だから特殊な埋葬を行うっていう、そこにつながるんですけども。

望月 その死生観の中の一つに土偶というものがあったのかもしれない。

山田 そうです。「羽をすごく広げて」、縄文時代にもメラネシアのマナという、ああいうような力があったんじゃないかっていうことを、非常に「想像をたくましくして」、本に書いています。土偶の用途は、一つに決まるものじゃない。むしろ今言った、再生・循環という縄文の精神文化のフレームがあって、そのための呪術具の一つが土偶だ、と考えた方がいい。だから、土偶による祭祀の目的は、生命の再生、大地豊穣、病気治癒、安産、物資の増産などなど、多様なんです。ただ、土偶が単独で祭祀に使われたのか、あるいは土偶と他のものが組み合わさって祭祀に使われていたのか、それが実はまだ見えない。土偶が女性性の見地から、石棒が男性性の見地から、それぞれ再生と循環を促すような祭祀に用いられたんだとは思いますが、思いのほか石棒と土偶が確実に共伴する事例ってないんですよね。だから、それぞれ別の祭祀形態を持っていたと考えた方がいいかもしれません。

望月 出土状況も土偶に関してはまちまちですよね。

山田 群馬県郷原遺跡のハート形土偶は、長辺一・五メートル、短辺〇・六メートルほどの石囲い、蓋石があったようですから配石墓の可能性のある遺構に入れられて埋納されていたらしい。それから「縄文のビーナス」や「仮面の女神」もそうですよね。墓と思われる土壙(墓穴の場合は壙の字を使う)から出土している。特に「縄文のビーナス」は土壙規模の小さな、おそらく子供の墓から副葬品として見つかっている。ああいった非常に洗練された精美な土偶が子供の埋葬例に副葬されてくるということは、いわゆる子供への投資っていうこととも連動してくるんだろうと思います。

子供への投資、子供に対してものすごくコストをかけるという話は、実は成層化、階層化した社会には、ごく一般的に見られる傾向なんですよ。そういうことを考えると、あのように洗練された精美な土偶が副葬されるような子供がいる社会は、単純にフラットな社会じゃないだろうって考えることができます。この土偶は側臥で出土しているんですよね、仰臥じゃなくて。だから、側臥で埋葬された子供にわざわざ抱えさせられていた可能性があります。長野県棚畑遺跡の「縄文のビーナス」が出土した土壙は、環状墓群の中心部にあります。土壙の長径が九〇センチくらいの大きさのところなので、小児期以前の子供の墓とみると、一番いい大きさです。その周りにヒスイ玉を持っている小さなお墓だとか、コハク玉を持っている小さなお墓なんかがある。

望月　ビーナスの見つかったお墓の周りにもヒスイやコハクの出てくるお墓があるんですね。

山田　はい、そういった「貴重品」を持つ墓がある。まあ規模から見て多分子供だと思うんですが。そういうのが環状墓群の真ん中にあって、大人が入るくらいの規模を持つ墓がその外側を巡るわけです。

望月　子供のお墓の外側に大人のお墓があるんですね。

山田　この中心部に埋葬された子供というのは、将来的には英才教育を施されて、呪術者になるとか、そういう特別扱いされた子供であった可能性があります。縄文の社会にはパワー（権力）を発揮するような、そういう場面はあまりないと思いますが、祭祀など、オーソリティ（知識などによる権威）による力が発揮される場面って、多かったと思うんですよね。オーソリティによる階層差、例をあげれば呪術者層だとか。そういう人々は呪術医を兼ねることが多いので、様々な薬草の知識だとかを持っていたのではないでしょうか。それ故に呪術的・医療的場面では上下関係が生じる。では、具体的な呪術者像はどのようなものだったのか。たとえば、縄文時代晩期の三河地方における、歯にフォーク状の削りを入れる叉状研歯（図19）を施されている人は、その可能性が高いと思います。炭素・窒素同位体比による食性分析では、食物にタブーがあった可能性も示唆されています。

望月 食材のタブーというのは初めて聞きました。それにしても叉状研歯は最悪ですね。見るからに痛そうすぎる。

山田 いやあれは神経まで達してない、あれうまいんですよ。よく見ると神経までいってない、紙一重で止めている。すごくしみるでしょうけどね。

図19 叉状研歯の施された人骨（大阪府国府遺跡出土）東京大学総合研究博物館

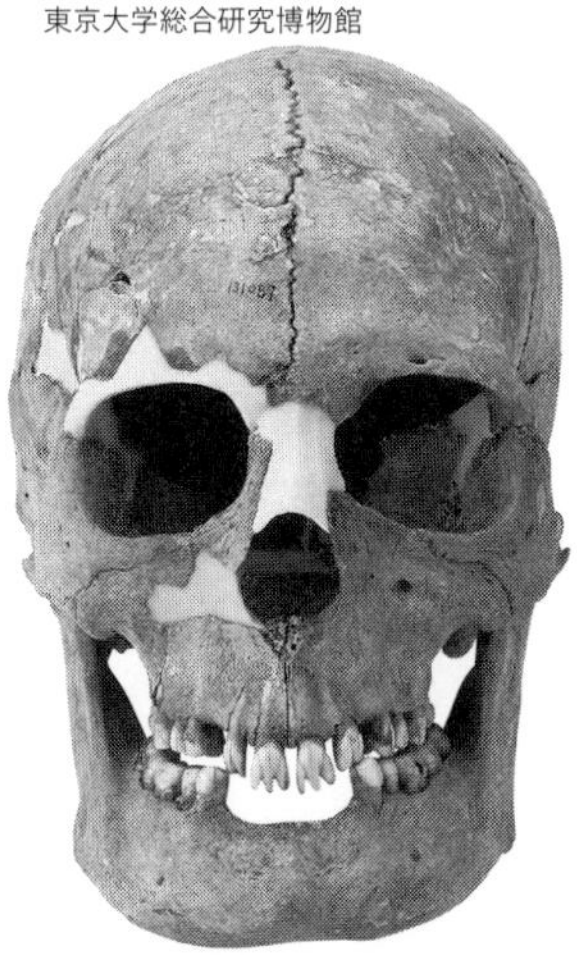

似ているということ

望月 『土偶を読む』では縄文のビーナスも仮面の女神もトチノミだと言っていますね。

山田 モチーフはあくまでも人間ですが、私が竹倉さんの話を買ったのは、この顔の部分ですね。この顔の部分がトチノミのああいうのを模したんじゃないか、その発想は今までなかった、っていうことなんです。だからこそ、学術的に正面突破してほしかった。これは今でも残念に思います。ただ、一方では望月さんもいろいろ書かれているように、それはあくまで似ているよね、って話であって。

望月 それ以上のものではない。そもそもトチ、中部高地のこの土偶の頃は全然利用されていないなって。

山田　そうですね。むしろマメ類とかの方が、話がわかる。だから申し訳ないけど、そういった縄文研究の現状をご存知ないから、そういう解釈に行っちゃったんでしょうね。また、似ている・似ていないもそんなに似ているのかと。たとえば、すべてのハート形土偶がクルミと似ているのかっていったら、どうなのかって。

望月　正面から見たら似てるものもありますね。

山田　いやー、正面から見てもどうでしょうか。ハート形土偶って結構多様性がありますので。私は、望月さんが以前言われたようにね、サトイモの葉っぱとかね、そっちの方が似てるんじゃないのっていう気がします。京都府の松ヶ坪遺跡からはムカゴが出土していますから、当然縄文人もその葉っぱの形は見たことがあるでしょうし、その葉っぱを見つけたら、「やった！　イモだ」、と思ったんじゃないですか。あくまでも冗談ですが。

望月　ムカゴの葉っぱもハート形ですね。ハート形の輪郭って縄文時代を通して、土偶には使われがちな意匠なので、ことさらこれがそうと言われてもみんな戸惑ってしまう。

山田　そうなんですよね。ただそこで開き直られちゃったらどうしようもない。再三言っているように、反証可能性がないですよ。だからその意味では、もう議論できないっていうのが私の考えなんですよね。似ているかもしれないし、似ていないかもしれない。

望月　そう思う人がいるかもしれないけど、思わない人もいる。

山田　キャッチーで面白いなと思いますけど、ね。大学で遺物の分布論の講義をするときに、『土偶を読む』内のハート形土偶の分布の話を使わせてもらってます。この本では福島県域のハート形土偶を出土した遺跡の分布とオニグルミの生育分布を重ねて、それが似ているからハート形土偶はオニグルミをかたどったフィギュアであると主張しています。もっとも、彼自身も必要条件が満たされたにすぎないとも書いていますが。

しかし、少し考えてみると、これは当たり前の現象なんですよ。縄文時代の遺跡はどういうところにありますかっていったら、日当たりのいい台地上、水の得やすいとことところ、複数の資源の分布が重なる地理的境界、そういうところにありますよね。そうすると山間部で、川沿いの河岸段丘上とか、盆地などの縁にあたる台地上のようなところっていうのは、当然縄文時代の遺跡は多い。さらに彼らの生活領域はそれより広いわけです。それで、オニグルミってどこに生えますか。湿気のある山地の川沿いに多いと。これって、実はトチの生態と同じなんですが、それはともかく。じゃあ福島県の地勢図、これを見て縄文時代の遺跡ってどこにあるかって合わせてみると、まあ大体想像つきますよね。縄文時代の遺跡分布とオニグルミの育成分布は重なるわけです。だから、これは、縄文遺跡の多いところには、ハート形土偶を出土した遺跡が多いと言っているのと同じです。こういうのはあまり意味のある分布論ではないということで、授業に使わせていただいている。

望月　これはオニグルミの出てくる遺跡はことさらハート形土偶に限ったことではないということを示していますね。

山田　限らない。というか、むしろそういうような分布域に縄文遺跡はあるんだと。そういうことを思いながら、つらつらと見ていくと、方法論的に成立していない。うん一章しか読まなくていいなって、なる。

望月　そうですね。僕もちょっと最初の章の一〇ページくらい読んで、ああ、これはやばいなと。破綻しているな、この考えだけだとどこにもいけないなと。

山田　植物祭祀の痕跡がないんだって言われてますけど、縄文時代の、土偶自体がさっきの考え方から言うと、植物祭祀にも使われているし、いろんなことに使われていると。だから一理ないわけではないんですが、たとえば埼玉県のデーノタメ遺跡、ご存知かもしれませんが、ここからクルミ形の土製品が出ています、クルミ塚から。これは植物祭祀をやっていた場所だと思うんですけど、クルミ塚の中からクルミ形の土製品が出てて。あとそこからいろいろな漆を塗った土器なんかが出ているわけですね。ただ、そういう遺物は台地上の遺跡ではほとんど残らないですよね。低湿地遺跡であるデーノタメ遺跡だから残った。そういうことだと思うんですよ。動物祭祀だって貝塚や低地という骨の残りやすい場所でやっていたから残っていて、よくわかるのであって、そこじゃなかったら残らないですよね。

縄文の後晩期において、祭祀が行われるところが固定化されてくる。たとえば大型配石遺構だとか、環状列石だとか。そういうようなところからも堅果類の炭化物って出たりしますから、植物祭祀だってそういうところでやられている可能性は十分にある。だから、植物祭祀が行われていなかったと理解するのではなくて、見つかっていないだけだと理解すべきです。

望月　クルミ塚からクルミ形の土製品が出てきたら、クルミに関する何かがそこで行われていた痕跡と考えるべきですね。そして、植物遺体は低湿地でなければ残らないと考えれば、おいそれとは見つからないでしょうね。食物祭祀、個人的には調理する道具じゃないの？　って気もするんですけどね、食料の祭祀としてやるんなら。

山田　調理ということで言えば、土器そのものがそうですよね。

望月　それが一番近いんじゃないかなと。

山田　結局、調理をしたり、煮込んだりってこと自体が、一つの呪術・祭祀なんですよ。

望月　祭祀と日常が一体化しちゃってるからそこを無理やり分ける必要もないですし、機能が一つだけとは限らない。

山田　そう思います。ただこれ、証明ができないですね。でも、今お話したように縄文の精神っていうか、生活の仕方っていうのは、祭祀と日常生活が完全にオーバーラップしている。そういうことを考えると、逆に敢えてそういう祭祀を大規模にやるっていうのは、よっぽどのことですよね。

つくりあげられた考古学者のイメージ

望月　この本が評価されているところって実は考古学界がタコツボ的なところだと批判をして、それが評価されちゃっています。サントリー学芸賞の評価として、評としてそういうことが書かれていました。

この新説を疑問視する「専門家」もいるかもしれない。しかし、「専門家」という鎧をまとった人々のいうことは時にあてにならず、「これは○○学ではない」と批判する〝研究者〟ほど、その「○○学」さえ怪しいのが相場である。「専門知」への挑戦も、本書の問題提起の中核をなしている。

（佐伯順子〈同志社大学教授〉評、サントリー学芸賞・選評〈社会・風俗〉二〇二一）

山田　全部ブーメランとして、この言葉を返してさしあげたいですね。こちらの状況を本当にご存知ですかと。結局イメージなんですよ。そういう虚像を敢えてつくって、そこを攻撃しているんです。櫻井準也先生が、これまで考古学者がどういうメディアで取り上げられてきたのか、どのような考古学者像が描かれてきたのかという歴史社会学的な本を、そのテーマで書かれています（櫻井二〇一四）。で、インディー・ジョーンズみたいなのがいたり、マスターキートンみたいなのがいたり、それから『となりのトトロ』のお父さんみたいなのがいたり。いろいろあるんだけど、やっぱり、どこか変わり者、偏屈な人、世捨て人……みたいな。そういうような考古学者のイメージが、昔から作られている。

だけど実際は、たとえば各地の埋蔵文化財センターの催し物に行って話をちょっとでも聞いてみれば、全然そんなことないってわかるはずだし、博物館でもいろんな講座をやってますよね。遺跡の現地説明会もそうです。そういうのに出てもらえれば、今、考古学の世界が、世間一般に対してどれだけ門戸を広げているか、逆にこれだけ広がっている学問分野はないんじゃないかってくらい。一般の方がそういった講座などにもどんどん入っていて、ごくごく気軽に話を聞ける。

望月　そうですよね、シンポジウムとか一般の人も結構いらっしゃる。

山田　日本考古学協会だってそうです。コロナで、このところはいろいろと制限がかかっていますが、基本的に学会参加費を徴収していません。他の学会では、参加費を払わないと会場の中に入れないこともあります。

望月　僕もなんとなく入ったことがありますし、お金を払った記憶はない。

山田　そういうオープンな形になっていますす。こんな学会ないと思いますよ。

望月　僕の編集している『縄文ZINE』という変な雑誌もなんとなく受け入れられてもらって。

山田　以前にちょっと話しましたけど、ホント申し訳ないけど、私は最初『縄文ZINE』に対してハスに見ていたんですよ。これはまたなんか変な、縄文で遊ぶ人が出てきたなって思っていたんだけど。今は本当に縄文がお好きで、真面目に遊んでいるんだなっていうのがわかったから、その点はもう、私は信頼していますので。読んでいて、こう突っ込めばもっと面白かったんじゃないか、とかはあったりするんですけど、それは内輪受けの話になっちゃうので。だから、そういう遊び方って非常にいいと思っているんです、今。

ただ、これまでの縄文ブーム、古代史ブームというのは、これは新聞のインタビューでも申し上げたのですが、必ず遺跡の保存問題とからんできました。たとえば三内丸山もそうだし、吉野ケ里もそうだし、古くは高松塚古墳とか、みんなそうですよね。だけど今回の縄文ブームには、それがない。ないからこそ思想的な、右か左だとかそういうことなしに、みんながいろんな形で、縄文エアロビクスだとか、縄文スピリチュアルだとか、縄文アイドルだとか……いろんなことをできるのかもしれません。それも良し悪しがあると思うんですけども。いつかそういう縄文を愛でる視線がね、遺跡保護とか、そういうところに向いてくれればいいなと思います。

望月　そのためにも理解がどんどん深まっていってくれればいいなと思いますね。

考古学の担い手たち

望月　僕の印象では考古学、そんなに権威的で閉鎖的なところではないんですよね。

山田　権威なんてないですよ。学生さん挨拶してくれないですもん、考古学の教授に。単位がかかってないと挨拶してくれない。目で「こんにちは」くらい。

望月　(笑)、でも、ちょっと前までは男性社会というか、女性が少なかったのは事実ですよね。

山田　うーん、これは考古学というよりも、これまで日本の中で作られてきた様々な形のライフスタイルが多分に影響していると思うんですね。

望月　どこの業界でも女性の社会進出の問題になると思うんですけど。

山田　それならば、理系分野もまさしくそうですよね。

望月　あとは考古学の人気というか、女性が楽しそうと思って入るような感じでは、もしかしたらなかったのかなって。

山田　今、学生さんと話をして、考古学をやりたいんだけども、自分の一生というか、ライフスタイルというか、そういうのを考えたときに、やっぱり四年間の大学生活でね、いろんなことをしたい人が多いんですよ。そうしたときに考古学ってね、前に私が島根大学で教鞭を執っていたときもそうだし、その前の熊本大学にいたときもそうだったんですけど、よく言われたのが、考古学は実習その他で拘束時間が長いから、バイトができない、デートができない。

望月　キャンパスライフが犠牲になってしまう！

山田　そう、キャンパスライフとして、サークルもやりたい、バイトもやりたい、勉強はほどほどにやりたいって。たとえば都立大学は、二年生から専門に入ってくる、一年の後期に選んでですね。そこからの限られた三年間を、考古学だけに没頭できるかって言うと……難しいでしょうね。もう私なんかの世代は、それこそ考古学に没頭する人が多かった、女性もそういう人が多かった。やっぱり現在では高校生までの段階で考古学者になりたいんですっていうタイプの人を除いては、男女関係なく拘束時間が長い専攻は回避されますよね、講義には出てくれるんだけども。

うちの大学では、考古学の専攻生でなくとも、発掘実習に興味があったらおいでってことは言っているんですけどね。だけど実習があって整理作業があって……それをずっと続けて、拘束時間が長くなってくると、バイトができなくなりますとか。昔みたいなウエットな人間関係っていうのは確かに好まれていないし。それから就職ですね、今は。学生たちにとってみたら、就職場所（地域）にしても労働条件的にも一般就職の方が魅力的なんですよね。

望月　最近の傾向では、考古学を専攻している学生は女性の方が増えてきたって話も次の対談では話しています（本書三一五頁）。

山田　それは結構前からですよね。私が熊本大学の助手をしていた一九九〇年代半ばでもそうでしたね。九〇年代後半くらいから女性の方がパワーありましたよ。今、『掘る女』という映画が公開されていますけど、あれは昔から。私の見たところ女性の方が一生懸命考古学をやる、真面目にやる。学生さんの気質というか、男女で分けちゃうべきものじゃないんだろうけど、傾向としては女性の方が一生懸命な方が多いですね。

望月　それでも考古学は「権威的」で、男が資料を独占していると、竹倉さんは非難されている。

山田　権威的ってどういう状況のことを言ってらっしゃるのでしょうか。

望月　権威の言葉通りの意味というよりも、高圧的だったり、権力を独占している状態ですかね、この場合は。何か言うと怒られそうでちょっとこっちが恐縮しちゃうっていうところも。それはこっちの問題ではありますが。

山田　中にはとんでもなく失礼な質問をしてくる人もいますから、そういう場合はガツンとやりますよ、当然。でも、それはマナーの問題です。ただ、資料の実見とかって場面になっちゃうと、やっぱりどうしても厳しくならざるを得ないところって出てくるんですよね。資料に関して一定の訓練を受けた、ちゃんとした取り扱いができるような人でないと、直接手に持っては見せられない場合があります。指定物件の資料は特にそうです。でも、それは多分考古学、埋蔵文化財の世界だけじゃなくて、文献だろうがなんだろうが、そうだろうと思うんですけどね。

文化財、埋蔵文化財は国民共有の財産であるとは言いながらも、保管をしている側、管理をしている側っていうのは、それを守っていく義務がありますから、どうしてもその部分のハードルっていうのは高くなる。そこを言われちゃったら、しょうがないですけど。だけれど、君は在野の人間だから、この研究会に出てくる資格はないとか、そんなことを言っている研究会って、少なくとも私は見たことがない。良識のある方でしたら大体ウェルカムですよ、考古学は。

専門家の役割とは？　疲れてしまう取材

望月　専門家の役割についてです。学問はもちろん専門家のものだけではないとは思うんですが、専門家っていうのは専門分野に対しては一定の責務があるというか、社会に対してガイドラインを示すとか、そういうような役割って僕はあると思うんです。それこそたとえば『土偶を読む』が最初にＮＨＫに紹介されたときに、研究者の先生（原田先生）がコメントを寄せたことで、専門家が紹介したから信用があるぞ、と、映像に乗ったみたいなことはあると思うのですが。

山田 それについても言いたいことは、いろいろあるのですが。たとえば、私がテレビの取材を受けて、あることについて話をしますよね。ずっと長いことカメラを回していただいたとしても、こっちの意図した形で使われることって、なかなかないですよ。だから原田さんの場合も、私は放送を見ていないんですけども、本当はいろんなことをおっしゃっていたと思うんですよね。ですが、ディレクターの意図する方向、そこだけ摘まれて、使われてしまう。そういうことがあったりすると、テレビの取材を受けたくなくなりますよね。せっかくお話させていただいても、編集されて、結果、自分の考えとはまったく違った感じで放送されたりする。それってやっぱり、私も経験したことがありますが、嫌なことなので、だからむしろ自分で書いたり、言ったりするようにしています。私自身は自分に与えられた機会、授業、それから講演会、朝日カルチャースクールなどの一般文化講座、そういうところではいろいろと発言していますし、『土偶を読む』についても、質問があれば、ちょっとこれそのままっていうのはなかなか難しいですねってことは様々なところで発言している。そういうレベルでは、私の言葉として届くレベルでは、ちゃんとお話をしているつもりです。

望月 今回の本のインタビューもそうですね。

山田 某番組で、縄文の素晴らしさ、重要性を一生懸命お話しても、それはカットされて、縄文好きな芸能人の方とかいらっしゃいますよね、そういう方のインタビューの方が長かったりとかする。放送を視て、あぁ伝えるべきことを伝えられなかったなって、へこむことって結構あるんです。商売としてはわからなくもないのですが、そうなってくると、編集が入るマスメディアでは、なかなか話をしたくなくなっちゃう。

望月　そんな、嫌がらないでください。専門分野って、やっぱり外から見るとやはりわからないことの方が多いので、専門家の言葉が必ず必要なんだと思います。専門家じゃなくてもみんな自由に発言すればいいし、その方が楽しいかもしれないけれど、たとえばテレビを見ていても、その分野の専門家の意見よりも政治学者やタレントさんの方の意見の方が声が大きかったりするときもあったりするのって場合によってはすごい怖いことじゃないですか。だからこそ一般に届くような形で、やはりちゃんともっと言った方がいいんじゃないかなって思っています。

山田　もちろん機会があれば対応します。今後絶対出ないとかそういうことではないですよ。だけど、ちょっとした軽口、戯言を言っているところとか、そういうところだけパチッと摘まれて、別の文脈に持っていかれる。ああいうことをやられちゃうと、すごく困っちゃう。

望月　実際、冒頭でお話した朝日新聞のGLOBE＋での件もそうですね。あの記事、いまだにGLOBE＋のアカウントが何度もツイートしていて、山田さんが『土偶を読む』に好意的という話がネットに流れ続けている。

山田　実は私のところにも『土偶を読む』についてコメントの依頼がきたんですけども、話を聞いているとこれはやばいなってことがわかったので、断ったことがありました。また、ある出版社からはいきなり報酬額を提示されて、これで書評を書けという話もありました。まだあるんですねそういうところが。

望月　実はＮＨＫでコメントを寄せた原田さんも、そこは、本当に、最後にちょっとリップサービスで言ったこと切り取られてしまったと、嘆いていました（本書三四頁）。

山田　そういうことってありますよね。ただ『土偶を読む』については、自らを土偶研究者であると名乗ってきた考古学研究者たちが、やっぱりきちんと批評を加えるべきだと、私は思いますし、現在そのような計画があるようです。

土偶研究の次のステップは

望月　今回は、いろいろなお話ありがとうございます。考古学にべちゃりとへばりついていた古臭いイメージが変わった人も多いと思います。これからどんなことがわかってくるのか本当に楽しみです。

山田　土偶そのものの研究については、正直に言えば、あまり今後の研究が見通せないんですよね。本当に一点一点バラバラで出てくるので、様々な仮説の検証が難しい。もちろん、土偶そのものの型式学的研究で縦横のつながりの研究は進んでいくと思いますが。じゃあ、どうすればよいのか。たとえば、縄文のビーナスや仮面の女神のような土壙の中から出てくるもの。その機会は多分に偶然性に支配されるものなのですが、あの土壙の中の土をいろいろと分析してみて、どういうものとワンセットになって埋められていたのかとか、そういう研究方法をとらないと、研究の大きな飛躍はないかもしれません。研究の突破口を作るために、そういうような特定の出土状況しているようなものを狙い撃ちする形で理化学的分析をかけていく。そういうことを積み上げていけば、これまでとは違う展開ができるのかなと思います。しかし、これもなかなか難しい。

望月　土偶の研究、やっぱり難しかった！

参考文献（五〇音順）

ヴィア・ゴードン・チャイルド　一九六九　『考古学とは何か』、岩波書店

大林太良　一九七一　「縄文時代の社会組織」『季刊人類学』二―二

日下宗一郎　二〇一二　「ストロンチウム同位体分析による移入者の判別とその解釈」『考古学ジャーナル』六三〇号

小山修三　一九八四　『縄文時代――コンピュータ考古学による復元』、中央公論社

佐伯順子　二〇二一　「第43回 サントリー学芸賞 選評〔社会・風俗部門〕」、https://www.suntory.co.jp/news/article/14024-3.html（二〇二二年一二月一〇日取得）

櫻井準也　二〇一四　『考古学とポピュラー・カルチャー』、同成社

縄文時代文化研究会　一九九九　『縄文時代』第一〇号 縄文時代文化研究の一〇〇年

杉原荘介　一九六六　『原史学序論――考古学的方法による歴史学確立への試論』、小宮山書店

杉山博久　一九九九　『魔道に魅入られた男たち』、雄山閣

竹倉史人　二〇二一　「『土偶を読む』の裏テーマは専門知への疑問　『素人』と揶揄する風潮に危機感」、朝日新聞GLOBE+、二〇二一年七月二日、https://globe.asahi.com/article/14400149（二〇二二年一〇月一五日取得）

林謙作　一九七七　「縄文期の葬制　第一部　研究史」『考古学雑誌』六二―四

春成秀爾　一九九六　「性象徴の考古学」『国立歴史民俗博物館研究報告』六六

水野正好　一九七四　「土偶祭祀の復元」『信濃』二六―四

山田康弘　二〇〇二　「中国地方の縄文集落」『島根考古学会誌』一九

山田康弘　二〇〇五　「北米北西海岸における先史時代の墓制」『縄文時代』第一六号

山田康弘　二〇〇八　『人骨出土例にみる縄文の墓制と社会』、同成社

山田康弘　二〇一九　『縄文時代の歴史』（講談社現代新書）、講談社

山田康弘　二〇二二　『縄文人も恋をする!?――54のQ&Aで読みとく縄文時代』、ビジネス社

米田穣・中沢道彦・田中和彦・高橋陽一　二〇二一　「長野県七五三掛遺跡出土人骨の同位体分析で示された、縄文時代晩期後葉の雑穀栽培を伴う低水準食料生産」『日本考古学』五三

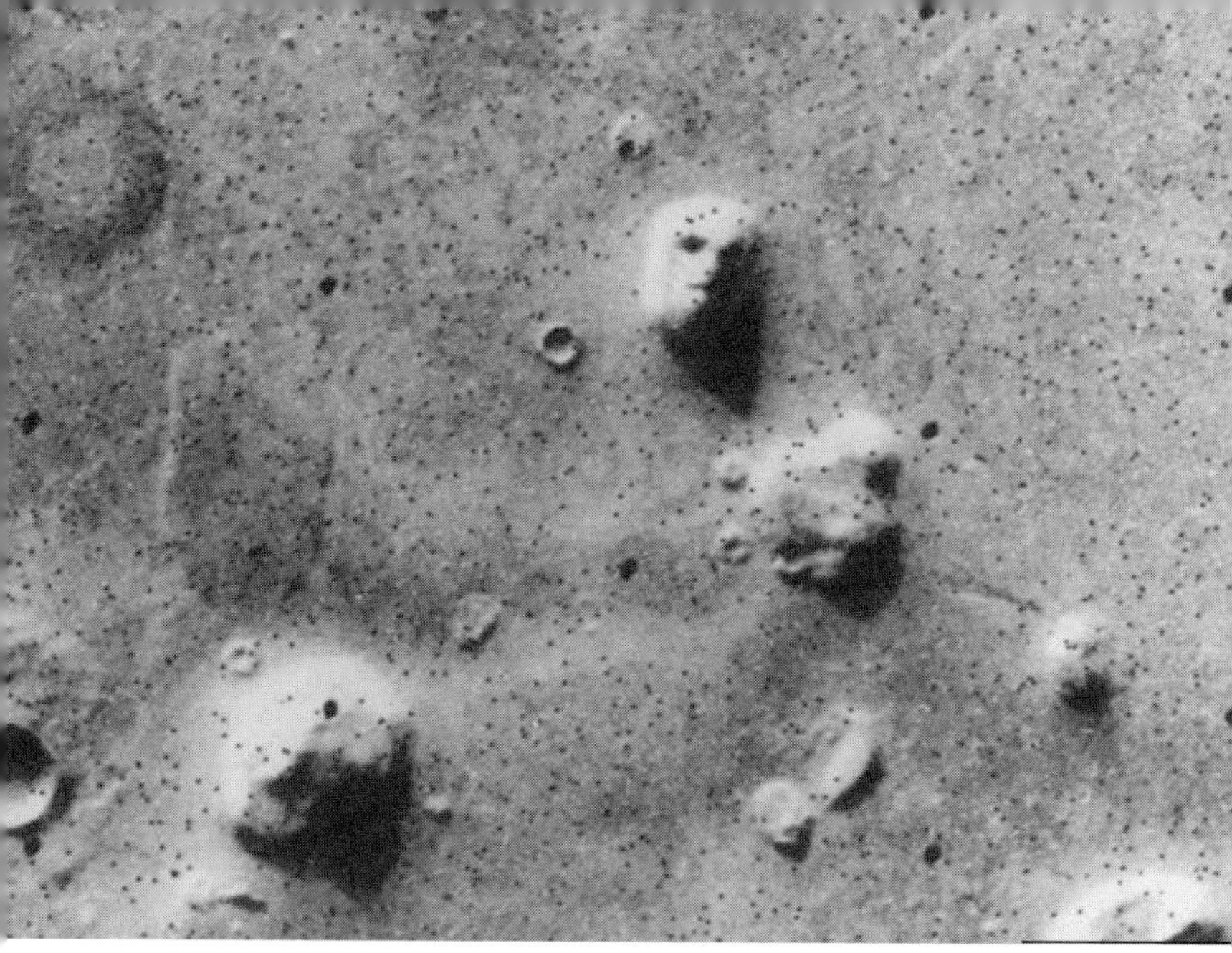

column

物語の語り手を絶対に信用するな。だが私たちは信用してしまう

松井実
Minoru Matsui
東京都立産業技術大学院大学助教

本書は月刊『ムー』で奇説ともてはやされ、『WiLL』に載り、フランス文学者や門外の研究者からは広く支持されているが、専門家にはおおむね批判されている。私にはゴットシャルのいう「闇の芸術としての物語」に思える。土偶の謎にせまる試行錯誤の物語が面白さを、面白さがわかりやすさを、わかりやすさが説得力をうむように設計されているが、そういった面白さに惑わされないよう訓練された学術の民には空虚に響く。

特に、土偶が植物をモチーフにしているという主張を仮に受け入れるとしても、だから土偶がその植物の霊の祭祀用呪具なのだ（『土偶を読む』、六二頁）という主張には無理があるように思う。猫に似ているスフィンクスが猫精霊の祭祀用呪具ではなく、チーターのかがんだ姿をモチーフにしたマツダの車がチーター精霊の祭祀用呪具ではないように、また大嘗祭で使う臼や杵がコメやイネをモチーフにデザインされていないように、あるモチーフをもとにデザインされたからといって、必ずしも用途にも関連があるとは限らない。

ドルナッハのゲーテアヌム周辺にはゲーテアヌムのような建物が多い。身の回りのものから意識的・無意識的に影響をうけてなにかをつくることはありうるだろうから、縄文人がふだんの食べ物に影響をうけて土偶を造形したかもしれないとする仮説じたいは検討の価値があるように思うが、それを説得的に示すのは難しい。プライミングや単純接触効果を参考にして、あるモチーフを何度も体験させたのちに実験参加者がそのモチーフに似た造形をしたかを、その過程を知らないほかの実験参加者がモチーフをどれくらい正確にあてられるかによって判定するような実験考古学的なアプローチがぱっと思いつくが、もしそれがうまくいったとしても本書の展開するような断定的な主張の論拠にはならないだろう。

著者は本書を博士論文として提出する予定のようだが、本書のデータの扱いや論の組み立て方は、考古学になんの思い入れもない門外漢の私がみても目を疑うようなものが多い。信仰とは証拠や理由なしの確信である（ドーキンス、松井訳）。石ころにミニ人類化石を見出した古生物学の独立研究者岡村長之助や、すべてに一・六一八……

を見出す黄金比信奉者と同じ轍を踏むことなく、もう一度ご自身の論拠を見直し、最も懐疑的な読者をも納得させられる説得的な実証データのみによってモチーフ研究をしなおすことをデザイン研究の立場からは提案する。

　私は最近本書に似たビジネス書『進化思考』（太刀川二〇二一）を批判した（松井、伊藤二〇二二）。学会は専門家同士の専門知交換だけでなく、専門家としての立場を明示しながら一般の読者への啓蒙や同僚への注意喚起にも活用できる（たとえば近藤二〇一八）。『進化思考』はデザインをはじめとする人間の創造行為が生物の進化に似た擬似的な進化だと主張するが、文化進化学の知見を無視した疑似科学にとどまっている。学術的に検証不足の自説を、確固たる定説であるとして公教育への進出を目論んでいる（『土偶を読む』、三二三頁）点において、本書も『進化思考』と同水準にある。疑似科学を見破る判断力が読者側に求められると同時に、その判断力を養っている途上のひとの目の前の分かれ道に「こっちだよ」と光を投げかけるのが学術に携わる者の責務だと私は思う。『進化思考』は批判をうけて二〇二三年秋に改訂予定という。

　題名はゴットシャル（二〇二二）による。

引用・参考文献

ジョナサン・ゴットシャル　二〇二二『ストーリーが世界を滅ぼす——物語があなたの脳を操作する』、東洋経済新報社

太刀川英輔　二〇二一『進化思考——生き残るコンセプトをつくる「変異と適応」』、海士の風

松井実、伊藤潤　二〇二二「『進化思考』批判」、日本デザイン学会第69回春季研究発表大会

Dawkins, Richard. 2015. "Faith means belief in the absence of evidence. There are people out there who actually praise belief without evidence as a supreme virtue."[Twitter post]. Retrieved from https://twitter.com/richarddawkins/status/680106436878282752?lang=en. (2023-01-27 accessed)

近藤暁夫　二〇一八「『ポップ地政学』本の掲載地図批判」、日本地理学会春季学術大会

写真：NASA images

岩手県立博物館
金子昭彦
Akihiko Kaneko

土偶は変化する。

合掌・「中空」土偶→遮光器土偶→結髪／刺突文土偶の型式編年

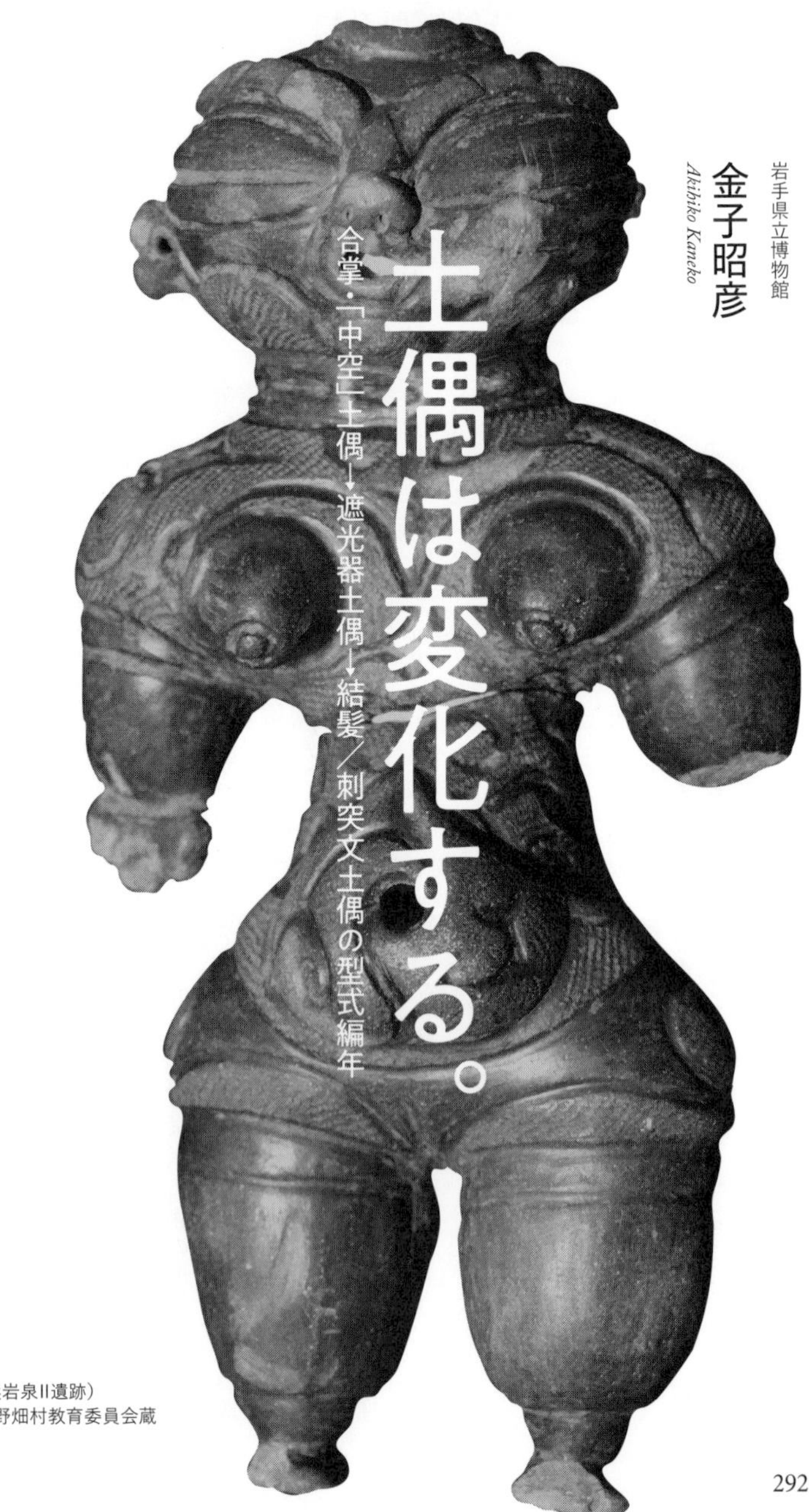

（浜岩泉II遺跡）
田野畑村教育委員会蔵

はじめに

「型式編年」とは、出土状況を根拠として、昔の流行の変化を明らかにし、それを時期区分の物差しとする考古学の作業であり、「型式」は流行の単位で、それを時期の順に並べていくのが「編年」である。

これは言わば「物差し」なので目は細かい方が良いが、流行現象なので限界がある。土偶の〝型〟が当時の人に強く意識されよく守られていると把握しやすいが、ブレが多いと難しいし、〝型〟自体ないに近いと推測される多様（ゆるい型）な土偶の時期もある。土偶自体に模様が多いと細かい流行の変化がわかり、その逆も真である。何百年という長いタイムスパンの流行を対象にしてみると、流行の変化が自律的に見え、変化を示す際には誕生や成立、消滅という表現が採用されやすい。以下、編年の根拠については文末に掲げた文献を参照願いたい。

1　東北地方北部・縄文時代後期後半〜晩期初めの土偶の変遷

東北地方北部の縄文時代後期後半〜晩期初めは合掌土偶と『土偶を読む』で言うところの「中空土偶」の時期であり、ここでは、遮光器土偶成立前夜まで扱う。おおむね瘤付（こぶつき）土器という縄文後期後半に多く作られた土器の時期に相当する。後期前〜中葉の土偶と遮光器土偶の間に相当し、〝ゆるい型〟の時期で、その姿は多様である。二つの比較的型に厳密な時期の間で、新しい型の模索期に位置づけられようか。遺跡や土器の出土量の上では、二つの繁栄期の端境期に相当し遺跡数、土器の出土量が減り、そのため新しい土偶の型を生み出すことができなかったと捉えることもできる。

この時期の土偶を総称する名前がないことからも土偶の型の多様性が理解できよう。共通するのは、胴長である点くらいである（図1）。ほとんどの土偶の正中線（胴中央に上部から臍付近まで見られ、妊娠すると顕在化し、人

うな「奇妙な」状態ではない。ちなみに、遮光器土偶が女性像に見えないとの指摘もあるが、先にふれたように、初期の大型遮光器土偶の乳房は十分に大きく写実的に作られることから、女性の特徴を持っていると言えるだろう。もし土偶のモチーフが目的的に選ばれているのなら、遮光器土偶誕生から数百年も経った恵比須（えびすだ）田土偶や亀ヶ岡土偶ではなく初期の遮光器土偶を検討すべきではないだろうか。本書の別稿での批判（本書四五頁など）と重複するが、ここでも重ねて指摘する必要があるだろう。恵比須田例と亀ヶ岡例の間にも時期差があり、恵比須田例は縦長、亀ヶ岡例は幅広であることから新旧がわかるが、それ以外に、亀ヶ岡例の首に模様がなくなっていることからもその時期差がわかる。プロポーションが縦長から幅広の変化に合わせるように、晩期中ごろになると四肢は短くなり、その後、腕は小さくなるのに対し、脚は大きくなる。

胴には、土器に類似する磨消縄文が施され、背中の中央には後期後半以来の大きな意匠文が見られるが、晩期中ころ前半で上下二段に分かれる。胴正面も同様である。中ころ後半には再び一段に戻るが、その直後に大型遮光器土偶最大のモデルチェンジが起きる。誕生以来主な模様は胴にあったのに、肩と腰に分かれてしまい胴自体はほぼ模様が施されなくなってしまうのである。

その変化の原因は、胴の模様は基本的に土器の模様を改変して施していたのが、この時期の土器模様が連綿と横に一周続く模様に変化してしまったので、胴の正面と背面に別々の模様を描いていた大型遮光器土偶に応用することができなくなったためと考えられる。このように時に土器の型式変化が土偶に影響を与えることがある。大型遮光器土偶は、ここで消滅してしまってもおかしくはなかった。生き残る変化対応を導いたのは、大型遮光器土偶よりも早く肩～腕部と腰に装飾を限定するようになった屈折像B類土偶と思われる。ただし、大型遮光器土偶の側も、こうした変化にすぐ対応できるよう、既に肩と腰は幅広く、さらに肩のラインは直線的になっていた。このように大型遮光器土偶最大の危機を乗り越えたのにもかかわらず、晩期後葉に突然作られなくなる。

土偶は変化する。

表1

大型遮光器系統土偶の変遷（前半変化を中心とする）

			B1古	B1新	B2 古	B2 新	BC1	BC2 古	BC2 新	C1 古	C1 新	C2古	C2中	C2新	A1
プロポーション	全体	縦に長い			━	━	━	━	━	┅					
		横に広がって寸詰まり								┅	┅	━	━		
	腰	横に広がる									━	━	━	━	━
頭部	頭頂部	橋状把手					┅	━	━	━					
		V字状突起												━	━
	顔部	仮面状					┅	━	━	━	━	┅	┅	┅	┅
	眉と鼻	一続きの隆帯	━	━	━	━	┅	┅	┅			┅	━	━	━
	鼻の位置が上がる												━	━	━
	眼部	沈線による遮光器眼			━	━	━	━	━	━	━	┅			
	口	口の周りの文様（三叉文）												━	
		区画（口と鼻を結ぶ沈線）													━
	顎の区画	直線		━	━										
		3つの弧				━	━								
	耳の位置にある突起		━	━	━	━							━	━	━
	眉、目、口等の隆帯表現上の刻目												┅	━	━
頸部		短い	━	━	━	━	┅								
		無文							┅	━	━	━	━	━	━
胴部	胴部装飾帯	片側二段							┅			┅	┅		
		両側二段								━	━				
		胴部の無文化											┅	━	━
	乳房	大きく、垂れる			━	━	┅								
		小さく、前を向く						┅	┅	━	━	━			
		比較的小さく、垂れる											━	━	━
		周囲に裁痕列						┅	━	┅					
	下腹部	隆起	━	━	━	━	┅	┅	┅						
腕部	腕部	長く、太い			━	━	━	┅							
		短く、太い						━	━	┅					
		短く、小さい								┅	━	━	━	━	━
	手	指の作出						┅	┅	┅					
脚部	脚部 足	長く、太い			━	━	━	━	┅						
		短く、太い							┅	━	━	━	━	━	━
		脚と足の巨大化												━	━
		刻目（指の表現?）												━	━
部位の境に裁痕列							┅	━	━	━					

※上端のB～Aは土器型式名で、細かい時期を示している。
B_2～A_1式まで大型遮光器土偶は存在し、B_2～BC_2式までが晩期前葉、C_1式が中葉（中ごろ）前半、C_2式が後半、A_1式が後葉に相当する。

小型遮光器土偶は、以前の研究では、大型遮光器土偶より古いとして時期差と捉えられていたが（江坂輝弥『土偶』校倉書房、一九六〇）、現在では、大型遮光器土偶存続期間の前半部分に併存するとわかっており、大型遮光器土偶よりも早い晩期中ごろ後半の早い段階で作られなくなる。

3 屈折像B類と結髪土偶の変遷

結髪土偶は、晩期後葉から弥生時代後期初めまでの約八〇〇年もの長い間作られ、誕生時は大型遮光器土偶と併存し、晩期の終わりからは刺突文土偶と併存する。この間、やはり、その他の土偶も作られるが、晩期の終わり以降は、結髪、刺突文土偶の範囲あるいは折衷土偶が多く、全くかけ離れた土偶は稀である。なお、上記の関係から、「遮光器土偶と入れ替わるように現れたのが、『結髪土偶』（図6）と『刺突文土偶』（図8）である」という『土偶を読む』の指摘は間違いである（二三二―二三三頁、図は筆者補足）。さらに、結髪土偶の祖先となる土偶は、晩期中ごろ後半からずっと大型遮光器土偶と併存しているのである。結髪、刺突文土偶とも、大型のものは比較的規格的だが、小型は多様である。大型のものも、大型遮光器土偶のようには規格的ではなく、大型と小型とは完全に分離できない。

結髪土偶の名称の元となる結髪が完成するのは、晩期後葉だが、明らかに同じ土偶がそれ以前から存在する。前にふれた屈折像B類土偶で、結髪土偶に変化するまでは、屈折像姿態をとるものがほとんどだが、この段階でも立像姿態の土偶がないわけではなく、また、結髪土偶に変化してからも屈折像姿態の土偶も存在する。

弥生時代前期末までは、ほぼ縄文土偶の伝統そのままの数が出土するが、中期以降激減し、出土する遺跡が非常に限られ、日本一土偶の多い岩手県でもいったん見られなくなる。この後出土するのは、稲作が行われていた可能性の高い遺跡がほとんどである。刺突文土偶も同様である。なお、私は、竹倉氏の引用するよう（『土偶を読む』二五五―二五六頁）に、水田稲作と結髪土偶が関係あると述べたのではなく、弥生時代になっても縄文土偶の伝統そ

土偶は変化する。

結髪土偶

図6

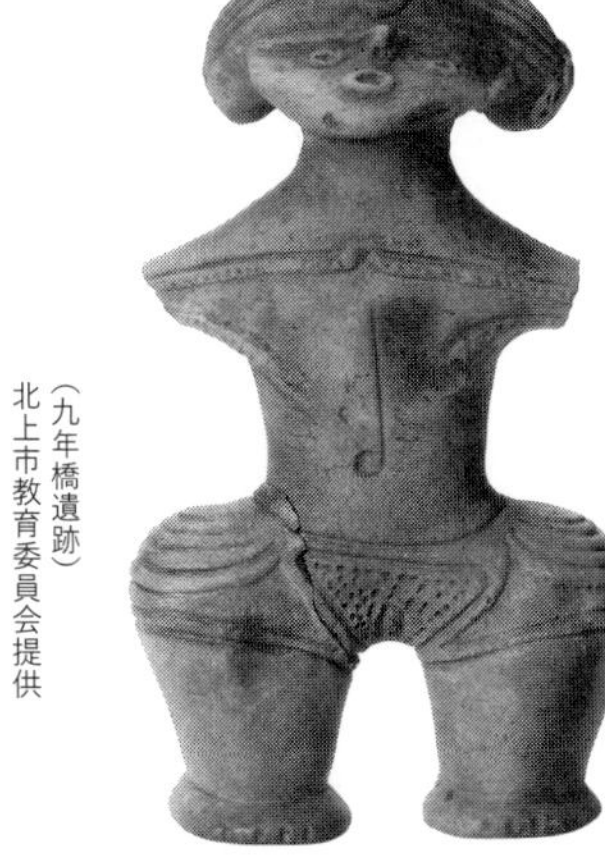

（九年橋遺跡）
北上市教育委員会提供

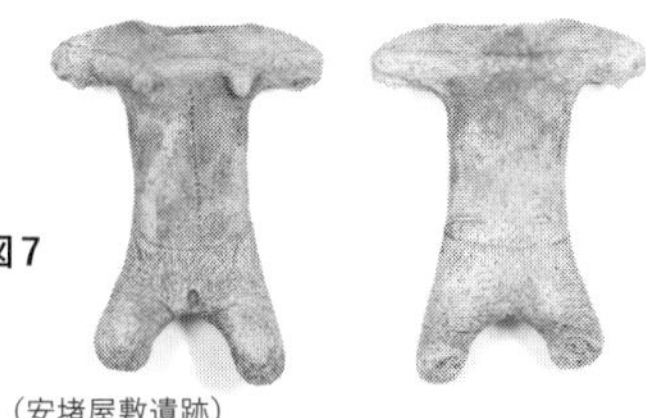

図7

（安堵屋敷遺跡）
花巻市総合文化財センター蔵

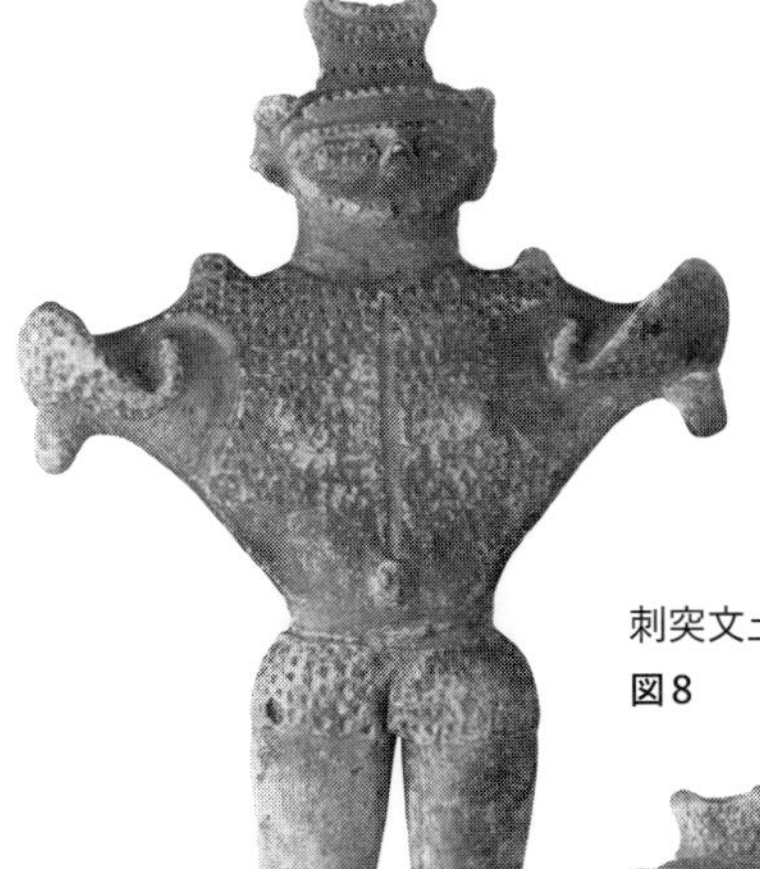

刺突文土偶

図8

（青森県程森遺跡）
東京大学
総合研究博物館

結髪土偶

- 頭部には結髪状表現。
- 顔は上に傾く。
- ほとんどが正中線とパンツ状表現を持つ。
- 背中以外に肩や脇腹にも模様を持つこともあるが、全体的に模様は少なく、裸に近い。
- パンツ以外に刺突が多数施されることはない。

刺突文土偶

- 胴に多数の刺突や縄文を施す。
- 肩に瘤状突起、腕の付け根に「肩パッド」状表現を持つ。
- 背中に模様を持ち、脇腹やその裏にも模様を持つことがある。
- 腰には短パン状表現が見られる。

のままに、人が多いところに土偶は多く、当時そこは人が多いがために水田が営まれた場所であり、「稲作と土偶は共存しない」という通説をわかりやすい言葉で否定したまでである。「稲作と土偶は関連している」という意味ではない。縄文時代晩期の終わりまでは、竹倉氏の引用した分布図に明らかなように、ヤマセが吹いて稲作に向かない東北北部太平洋側にも結髪土偶は多く出土している。

屈折像B類からの変遷を見ていきたい。時期による変化が比較的明瞭な大型について述べる。最も古いのは、青森県宇鉄遺跡出土の晩期中ごろ後半最初に相当する例である(図4)。控えめな屈折像姿態である。遮光器の目だが、身長三三・三cmもあるのに、同時期の大型遮光器土偶とは全く異なる装飾で、遮光器土偶で多用される磨消縄文は施されず、逆にこの土偶を特徴づける正中線やパンツ状区画は既に見られる。模様は時期を追うにつれて限定され、後半の中ごろ、正中線とパンツ以外は、文様は首〜肩に集約される。この頃、二つの乳房が一続きの粘土の貼付で表現されるようになり(図7)、やがて隆帯化し、結髪土偶の乳房に続く(図6)。『土偶を読む』では、結髪土偶の乳房は、従来の考古学者の「読み間違い」で、本当は「内側に折り返された腕」と説明されているが、変遷を見れば、これが「乳房表現」であるということは歴史的な事実と言っていいだろう。乳房が連続して以降、肩が張って直線的になり、それとともに腕も短く痕跡的になっていく。したがって、『「腕がない」ように見える」のもその変遷を辿ると、徐々に短くなって突起状に退化していったことが、モノとしての事実としてわかる。

晩期後葉になると、明確に結髪表現が登場し、結髪土偶の誕生となるが(図6)、強い印象を与える姿態は、これ以前から既に立像が主流となっていて、竹倉説で注目する隆帯状の乳房も既に登場していたことは先にふれた。この段階での大きな変化は、他に、腰に施してきたパンツ状表現の脇に多重沈線が施されて抽象的になること、パンツ内を縄文でなく刺突で埋めるようになること、表裏胴中央に6字文が顕著に見られるようになることである。竹倉説がコメの表現と考察した肩に連続する小円形文も、この段階から見られるが、まだそれほど顕著ではなく前段階に系統性の強い模様も多い。脇腹のつ字状文も登場するが、顕著になるのは次段階以降である。他の時期に比べ変化を比較的多く挙げられるが、個体による違いも大きく全てが一斉に変化するのではないので、この段階の資料が多く発見されていることによる偶然の可能性もある。画期の可能性もあるが、前段階までとの断絶はない。

さて、次の段階が、『土偶を読む』で取り上げられた五郎前遺跡の時期で、乳房は最も形骸化し単純な直線の隆帯となってしまう。竹倉説が注目したもう一つの特徴「上半身が『扇形』」は、この段階以降に見られる特徴である。背中の模様は、これまで両肩に連続していたのが、左右に分かれ始める。口の周りに入れ墨状表現が出現し、以後継続する。首の下に弧線が登場し、正中線と接続して首飾り状表現となる。腰の装飾はさらに変化し多様化する。

その次の段階は晩期の終わりである。乳房は具象化の方向に変化し、装飾は乳房から離れ肩端に限られるようになるが、まだ長いままの垂れ乳である。背中の模様は、さらに顕著に分かれ、間に空白部分が見られるようになるが、これは、この時期顕著になった、ここに施す大柄な6字文の影響かもしれない。首飾り状表現は、上の弧線が直線になってT字状になる。

さらに次の段階で初めて青森県津軽地方では稲作が開始され、弥生時代となる（稲作が既に始まっていた西日本の弥生時代前期末に相当）。乳房は丸い貼付となり（大曲遺跡の弥生時代の結髪土偶など）、「内側に折り返された腕」という竹倉氏の解釈が「読み間違い」ということがはっきりする。弥生時代前期末という時期は、さらに二〜三段階に分かれ、新しくなるにつれ、津軽地方を中心とした西北域と岩手県南部を中心とした南東域では違った様相（地域差）が顕著になり、西北域では奴凧（やっこだこ）のような形が流行し、中期前半まで継続する。南東域では、頭頂部が顕著に平らになり、全体がT字状になるものも現れる。

弥生時代中期になると、南東域では土偶がほとんど作られなくなってしまう。西北域では、数は減少するが、稲作が行われるほど人の多い遺跡では中期前半までは継続する。両腕を大きく横に広げ、不思議なことに、晩期後葉末以降左右に分かれていた背中の模様が、再び連続するようになる。同様に、肩隅に追いやられていた模様が、再び乳房付近まで伸びて区画するようになる。線による模様が多線化するのは、この時期の土器の影響だろう。

弥生時代中期後半になると、津軽地方では大洪水に見舞われることもあり土偶は作られなくなる。ところが、土偶が作られなくなっていた岩手県南部で、津軽の伝統の土偶が見られ、後期初め、その系譜を引く土偶が今度は仙台市付近に出現し、これが最後の縄文土偶となる。このことを前述のように「米が作れるところを追いかけて土偶が移動しているかに見える」と表現し誤解を生んでしまったようだ。

4　刺突文土偶の変遷

胴部に縄文を施す在地の土偶に、晩期後葉に東日本に点在した「肩パッド」(便宜的な指示名称である)が結びついて、結髪土偶の五郎前遺跡の段階に、その祖型のような土偶が誕生し、さらにその次の晩期の終わりに刺突文土偶として完成されたと考えられる(図8)。

刺突文土偶の場合、破片で出土するものが多いせいか変遷も不明だが、具体的な模様の変化以外は結髪土偶とほぼ同じである。肩パッドは、晩期の終わりから弥生の初めにかけて長くなる。『土偶を読む』で解説される「程森タイプ」から「砂沢タイプ」への変化だが、時期変化に過ぎない。同時期、下腹部も無文のものが現れ、ここに二本の平行線を施すものがでてきて、以後一般的になるが、再び刺突文が復活する。これも同時期だが、背中の模様は、大柄な工字状文と6字文が結合したものが多くなる。これ以降の変化は前述したように破片しか出ず不明だが、弥生前期末は、やはり奴凧状のものが作られる。前期末以降小型板状の土偶が多くなり、これも結髪土偶と同じである。中空の土偶は、中期中ばの青森県垂柳遺跡例が最後となる。

このように土偶は、その時々で必要になったモチーフを表現するために、その都度作られたわけではない。ほとんどの土偶は、それまでにあった土偶から、そして、その後の土偶へと時期により変化しており、これは言わば「流行の変化」に過ぎない。土偶史上最も特異で画期となる大型遮光器土偶でも、画期は、大きさ、中空、磨消縄文という三つの条件とデザインの画一性がそろうという点だけであり、各要素自体は、それ以前の土偶の中にあったものであり、何より、その特徴的な目は、月の満ち欠けのように、ゆっくりと数百年かけて変化してきたものである。『土偶を読む』で竹倉氏が述べる、「おそらくは土偶が最も体現しているはずの『縄文の精神性』を語ることができないのであれば、それはわれわれの知の敗北を意味する」（三頁）とは、自身の感性だけで土偶の全てを理解できるという思い込みでしかない。歴史に学ばない現代人の傲慢さそのものだと私は思う。

参考文献

金子昭彦　一九九五年五月　「いわゆるx字形土偶の編年について」『縄文時代』第六号、縄文時代文化研究会

金子昭彦　二〇〇一年二月　『遮光器土偶と縄文社会』、同成社

金子昭彦　二〇〇四年一月　「結髪土偶と刺突文土偶の編年」『古代』第一一四号、早稲田大学考古学会

金子昭彦　二〇一五年三月　「小型遮光器系列土偶の編年」『青森県考古学』第二三号、青森県考古学会

金子昭彦　二〇一五年九月　「縄文土偶の終わり」『考古学研究』第六二巻第二号、考古学研究会

金子昭彦　二〇一六年三月　「瘤付土器に伴う土偶の系列」『青森県考古学』第二四号、青森県考古学会

金子昭彦　二〇一七年三月　「弥生時代の縄文土偶」『青森県考古学』第二五号、青森県考古学会

金子昭彦　二〇一七年六月　『第六八回企画展　遮光器土偶の世界』、岩手県立博物館

金子昭彦　二〇二一年三月　「亀ヶ岡式土偶に関する諸問題―屈折像Ｂ類編年（予察）ほか訂正―」『ＤＯＧＵ』第四号、土偶研究会

dialogue

植物と土偶を巡る考古対談

佐々木由香
Yuka Sasaki

小久保拓也
Takuya Kokubo

山科哲
Akira Yamashina

＋

望月昭秀
Akihide Mochizuki

国宝「土偶」(縄文のビーナス)(棚畑遺跡)©茅野市尖石縄文考古館、茅野市蔵
左ページ左上:国宝「土偶」(仮面の女神)©茅野市尖石縄文考古館、茅野市蔵
左ページ中央:国宝合掌土偶 八戸市埋蔵文化財センター 是川縄文館

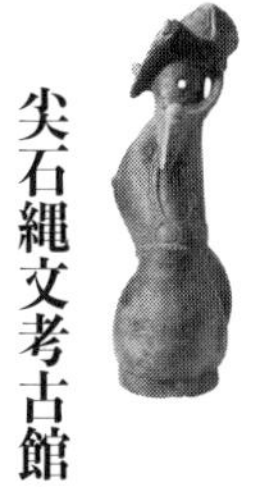

尖石縄文考古館

是川縄文館

植物考古学

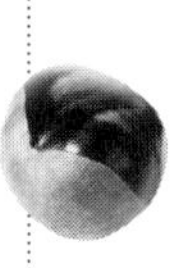

山科哲

やましな・あきら◎1973年、北海道生まれ。茅野市尖石縄文考古館勤務。同館の企画展『ちっちゃい土器の奥深い世界』(2017)、『あさばち縄文人のうつわの作り分け』(2018)、『背中から見る土偶』(2021)などを通じて、これまであまり取り上げられなかった角度から資料を紹介、来館された方々にちょっとした新たな発見をしてもらいたいと思っている。主な論文に「霧ヶ峰黒曜石原産地における黒曜石採掘と流通」(『移動と流通の縄文社会史』、雄山閣)がある。

小久保拓也

こくぼ・たくや◎1976年、埼玉県生まれ。八戸市埋蔵文化財センター是川縄文館学芸員。同館での展示・史跡整備・世界遺産を担当。主な論文に「縄文時代の漆」『JOMON』7特定非営利活動法人 国際縄文学協会(2018)、「青森県における縄文時代墓の諸様相」『列島における縄文時代墓制の諸様相』縄文時代文化研究会(2019)、「土偶(青森県風張1遺跡出土)」『國華』1496國華編輯委員会(2018)、「是川石器時代遺跡での保存・活用、地域との協働」『文化遺産の世界』40 NPO法人文化遺産の世界(2022)がある。

佐々木由香

ささき・ゆか◎1974年、東京都生まれ。金沢大学古代文明・文化資源学研究所考古科学部門特任准教授。明治大学黒耀石研究センター客員研究員。主な著書に「縄文人の植物利用―新しい研究法からみえてきたこと―」工藤雄一郎・国立歴史民俗博物館編『ここまでわかった!縄文人の植物利用』新泉社(2014)、「植物資源利用からみた縄文文化の多様性」『縄文文化と学際研究のいま』雄山閣(2020)がある。

対談は二〇二一年八月にオンラインで行われました。

縄文ZINE
望月昭秀
（431頁参照）

望月　みなさん、今回は（オンラインで）お集まりいただき、ありがとうございます。実際に埋蔵文化財行政に関わる公立館の学芸員の立場として、また大学で植物考古学の研究をされている立場として、現在の研究や博物館の現場のお話も交えて、対談できたらと思います。

『土偶を読む』が出版されてこの間、白鳥兄弟さんがnoteで、矢野健一さん（『立命館史学』第四一号）や安孫子昭二さん（『東京考古』第四〇号）が『土偶を読む』の書評を学会誌に寄稿され、批判していますが、学会誌ではなかなか『土偶を読む』の読者には届きにくい現実があり、なかなかもどかしい。たとえば『土偶を読む』を読んだお客さんから、実際に取り上げられた土偶を所蔵する是川縄文館（合掌土偶）と尖石縄文考古館（縄文のビーナス／仮面の女神）には、「クリなんでしょ」という反応はありましたか？

小久保　こちら（青森県八戸市、是川縄文館）はまだありませんね。山科さんのところ（長野県茅野市、尖石縄文考古館）ではあったみたいですよ。

山科　あったと言いますか、『土偶を読む』っていう本を読んだけど、あれはどうなの？」と、質問されることは何件かありましたね。そのときには「これは仮説のひとつに過ぎなくて、これからいろいろと検証していかないといけないところがたくさんありますね」とやんわりと回答しています。お客さんもせっかく土偶に関心を持って読んでくれた部分もあると思います。そのようなことに対して、あれは違いますよとはあまり強く言わず、でも考古学のこれまでの解釈とはかなり違うところがありますとは言いつつ。

望月　実は僕も何度か聞かれています。一度はあるラジオ番組に出たときにリスナーからそういった質問があり、「皆目見当違いじゃないですかね」と、全然やんわりじゃなく答えてしまいました（笑）。

『土偶を読む』での調査方法は、読むと文献がメインで独立独歩で研究を進めていったという感じなんでしょうか。誰かと共同で調査したり研究会に参加したりしたようではないですね。

佐々木　多分そうですね。『土偶を読む』の植物に関する引用文献はオンラインでダウンロードできるものがほとんどです。ネット検索して、ダウンロードして読んで、それを文献として使っていったのかなという印象を受けました。

望月　それは僕も検証しながら感じていて、結構アームチェア型（※1）研究者だなって、読んで思いました。フィールドで縄文脳をインストール（土偶を読む五九頁）することはあっても、実際に現地に足を運んで実物資料として土偶をどれだけ見ているか……。まあ、わかりませんけどね。佐々木さんの言う通り、『土偶を読む』で引用している文献は調べたらだいたいネットで読めるものばかりで、そういった点では検証も思ったよりも楽ちんでした。

考古学会は閉鎖的で強権的?

望月　『土偶を読む』と、その後のさまざまな媒体での著者の発言では、主張する説以上に、日本考古学界に対する批判が展開されています。考古学界が強権的で開かれていない。古いおじさんたちが支配しているぞ、権威をチラつかせているぞ、と、かなり手厳しく、攻撃的な発言が多い。実際そういうところってあるのでしょうか。

「昭和以降の実証主義を標榜する考古研究の世界では、椎塚土偶を見て「ハマグリに似てるね」などと口にしようものなら、これを幼稚で馬鹿げた非学問的態度だとする父権的な空気が支配してきたのであろう。」（土偶を読む三三二頁）

「私から見ればむしろ滑稽な、そうした生活感覚から乖離した権威主義をどうやってぶっ壊してやろうかと考えていました。学問や知性というのは、いわゆる「専門家」だけのものではないし、ましてや肩書を傘に権威をチラつかせるおじさん達が独占してよいものではありません。」（連載「自由人のたしなみ」Vol.9『土偶を読む』の竹倉史人が考える〝縄文〟とこれからの知性」、TOKION）

山科　もしかしたら、そう感じる局面はあるかもしれません。学生時代を思い出すと「○○先生のところの学生さんだね」というように覚えてもらったり、いろいろ声をかけていただいたりすることはありますから、徒手空拳だと「誰？」みたいなことはあるかもしれないですね。

とは言っても、例えば日本考古学協会の総会なら、発表は誰でも聞きに行ける。もちろん、発表する側、つまり日本考古学協会の会員になりますと言ったら、多少なりとも業績が必要で、場合によっては推薦も必要になるということでパスフリーではない。ですが、それは別に考古学に限った話じゃないですよね。研究業績を発表する場として圧倒的に閉鎖的ということはないと思うんです。ただまあ、さっき話したようなかたちでちょっとしたコミュニティができちゃっているとも言えますので、入りにくいと感じることはもしかしたらあるのかもしれません。

小久保　研究会はわりと発表しやすいと思うんですが、学会になると査読がある場合も。

望月　場所を選ばなければ発表しようと思えばできなくはないですよね。しかし、誰かがそういった権威をチラつかせるような対応をされたのでしょうか、多少は調べたのですがわかりませんでした。

『土偶を読む』は、当初はいろんな人に見せたと書かれていますが、見せたといっても誰かの意見で研究が進んだという感じは特にないようです。これはもしかしたら意見を聴きに行くというよりも、説自体の承認をもらいに見せて回っていたのかもしれません（参考：本書二三七頁）。であれば、（内容が内容なので）相手にされないのは当たり前で、その対応が竹倉さんの目には研究者が強権的に映ったのかもしれません。その過程で竹倉さんの中で、学会や考古学の界隈での発表は「違う」っていう感じになったのかなという気もします。

小久保　何でも当てはまりますが、その学問分野の基本的な方法論を一通り理解していないと、同じように話ができない（議論として成立しない）ことは多いですよね。そういったことでも閉鎖的と思われたのかもしれません。型式学や編年も、さらに最近は自然科学の分析の方法とか、その解釈の仕方まで理解していないと会話が成り立たないことが多分にある。ですが、それをもって閉鎖的と言われてしまうと厳しいです。今まで学界で積み上げてきた土台（共通前提）がないと、研究としては話ができないということを、勘違いされてしまったのかもしれません。

望月　僕もまったく素養がない中で縄文のことを扱った雑誌を作ったり取材をしたりしたので、最初は、いや、今でもその辺は苦労しています。また最初は結構警戒されてもいました。写真を一枚借りるにあたって、一体何を作るんですか、どういうものですか、内容と誌面を見せてくださいなど実際に言われたこともあります。それは閉鎖的や強権的というよりは、そりゃそうだろうなと。どこの馬の骨かわからない人間が、雑誌を作るっていうけど、なんのこっちゃと。

でも『縄文ＺＩＮＥ』（※2）を出し、こういうものだよと知られてからは、みなさん優しいというか受け入れてもらって、そこまで敷居の高さを感じたことはあまりないです。毎回、取材にかこつけて、変な質問ばかりしているのに。

もちろん『縄文ＺＩＮＥ』は「研究」ではないので、『土偶を読む』とは違うと思いますが。研究者ではない、まったくの門外漢の方からの論文や発表は、現状ではあったりしますか？

小久保　実際あまり聞かないですよね。それぞれのフィールドを持っていて、研究者はお互いに知っている関係でもあるので、突然（発表に）現れるような人はあまり聞きません。この人、こういうこともやるんだという驚きはあったりしますけど。そう考えると、なかなかハートが強いですね、こういった新説の（書籍による）発表は。

日本考古学会は男性社会で、土偶は男性のおもちゃ？

望月　ＷＥＢメディアのインタビューでは、さらに考古学、日本考古学界は男性社会で、土偶は現代の「男性の道具」になっているんだということも言われています。これも結構な言われようです。

「縄文土器と同様、土偶も多くが女性の手によって作られたものだと思います。土偶のモチーフが植物や貝であるのは、まさにそれが栽培や採集といった女性の生業と関係しているからでしょう。つまり土偶は女性たちの生活の道具だった。しかし、これまでの研究者を見てください。ほとんどが男です。そして男たちが勝手に土偶を神秘化して願望を投影したり、あるいは逆に官僚的なやり方で土偶を徹底的にモノ化してカタログを作って満足する。土偶に対するロマンティシズムとフェティシズム、いかにも男性がやりそうなことですね。私の研究成果の批判も結構ですけど、その暇があったら税金使ってやってきた自分たちの土偶研究がどれほどのものなのか、ぜひ検証してみて欲しいですね。」（連載「自由人のたしなみ」Vol.9「『土偶を読む』の竹倉史人が考える〝縄文〟とこれからの知性」、TOKION）

「古代には女性たちが製作・使用していたであろう生業の道具＝土偶は、こうして現代の男性研究者・行政官たちの手に渡り、今度は彼らのフェティシズムとロマンティシズムが投影される「男性の道具」と化した。」（第43回サントリー学芸賞　竹倉史人「受賞のことば」〔社会・風俗部門〕）

もちろん研究者を見ると男性が多いのは多いですが。佐々木さんのように女性も活躍されていますし、認知考古学という隣接する分野を引っ張っている女性研究者もいます。ジェンダー考古学という分野もある。博物館に行くと学芸員さんも女性の方が結構いるなと思っています。日本社会全体が男性中心の社会からなかなか脱せない中で見れば、考古学の世界だけ異常に男性の割合が多すぎることは、今はそこまでではないかなと思うのですが、みなさん、そのあたりはどうでしょうか。

佐々木　最近は確かに。小久保さんのいる是川縄文館でも女性の学芸員さんがいらっしゃいますし、女性が増えてきたなと思うんですけど、私が就職したての二〇代後半は、埋蔵文化財行政機関に行っても、職員さんは九割五分くらい男性でした。私たちの世代は就職氷河期で同世代がいなかったというのも大きいですけど、ほとんどの方が「年上のおじさん」っていう感じは、ありました。現在でも男性の方が多いんじゃないかな。考古関係者に男性が多い主張は間違ってはいないと思うのですが、もしそのことを指摘するのであれば二〇年前頃の話という感じですね。大学院生も前までは男性の方が多かったですけど、最近は女性の方が多いです。望月さんが言われていたように、最近は女性の文化財職員や教員、学生も増えてきていますね。

望月　過去の研究史で登場する研究者や、学会で発表をしている方は男性ばかりだ、とかそういうことを言われているのかなと。

佐々木　うーん、そうかもしれないですね。確かに自然科学系の学会に行くと男女比は半々くらいですけど、考古学のシンポジウムを開くと、圧倒的に男性が多い。壇上に並ぶときも一〇人の中に私一人女性ということはいまだにあるので。そういうところを切り取られたら、確かに男性だけで女性はいないと映るのかなと思いました。

だいぶ変わってきているとは言え、現実的に女性は確かに少ない。ただ、男社会というほどではないと思います。

小久保　土偶研究は埼玉考古の小野美代子さんとか、真摯に研究されておられる女性の研究者が昔からいるフィールドだと思うんですよね。だから男性がその道具に使うような、そういう研究材料ではないとは思うんですけど。私はまったくの思い込みというか偏見だなと、その一節は思います。

望月　そうですね、「土偶に男性の想いを勝手に反映している」といったちょっと「気持ちの悪い人たち」の集まりのような言われようは、今まで考古界隈を取材してきた中で、あまりにもピンと来なかった。どちらかと言えば皆さんなるべく感覚的なコメントは避けているように見える。フェティシズムとロマンティシズムというよりはこんな細かいところまで見ているの?!　という偏執的（パラノイド）な方はいたかもしれませんが（笑）。

佐々木　考古学は権威主義で男性社会、非常に凝り固まった学問であるというイメージを作ったうえで、そうじゃなくて自分はこういう説を自由に言っているんだという構図にしたかったのでしょうかね。

望月　もしかしたらこれで考古学をやりたい女性が減ってしまうかもしれないので、そんなことないですよ、と、僕からは言っておきます。

女性とか男性とかじゃなくて、興味深い研究をされている人はされていますし、あまり性別は関係ない。ただ、シンポジウムや講演会に行くと中高年の男性がすごく多い。女性ももちろんいるけども。

佐々木　各地の発掘作業員さんは女性が多いところも多いと思います。

望月　作業員さんは絶対に女性が多いですよね。かなりベテランの方もいて、以前発掘作業のお手伝いをさせてもらった時には色々教えてもらい、すごく勉強になりました。

今後、もっと女性の研究者が多く出てきてほしいという感覚はありますか。

小久保　女性が男性がということではなくて、研究は難しいけれど、みんなで進めて行けたらいいよなとは思います。

望月　しつこいですが、佐々木さんは女性であることが研究することの妨げになったりしたことってあったりしたんでしょうか。

佐々木　妨げになったこともあるし、なかったこともあります。女性であったことがプラスだったこともあるので、それは男性でも同じことじゃないかなと思います。

望月　妨げになったことって具体的に聞けますか。

佐々木　学問っていうか、そうですね、セクハラ的な発言をされたりする方は結構いました。

望月　ダメですね。

佐々木　世間一般的にありがちな発言なので、考古学だからということではないと思いますが、結婚されて、女性研究者で考古学をされている方がフィールドに出ていると、旦那さんを疎かにしてとか、男性の研究者には言わないのに、女性には言ったり。

最近はそういったことはなくなりましたね。みなさん気にされていると思います。今は山科さん、小久保さん世代の方が一線をはっていらっしゃるので、男女関係なく研究していく雰囲気が広まってきていると思います。

土偶については誰も答えられない、何もわかっていない、そして土偶の専門家はいない？

望月　土偶については誰も答えられない、何もわかっていない、土偶の専門家はいないということも言われていますが、実際にはどうでしょうか。

「一三〇年以上も研究されているのに、いまだに土偶についてほとんど何もわかっていないというのは一体どういうことなのだろうか。（中略）みんなが等しく土偶について『何もわからない』。」（同書二頁）

小久保　何もわかっていないことはないですね。八〇年代九〇年代に集成研究がなされて、先生方が総括を一回されています。例えば小林達雄（※3）先生が多角的な視点を持って一つの論に固執しないで科学的な研究をするべきで、個々人の研究テーマだけでなく、全体を見ることや、他分野の学問や民族例もちゃんと視野に入れていくべきだと（建言され）了解が得られている状況で、土偶だけをやりますというのはあんまり建設的じゃないと、みなさん考えていると思うんですよね。

望月　そうですね。土偶の研究としても、それに付随することがあまりにも多すぎて、「土偶だけ」を調べていくというのはあまり意味がないことは、はたから見ても思います。

専門知について

望月　専門家の役割についてですが、『土偶を読む』刊行後に、専門家や専門知について批判があり、サントリー学芸賞の選評でも「専門知というのはときにあてにならない」と言われています。竹倉さん自身も「原発」を引き合いに出して専門家を批判している。

「「土偶を読む」をこのようなかたちで世に問うことになった背景には、実は、3.11の原発の問題をきっかけに生まれた専門知に対する不信感があります。
市民がいくら原発の危険性を指摘しても、専門家たちはそれを「素人の意見」としてまともに取り合おうとはしなかった。しかし、絶対安全と言われていた原発はあっけないくらい簡単にメルトダウンにいたった。専門知も専門家も間違いなく必要です。でも、専門知がわれわれの生活を向上させる実践知に還元されず、既得権益として密室の中で独占されている。このような専門知のあり方が色んな分野で残っている。」（「『土偶を読む』の裏テーマは専門知への疑問　『素人』と揶揄する風潮に危機感」、朝日新聞 GLOBE ＋）

こういった批判です。もちろん原発の安全性を謳った専門家はもちろん批判されるべきだと思います。

実際には「絶対安全」ではなかったわけですから。が、これは専門知というよりは政治的な批判をするべき案件ではないでしょうか。御用学者批判ならわかるけど専門知批判としてこの例えは妥当ではないように思えます。政治的なバイアスがはたして考古学者にあるのか。そもそも考古学の専門知の既得権益とはなんだろうかという疑問も。一方で、「専門知がわれわれの生活を向上させる実践知に還元されず」はその通りの部分もあるのではと思います。だからこそ『土偶を読む』のような説が「正しい説」かのように流通してしまったのですが……。

山科 専門知が一般に普及していない（還元されていない）という点では確かにそうですね。『土偶を読む』が刊行されて、最初に、白鳥兄弟さんのnote記事を読んだときに、最後にそういうことが書かれていたと思うんですよね。それはやはり自分自身を振り返る点でもありました。

「そうした読者層が一般的な考古学ファン・縄文ファンよりもずっと多かったのだとすれば（本書がベストセラーになったということはおそらくそうなのだろう）、我々がこれまでに行ってきたいわゆる『教育普及活動』というものが果たして適切だったのかという点を、もう一度しっかりと考え直した方がいいのかもしれない。」（白鳥兄弟「竹倉史人『土偶を読む』について」）

望月 専門的なことって、結局のところ、専門的な事柄なんだなと思います。だから専門家という存在がいる。もちろん誰が何を言っても良いわけですし、それを発表する自由はあると思うのですが、それに対して「違いますよ」とか「そういう考えもあるかもしれないけど、現在の研究では妥当性は低いですよ」という話をすることも専門家の役割なんじゃないかなと思います。専門分野に関する世間の認知について、専門家というのは、社会のアンカー、「錨」のような役割もあるのではないかなと。決して自由な考えを束縛するものではなく。

山科 話がずるくなってしまうかもしれないですが、『土偶を読む』が刊行され、いろんな人がここ（尖石縄文考古館）に聞きに来る中で、私の周りにいる諸先輩方の中には、「ああいうのは無視していいんだよ」というような言い方をされる方もいます。個人的にはこれだけ版を重ねている状況でずっとだんまりというか反論しないというか、それはどうなんだろうと思っていました。でも私も意思表示していない〝ずるい〟状況下で、望月さんが最初にnoteを書いて（望月二〇二二）、白鳥兄弟さんが書いて（白鳥兄弟二〇二二）、その後、矢野先生の書評（矢野二〇二二）が出たときにやっと誰もが専門家として認める方が書いたと安心してしまったところが正直ありました。

望月 実際、無視する方も多い。こういうのは騒がず放っておくのが「吉」と言われる方も多かったです。それもそうだなと、一つひとつ精査していられないですしキリがない。もちろんそういった考え方も正しいと思いますし、納得しています。それでも皆さんとこういった対談をして、こういった本を作っているのですが（笑）（参考：知の「鑑定人」本書四一三頁）。

小久保 そう判断される方がいるのは当然だと思います。ただ、専門知の役割としては、積み重ねの中で考古学は進んできた部分がたくさんあるんだよというのは知ってほしいところです。優れた研究者が一人いて、成果がまとめられていくこともたくさんあるんですけど、研究者たちそれぞれの研究の持ち寄りによって、あるいは研究ではなくて報告書をきちんと出すという積み重ねによって、日本全国の考古学がだんだんと前に進んできているっていう。専門知の下支えは考古学研究者の基本的な研究姿勢、まっすぐな研究姿勢で支えられているっていうのは常に感じますよね。

望月　無視するよりも、本書のようにこうやってちゃんと向き合う姿勢は『土偶を読む』からも評価してもらいたいくらいですね。

小久保さんも言われるように縄文の研究は今も進んでいるとは思うのですが『土偶を読む』からはこのように散々です。

「今日の土偶研究の停滞を招いた」（土偶を読む三二一頁）

「それはわれわれの知の敗北を意味するであろう」（同書三二頁）

小久保　停滞はしていません。一方、現実として人口が減っている社会で、大学のポストも減ったり、我々のような埋文職員も人員が減ったり、そういった中で同じような水準、同じようなやり方で維持していけるのかというのは、いろいろ不安もあるのかなと思います。そういう不安感は自然と今の学生さんたちはもっと感じていると思うんですよね。将来的にこの仕事を続けて行けるんだろうかという。始めてもいないのにそのような不安にかられて、始める前から諦めてしまう人が増えているような気もします。そういった意味では、今、難しい時期に入ってきているのかなと。私たちが学芸員採用を目指した頃はポストというか就職ができなくて大変だったんですけども、今は別の悩みがあるんだなと思いますね。

土偶を読むをどう読む？

望月　ここからはみなさんが『土偶を読む』の説についてどう思われたか聞きたいと思います。

佐々木　『土偶を読む』が出たとき、「植物の精霊なんだ」と思った程度で、ずっと読んでなかったんです。今回読んでみて思ったのは、まず先ほど小久保さんから学問は積み重ねの中で進んできているとのお話がありましたが、植物考古学も同じく積み重ねて現在の新しい議論があるわけです。それが、自説にとっていいところだけカットして、最近こういうふうに言われている、植物の資源利用と土偶が結びついた！　ということが全般的に書かれていて、なんというか「植物考古学ってそんなポッと出の学問だったんだ」みたいな感じを受けましたね。堅果類について書かれていますけど、最近の植物考古学の研究で注目されているマメ類やエゴマをはじめとしたシソ属の圧痕があります。これらは縄文時代中期の土器にたくさん痕跡が、特に中部高地では見つかっているんですけど、そうした植物は取り上げない。最新のことを書いているようで、最新のことはあまり追ってくれていないところも、私的にはショッキングな本でした。

植物が土偶のモチーフで新説というからには、植物考古学のこともある程度読んで知ってくださった

図4・土偶をめぐる統計データ　竹倉作成

	時代区分	絶対年代の目安（年前）	各期の年数（年）	出土した土偶の点数	出土指数	推計人口（人）	需要指数
1	草創期	16500～11500	5000	3	0	n.d.	0
2	早　期	11500～7000	4500	50	2	20100	9
3	前　期	7000～5470	1530	134	17	105500	14
4	中　期	5470～4420	1050	5405	1000	261300	344
5	後　期	4420～3220	1200	3675	595	160300	334
6	晩　期	3220～2350	870	3774	843	75800	1000
計			14150	13041			

図1　『土偶を読む』37頁より引用

うえで結びつけてほしかったなって。一般向けの本だったからなのかもしれないですが、結びつけているネタは結構古いです。

山科　確かにマメやエゴマに触れていないっていうのはちょっと不思議な感じはしましたよね。

望月　個別の土偶の話に進むその前に、土偶の出土数や人口に関する図（図1）のことについて。

これは「竹倉作成」と書いてありますが、土偶の出土数は歴博の九二年のデータをベースにして、それに三内丸山の土偶二〇〇〇個を付けたと注釈には書いてありますね。土偶の出土と、また出土から何かを考察するのはありなのかもしれないですが、土偶の出土ってすごく偏りがあるので、そこを考慮しないと難しいですよね。三内丸山と釈迦堂の二遺跡だけで中期の土偶の数が約三〇〇〇個あって、中期全体の出土数の半分以上を占めているわけですから。そこは違う観点が必要なんじゃないでしょうか。推定人口の増減も現実にどこまで則しているか。

山科　推計人口は一九八四年の国立民族学博物館研究報告の「縄文人口シミュレーション」だと思います。少し細かい話になりますが、図1の推計人口、その論文のデータの場合は北海道を含んでいないんですよね。ですが、この土偶の点数は歴博の九二年のもので、これは北海道の分も含んでいます。だからそうするとその辺のデータが実は合ってないと。

望月　北海道を含めていないデータと含めているデータを比べてしまっているんですね。

山科　それに『土偶を読む』では、三内丸山遺跡の土偶の数は足しているのだけれども、推計人口の元の論文は三内丸山遺跡が発掘される前ですし、推計人口の論文が発表された八四年時点と、土偶の集成が行われた九二年の間にもかなりの数の遺跡が調査されているかと思います。私もその遺跡数を数えたわけではありませんが、『土偶を読む』でも新たに見つかった遺跡数を加えて推計人口を割り出し直した、ということではなさそうです。つまり参照しているデータが、一方では土偶の数を計上したもの、他方ではその土偶が出土した遺跡の数は計上していないもの、という妙なデータになっています。もっとも出土指数や需要指数を大掴みするため、ということでそこまで精度を求めていないのかもしれません。

望月 実際、新しいデータが出ていないので、仕方がないのかもしれませんね。ここで割り出している人口っていうのは、遺跡の数で割り出しているんですか?

山科 そうですね、いろいろと複雑な計算過程があるようですが、ベースは遺跡数です(※4)。

望月 後期以降は住居址が見つかりにくいのもあって、人口を考えるときに遺跡や住居の数で想定するよりも実際はもうちょっと多かったんじゃないかという話もあります。

山科 やっぱり人口がどれくらいだったか、というのはなかなか難しい話です。一九八四年の論文についても竪穴住居の数で土師期と縄文時代で五対一であること、土師期の住居の床面積の方が約一〇パーセント大きいことが示されていて、それに基づくと人口比は五・五対一になって縄文中期の人口を計算し直すと約三四万人になる、という指摘もあります(小泉一九八五)。

データの恣意性――クルミ、トチノキ、クリ、サトイモの痕跡をデータから考える

望月 気を取り直して、土偶と食用植物の関連ですが、『土偶を読む』冒頭(四頁)で、「そのときに使われていた主要な食用植物を土偶のモチーフにしている」と定義をしたにも関わらず、実際それが当て

はまるのって二つか三つくらいで、その二つか三つも範囲がものすごく広く、それが当てはまったとしても、ほとんど関連性が見いだせない。

たとえばトチノキですが、これはすごくメジャーな植物であっても、中部高地の縄文中期でトチはすごく違和感を感じる。『土偶を読む』では西の方からトチのアク抜きの技術が中部高地にもやってきて、縄文中期にはかなり定着していたということが示されていると思うのですが、トチってもう少し時代が後ですよね。

佐々木 中期の中部高地ではトチノキが利用された痕跡はほとんどないですね。むしろクリやクルミの方が圧倒的に木材資源としても食料資源としても使われていると思います。中部高地に後期の遺跡が少ないので、解釈が難しいところではあるんですけど。分布も何を参照されたのかわからないのですが、出土分布と違うところが多々あるので、資料を作ってきたのを共有してもよろしいでしょうか。

資料の元になったデータは、国立歴史民俗博物館（以下、歴博）の「日本の遺跡出土大型植物遺体データベース」（https://www.rekihaku.ac.jp/up-cgi/login.pl?p=param/issi/db_param）です。歴博に所蔵している報告書に限られますが、二〇一八年段階までの各地の埋文調査報告書で出ている遺跡です。

縄文時代の遺跡から出土するトチノキ（図2）は四国、九州からの出土は少ないですが、道央から本州全般にみられて、現生の分布では東北や北陸に多いです。ただ長野や山梨がぽっかり抜けています。長野県では中期の確実な出土例が一件しかありません。これは歴博にある報告書で作ったデータベースのために漏れている事例があると思いますけど、中期にトチノキが中部高地に多いということはありません。北陸や東北の太平洋側に中期の遺跡からの出土例が多くて、実際東北では中期のアク抜きの施設

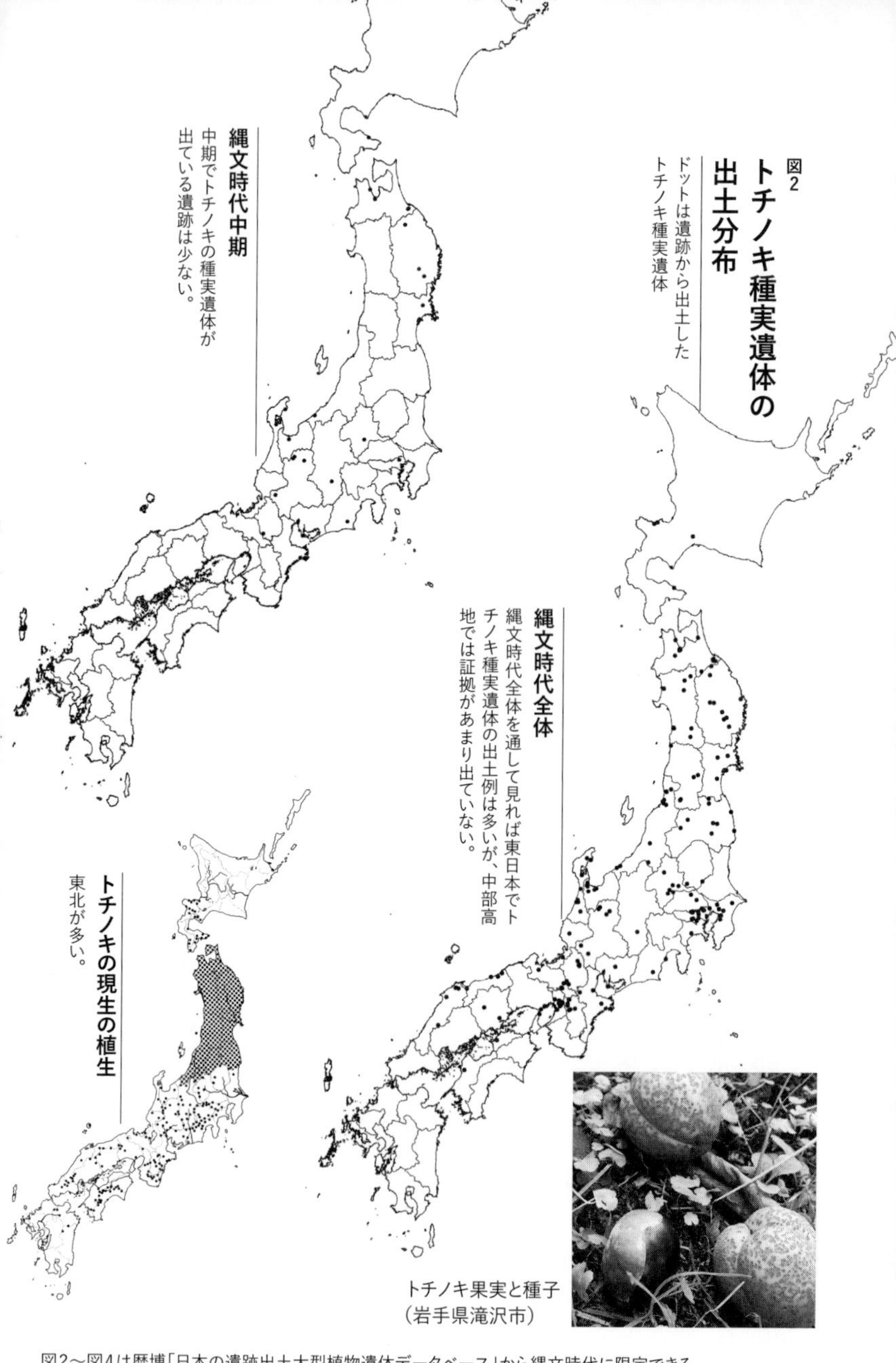

トチノキ果実と種子
(岩手県滝沢市)

図2～図4は歴博「日本の遺跡出土大型植物遺体データベース」から縄文時代に限定できる出土例から作成(データは2016年3月までの登録報告書から作成)(石田ほか2016)
現生の分布は倉田(1964)を一部改変(佐々木作成)

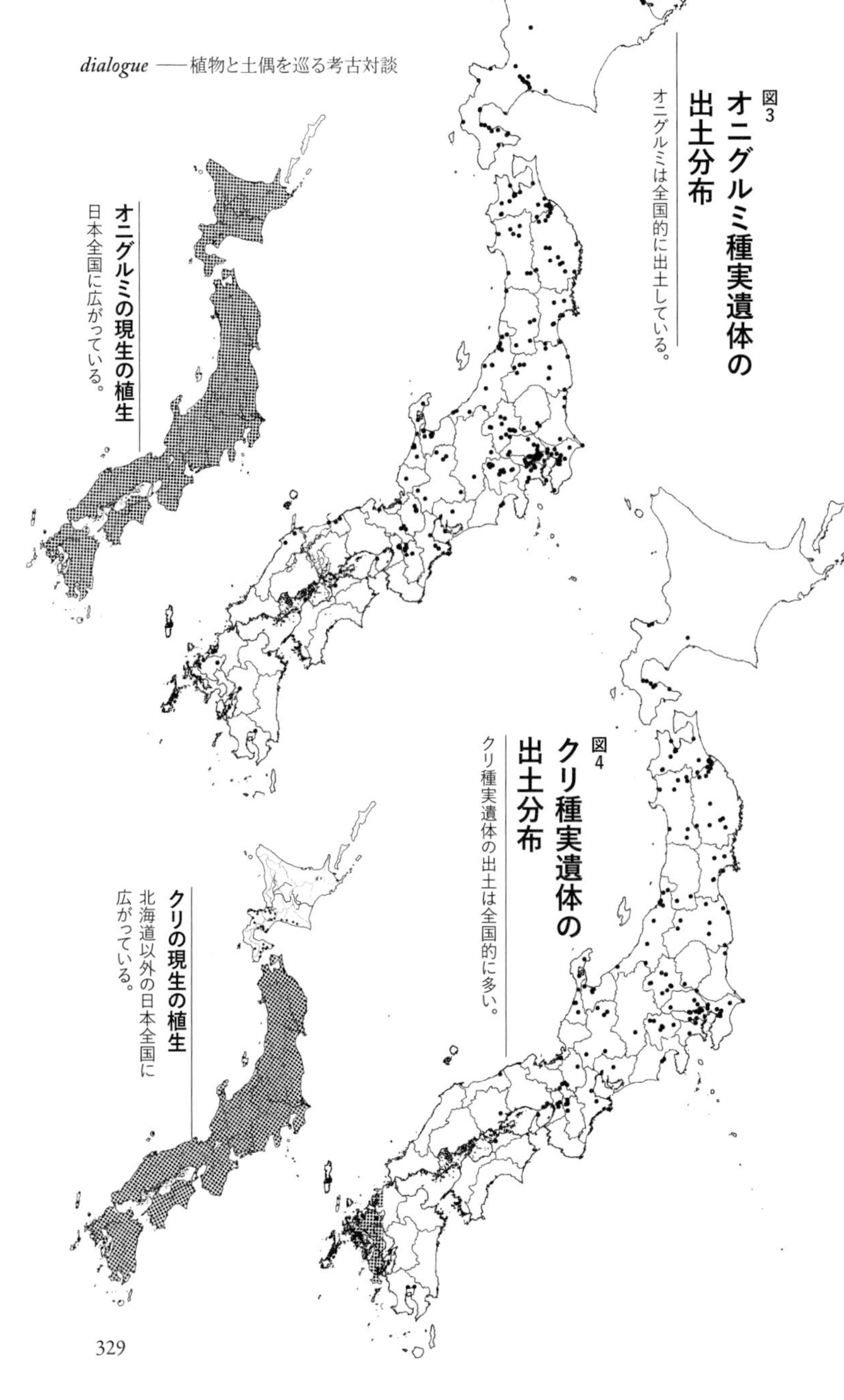

図3
オニグルミ種実遺体の出土分布
オニグルミは全国的に出土している。

オニグルミの現生の植生
日本全国に広がっている。

図4
クリ種実遺体の出土分布
クリ種実遺体の出土は全国的に多い。

クリの現生の植生
北海道以外の日本全国に広がっている。

が残っています。ただそれも中期前半ではなくて中期後半です。

クルミ（図3）は、北海道から九州まで出土していますし、現在の分布でも日本列島は島しょ部を除いて全国に分布すると倉田一九六四の文献でも書かれています。

望月　『土偶を読む』では、ハート形土偶が集中的に出土しているところが日本有数のオニグルミの里だったというふうに書かれているんですが。オニグルミの里はもっといっぱいあったということでいいんでしょうか。

佐々木　クルミ自体が東日本のどこに多いかって言われると、どこからも出てきます。クリ（図4）も北海道から九州まで出土例がありますし、クリの本格的な利用は前期からかなという感じがします。定住化とともに出土例が増えています。

望月　クリ、クルミはどこでもある感じですね。

佐々木　そうですね。東日本に出土例が多いことは確かですが、特定の地域に偏ることもないです。

オニグルミは旧石器時代から利用例があります。弥生時代にもありますので、どこが「オニグルミの里」かと言われると難しいと思います。中期後半以降にクルミ塚といったような低地で集中的に利用された痕跡が確認されるので、大量な加工の痕跡が見えていると言えるかもしれないですけど。前期、中期以前は低湿地遺跡（※5）があまりないので、塚状には確認されていないですが、定住する前も利用していた食料資源です。時期で言えば、『土偶を読む』に登場する土偶は中期以降に偏っていますが、縄文時代の最初の頃、草創期や早期には植物の精霊はいないのかなって。草創期や早期にもクルミの利用が確認されています。

図5 付着物の形態学研究から明らかになった植物

土器内面に付着

1982年出土

炭　化
調理の痕跡を示す

種は不明

2013年研究開始

2015年

ツルボと同定

1cm

■土器で調理・加工

福井県若狭町鳥浜貝塚

佐々木（2014）を一部改変

ツルボの球根（鱗茎）。断面はバラの花びら状に鱗片が重なる。デンプンを多く含むがシュウ酸を含むため、食用のためにはアク抜き必要。（佐々木提供）

次にサトイモですが、実証できていないものを無視してはいけないという話も確かにその通りですが、サトイモ自体がまず南方の植物ですので、本州に存在している可能性は低いと思います。むしろ最近種類が解明されている、鱗茎（りんけい）はどうでしょうか。土器内面の付着炭化物に玉ねぎ状の同心円状の痕跡がたくさん見つかっていて、それは前期くらいから多いのですけど、植物考古学的に分析したところ、ツルボという食料資源とわかりました。これはデンプンがたくさん含まれていて、土器の中で煮沸をしていたことがわかってきたんです（図5）。

望月　ツルボという植物があるんですね。

佐々木　日当たりがいいところに群集して生えています。これまでノビルやアサツキと言われていた鱗茎が、ツルボだったことが植物組織学的な研究でわかっています。

望月　ツルボの渦巻きが、そのまま炭化物として土器に残っていますね。

佐々木　そうです。サトイモも例として輪切りの写真が『土偶を読む』の中にも（土偶を読む二九六頁）ありましたが、バラの花びら状に鱗片が重なるのはツルボの特徴です。ノビルやアサツキは同心円状で、異なる形です。

三つの鱗茎の断面模式図（図6）を見てみますと、一番右側がツルボ（茎は少しピンクがかっている）で、一番左側

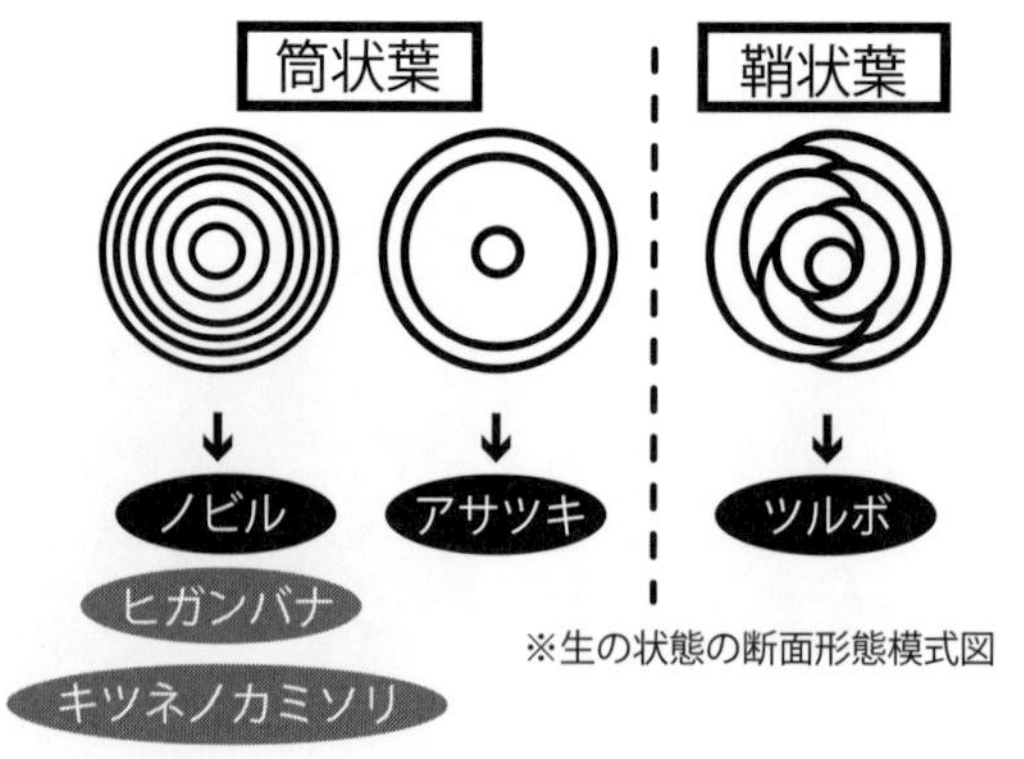

筒状葉　鞘状葉
ノビル　アサツキ　ツルボ
ヒガンバナ
キツネノカミソリ
※生の状態の断面形態模式図

図6　ツルボとアサツキとノビルの断面模式図

（佐々木作成）

がノビルで、中央がアサツキです。土器に付いているのは、ことごとくツルボだったことが今のところわかっています。ツルボ自体が炭化して残っている例もあり、一番古いのは草創期から、一万二五〇〇年ぐらいからですかね。晩期まであります。弥生時代にもあります。ですから鱗茎だったら実際証拠が出てきているので、植物考古学的にはわかりますが、サトイモはわからない。

望月　遮光器土偶をツルボだと言ったら植生としたら「ある」と言えるんですね。やはりサトイモは植生からは考えづらいのでしょうか難しいのでしょうか。

佐々木　サトイモは南方、亜熱帯の植物なので、南九州はありうるかもしれないですけど、植生を考えると厳しいと思いますし、『土偶を読む』では、今後のデンプン分析に期待したいということも書かれていましたが、デンプン分析も東北で既にそれなりにやられていると思うんですね。それでもサトイモは全く検出されていないことを考えると、日本列島の縄文時代の遺跡で、出ているもので考えた方がより蓋然性が高いのかなと思います。

望月　ちなみに『土偶を読む』では、その寒さで種芋が冷えて腐ってしまうから、種芋に魔が寄らないように、種芋と遮光器土偶を一緒に埋めて見守っていたんだという想像が書かれていました。

「となると、遮光器土偶はサトイモを腐敗させる病魔の侵入を抑制する〝見張り番〟として、サトイモとともに仰臥の姿勢で土中に安置されたのではないかというシナリオが浮かび上がってくる。」（土偶を読む三〇六頁）

小久保　是川中居遺跡では、クルミとトチの殻の層から土器や土偶が破片となって出てくるんですね。これらは送られたものかもしれません。もちろんサトイモは出ないですし、そういった出土状況は種芋と一緒に埋めるという想像には繋がらない。石皿の残存デンプン粒は東京大学史料編纂所の渋谷綾子さんに調査してもらったら、是川では検出されなかったですね。最近おこげの分析もしてもらってますが、佐々木さんどうなんでしょう。同位体で出るような組成でしょうか。

佐々木　同位体分析ですと、サトイモはC_3植物（※6）に入ってしまうので、他の木の実と区別できません。

小久保　あ、C_3だから一緒になっちゃう。遮光器土偶とサトイモですが、私はそうした情報がないものを証明するのが不可能な感じはするんですよね。ないことを証明するのはちょっと難しいよねっていうのが正直な感想です。

あとはやっぱり土偶の型式編年を元に研究しているので、土偶を個別に見ていただくだけではなく、姿形の変化を整理して時系列でも検討していく中で突然クリからサトイモに変わるのもどう説明できるのだろうかと思いました。

望月　結局、中空土偶から遮光器土偶と繋がってますもんね。紡錘形の手足っていうのは。

小久保　そうですよね。

佐々木　サトイモがもしあったとするならば、土器圧痕から見つかる可能性があると思うんですね。生の遺体でイモ類はなかなか残らないので。まだ是川中居遺跡では土器圧痕分析を本格的にやってないのでわからないですが、ノビルとツルボなどの球根は、掘り出すとちっちゃい小芋のような球根が脇にいっぱいくっつくんですね。そのちっちゃいものが関東地方の縄文土器に入っていて、それが同定されてます。ですので、今後の分析によってわかる可能性もある。ただ、実証や可能性の根拠がないと想像の範疇なのかなと思います。

望月　しみじみ「新説」は佐々木さんのような植物考古学をやられている方と一緒に研究したら良かったと思いますね。

佐々木　否定しようと思ったら……ヒエも。ヒエが縄文時代にあったとは誰も言っていないですよね。縄文のヒエは縄文ビエっていう丸いタイプで、栽培種のヒエより小さい形をしています。『土偶を読む図鑑』に載っているヒエはこういうふうに丸まっていますけれど（図鑑五七頁）、イヌビエってバーっと穂が出ているので、そもそも形が違う。

イネは、小久保さんに解説していただいた方が良いと思いますが、まず時期が違いますよね。『土偶を読む』で言われている土偶（結髪土偶）の時期と、東北地方から確認されるイネの時期がまったく違う。

小久保　はい、違います。その上で、過去に風張遺跡で縄文後期と年代測定された炭化米がありましたが、その後、歴博で同時に見つかった別の欠片、ものすごい微量なものでしたけど年代測定していただいたら、江戸時代の年代が出たんですね。同じように八戸市内の八幡遺跡の縄文時代と考えられる雑穀類の年代測定の結果が最近発表されましたけれども、やっぱり新し

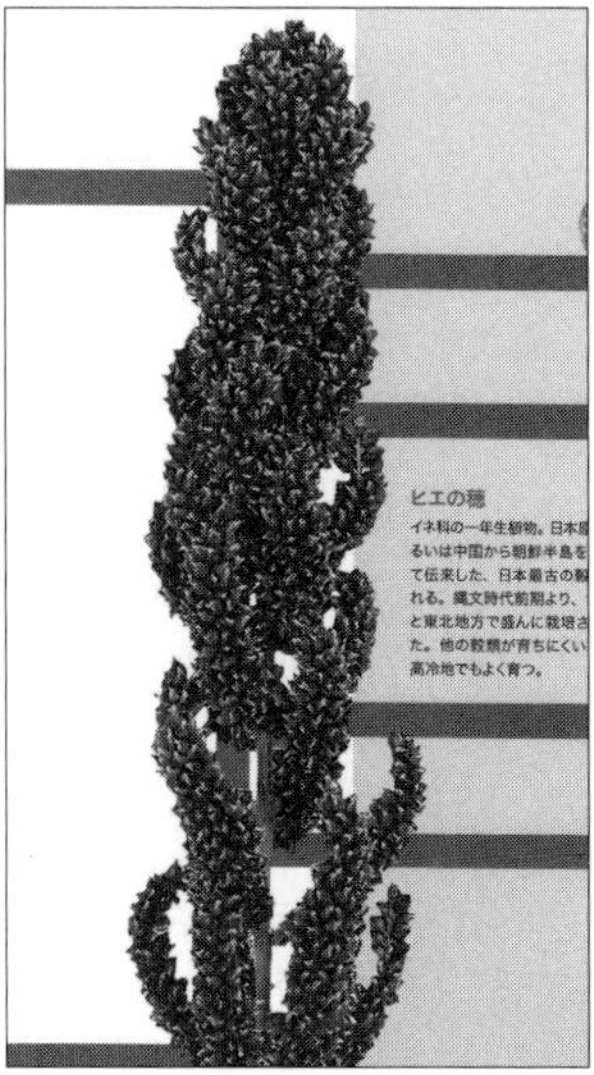

図7　『土偶を読む図鑑』57頁より引用

い年代が出るんですね。サンプルが非常に微量な場合はより発表に注意が必要で、縄文じゃない可能性が多分にあるんだっていうことがよくわかってきています。だから縄文にコメはあるとはまだまだ言えない。

佐々木　そうですね、今のところ、西日本でも突帯文土器が出現する晩期終末期にならないとイネは出てこない。東北地方でイネは弥生時代前期から確認されていますが、アワもキビも存在していない。栽培のヒエもわからない、青森県八戸市八幡遺跡からヒエやアワ、キビが出土していたのですが、それは放射性炭素年代測定の結果、古代になってしまいましたので（國木田ほか二〇二二）。

望月　『土偶を読む』で、イネの証拠に挙げていた砂沢遺跡は弥生前期後葉ですよね。

小久保　今、弘前大学が弥生前期から中期の遺跡を調査しているようです。

佐々木　『土偶を読む』では結髪土偶が見つかる場所はイネが作られた場所と相関関係にあると書いてあったのは関係ないのでは？

望月　その相関関係は、別の章で土偶の形態変化を解説してもらっている岩手県立博物館の金子さんの論文の要旨を引用したものですが、金子さん自身がそのことを否定していますね（本書一二二頁）。ちなみに縄文後期の土偶である青森県野辺地町の縄文くらら、図鑑では頭の部分が結髪土偶に似ているのでイネの精霊ってことに認定されてます。もちろん縄文晩期よりもさらに古い時代の縄文後期にはイネはない。

佐々木　そうですね、北東北どころか、日本列島でかなりの土器圧痕を調べて炭化種子も直接年代測定して、まだ一点も縄文時代後期のイネの痕跡はありません。

望月　水稲も陸稲もないいんですね。イヌビエとかはあったんですか。

佐々木　イヌビエは同定されています。北東北の縄文時代の遺跡でもヒエ属の炭化種子が出ているので、ヒエ属はあってもいいんですが。あくまでもヒエ「属」なので、本当にねじれ型の栽培種があったかどうかはわからないです。

望月　あったとしても、メジャー（主要な）な食用植物ではない。

佐々木　全然メジャーではないですね。是川中居遺跡でもヒエ属は出ていますが、すごく少ない。多量に出土しているトチノキとクルミに比べると、ほんの数例しかないので、これを土偶のモチーフにするかなぁ、と結構不思議です。

望月　『土偶を読む』は最初に結論ありきな論立てなので、そこから補強できるような論文を探すか、どこかの記述を探してやっているのかなっていう気が……。

佐々木　そうですね。植物考古学の成果を『ここまでわかった！　縄文人の植物利用』（新泉社）（図8）など、本としてまとめて来たんですが、本当に伝わってないいんだって。

望月　悲しいですね。

　貝類も土偶のモチーフに挙げられているんですけど、貝類については植物ではないですが、分布としてはどうでしょうか。

図8　『ここまでわかった！　縄文人の植物利用』（新泉社）

佐々木　貝は詳しくないんですけど、立体で見るとだいぶ違うなって思います。シルエットクイズにすれば確かに似ているのかもしれないですが、特徴的な一面をとらえて、それだって決めてしまうのは蓋然性としては低いですね。

望月　調べてみると、当該の貝と土偶が必ずしも生育域と重ならなかったり、イタボガキは食用じゃなかったり、こちらも散々です（本書七九頁）。その中でも書評で立命館大学の矢野さんは余山貝塚の星型土偶については種々考えさせられた（矢野二〇二二）と、偶然と言いつつも少しだけ評価をされています。

佐々木　それこそここの部分に関しては貝の専門家に聞いてみたいです。

望月　そうですね。でも余山貝塚の星形土偶は類例がないですからね。ほとんど一例しかないような気がするので。手がかりがさすがに少なすぎます、似ているくらいしか思いつかない。

佐々木　似てるというのは誰でも言って良いと思うんですけども、それはその人の発想の自由なので。ただその論拠として、例えば木の実の精霊と解釈するならば出土分布や時期が重なるかなどの「事実」を使ってほしいですよね。『土偶を読む』では恣意的に提

国宝土偶（仮面の女神）
©茅野市尖石縄文考古館、茅野市蔵

図9　トチノミと仮面の女神を比べる

示され、補強する材料に使われているることだけが、その土偶と植物を結びつける一番の要素になってしまったのではないかなと思います。

望月　検証していくとこれは違うあれも違うって、全部見ていったら本当に「似ている」しか残らなくて。ちなみに山科さん、縄文のビーナスは「カモメライン」と名前をつけられています。縄文中期の中部高地の出尻系の土偶は、ほぼほぼ「カモメライン」となってしまいました。さらに、図鑑ではトチがどんどん拡大して、仮面の女神や縄文の女神もトチです。土偶の眉毛は、時代もエリアもかなり広範囲であのような「カモメライン」の形をしているような気がするんですが。普段土偶を扱っていてそのことについてはどう感じましたか。

山科　そうですね。やはり仮面の女神がトチになった（図9）時はもうどうしようかなと。「印象」で言うと全然似ていない。このV字型がカモメラインが最終形だとか、足のカタチがとか言われると、うーん、やっぱり見え方が違うのかなっていうふうに感じてしまいますよね。

望月さんおっしゃったように、似てる似てないって見る人による部分がどうしても出てきちゃうので、そこはいろいろと異論が出るだろうなとは思います。話は少し戻りますが、私としてもやっぱり縄文中期中葉、中期前半にトチノミの利用っていうのがこの辺りではちょっと考えにくいと考えています（※7）。考古学的な証拠としてです。『土偶を読む』で根拠としていた山梨県の上ノ平遺跡の報告書もよく読んでみたのですが……『土偶を読む』で「全体に占めるトチノキ（種皮）の比率はそれぞれ五六パーセントと七七パーセントと推定されて」（同書二〇六頁）とありますが、少し詳しく見ると、二つの住居址のうち一つがオニグルミ核二五％、タデ属の完形果実一三％、不明破片が六二％でこの不明六二％のなかの五六％がトチノキの可能性のある破片、もう一つがオニグルミ核九％、不明九一％、この不明九一％のうちでトチノキの可能性があるものが七七％ということでした。この報告をされた吉川純子さんは、通常は出土した炭化種実の個体数を数えるけど、ここでは大きい種実と思える種類がすべて破片なので破片総数に占める割合で示す、と言っています。つまり、そういうデータだと承知のうえで見てください、ということなのかな、と私は思います。もちろん、粟津湖底遺跡をはじめ、中期のトチノキ利用が想定できるとされる遺跡もありますが、八ヶ岳山麓ではもう少し確かな証拠がほしいところですね。

望月　本当にその遺跡しかないんですよね。しかも「可能性」があるかもくらいの証拠。それから仮面の女神は、本当に似てない。

佐々木　トチノキは野生種なので、栽培されたかどうかもまだ植物考古学的に検証されていないです。特に中部高地の中期はトチノキを大量に加工する施設も見つかっていないですし。トチノキが中期の中部高地の縄文人にとってもすごく重要な植物だと言える根拠がない。同様に例に挙げられていた粟津湖底遺跡は照葉樹の植生で低地です。中部高地とは標高もまったく違う世界の話を持ってきて、同じ中期だからと説明するのは乱暴です。日本列島の地形や植生を無視しています。

山科　それもありますよね。食料の入手、というか食料となるともうちょっとミクロな視点が必要なのかなって思います。私自身、縄文時代中期のトチノキの利用について、『土偶を読む』ほど調べていないのかも、と思って調べている過程で、青森県立郷土館紀要に掲載されていた「青森県青森市三内丸山（9）遺跡におけるトチノキ利用について」（伊藤二〇一二）という論文を読むことができました。その論文ではトチノキ利用を積極的に評価してはいるのですが、よりトチノキ利用が一般化したと考えられている後期や晩期との比較や三内丸山遺跡でクリ純林が形成されていたと考えられるので、確かにトチノキを利用したかもしれないっていう書き方ではあるんですけど、やっぱりクリの方が多いだろうと。だから、トチノキの利用があったとしても優先順位はかなり低い。じゃあそれが精霊として成り立つのだろうか、縄文のビーナスのモチーフになっていくのだろうかというのは、別のロジックが必要ですね。現状ではちょっと難しい。

望月　もしかしたら「希少で大切なものだから」というロジックが考えられるかもしれませんが、それだと「土偶とは縄文人たちが主食としていた食物をかたどっていた」ではなくなる。「オオツタノハ」の余山貝塚の星型土偶は「希少」（採取が困難で数が少なく簡単には手に入らない）だからと言えるかもしれないけれど、トチのような植物を「希少」と考えるだろうか、と、さらに疑問を感じますね。ちなみに三内丸山の大型板状土偶は図鑑ではトチノキ、「実」ではなくて「木」。実じゃなくて木なんだ、というかクリじゃなくてトチ？　と。

山科　やっぱり「三内丸山と言えばクリ」って私たちは思うじゃないですか。だからそれじゃなくていいんだって驚きました、どうしてもトチノキにしたい何か理由があるのかなとも思いましたが。

望月　「三内丸山といえばクリ」は認知バイアスではなく、そういう検証がすでにされていることですし（吉川ほか二〇〇六）。土偶でいえば板状土偶は顔のバリエーションがすごく多いので顔で判断するのは難しかったのかもしれませんね。

佐々木　三内丸山遺跡は圧倒的にクリの出土例が多いのですが、トチノキはなくはないんです。花粉でも出ています。ただ、三内丸山遺跡がなくなると、クリ林がなくなって、トチノキ林が増えてくるんですね。

望月　三内丸山遺跡はトチノキをあまり重要視していなかった。

佐々木　そうですね。トチノキは駆逐されて、クリ林を仕立てる方が縄文人にとって重要だったと考えられます。木材資源ではクリの次にヒバが多くて、ヒバは花粉では残りにくいんですね。人が利用しないので果実でも残りにくい。青森ってヒバが県の木ですよね。ヒバの資源には着目して欲しかったですね。ここでも最近の成果を全然引用してくれない。引用されないのは我々がそういう発信をしていないのか、これは反省ですね。

望月　今の時代はネットにあがっていないとなかなか検索もされないですからね。

佐々木　そうなんですよね。悲しいですがネットに周知されていない。

トチノキがバンザイしているのがありましたよね、襟巻き型でしたっけ（図10）（土偶を読む二〇一頁）。トチノキの種子と果実がバンザイっていう土偶（※筑摩佃遺跡出土の土偶）。私、自然界でもこの形で出ているのを見たことなくて。どうやったらこうなるのかな。殻が取れちゃうときは三つに割れて種が外に出てきてしまうので、うまいこと二つだけがくっついて中に種子があるというにはあまりないと思ったんですよね。

望月　これトチノミが桃太郎のように登場していて楽しいんですけどね。

佐々木　中途半端に桃みたいに割れる形は、人間が作らないとこうならないなと思いました。しかもこの種子がね、真ん中なのもありえないですよね、どっちか片方にくっついてないと、細かいことを言い出すとしょうがないいんですけど。

望月　『土偶を読む』では、自然界にない状況であっても、あったように見せていることがありますね。七五頁ページ（図11）のトンガリ型もきれいに割ったような状態ですけど、こういう割れ方ってするんでしょうか。

佐々木　これもしないと思いますね。遺跡出土例でもこんなふうには出土してないと思います。

望月　ちなみにこのトンガリ型の中に挙げられてい石之坪遺跡の土偶の頭についているもの、これはヘビを表したものと今までの研究では考えられていますよね。

山科　そうですね。考古学側で考えているのはヘビですね。

望月　『土偶を読む』でも、中部高地のカモメライン土偶の頭にのっかっているのはアカネズミを食べるマムシだと別ページでは書かれていて、ここでも整合性が取れていない。

山科　『土偶を読む』では、多分、井戸尻考古館に展示されている藤内遺跡出土の土偶を見て、まずヘビだと思ったんだろうと。そう書いていますし。で、この藤内遺跡の土偶だけじゃなくて、縄文のビーナスの頭頂部の渦巻き、一の沢遺跡の「いっちゃん」の後頭部の渦巻きもヘビだ、ということなのですが、これらの土偶が出土す

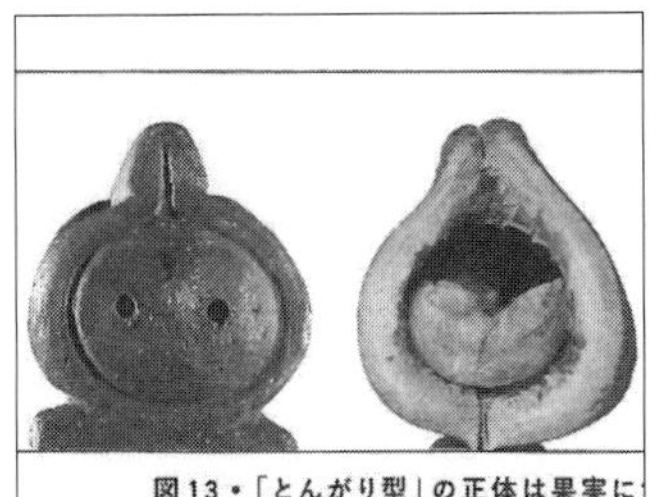

図11　『土偶を読む』199頁より引用

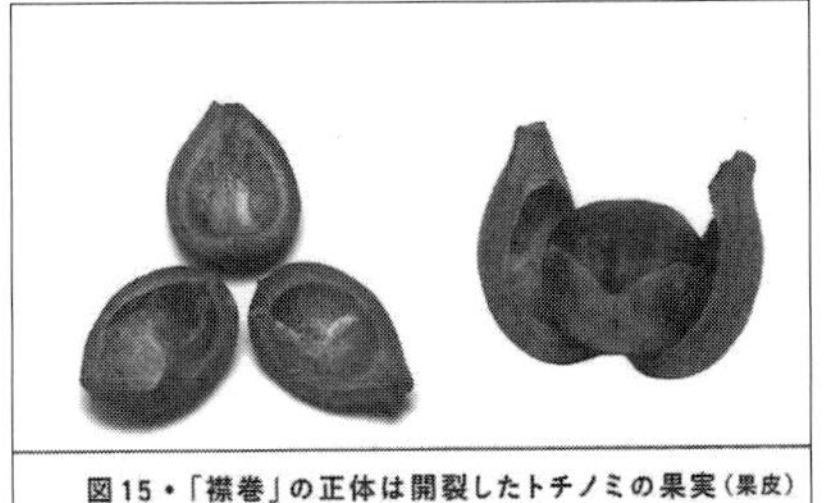

図10　『土偶を読む』201頁より引用

るエリアに蛇体把手付深鉢形土器も出土する、例として藤内遺跡の重要文化財「神像筒形土器」の写真を出していますが、その表現がマムシを表現しているように思われるので土偶頭部のヘビもマムシかな、という考え方を示されます。ここからトンガリ型の「被り物」にもヘビっぽいのがあるぞ、という話がくるか、と思うんですよ。だけど望月さんがおっしゃるように、トンガリ型の「被り物」＝トチノミを覆う果実とされた部分は研究者がヘビだととらえていて、実際に土器の蛇体装飾と通じる表現があって、その部分に結びつけてもよさそうなのにそこは結び付けない。例えばトンガリ型の「被り物」はトチノミを覆う果実であり同時にヘビの意匠もあるのだ、みたいな言い方をしてもよさそうだけどしていない。なんとなく肩透かしを食らったというか意外でした。

佐々木　似ていることを否定をしないのですが、トチノミを守るマムシだったり強引にトチノキになんでもかんでも落とし込んでいるという感じがしましたね。それは非自然的な形でも、ちょっとここがこう割れればとか。

望月　そういうところも恣意的なんですよね。

イコノロジーという手法

望月　では、手法としてイコノロジーについてはどう思いますか。

小久保　言葉は違いますけど、図象学は、まさに安孫子昭二(※8)さんもずいぶん解説されてました。もっと立体的に。紋章や文様についてもかなり検討されているはずだけどなと思いながら。こういった手法は文化的背景を解き明かすために、あるいは文化的背景とクロスさせながら解釈を試みるような学問のはずなので、その方法は有りですし、手法として使うのは自由だとは思うのですが、だいぶ使い方が荒っぽい。

望月　ひらめきが最重要視され、そこから動かないんですよね。もちろん従来の考古学もひらめきがきっかけになる可能性はあるんだろうな思いますし、イコノロジーという方法自体はあってもいいのかなと僕も思います。一方で『土偶を読む』では、従来の考古学は「認知バイアス」に囚われすぎている批判する一方で、イコノロジーこそ特に認知バイアスに引っかかりやすい手法じゃないかなと感じました。イコノロジーを使うのであれば、そこはものすごく自省的にやらないといけない。自説を何度も検証しないといけない手法だと思うんです。しかし、『土偶を読む』は自分のひらめきに囚われてしまって、自分自身を十分に検証することができていない。まさに認知バイアスの見本みたいな状態。

佐々木　そうですね。囚われてしまっていますね。

望月　もちろん考古学の研究されている方でもそういうところに囚われてしまう人っているかもしれません。

小久保　ただそれでも自己批判というか自説の検証っていうのは、みなさんされますね。科学的に検証可能な方法を提示しないと研究としては成り立たない。検証できないものは、方法論として根拠にならないので、そこから導かれた結論も説得力があるものではない。

望月　そういった自己批判や検証という研究として当たり前の手順が、一般の方から見るとまどろっこしく思われてしまっているのかな。

小久保　その辺は難しいですよね。今、是川縄文館では特別展で、弘前大学との共同研究展示で火山ガラスから土器の移動を明らかにするという、結構「ガチ」な特別展をやっているのですが（図12）、一般の方にはなかなか理解されない。方法論も提示して、こんなこともわかったし、逆にこんな謎も増えたよっていう紹介をしているんですけど、やっぱり一般的には分かりやすくはない。なんていうか、パッと入ってこない感じはするのかなって思いました。そういった見せ方が、我々はすごく苦手なんだなっていうのは、日々思いますね、展示を作っていると。

望月　見ました。これ、すごい面白い展示だと思うんですけどね。土自体にすごい情報量があるんだなって思えてよかったです。

佐々木　最近、植物考古学で講演に呼んでいただくことが多くて、私の話っていうよりは、植物の話は身近に感じてもらえますね。幼少体験とか、ドングリで遊んだとか。火山ガラスはあまりにも身近ではないので自分の知ってる世界に落とし込むって簡単じゃないと思います。

　最近は縄文時代＝ドングリって言われるけど、ドングリじゃなくて、クリとかトチノキが利用されているんですよと話をすると、ああそうなのって、すごく喜んでくれたりするのは、植物というモチーフが共感できる、自分の世界の中に入って、知っているものだからだと思います。植物と考古学の中でわかりやすい土偶がコラボしたことで、理解できるとなったこともあるのかなって思ったんです。これが植物の精霊じゃなくて、火山ガラスの精霊とかだったら。

図12　「行きかう土器と人」展チラシ。2022年7月16日から9月4日まで開催された。

望月　イマイチイメージしづらいかもしれませんね。でも火山ガラスの精霊はカードゲームだったら意外とレアカードになりそう（笑）。攻撃力が高そう、すごい技を使いそう。

佐々木　（笑）。先ほど小久保さんが言ったように科学的に検証できない生態だったり出土分布だったり、出土事例をあたかも土偶と合っているんだよみたいな形で説明すると、そうなんだって認識されちゃうのかな。

望月　竹倉さん本人も注釈などで、実はそれほど出ていないとか、ちょこちょこエクスキューズ的なことを書いたりもしているので、調べた過程で、自説を支持してないデータの方が全然多いなってことも横目で見て分かっている部分はあると思うんですよね、ちゃんと調べているなら。それでもそれら大多数のデータを採用しない。自身の説を信じたいと強く思い過ぎているのか、読者を「信じ込ませてやろう」と思っているのかそれはわからないのですが、僕が『土偶を読む』批判をしようと決めたのはそこに誠実さを感じなかったからです。

佐々木　信じ込むところにもうちょっと根拠がある説を、誰もが科学的に検証できる説を持ってきたら、考古学の人にも受け入れられたのかなと思うんですけど、根拠が創作的になっているのですね。

型式学というものさし

望月　土器の型式については考古学界からも、あまりそれに固執しない方がいいという意見もあると思うのですけど、どうでしょうか。

小久保　それは型式学を辞めた方がいいって話ではなくて、どこを知りたいのか突き詰めていくべきだということだと思います。型式設定を細かくやって編年をしているうちに、何を目標にしているかわからなくなってはいませんか、という意味かと思います。そういう意味で型式学だけに突き進むんじゃなくて、究極は縄文の社会とか文化を解明するために枠組みを作ろうって研究だったはずなので、そこを型式のための型式設定じゃなくて、っていう意味で語られているのかなと思うんですね。

望月　あくまでも自省的な話ですよね、ちょっとやりすぎたというか。

小久保　研究自体はしっかりしていて、課題解決に向けた研究です。一方で、ところで最終的にどうしたいんだっけっていうところの共通理解がないとどこまでも突き進んで行くように感じてしまう。どこをゴールにしているのか、そろそろ考えてもいいのでは、という意見だと思うんですね。

望月　これも竹倉さんがサントリー学芸賞の受賞のことばで、土偶の型式や文様をひたすら細別する「インデックス派」がイコノロジーの方法論を周縁へと追いやった、と、言われていたので、あえて言ってみたりしたのですが。

佐々木　今、型式学的な研究を学生さんがしてくれなくて。むしろ先生たちは型式学が基礎なんだよってことを、そこからわかる面白さをアピールされているかと思います。

望月　型式学が難しすぎるっていうのもありますけどね。

山科　最近私も先輩のみなさんと別々にそんな話をする機会があったんですけど、若い研究者が型式学的な研究をあまりしないように見える、それはちょっと気になるという状況ですね。

博物館実習などで受け入れている学生たちと話をすると、分析科学がすごく進んできていることもあり、成果が分かりやすいもの、出やすいものを進んでやっているようです。ただその分型式学的な知識や型式学的な考え方を学ぶ時間は少なくなっているかもしれません。もちろん、例えば、大学院までいって大学に籍を置くような研究職につくとかっていうことになれば、成果が求められるわけですから、しょうがないところもあるのかなと。でも、型式学とは私はやっぱり時間と空間の尺度をしっかり作る、それを研究者のあいだで共有するっていうものだと思いますね。それは当時の社会を明らかにするためには必要なもので、分析科学と合わせて両方必要だよね、と思います。

望月　僕が言うことではないと思いますが、研究をはたから見ていて型式学ってものさしのようなものなのかなとというか。それこそ文献のない考古学や縄文時代は拠り所がかなり不確かなものだと思うんですけども、それに唯一的にものさしの役割をちゃんとしているのが型式学かなと。もちろんヨレはあると思いますし、細かく見ていくと違うところもあるし、それに固執するのももちろんよくないと思うんですけど、まず前提として考えないといけないのかなと思っています。

佐々木　自分は自然科学をやっているものの、ベースは考古学だと思っているんですね。考古学は時空間的な変遷を抑える学問だと思っていて、そのものさしがないと、せっかくどんな分析をしてもどんないい解釈をしても、それを歴史の中に載せられないんですね。ものさしを作ることが目的になってしまうとそこから発展性はないかもしれないですけれど、自然科学の成果と同じものさしを刻むことで初めて人の暮らしっていうのが描き出せるんじゃないかなと思うので、型式学は非常に重要だと思っています。自分が考古植物学者じゃなくて、植物考古学者でいる以上は型式学を重要な土台にしていきたいといつも思っています。

考古学は学際的な研究から孤立しているのか

望月　考古学は他領域とどのように関わっているんでしょうか？　自然科学はもちろん重要ですし、他の専門分野、いろいろな角度の視点からの「考古学」は現在どうなっているんでしょうか。先ほどのお話に出てきた火山ガラス、これは地質学になるんでしょうか。

小久保　そうですね。

望月　民族学やそれこそ『土偶を読む』に深く関わる人類学。人類学との関わりは別の章で詳しく紹介していますが（参考：本書三六五頁）、もともと近くにいた民俗学や人類学と考古学の関係って今はどうなんでしょうか。

小久保　佐々木さんがやっておられることは、植物質の道具で民族資料を参照されることがあるので親和性があると思います。比較研究ができるという意味では、考古学と民族学っていうのは今もまったく違う分野で別に歩んでいるわけじゃなくて、お互いにじゃないかもしれないですけど、考古学は民族学をよく参照する学問だと思いますね。

人類学はその形質と民族エスノロジーとわかれています。ただ考古学ではさらにそちらの分野とも、相互参照される学問になってきていると思います。最近は分析科学がさらに進んできたので。骨の中の同位体の分析であったりとか、ＤＮＡもそうですね。そういったところで研究は常にともに進んでいっているような状況になっていると思います。

望月　今でも学際的な研究やコラボレーションは盛んだし、考古学は別に孤立しているわけじゃないいんですよね。

小久保　そうですね。考古学者は自然科学分析の手法であるとか、データの読み解き方を学ばないと、共同で研究はできないので、もちろん勉強もしますし、分析をやってる方々も考古学について調べてくれて、お互いに理解しあいながら研究を進めていくのが基本だと思います。

望月　『土偶を読む』ではフレーザーを引用されていますが、それについてはどうでしょうか。

山科　フレーザーの『金枝篇』すべてが和訳されているわけではないので、抄訳をちょっと読んだだけですが。世界各地の民族誌、民族神話、それらを非常にたくさん集めて、こういう神話がありこういうお祭りがあって、という内容なのが『金枝篇』かなと思いました。民族学のそういう部分はとても参考になりますし、考えるヒントにはもちろんなります。けれども、民族誌でこういうのがあるから考古学もこうだ！　って結びつけるっていうのは、それはなかなかできません。確かに『金枝篇』を読むと、植物精霊で擬人化したりっていうのが世界各地にそういう事例があるんですよ。ただ、だから縄文にもあるんだというロジックはなかなか大胆だなって思いますね。自分にはできない。

小久保　以前トーテムポールを作っていた人たちの特別展（図13）を開催した際に、（専門外のため）いろんな方から話を聞く中で、決して過去の失われた文明ではなく、同じ暮らしを営んで同じような文化を持っている人たちが現在もいるので、考古学と同じように扱えることではないとい

図13　「トーテムポールの人びと」展チラシ。2014年8月1日から9月15日まで開催された。

うことなど、いろいろ教えていただきました。考古学が民族学にチャレンジするのであれば。出土品と民族資料について、これが似てるとかあれが似てるとか、そういうことだけでは研究としては成立しない。

望月　『金枝篇』についても、すごく批判が多いですよね。そもそも人類学で引用、扱うとしたら、批判込みで触れないとあまり意味がないことで、それこそ小久保さんが言われていたように、外から見た有意差みたいなものが強すぎるというような批判があるものですね。

土偶って一体何？

望月　土偶って一体なんだと思いますか。

山科　すごく難しいなって思いますよね、土偶。一つの用途であるとか、一つの使い方をするとか、単一の目的の元で作られて運用されるものじゃないというふうには思います。小久保さんもおっしゃっていましたけども、やっぱり立体物であるっていうところがすごく気になっていまして。学芸員の役得の話になっちゃうんですけど、縄文もビーナスも持ってみて初めてわかること、感じることが確かにあるんですよね。

背中のあのラインがとても手のひらによくフィットするとか、重心が下の方にあるので、利き手で背中を持って、利き手じゃない方で足を支えて持つような姿勢にどうしても誰もがなってしまうというところとか。これも感覚でしかないので、とても論文としてはかけないものではあるんですけど、そういう、何となく赤ん坊を持つような姿勢になる、そういう感覚というか所作というか、そういうものがあって、縄文のビーナスの妊娠女性を思わせる造形ともあいまって、妊娠や出産に関係する土偶とつい考えてしまうんですね。それ以外の土偶はどうかというと、またそれはそれで考えなければいけないのかなと思いますが。

望月　中空土偶（カックウ）を持った人も同じ感想を言われていました。赤ん坊を持っているように思えたって。

小久保　私は小林達雄先生（考古学者・國學院大學文学部名誉教授）に学んだ者ですが、先生は「第二の道具（※9）」という言葉を生み出し、定義されて、土偶はその代表格の道具であるとされています。縄文人の願いとか観念をカタチにとどめたものだということは、（不勉強な私は）学生のころはなかなか理解できませんでした。しかし、実際にたくさんの土偶を触っていく中で、土偶のカタチが変わっていくことは、時代時代の文化を反映して、暮らしを反映していると、ようやく実感しました。土偶はなにかというと、祈りの道具、それにつきるかなと思いますね。その時代時代、土地土地によって、込められた願いが変わる中でモチーフが変わったりとかいろんなことが起きるんだろうなと。

話は変わりますが、とにかく土偶はなんでこんなに人気があるのかなって、改めて最近不思議になってきました。

望月　やはり人の形っていうのが良いんじゃないでしょうか、土器より親近感があるし。

小久保　実は土器よりわかりにくいと思うんですけどね、土器の方がよっぽどわかりやすいんだけどな、と、思います。

佐々木　私は土偶を研究をしたことも、研究対象にもしていないので、その質問は非常に難しいです。縄文人のある観念をとどめている造形物、粘土で捏ねた、人が作ったものとしかとらえられていないんです。『土偶を読む』にも載ってますけど、クルミはクルミ型土器や、オニグルミを輪切りにした断面が耳飾り（図14）のモチーフに考えられていて、植物をなんかしらの意味を込めて、粘土を捏ねたものにうつしこむっていうのは、縄文人はやっていたと思うんですね。

『土偶を読む』では人型だけでしたが、植物の精霊であれば、耳飾りや、そのままクルミ型の土器とか、より近い造形からアプローチした方が分かりやすかったかもしれません。土偶がなにかって答えにはなっていないのですが。

望月　左のオニグルミ、これはこんなふうに輪切りできるものなんですか。

佐々木　これはですね、自然には割れていなくて、ヤスリなどで磨かないとだめなんですけど。よくこの耳飾りの断面に似ているって

図14
右：土製耳飾 下布田遺跡（江戸東京たてもの園蔵）
画像提供：江戸東京たてもの園 / DNPartcom
左上：現代のクルミの輪切り（栃木県立博物館蔵）
左下：木曽中学校遺跡出土 クルミ形土器（町田市教育委員会蔵）

うのは言われていますす。あと、普通のクルミが割れるのと九〇度方向に割って、漆を塗っている前期のヒメグルミも最近富山県南太閤Ⅰ遺跡から出てきたりしていまして。

望月　そうなんですね、本当にアクセサリーみたいに……。

佐々木　クルミ本体を使っているので、確実にクルミがモチーフと言いますか、クルミが素材です。割れたクルミに穴を開けてペンダントにしている例も、前期以降は結構ありますね。

望月　しかし、図14の耳飾りはよくできてますよね、上手に肉抜きもしているから軽くなるし、構造的にも強そうだし、壊れにくそう。ミニ四駆の軽量化の参考になるかもしれません（笑）。

佐々木　（笑）、『土偶を読む』は着眼点としては面白いと思ったんですけど、結果的に似てる似てないだけになっちゃったのが、考古学の人たちに批判されて残念と思いましたし、先ほどから申し上げているように、植物考古学の成果が正しく伝わっていない我々にも責任があるなと思いました。

小久保　木の実の使われ方も、遺跡ではもう少しいろんなことがわかっている。岩手県御所野遺跡ではクルミやクリが炭化したものが竪穴建物の柱穴から出土します。あるいは北東北を中心とした円筒土器文化は炭化材を大量に含む盛土を作るんですけど、おそらく儀礼のために木の実をわざわざ炭焼きしている。青森県八戸市の風張遺跡ではびっしりとトチノミが入って焼けている土坑があるんですが、そういう木の実に関するいろんな出土状況っていうのも、もっと広くお知らせする必要がありますね。

望月　派手なところだけじゃなくてもっとちゃんと調べてよ、って。

小久保　もうちょっといろいろあるよって。

土偶研究があり得るとすれば、その今後は？

望月　これからの土偶研究、土偶に関わる研究は、どのような方向に進んでいくのでしょうか。

小久保　土偶の型式編年の案が提示され、それについてさらに検証を進めながら充実させている段階かと思います。土偶の型式は土器型式とどれだけ対話ができるのかどうか、他の文化的要素と対話ができるのかどうかということを深めて充実させていく感じでしょうか。さらには例えば仕草とか人間の骨格的な特徴とか、土偶がそういうものを示していないかとか、制作技法を調べていく研究です。X線CTによって、縄文人はどのように土偶を作っていくのかとか……それに技術の伝播があるのかどうかとか。そういうところは興味があります。土偶は土器と違って数が限られていますから、研究材料として調べられるものではないですけど、他の文化的要素と含めた研究が大切だと思います。

望月　今までの研究の積み重ねの中で、さらに精度を高めていく、次の段階に進んでいる状態と捉えていいのでしょうか。

小久保　そう思います。先に話題になった人口研究も進んでいて、縄文人の人口は立命館大学の中村大さんが、統計分析を使って確率から縄文人の人口推計を新たに作っています。新たな研究成果がたくさんあるんですね。そういうものを総合して、土偶も土器も植物も、縄文文化の研究はいろいろな成果がこれからもどんどん出てくるんじゃないかなと思います。スパッとした答えは難しいかもしれませんが。

望月　『土偶を読む』では、土偶研究としては「何をかたどっているのかをWhatとして、なぜ作られたのか、どのように使われたのか」が重要で、まず何をかたどっているのかがわからないとその先はわからない（土偶を読む三一九頁）ということを言われているんですが、その問い自体が思い込みのように思えます。

小久保 すべてを解き明かすということでは、出発から異なる感じはしますよね。

望月 そこじゃないよね、という。とはいえあまりはっきりした気持ちいい答えが出ないというのが考古学ですね。

小久保 白鳥兄弟さんや御所野縄文博物館の高田館長も、わからないことの大切さについて書かれています。なぜだろうっていうことはもっと大事にしなきゃいけないなって思いますね。

望月 単純化することが正しいわけじゃないですからね。もちろん単純化することで、複雑なものが飲み込めるものになることもあるので、手法としてはありだと思うんですけど、単純化して損なわれるものの方が多い場合もある。それこそ土偶は出産表現だったり女性像であるというのは、ある種の単純化の結果としてそういった言説になっているのであって、同じように土偶は植物、食用植物の精霊であるっていうのも単純化の話でもあるという気もします。

伝えるときには必要な手法なのかもしれないですけど、それだけではないことは頭に置いておかないといけない。誰だって人がそんなに単純じゃないように。どんなに明るい人でも暗い面もあるし、きちんとした人に見えてある面ではズボラだったりもする。縄文時代は文化であり人を扱っている。そして文化も人も結構複雑なのではないかと。だから土偶が全部が全部スパッと気持ちよく切れるような答えが出なくてもしょうがない。

佐々木 複雑化は人間との関わりの中で生まれていると思うんですよね。食用可能なトチノミを炭化して埋めたり、食べ物だけでは理由がつかないやり方でも利用されているのが遺物や遺構から見えている。植物も用途が一対一じゃないところが私は面白いと思っていて、研究でより妥当で検証可能な答えを探していく作業が必要なんだと。それが考古学と思っています。

先ほど土偶は研究対象にしたことがないと言いましたが、実は土偶、私もこれから研究したいなって思っているテーマのひとつです。なぜかというと、マメやエゴマなどの栽培植物じゃないかと考えられている種子がいっぱい埋め込まれる縄文時代中期の土器が見つかっているのですが、土偶にはほとんど種子が入っていない。とある遺跡で二〇〇体ＣＴスキャンして見ていただいたんですが、たくさん土偶がある中で一体だけマメが入っていた。でもそのマメは大きいマメではなくちっちゃい野生のマメが二つ。土器にエゴマやマメなどの食用植物を混ぜるのが意図的でないのなら、土偶にも入ってもおかしくない。でもほとんどない。

望月　すごく面白い話ですね。

佐々木　そうなんです。他の土器と、土偶と、縄文人はちゃんと意識的に分けていたのか、土偶だけ大事という認識があったのかっていうことも、圧痕から見るとわからなくなってきていて。種子が土器に混ぜられることは豊穣の祈りと言われる先生もいらっしゃるんですけど、豊穣だったら土偶にはなぜ込めないのか。土偶研究もいろいろな面から見てみると、位置づけが変わってくるかもしれない。そこが考古学の面白いところと思います。

望月　重ねて言いますが、イコノロジーっていう手法も、きっと馬鹿にしたものではないというか。ちゃんとそこにデータの裏付けだったりとか、考古学の今までのデータの積み重ねをちゃんと適応できるようななにかがあれば、もしかしたらそれはひとつの有効な方法なのかもしれないという気もします。今のところ『土偶を読む』のやっていることは当てずっぽうな感じがしますけど。

佐々木 科学的な検証とか、妥当性がある実証とか、実証的じゃなくても蓋然性が高い可能性をいくつか積み重ねたうえで、一つの可能性として提示するのであれば、この手法でも私はＯＫだと思います。

なぜ評価されたのか、その土壌を考える

望月 また締めから離れちゃいますが、『土偶を読む』を一般の人が読んで、そうなんだ！ って納得するのはわかるんです。そういうふうに思わせるように書いてあるので。ただ、専門分野ではないんですけど、いわゆる知識人というか、養老孟司さんとか中島岳志さんとか、いろんな著名人が評価した。フランス文学や政治学など考古学とは別の研究分野の方たちが評価した。サントリー学芸賞の選考委員の方々もいわゆる「識者」ですし、そういった評価が出てしまうっていうのは、それはやっぱり考古学の専門性の高さゆえ、きちんとジャッジするのが難しいってことなんでしょうか。

小久保 評価されているのは、成果じゃなくて、批判的な姿勢のような気がします。

望月 批判的な姿勢というのも、研究が評価されていないとあまり意味がないはずですよね。

小久保 だからなんかおかしなことになっているなって思いますね。

望月 縄文の研究を評価する賞といえば尖石縄文文化賞（※10）がありますね。

小久保 相当頑張って研究しないとって感じですよね。

山科 尖石縄文文化賞は考古学的な学問的成果がある、ということはもちろんですが、社会的にきちん

と学問的成果をこれまで以上に還元することができたとか広げたとか、そういったところも評価対象になります。そういう意味ではこれまで二三回やってきて、みなさんふさわしい受賞者だというふうに思います。

小久保　『土偶を読む』をなぜ知識人（と呼ばれる）方たちが、褒め称えているのか……。学会批判する姿勢が美しかったのか、謎ですね。

佐々木　先ほど望月さんが挙げたように、わかりやすい答えを明らかにしたっていうのを、何回も強調されていますよね。考古学者が答えを曖昧にして「かもね」と言っていたものを、ズバズバ、こうだこうだ、と。しかも考古学者は間違っている、植物の精霊なんだ！　っていうことが、斬新に感じられたのかな。

望月　そういうは両刃の剣というか、自分に返ってくるはずですけどね。いわゆるトンデモ本のやり方でもあるし。確かに研究者だけでなく考古学のことを文章にするときは「〜と言われている」や「〜のように考えられる」とか、どうしてもそういう歯切れの悪い語尾になってしまうのは、いつも思うところです。

小久保　そういった意味では自然科学分析と一緒に進めた研究は、こういうことがわかりましたってかなりはっきり言えるんですよね。でも、読んでくれないのはショックですよね、単純に。

望月　是川縄文館の今の展示（「行きかう土器と人」展）の紹介をツイッターにあげたら、結構見てくれてましたよ。一〇〇リツイートはすぐ超えましたよ。

小久保　えっ、ほんとですか？

望月　本当に近頃は縄文ファンは増えてきたと思います。今までＳＮＳで土器の写真を投稿したって、そんなに「いいね」なんてつかなかったのに、最近は当たり前のように「いいね」がつく。縄文ＺＩＮＥのアカウントだけじゃなくて。「いいね」の数がすべてではないですが、良さを発見してくれる人が増えることは嬉しいですよね。

小久保　この間、片桐仁さんと望月さんと一緒に是川縄文館でイベントを開催したんですけど、参加された方からは、こういうイベントをもっとやってほしいって言われるんですね。「考古学」じゃない部分のライトな感じのイベントを専門の施設でやってほしいっていう話をされるんです。我々も八戸の中でアーティストを呼んで、縄文探検隊とかそういうことを開催するとすごく褒められるんです。その辺を私はなかなか消化しきれない部分があって、「行くぞ」と言えない部分があるんですよね。その辺のバランスの取り方は学ぶことがたくさんある。ただ、でも学芸員は研究ベースにやっていかないと、そういうことも一緒に注目されなくなってしまいますので、バランスのとりかたが重要だと思っています。長野と山梨の日本遺産「星降る中部高地の縄文世界」（※11）は、配慮しながら学芸員のみなさんが頑張っているなっていうのを、感じています。

山科　ありがとうございます。日本遺産はこれからが大事です。長野から見ていると山梨のみなさんの一致団結の力ってすごいって見てますけど、こっちも負けないように頑張りたいなと。

望月　僕も（何かしら）頑張ります。

※1　アームチェア型研究者：元々はミステリー小説の中の言葉、アームチェア・ディテクティブ（安楽椅子探偵）から、現場に出ずに調査をする研究者のことを言う。

※2　『縄文ZINE』：都会の縄文人のためのマガジン。二〇一五年夏に創刊され、現在一四号（二〇二三年四月現在）。ドグモ（土偶のポーズの読モ）や縄弱、など軽薄なパンチラインの多い雑誌。

※3　小林達雄：日本の考古学者、國學院大學文学部名誉教授。

※4　これについては一九八四年の「縄文人口シミュレーション」（『国立民族学博物館研究報告』第九巻一号）よりも、同年の単著『縄文時代　コンピュータ考古学による復元』に、それも特に二七～三五頁、また一三二～一三六頁に詳細に書かれている。それを端的に小泉清隆氏が要約しているので、以下小泉氏の論文を引用する。「沢田吾一が「延喜式」のもっとも発掘の進んでいる関東地方の良民人口九四万三〇〇〇人を土師期の遺跡数五五四九で割り、一遺跡あたりの仮の人口を一七〇人と推定した。さらに縄文時代前期から晩期までの一つの遺跡の集落規模を土師期の七分の一の二四人とし、これをその遺跡の平均集落人数とする。同様に縄文時代早期については二〇分の一の八・五人、弥生時代は三分の一の五七人と仮定した。これらの数字の根拠は最初の論文では明確でなかったが、近著（『縄文時代』中公新書）でそれを明らかにしている。これによれば、まず一人当り住居床面積を三・三平方メートルと仮定して縄文・弥生・土師期の各時代の代表的な三つの遺跡の収容人員を計算する。土師期の船田遺跡の収容人員に対して、縄文時代中期高根木戸遺跡の収容人員は〇・一から〇・二六倍なのでそのほぼ中間の7分の1を中期の比例定数として採用する。縄文時代早期は中期最低の〇・一倍を採り、また弥生時代は大塚遺跡の〇・二から〇・四倍のほぼ中央の三分の一としている。小山はこの数字に遺跡数を乗じて各時期・各遺跡の人口を求めた。」（小泉清隆一九八五「古人口論」『岩波講座日本考古学2　人間と環境』、二一三―二四五頁、引用部分は二二七―二二八頁）。

※5　低湿地遺跡：低地に形成された遺跡の総称。河川周辺や地下水により地下水位が高く、条件が揃えば有機物（植物遺体や木製品など）が残りやすい。

※6　C_3植物：人骨や土器のおこげに含まれる炭素と窒素の同位体比に着目し、食用となった内容物を推定する方法（同位体分析）がある。しかし、この方法では、種のレベルで特定することは難しい。植物は、C_3型の光合成をする「C_3植物」と、

C_4型光合成をする「C_4植物」の2種類に分類することができる。C_3植物にはサトイモの他、イネや木の実、球根などが含まれ、C_4植物にはアワやキビ、ヒエなどが含まれる。C_3植物とC_4植物では、炭素と窒素の同位体比が大きく異なるため、同位体分析によってどのような光合成を行う植物があったかというレベルで推定することは可能である。

※7 山科さんは『土偶を読む図鑑』刊行時に同書の著者サイドに、棚畑遺跡のある茅野市では中期初頭や中葉でトチノキ利用の確実な証拠がないことを伝えている。

※8 安孫子昭二：日本の考古学者。

※9 第二の道具：石鏃や釣り針や、食料を調理するための土器・石皿などの調理器具、砥石や石キリなどの工具類など、生活に必要な普遍的な道具を「第一の道具」。それに対し、一見して使い方のわからない、精神文化に関わる祈りの道具と考えられる道具を「第二の道具」と呼ぶ。

※10 尖石縄文文化賞（正式には宮坂英弌（ふさかず）記念尖石縄文文化賞）：縄文時代の集落研究の黎明期の研究に貢献した宮坂英弌を顕彰する目的で二〇〇〇年に創設された賞。これまでの受賞者の業績には、純粋に考古学的な研究成果もあれば、展覧会や史跡整備もある。受賞者は、受賞後も精力的に活動を続けている。受賞者については、次のウェブサイトに掲載されている。https://www.city.chino.lg.jp/site/togariishi/1788.html

※11 日本遺産「星降る中部高地の縄文世界」：縄文時代中期の遺跡数が多く、造形豊かな土器が多数出土する山梨県と長野県にまたがって認定された日本遺産。現時点では、縄文時代の遺跡や出土遺物だけで構成される日本遺産としては唯一である。構成文化財や展示施設についての詳細は次のウェブサイトに掲載されている。https://jomon.co

参考文献（五〇音順）

安孫子昭二　二〇二三　「竹倉史人著『土偶を読む』批判」『東京考古』第四〇号

石田糸絵・工藤雄一郎・百原新　二〇一六　「日本の遺跡出土大型植物遺体データベース」『植生史研究』二四―一、一八―二四頁

伊藤由美子　二〇一一　「青森県三内丸山(9)遺跡におけるトチノキ利用について」『青森県立郷土館研究紀要』第三五号

工藤雄一郎／国立歴史民俗博物館編　二〇一四　『ここまでわかった！縄文人の植物利用』

國木田大・佐々木由香・小笠原善範・設楽博己　二〇二一　「青森県八戸市八幡遺跡出土炭化穀物の年代をめぐって」『日本考古学』第五二号

倉田悟　一九六四　『原色日本林業樹木図鑑』、地球出版

小泉清隆　一九八五「古人口論」『岩波講座日本考古学2　人間と環境』、岩波書店
竹倉史人　二〇二一『土偶を読む――130年間解かれなかった縄文神話の謎』、晶文社
竹倉史人　二〇二三『土偶を読む図鑑』、小学館
『『土偶を読む』』の裏テーマは専門知への疑問　『素人』と揶揄する風潮に危機感」、朝日新聞GLOBE+、二〇二一年七月二二日、https://globe.asahi.com/article/14400149（二〇二三年一月一五日取得）
竹倉史人　二〇二一「第43回 サントリー学芸賞 受賞のことば〔社会・風俗部門〕」、https://www.suntory.co.jp/sfnd/prize_ssah/essay/2021_06.html（二〇二三年一月一〇日取得）
連載「自由人のたしなみ」Vol.9『土偶を読む』の竹倉史人が考える〝縄文〟とこれからの知性」、TOKION、二〇二二年七月二四日、https://tokion.jp/2022/07/24/the-tashinami-of-free-spirits-vol9/（二〇二三年一月一五日取得）
白鳥兄弟　二〇二三「竹倉史人『土偶を読む』について」、https://note.com/hakucho_kyodai/n/n1b370030eaa4
望月昭秀　二〇二一「『土偶を読む』を読んだけど」（1）〜（3）・番外編、（1）https://note.com/22jomon/n/n8fd6f4a9679d、（2）https://note.com/22jomon/n/n213f1979a479、（3）https://note.com/22jomon/n/n12c313a766c2、（4）https://note.com/22jomon/n/nf752c626f69e
矢野健一　二〇二二「書評　竹倉史人著『土偶を読む――130年間解かれなかった縄文神話の謎』」『立命館史学』第四一号
山梨県教育委員会　一九九四『上の平遺跡第6次調査』
吉川昌伸、鈴木茂、辻誠一郎、後藤香奈子、村田泰輔　二〇〇六「三内丸山遺跡の植生史と人の活動」『植生史研究　特別』第二号　日本植生史学会

吉田泰幸
Yasuyuki Yoshida
盛岡大学 文学部 社会文化学科 准教授

Archaeology, Anthropology, and "Reading the DOGU"

考古学・人類学の関係史と『土偶を読む』

Joseph Mallord William Turner《The Golden Bough》、所蔵＝テート・ブリテン、https://commons.wikimedia.org/wiki/File:(Barcelona) The Golden Bough-Joseph Mallord William Turner-Tate Britain.jpg、Public Domain

ともに近代生まれの考古学と人類学は、当初は渾然一体だった。両者は離れ離れになった後も人類の過去への関心を共有し、その関係も変化していったが、日本における人類学と考古学の関係性には一定のパターンと言えるものがある。『土偶を読む』の出現、著者・竹倉史人の言動、同書が一定の評価を得た現象はそのパターンの反復でもある。

加速させる人類学、減速させる考古学

考古学と人類学は渾然一体だった、これは日本も同様である。その様を体現するのが東京帝国大学に人類学教室を創設した坪井正五郎で、竹倉も『土偶を読む』の中で坪井を「日本人類学の父」（竹倉二〇二一、七四頁）としている。坪井の活動は多岐にわたっている。考古学遺跡への遠足会開催、遺跡の発掘、アイヌをはじめとした少数民族の調査、石器時代人＝コロボックル説の提唱、今風に言えば「炎上」して中止となった内国勧業博覧会での学術人類館のプロデュース、百貨店との玩具共同開発、世界の諸民族をフィギュア化した教材開発等々といった具合である[※1]。坪井の枠にとらわれない様は竹倉が批判する現在の学問状況、「学問の縦割り化とタコツボ化、そして感性の抑制」（竹倉二〇二一、三二一頁）とは正反対であり、竹倉の目指す人類学者像に近いのかもしれない。

ここまで単に「人類学」としてきたが、人類学は複数ある。大きく分けて、自然／形質人類学と文化人類学がある。自然／形質人類学（彼らの団体は日本では「日本人類学会」と称している）は過去をも研究対象とし、人類史の再構築を考古学者と協力しておこなっている。自然／形質人類学者は考古学遺跡から出土する人骨の分析をとおして「骨考古学」をともに確立しようとしている。対して日本で「人類学者」と言えば、大半は（「日本文化人類学会」に属していることが多い）「文化人類学者」であり、彼らは今を生きる人々を研究対象としている。この構図のもとでは、今の日本の「人類学者」、「人類学を学んでいる学生」の多くは、縄文時代の土偶を「読む」

竹倉を知らないだろう[※2]。しかし、竹倉のような人類学者がいると聞けば、彼らは基本的には相対主義者ゆえに、そしてノスタルジーとともに「それも人類学」とする（自然／形質／文化）人類学者もいるだろう。言語や儀礼、神話を含む文化を総合的に扱いながら人類史の再構築に挑む人類学は、かつては今以上に盛んだったからである。竹倉の目指すところは、古き良き人類学を取り戻すことにあるのかもしれない。

このように整理してようやく、人類学と考古学の関係史を語ることができる。そして、竹倉の言動や『土偶を読む』が評価されたことも、これまでにもみられた「考古学に不満を持つ人類学者」、「人類学者の方が広く一般には支持される現象」のひとつという位置づけができる[※3]。

少なくとも日本では、先史時代も含む人類史の再構築に向けた刺激的な議論は大抵の場合、遠い過去をも研究対象にする人類学者から提示されてきた。考古学はそれらに対して自らの手で掘り出した出土資料が極めて断片的なことをよく知っているがゆえに、人類学からの刺激的な問題提起に比べると悪く言えば消化不良、良く言えば最大限妥当な結論に落ち着かせ、将来の発掘調査による情報増加に期待と言いながら議論をペースダウンさせてきたと言えるかもしれない。そうしたスローな様子に焦れているのか、どの議論でもよくよくみれば穴が多く、整合性が取れてはいない人類学者の説が広く受け入れられるというパターンが繰り返されている。

人類学者の説を吸収する考古学者たち

戦後まもない頃、考古学者と人類学者は一堂に介して議論していた。岡正雄の日本文化形成論『古日本の文化層』（“*Kulturschichten in Alt-Japan*”）を題材にした座談会はその典型である。その記録が最初に収録されたのは、現在の日本文化人類学会の機関誌『文化人類学』の前身雑誌、『民族學研究』（第一三巻第三号、一九四九年）だった。後に『日本民族の起源』（石田英一郎・他一九五八）として出版された。

岡正雄はウィーン大学のヴィルヘルム・シュミット（Wilhelm Schmidt）のもとで文化史的民族学を学んだ人類学者だった。文化史的民族学は世界各地にみられる地域性、文化の多様性を文化間の交渉の歴史で説明しようとする。この考え方の枠組みは、ある文化圏を文化要素が複合したものとみる→各文化要素が他の文化圏の文化要素と共通することに着目する→その共通性の背景を民族移動や文化伝播とみる→ある文化圏を民族移動や文化伝播が堆積したものとみる、こうした特徴がある。これが極東の日本列島に適用されると、外来の文化要素の堆積の仕方や混じり合いの差が、現在の日本の中の地域性としてみられるという理解になる。

岡は日本列島には先史時代に五種類の「種族文化」が流れ込み、それらが堆積して日本文化が形成されたとする※4。そのひとつは「三、四世紀のころに」到来した「父権的・『ウジ』氏族的・支配者文化」で、それらを持ち込んだ人々を「天皇氏族を中心とする種族」とする。このアイデアは先述の座談会参加者、江上波夫の騎馬民族征服王朝説に引き継がれている（江上一九六七）。騎馬民族征服王朝説に否定的だった考古学者の佐原眞は、江上に対談『騎馬民族は来た!?来ない?!』（江上・佐原一九九六）を挑んでいる。両者の対談は、「夢のある、壮大な仮説を唱える」江上に対して、「逐一具体的に反証して壮大な仮説をつまらない話に貶める」佐原という構図にみえるかもしれない。一読すればわかるとおり、対談は非常に友好的、お互いに敬意を払う形でおこなわれている。考古学者以外の研究者が古代日本を語る際には、江上説の方が広く受け入れられていた。例えば日本中をくまなく歩き、「常民」の生活を丹念に追った民俗学者の宮本常一は、騎馬民族征服王朝説を当然のこととした上での発言をおこなっている（宮本一九八一）。

考古学から人類学に転じた後藤明は海を介した日本列島周辺の交流事例を数多く述べた後、「日本人の故郷は日本列島」（後藤二〇〇三、二六〇頁）とする。筆者はこれを「日本人アイデンティティ」は（境界が実のところは曖昧な）「日本」生まれとする他ないという理解に基づいていると考えるが、「日本人／文化はどこから来たのか」という問いの方が人気なのは今も変わらない。旧石器時代におけるホモ・サピエンスの到来も「日本人はどこから来たのか」という問いに変換され、古ＤＮＡによる古人骨研究の語られ方も、この問いと密接不可分である※5。

岡の言う複数回の種族文化の新来は、栽培作物の渡来と関連づけられている。岡は日本列島における水稲栽培を「弥生式文化の南方的要素として南中国の江南地方から紀元前四、五世紀ごろに到来」とする。現在までの考古学的研究の成果はこの渡来ルート・年代を支持しないが、これらは日本考古学の主要テーマのひとつであり続けている。岡は弥生時代以前の縄文時代中期にも芋栽培、末期には陸稲栽培が到来したとしている。この「（水田）稲作以前」の大陸文化の影響というアイデアを引き継ぐ形になったのは一九六〇年代末以降に展開した照葉樹林文化論だろう。『照葉樹林文化』（上山編一九六九）は哲学者の司会による生態学者・植物学者・民族学者・考古学者の座談会形式となっているが、この論をもとに縄文時代研究にも乗り出した一人が『稲作以前』（佐々木一九七一）の著者、佐々木高明である。佐々木は地理学者とされることもあるが、この文脈では岡説の一部を引き継いだ人類学者と位置づけてよいだろう。

佐々木は一九九〇年代には「集英社版日本の歴史シリーズ」の第一巻、『日本史誕生』（佐々木一九九一）を執筆している。同書は考古資料だけでなく、民族誌資料やフィールドワークの体験をもとに書かれた、人類学的な旧石器から縄文・弥生時代の概説書になっている。佐々木は照葉樹林という植生に展開した複数の文化圏における共通する文化要素、具体的にはアジア大陸の焼畑農耕民と日本の山間部にみられる共通要素を参照し、「（水田）稲作以前」の雑穀・根菜型焼畑を基盤とする照葉樹林文化が縄文時代後・晩期に西日本に伝来したとする。植生の異なる東日本はナラ林文化と位置づけ、日本の基層文化形成を描きつつ、佐々木は時折、日本の考古学者の人類学／民族学に対する理解不足を嘆いている※6。

照葉樹林文化論のみならず、考古学者が説く縄文農耕論（例えば藤森一九七〇、賀川一九七七）も日本考古学界の主流にはならなかったが、縄文農耕論や照葉樹林文化論が提示した視点が全く顧みられなかったわけではない。渡辺誠[※7]は照葉樹林文化論が農耕の存否という問い方ではなく、段階的な植物利用として農耕の発生を捉えていることに着目し、縄文時代の堅果類をはじめとする植物利用を野生植物高度利用段階と捉え直した。それを梃子に、渡辺は藤森栄一による縄文中期農耕論の論拠となっている要素のほとんどは野生植物高度利用で説明できるとし、中期農耕論を発展的に解消した（渡辺一九七五）。渡辺が評価を保留した西日本後晩期農耕論[※8]は、その可能性を追求した山崎純男による九州の縄文後期土器におけるコクゾウムシ圧痕の発見に繋がった（山崎二〇〇五）。米につく害虫として知られるコクゾウムシの圧痕はその後、稲作の渡来とは関連づけられないほど古い縄文土器からも発見されるようになり、その背後に稲作は想定できなくなった。土器圧痕研究の再評価、再試行は進み、縄文時代に利用された植物が土器表面から発掘され続けている（例えば小畑二〇一五）。そこから描かれる縄文時代人像は、小規模な栽培活動をおこなう園耕民的なものに変化している。岡の説や照葉樹林文化論から半世紀以上経って、考古学はそれらを取り込み消化しながら新たな研究トレンドを作り上げている。

照葉樹林文化論の形成過程を間近で目撃した小山修三[※9]は、以下のように述べている。

ただ、今は何も言えないと言ったら、学者としてやっていけないです。「悪名も名声のうちである」という言葉もあります。僕は間違いを認めるのはやぶさかではない。その点、梅棹忠夫さんなんか、うまかった。みんなをおだてて、中尾佐助とかに厳しい事も言う一方で、足は引っ張らない。それでいけるんだったら次どういくのかと、ぐーっと押し込むわけ。大体世の中の方は、それおかしいやないかと言って、すぐグズグズになってしまいますが、あの連中はうまかったと思う。照葉樹林文化論を作っていくプロセスも。今見たら穴だらけですよ、照葉樹林文化論なんて（吉田編二〇一七、九七頁）。

小山は考古学から出発し、人類学に転じて縄文時代の考古学に影響を与えた人物である。小山の縄文時代の人口推計（小山一九八四）は本人も認めるとおり、さまざまな未検証の前提に基づくもので「穴だらけ」だが現在でも影響力があり、書籍をはじめ、博物館展示の説明でも引用される。『土偶を読む』も小山の人口推計を引用している（竹倉二〇二一、三七―三八頁）。小山以外に、包括的に縄文時代人口の推移を検討した研究が存在しないからである※10。

小山はオーストラリアのアボリジニ社会に通う人類学者だった。そこでの体感的な理解をもとに、縄文時代の新たな復元イメージを画家の安芸早穂子とともに生み出した（小山編一九八六）。小山・安芸以前の縄文時代人イメージは「はじめ人間ギャートルズ」風の半裸の原始人が大半だったが、両者は縄文時代遺跡から出土する土偶や装身具、赤や黒の顔料を塗った土器等を素直にみて、アボリジニ社会からのインスピレーションをもとに、漆塗りの竪櫛や笄、あるいは花で髪を飾り、赤色と黒色のコンビネーションが鮮やかな衣服に身を包み、そうでない場合はボディペインティングや入墨を施した縄文時代人イメージを作り上げた。小山・安芸によれば発表当初はそれ以前とはあまりに異なる復元イメージに冷淡な反応もあったようだが、今では両者のあずかり知らぬところで彼らが作り出した縄文人と酷似したイメージを各地の博物館や出版物でみることができる。

小山は自らが作り出したイメージが縄文時代の正確な復元とは思っていないが、考古学者に苦言を呈することもある。

考古学者は「いや、私たち専門家なんです」とか「三〇年もやってます」とか、「君たちが知らない事を教えてやるんだ」という態度に出ることが多いです。私は文化人類学というか、民族学者ですから、目線をみんなと一緒に合わせる事が大事だと思っている。みんなが楽しいとか、こうしたらもっと綺麗ですよとか、そういうことを狙っている（小山二〇一七、八二頁）。

人類学の一分野に考古学を位置づける米国で学んだ小山は、英語圏の議論にも通じていた。米国の人類学者、マーシャル・サーリンズ（Marshall Sahlins）による"Original Affluent Society"（始源のあふれる社会、サーリンズ著・山内訳1984）のパラフレーズである"*Affluent Foragers*"（豊かな採集民）と題したシンポジウム（Koyama and Thomas eds 1979）を主宰した小山は、縄文時代が予想以上に豊かな社会だったことを思わせる新発見の到達点とも言える青森県三内丸山遺跡のプロモーションにも重要な役割を果たした（例えば岡田・小山編一九九六）。"Affluent"＝「豊かさ」の解釈は様々である。三内丸山遺跡のプロモーションにおいては、豊かさは三内丸山遺跡を「縄文文明」の拠点とみることにも繋がった（梅原・安田編一九九五）。

社会へも取り込まれる人類学者の縄文理解

豊かさは物質的な物差しだけでは計れない。「縄文」に社会変革の可能性をみるのも、豊かさの解釈のひとつである。人類学者・中沢新一が音楽家・坂本龍一と日本各地の縄文遺跡を巡りながら重ねた対話集、『縄文聖地巡礼』（坂本・中沢二〇一〇）はその好例である。同書では「縄文」は独特の意味と響きを持っている。

中沢「日本列島に住んでいた、国家が生まれる前の人々の生活や自然観、心のあり方全体を含めて『縄文』と呼ぶとき、厳密に考古学的な意味とは別に、ひじょうに多様な意味を包含する言葉になっていいます」（同書、七頁）

「環境ファッションマガジン」と称する『ソトコト』誌上で連載された両者の対談の特徴のひとつは、上記の引用にある「縄文」的なものと「弥生以降」的なものを二項対立的に捉え、前者に「国家以後」（同書、七三頁）を構想するためのインスピレーションを得る一方、矛盾だらけの国家の形成に繋がった「弥生以降」的なものを「農耕」、「モノカルチャー」等の言葉で代表させた上で、その行き着く先が原子力発電と名指しすることである。

坂本「原発こそ、現代の王ですね。現代の王は、当然のことながら自らを生贄として捧げないで、他の生命を犠牲にする」（同書、六四頁）

原発に繋がる出発点である農耕社会よりも古い文化・縄文に学ぶ[※11]ことで「未来を照らす可能性」と「現在が変更可能」（同書、一七三頁）と捉える構想力が得られるとする中沢は、縄文の可能性を十分に引き出せていない考古学をもちろん批判している。

中沢「日本のなかでは考古学が、茶道や華道のような家元制度の芸とよく似た発展をしてるなと思いますね。ひとつひとつの所作にものすごく重大な意味をもたせて分類されていくんだけど、それは閉じられた世界のなかだけで意味をもつことで」（同書、一二九頁）

中沢の批判に対して、『縄文聖地巡礼』を社会運動の文脈から分析しようとした筆者と米国出身の文化人類学者（Yoshida and Ertl 2016）を除き、日本の考古学者は無反応である。しかし、中沢・坂本的な縄文理解は考古学者も関わる社会の動きに形を変えて取り込まれているとも言える。

宗教学者の岡本亮輔は「近年急速に人気が高まっている縄文文化」を、堕落した近代社会と理想的な古代社会の対比が繰り返される中で「信仰」が形成される現象のひとつとみている（岡本二〇二二）。この対比は各所にみられると岡本は指摘し、世界遺産「北海道・北東北の縄文遺跡群」の推薦書原案の中にその普遍的価値を構成するものとして「堀（濠）や防御施設のない協調的、開放的な社会の継続的な形成」、「縄文里山の成立による持続可能で自然資源の巧みな利用による定住」という文言があることに着目する。岡本はこれらをスピリチュアル文化が個人の主体性を超えて、「メディア・学問・文化財などを舞台に信仰や実践が社会的に構築される現象」（同書、一四九頁）の好例と捉えている。

ここまで、刺激的な議論は遠い過去をも研究対象にする人類学者から提示される、どの議論でも小山修三曰く「穴だらけ」の人類学者の説が広く受け入れられる、人類学者は考古学者に不満を述べるという例をみてきた。『土偶を読む』もこの繰り返しである。

二〇二〇年代の考古学の「叩かれ方」

筆者が『土偶を読む』という書名をはじめて目にした時は、ある種の期待があった。「読む」には、動画投稿サイトを開けばよく見かける「〇〇の謎を解く」、あるいは「ゆっくり解説」と言いながら二〇分前後で性急に結論へ誘導する古代史解説の類とは異なるニュアンスを感じたからである。しかし、同書の書影を目にすると、表紙や帯にみられる土偶と木の実、貝を繋ぐイコール（＝）やビックリマーク（！）は動画投稿サイトのサムネイル画像を想起させるとともに、同書が土偶を多角的に「読む」というよりは、「謎を解いた」ことを声高に主張する書物だと予感させた。

筆者は『土偶を読む』の反応、批評を先に読むことになった。『縄文ZINE』編集長・望月昭秀と、考古学者でパントマイム（土偶マイム）のパフォーマーでもある白鳥兄弟の書評[※12]は、その中でも最速かつ的確なものだった。『土偶を読む』の「読み方」が研究として一定の強度を有するものかどうかは、望月・白鳥兄弟の評で決着している。両者の評を読めば、その土偶の読み方は恣意的な推論の域を出ていない、つまり白鳥兄弟の言うように「そのアイデアは十分に論証されておらず、反論を呼ぶような水準のものでもない」、「内容が不十分」と理解できる。筆者が同書を読んだ時には、両者の評によって形成された印象を確認するようなものになってしまった。そのため、『土偶を読む』の内容に関する議論には付け加えることがない。しかし本稿の文脈で興味深いのは、竹倉が人類学者として、そして独立研究者として、（保守系雑誌『WiLL』を含む）メディアで自著、自説を語る際に、考古学を攻撃していることと、その批判の仕方である。

竹倉の考古学批判の要点である「緊急発掘」への多額の税金投入（の割には土偶の謎も解けない）、考古学界のジェンダーギャップ（男性研究者が知的資源を独占している）、自説に「お墨付き」を得ようと思い考古学者にコンタクトを取ったものの無下に扱われたこと（竹倉二〇二一、三四一―三四三頁）が出発点かもしれないとしても、的を射ている部分もある。ただし、考古学者自身がすでにそれらに自覚的である。文化庁が数年おきに刊行する『埋蔵文化財関係統計資料』に記載の公共事業等の土地開発に伴う緊急発掘調査費用の大きさは頻繁に強調される[※14]。ジェンダーギャップは女性考古学者（菱田二〇一四、中西二〇一四）だけでなく、男性である筆者も学会発表者における男女比の国際比較をおこない、具体的な数字を明らかにして議論しようとしている[※15]。

人類学から考古学が「叩かれやすい」のは確かだが、メディアが取り上げた二点はその「叩かれ方」の変化を示している。人類学者が考古学の研究姿勢に対して「人をみていない」と言うのは、筆者も何度か聞いたことがある。人類学者の目には日本の考古学者は視野狭窄（海外考古学の比較可能な事例や、掘り出したモノの解釈の背後にある歴史理論や人類学理論に無頓着な点など）で、それでは普遍的な人類理解には繋がらないと映るのだろう。考古学という学問の特徴にも由来するこの種の批判は普遍的なもので、以前からあった。これからも続くだろう。加えて、小山修三が「上から目線」の考古学者の発言を紹介し、中沢新一が日本の考古学を家元制度の芸に例えたように、考古学の特権性・権威性（過去の解釈を独占しようとするかのような姿勢）を問題視する批判もあった。この方向性においては、社会制度の中の考古学も槍玉にあがる。筆者は観光人類学[※16]者が各地の文化財行政担当者に考古学者が多いことに不満を漏らすのを聞いたことがあるが、これには数年前（二〇一七年）に地方創生大臣が「観光マインド」がない＝（インバウンド観光振興のために）活用を重視する文化政策の方向転換に対応できない博物館の「（文化）学芸員はがん」と発言したのと同種の攻撃性を感じてしまった。件の観光人類学者には、考古学がこれまでの文化政策で既得権益を得ている学問にみえていたのかもしれない。「叩かれ方」の殺伐さが増しているかのようだが、「税金使ってやってきた自分たちの土偶研究がどれほどのものなのか」[※17]と「税金」をキーワードに考古学者を挑発する竹倉の「叩き方」は、こうした方向性の先鋭化であり、二〇二〇年代の日本社会の空気をつかんでいる。

「権威や社会制度に絡め取られない、人間本来の自由な知性に磨きをかける」[※18]ことを目指す竹倉が『土偶を読む』の中で繰り返し言及し、再評価すべきだと主張しているのは、ケンブリッジ大学で必ずしも厚遇を受けたわけではないが、人類学の古典『金枝篇』を著したジェイムズ・フレイザーである。人類学者の間でのフレイザーの現在の評価は、次に挙げる評伝冒頭の記述が象徴している。

ジェイムズ・ジョージ・フレイザー（一八五四―一九四一）はなかなか厄介な人物である。彼は、英語で執筆した人類学者のなかでは一番多くの読者を獲得し、おそらく抜きん出た文筆家でありながら、今日人類学者のあいだで認められている学者系統図にはまったく登場しない。

その理由は実際はっきりしている。彼が、図書館に閉じ籠りっきりで、原始宗教と神話を扱った大冊を何冊も、自信たっぷりに発表したからであった。往々にして、探検家や伝道師、それに商人たちの報告は粗雑で、自民族びいきが目立つのだが、そうした疑わしい報告にもとづいて包括的な理論を打ち立てたからだ。(中略)まったく共通点のない時代や場所からとられた文物を比較することに何のためらいもなかった。(アッカーマン著、小松監修、玉井監訳二〇二〇、一九―二〇頁)

このようなフレイザー評が定着することと、現代の人類学の多様さ(竹倉にとっては「縦割り化とタコツボ化」)には関係がある。現代の人類学はフレイザー批判から出発している。「図書館に閉じ籠りっきり」のフレイザーを「アームチェア人類学者」と揶揄することから出発していると言い換えてもいい。研究対象の人々のもとに出向き、現地での長期のフィールドワーク、参与観察を基礎とする学問に人類学は変貌していった。それに手を貸したのは一九・二〇世紀の帝国主義(=植民地の拡大)だったが、そうした時代背景のもとに「異民族」が住む土地に実際に赴いて研究する「民族学」が成立する。その過程で現地人を「科学的な」頭蓋骨測定と骨収集の対象としていた「人種学」は、今では「自然/形質人類学」と呼ばれる。自分たちの学問が帝国主義のもとで「未開民族」を研究対象としてきた過去に向き合い続けた「民族学」は日本では「文化人類学」と改名し、今を生きる人々を「未開人」と「近代人」とに分別することなく、わたしたちを取り巻く多種多様なテーマを扱う学問に変貌している。あるいは膨大な〇〇人類学に分割されて、竹倉の言う「縦割り化とタコツボ化」が進行している。

「感性の抑制」から学問を解き放つ拠り所をフレイザーに求める竹倉は、『土偶を読む』の「成功」でフレイザーに近づいたのかもしれない。日本語で書かれた土偶に関する書物で最も多くの読者を獲得したかもしれない。自説の核となる縄文時代の植物利用に関する理解が（望月・白鳥兄弟の指摘にあるように）粗雑でも自信たっぷりに記述を進める。縄文時代の土偶と現代日本のゆるキャラを比較することにもためらいはない。

フレイザーを「図書館に閉じ籠りっきり」とするのは実は正しくない。評伝を読めば、フレイザーはもともとの専門である古典学の書物執筆のためには、古典世界＝地中海地域への旅を厭わなかったことがわかる。竹倉も関東近郊の貝塚に出かけて感性を解放している※19。フレイザーの評伝は彼が自著への批判に対して真摯に応答し、批判者と意見交換していたことを伝えている。竹倉はその点ではフレイザーに似ていない。考古学（と人類学）に対する皮相的な理解をもとに考古学を仮想敵と見立てた安易なプロモーションをやめ、批判に対する応答を始めれば彼は尊敬するフレイザーにまた一歩、近づけるのではないだろうか。

たとえ「穴だらけ」でも

もともとはひとりの人間の中に同居していた考古学と人類学は離れ離れになっていった。日本民族の起源を解明するために考古学者と人類学者は同じテーブルについていたこともあったが、考古学、人類学、それぞれの内部が散り散りになったこともあって両者の距離は広がっているように見える※20。一方で、考古学は人類学者による遠い過去についての仮説や想像力をいつの間にか取り込んで自らのものにしているようにも見える。考古学は多かれ少なかれ、意識的にも無意識的にも、人類学を参照していた。人類学者の言うことが「穴だらけ」でも、どこかに次なるブレイクスルーの種を含んでいれば、それは続くだろう。竹倉説にそのような種があるのかどうかは十数年後、あるいは数十年後にはわかるだろう。

筆者は望月昭秀らと共同で、遠い未来の考古学者になりきって二一世紀のモノを盛大に誤読する（ことによって考古学の方法論や考古学とは何かを考える）イラスト付エッセイ「未来考古学」をフリーペーパー『縄文Z

INE』に連載している。二〇二一年三月発行の連載第九回は、二〇二〇年に日本政府から配布された「2枚のマスク」を取り上げた（吉田他二〇二一）。そのようなことが感染症の危機の最中に本当に実行されたことに対する底知れぬ不気味さもあって、「この2枚は疫病流行に便乗したカルト宗教の配布物」と解読（誤読）した。二〇二二年七月の安倍晋三元首相の銃撃事件以降、次々に広く知られた事実によって、この一節は笑えないものになってしまった。知恵を絞り感性を解放し、正解から遠く外れようとしても掠ってしまう、これは考古学者、人類学者を問わず遠い過去に興味を持つ全ての人々の希望を示している。どんな穴だらけの説でも、遠い過去についての何かをつかむことはありうる。

※1：坪井の生涯は川村二〇一三、学術人類館事件については松田二〇〇三が詳しい。

※2：筆者は考古学を学ぶ学生から『土偶を読む』を読んだと聞かされたことはほとんどない。これは同書が次世代の考古学者に与えている影響は少ないのと同時に、学生の多くが驚くほど本を読んでいないことのあらわれかもしれない。

※3：「考古学者」の側も一括りにできない。大学で考古学を教え、研究している人々だけが考古学者ではない。日々、博物館や文化財行政の現場で埋蔵文化財の管理にあたっている専門職員も考古学者である。岡村勝行は前者を「考古・学者」、後者を「考古学・者」としている（Okamura 2011）。人数は「考古学・者」の方が圧倒的に多い。竹倉がもっぱら攻撃対象にしているのがどちらなのかははっきりしないが、竹倉が日本各地の土偶の写真等も駆使して執筆活動ができるのは、それらを適切に管理している大多数の「考古学・者」のお陰である。日本各地の「考古学・者」は日々何をしているのか、その一端は二〇二二年夏に公開された映画『掘る女――縄文人の落とし物』（松本貴子監督）で観ることができる。

※4：（一）母系的・秘密結社的・芋栽培—狩猟民文化—この文化は縄文式文化中期に大陸海岸のどこかから流入したとされる。
（二）母系的・陸稲栽培—狩猟民文化—この文化は縄文式文化末期に渡来したとする。
（三）父系的・「ハラ」氏族的・畑作—狩猟・飼畜民文化—弥生式文化の初期に弥生式文化の北方要素として東北中国、朝鮮半島から流入してきたとする。
（四）男性的・年齢階梯制的・水稲栽培—漁猟民文化—弥生式文化の南方的要素として南中国の江南地方から紀元前四、五世紀ごろに到来したとする。
（五）父権的・「ウジ」氏族的・支配者文化—三、四世紀のころに日本列島に到来した文化で、支配者王侯文化と国家的支配体制を持ち込んだ天皇氏族を中心とする種族とされる。（岡著・大林編一九九四）。

※5：内容的には自然／形質人類学と縄文・弥生時代研究の最前線を伝えるムック本も、そのタイトルは『歴史REAL 日本人の起源——私たちはどこから来てどう進化したか？』（二〇一八年、洋泉社）でなくてはならない。

※6：例えば、考古学界では影響力のあった春成秀爾による抜歯風習の分析の背景にある親族組織観に「文化人類学者の立場から、すぐには賛成できない」（佐々木一九九一、一八〇頁）としている。

※7：筆者が大学で考古学を学んだ際の指導教員は渡辺誠と山本直人だが、渡辺は佐々木を「今の考古学を冷めた目で見ている点においては彼も自分も同じ」と評し、山本は佐々木の『日本史誕生』を縄文時代の最良の概説書と評していた。二人とも佐々木の説の全てを支持していなくても、認めるべきところは認めていたということだろう。

※8：岡の言う縄文末期の陸稲栽培到来や照葉樹林文化論に結果的に似ている。

※9：小山は引用中にある梅棹忠夫が初代館長を務めた国立民族学博物館の研究者だった。

※10：ケンブリッジ大学のエンリコ・クレマー（Enrico Crema）によれば、世界的には現在、Paleodemography＝古人口学は黄金時代を迎えつつある（二〇二二年九月二五日、中央大学人文科学研究所公開研究会「物質資料から見た地域文化の相互関係」での発言）とのことなので、近い将来、小山の人口推計とは異なる縄文時代の人口シミュレーションが提示されるかもしれない。

※11：人類学者デヴィッド・グレーバー（David Graeber）と考古学者デヴィッド・ウェングロウ（David Wengrow）の大著、“*The Dawn of Everything*”も、先史／先住民文化に学ぼうとする（Graeber and Wengrow 2021）。新石器革命後の単線的な社会進化（に伴う不平等の発生）図式を疑問視し、先史／先住民文化を政治体制の実験が繰り返された場とする点に大きな特徴がある。同書では三内丸山遺跡や縄文文化も参照されるが、近東の「肥沃な三日月地帯」も、アメリカ大陸のネイティブ・アメリカンの社会・政治組織も一様ではないことを強調するグレーバーとウェングロウの視点を「縄文」に移せば、南北に長い日本列島に展開した先史の諸文化を「一万年の縄文」と一括することはできないだろう。

※12：望月昭秀「『土偶を読む』を読んだけど」(1)〜(3)・番外編、(1) https://note.com/22jomon/n/n8fd6f4a9679d、(2) https://note.com/22jomon/n/n213f1979a479、(3) https://note.com/22jomon/n/n12c313a766c2、(番外編) https://note.com/22jomon/n/nf752c626f69e(二〇二二年一一月二六日閲覧)
白鳥兄弟「竹倉史人『土偶を読む』について」、https://note.com/hakucho_kyodai/n/n1b370030eaa4(同)

※13：一例は以下。
連載「自由人のたしなみ」Vol.9「『土偶を読む』の竹倉史人が考える〝縄文〟とこれからの知性」、https://tokion.jp/2022/07/24/the-tashinami-of-free-spirits-vol9(二〇二二年一一月二六日閲覧)

※14：『埋蔵文化財関係統計資料』は文化庁のウェブサイトでみることができる。同統計は日本の考古学を英語圏に紹介する際にはほぼ必ず言及される(例えばHabu and Okamura 2017)。緊急発掘調査費用はピーク時の一九九七年度で一三〇〇億円強、直近は二〇二〇年度の六〇〇億円弱である。

※15：二〇一五年の日本の考古学に関するある学会の女性発表者の割合は一七%、英国のある学会では四二%だった(吉田二〇一七、二〇五―二〇六頁)。性格が異なる学会を比較しているので参考値だが、一七%の背景に日本考古学界の構造的問題があるのは間違いない。

※16：観光人類学は「文化としての観光」を研究する文化人類学の一分野で、「ビジネスとしての／に役立つ観光」学とは一線を画しているが、文化政策に言及することもある。なにかと「役に立たない」とレッテルが貼られることの多い「文系」の学問を「役に立つ」ものに見せるためか、「観光」や「地域づくり」等を名称に含む文系学部・学科の改称も各地の大学でみられる。筆者は人類学者がそうした施策に適応せざるを得ない(そうした名称の組織で教員を務めることも含む)状況について、複雑な心境を吐露するのを聞いたこともある。

※17：前掲注13

※18：前掲注13

※19：望月が指摘するように、竹倉は時には現物を見ずに写真だけで土偶の頭部と植物の類似を説いているかもしれない。
https://note.com/22jomon/n/n8fd6f4a9679d(二〇二二年一一月二六日閲覧)

※20：戦後すぐは人類学者と考古学者が「同じテーブルについていた」例として、岡正雄学説をめぐる座談会を本稿では取り上げた。大林太良は岡を「座談の名人」だったとしている(岡著・大林編一九九四、二六七頁)。本書の出版以降に必要なのは、当時とは様変わりした現代の人類学・考古学双方に通じた「座談の名人」なのかもしれない。

参考文献（五〇音順）

アッカーマン、ロバート 著、小松和彦監修、玉井暲監訳　二〇二〇『評伝J・G・フレイザー　その生涯と業績』(上)・(下)、宝蔵館文庫（二〇〇九年宝蔵館刊行版の文庫化）

江上波夫　一九六七『騎馬民族国家――日本古代史へのアプローチ』、中公新書

江上波夫・佐原　眞　一九九六『騎馬民族は来た!?来ない?!』、小学館ライブラリー

藤森栄一　一九七〇『縄文農耕』、学生社

後藤　明　二〇〇三『海を渡ったモンゴロイド　太平洋と日本への道』、講談社選書メチエ

Graeber, David and David Wengrow. 2021. *The Dawn of Everything: A New History of Humanities*. Allen Lane.

Habu, Junko and Katsuyuki Okamura. 2017. Japanese Archaeology Today: New Development, Structural Undermining, and Prospects for Disaster Archaeology. In *Handbook of East and Southeast Asian Archaeology*. Habu, Junko et al. eds. 11-25. Springer.

菱田淳子　二〇一四「考古学研究者の性差」『考古学研究60の論点』(考古学研究会編)二〇三―二〇四頁、考古学研究会

石田英一郎・岡　正雄・江上波夫・八幡一郎　一九五八『日本民族の起源』、平凡社

賀川光夫　一九七七「縄文晩期農耕論についての覚え書」『別府大学紀要』第一八号、一五―二八頁

川村伸秀　二〇一三『坪井正五郎――日本で最初の人類学者』、弘文堂

Koyama, Shuzo and David Hurst Thomas, eds. 1979. *Affluent Foragers: Pacific Coasts East and West*. Senri Ethnological Studies 9. National Museum of Ethnology.

小山修三　一九八四『縄文時代――コンピュータ考古学による復元』、中公新書

小山修三　二〇一七「なぜ「おしゃれ」な縄文人を描こうとしたのか」吉田泰幸・John Ertl編『Japanese Archaeological Dialogues――文化資源学セミナー「考古学と現代社会」二〇一三―二〇一六、七七―八四頁、金沢大学人間社会研究域附属国際文化資源学研究センター

小山修三編　一九八六「縄文人の家族生活」(週刊朝日百科『日本の歴史』)、朝日新聞社

松田京子　二〇〇三『帝国の視線――博覧会と異文化表象』、吉川弘文館

宮本常一　一九八一『日本文化の形成　講義1』、そしえて

中西裕見子　二〇一四「考古学研究者の性差」『考古学研究60の論点』考古学研究会編、二〇五―二〇六頁、、考古学研究会

小畑弘己　二〇一五『タネをまく縄文人――最新科学が覆す農耕の起源』、吉川弘文館

岡　正雄 著、大林太良 編　一九九四『異人その他――他十二篇』、岩波文庫

岡田康博・小山修三編　一九九六『縄文鼎談――三内丸山の世界』、山川出版社

岡本亮輔　二〇二一『宗教と日本人――葬式仏教からスピリチュアル文化まで』、中公新書

Okamura, Katsuyuki. 2011. From Object-Centered to People-Focused: Exploring a Gap Between Archaeologists and the Public in Contemporary Japan. In *New Perspectives in Global Public Archaeology*. Katsuyuki Okamura and Akira Matsuda,eds. 77-86.Springer.

サーリンズ・マーシャル、山内　昶訳　一九八四『石器時代の経済学』、法政大学出版局

坂本龍一・中沢新一　二〇一〇『縄文聖地巡礼』、木楽舎

佐々木高明　一九七一『稲作以前』、NHKブックス

佐々木高明　一九九一『日本史誕生――日本の歴史1』、集英社

竹倉史人　二〇二一『土偶を読む――130年間解かれなかった縄文神話の謎』、晶文社

上山春平編　一九六九『照葉樹林文化――日本文化の深層』、中公新書

梅原　猛・安田喜憲編　一九九五『縄文文明の発見――驚異の三内丸山遺跡』、PHP研究所

山崎純男　二〇〇五「西日本縄文農耕論」『韓・日新石器時代의農耕問題――第6回韓日新石器時代共同学術大会発表資料集』、三三―五五頁、韓国新石器学会・九州縄文研究会

Yoshida,Yasuyuki. and Ertl, John. 2016. Archaeological Practice and Social Movements:Ethnography of Jomon Archaeology and the Public. *Journal of the International Center for Cultural Resource Studies, Kanazawa University* 2: 47-71.

吉田泰幸　二〇一七「多様性・持続可能性と考古学」をふりかえる」、吉田泰幸・John Ertl編、Japanese Archaeological Dialogues――文化資源学セミナー「考古学と現代社会」二〇一三―二〇一六、一九九―二〇七頁、金沢大学人間社会研究域附属国際文化資源学研究センター

吉田泰幸編　二〇一七『対話―これから縄文人をどう描くのか』吉田泰幸・John Ertl編、Japanese Archaeological Dialogues―文化資源学セミナー「考古学と現代社会」二〇一三―二〇一六、八五―一〇六頁、金沢大学人間社会研究域附属国際文化資源学研究センター

吉田泰幸・望月昭秀（縄文ZINE編集部）・安芸早穂子　二〇二一「未来考古学――第9回2枚のマスク」『縄文ZINE』12号、九頁

渡辺　誠　一九七五『縄文時代の植物食』、雄山閣

左：八幡一郎、右：甲野勇（加曽利貝塚B地点（1924））くにたち郷土文化館蔵

実験：「ハート形土偶サトイモ説」

laboratory

あれ、ハート形土偶はオニグルミでしょ、と思うかもしれない。いや、実はあの土偶はサトイモなんですよ。とはここでの主張である。ここからは、『土偶を読む』風の手法で『土偶を読む』で登場した土偶と植物を素材として、あえて土偶の謎を解いてみる「実験」である。さてさてちゃんと解けたかな……。

ついに土偶の謎を解きました！

結論から言おう。一三〇年間、考古学者が解けなかった謎を解きました。土偶とは一体何をモチーフにして作られていたか、その謎は実に身近な食物だったのだ。

私が今回検証した土偶はこの縄文時代後期、群馬県東吾妻町の郷原遺跡で出土したハート形土偶。現在東京上野の東京国立博物館で見ることのできるハート形土偶のマスターピースだ。

特徴はもちろんこの平面でハート形の輪郭。それから胴体から飛び出たような顔の付き方も見逃せない。キュッと締まった胴体には正中線と言われる一本の細長い筋が深く入り、全面的に渦巻き模様が付けられている。両脚はがっちりと大きく、アンバランスで大きな顔であるにもかかわらず、しっかりと自立する。

一説では、「オニグルミ」の半分に割った断面がハート形土偶の顔に似ていることから、この土偶は「オニグルミ」をかたどった精霊と言われている(竹倉二〇二一)が、こんなに平面的な顔と、半分に割った時には半円形になる「オニグルミ」では総合的に見たらあまり似てはいない。ハート形土偶の顔はクルミと違ってペラリと薄い。

これではダメだ、他に何かないだろうか、としばらく考えてみたがそう簡単には見つからない。自然界の中でハートの形を探してもなかなかピンとくるものが見つからない。土偶にモチーフがあるという発想自体が間違えていたのでは、と、そもそもな疑問が頭を過ぎる。しかし、ひょんな時、本当になんでもない日常で――ヒントは意外なところに転がっていた。そう、映画だ。北野映画『菊次郎の夏』だ。

私は北野武監督の映画が好きで、気に入った作品は定期的に見返している。何度目かの『菊次郎の夏』(北野武一九九九)を何気なく見ていたら……主人公の少年、正男とビートたけし扮する菊次郎が、葉っぱを頭につけるシーン。あれ、これって何かに似ている。

ハート形土偶サトイモ説

この北野映画で登場するこの葉っぱは実はサトイモの葉っぱである。このポスターはサトイモ畑のシーンだ(図1)。菊次郎と正男はこれを頭に付けるわけだけど、サトイモの葉っぱの形をよく見るとハート形。そう、その形状はハート形土偶と驚くほどそっくりなのだ。

図1　『菊次郎の夏』ポスター
一九九九年六月五日に公開された日本映画（バンダイビジュアル製作）。北野武の監督作品。第52回カンヌ国際映画祭コンペティション部門正式参加作品。生き別れた母を探す少年と、不良中年男との一夏の旅と交流を描くロードムービーである。頭にくくり付けたサトイモの葉が、図2のハート形土偶を彷彿とさせる。

サトイモの葉っぱを頭にくくり付けた菊次郎と正男はまるでハート形土偶。なにしろ土偶とハート形の顔のサイズの比率と、サトイモの葉っぱと人間との比率が完全に同じなのだ！（図1）

そして葉っぱの茎を頭の後ろに結んだ横向きの写真を見てほしい（図3）。これも完全にハート形土偶と一致していないだろうか。ハート形土偶の首と顔の付き方と、サトイモの葉っぱの茎と葉の付き方、そして茎から葉が重く垂れ下がりながらも、やや上を向くこの角度まで完全に一致している。また葉は全体的に緩やかな凹面になっていることも、ハート形土偶の顔と一致する（大きな葉は重みで外縁が垂れてしまうが小さな葉は茎の付く部分を中心に凹面になる)。長年不思議に思っていたハート形土偶の胴体から飛び出したような顔の理由は、まさにこういうことだったのだ。つまりハート形土偶はサトイモをモチーフにしたサトイモの精霊だった可能性をこの相似形は示唆している。

この驚くべき形態の一致はそれだけでも説得力があるだろう。しかし、これだけでは不十分だと私は考える。ただ似ているだけでは何の再現性もない。本論考はイコノロジープラス考古

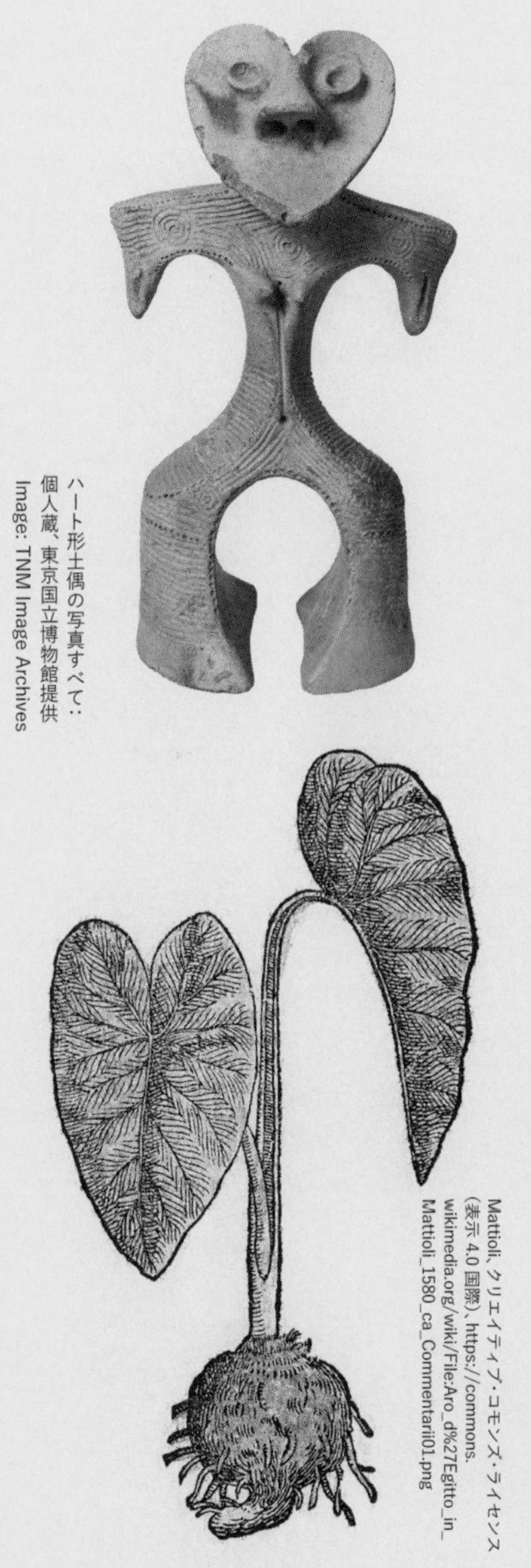

図2　上はハート形土偶、下は一五八〇年頃に描かれたタロイモの絵。タロイモとは根茎を食用とするサトイモ科の植物の総称。

ハート形土偶の写真すべて:個人蔵、東京国立博物館提供 Image: TNM Image Archives

Mattioli、クリエイティブ・コモンズ・ライセンス(表示 4.0 国際)、https://commons.wikimedia.org/wiki/File:Aro_d%27Egitto_in_Mattioli_1580_ca_Commentarii01.png

図3　ハート形土偶と『菊次郎の夏』
ハート形土偶の顔と胴体の接続の仕方と見比べると形態の一致に驚く。

パンフレット『菊次郎の夏』3頁より引用

学、考古学的な知見の面からもこのハート形土偶サトイモの葉っぱ論を見てみよう。

サトイモという植物はタロイモの一種で、元々暖かい場所で育つ食物。よく育つのは南東北から西、北東北以北ではサトイモは寒すぎて育たない（遮光器土偶の成立した北東北ではサトイモは育たない）。北東北以外の東北では芋煮会の風習やそれ以外にもサトイモに関係する収穫祭や儀礼が残る（安野一九九三）。この土偶は東北南部から北関東あたりまでで作られていた土偶だったのだ。そして調べてみるとサトイモの分布はこのハート形土偶と矛盾しない。ハート形土偶の分布ともぴったりと符合する。

しかも元々日本に自生した植物ではないサトイモが日本に伝わった時期も縄文後期頃という説が有力だ（研究者によっては縄文中期の中部高地にもあったのではと考える人もいる（岡一九五八））。同じく縄文後期に成立したハート形土偶。その時期もぴったりと符号する。

こうなるとハート形土偶とサトイモの葉っぱの見た目の類似を単なる偶然とするのはもはや適当でない。少なくともこの類似を議論するべき必要があるだろう。

土偶は、ハート形土偶に限らず、仮面を表現した顔のものがいくつか存在している。縄文人もまた、菊次郎のようにサトイモの葉っぱを頭に付けて、さらには葉っぱには目と鼻を付け、サトイモの成長と豊作を祈ったのではないだろうか。その様子はどことなく雨乞いの儀式のような現代人の「儀式感」にもマッチする。

「儀式感」——実際このような一般的な感覚こそが大切なのではないかと私は考える。土偶を扱う研究者は、研究室や、論文の中にいるとどうしてもこういった視点が欠けてしまいがちになる。ある時は当たり前の感覚こそが最も確かな証拠なのだ。

雨乞いの儀式と土偶

ふと、思いついた「雨乞いの儀式」だが、土偶とサトイモを調べていくと、あながち間違いではないことに気づく。いや、あながちどころではない。

実はサトイモは乾燥を嫌う植物でもある。低地や水辺、高温多湿な場所を好み、雨の多い夏によく育つと言われている（家の光協会二〇〇九）。保存する時は土を落とすと乾燥しやすいため、土付きのままで保存する。

また、ステレオタイプな雨乞いの儀式でハスの葉やサトイモの葉がよく使われることにもきちんとした理由がある。ハスやサトイモの葉はその表面の微細構造と化学的特性で決して濡れることがない。いわば天然の撥水加工をされた状態にある。これを「ロータス効果」と呼ぶ。

次ページの写真（図5）のように水は綺麗な球体の粒となり葉の表面を滑り落ちる。この水滴

図4　雨とサトイモの葉のイメージは多くの人の共通のビジョンだ。
いらすとや

図5 ロータス効果によって、葉の上を滑る水滴。下部の葉の先端に向かって滑る。

図6 アゴの先端に小さな口。まるで滑る水滴を受け止めるように。

が可視化されることもまた雨乞いの儀式の重要な要素であったと私は考える。そして、実はこれも土偶のデザインに関係があると私は睨んでいる。

次の土偶の写真（図6）と見比べて見てほしい。通常、葉に落ちた雨はサトイモの葉のロータス効果により綺麗な水の球体になり、葉の茎の付いているハートの割れ目の部分から下部の先端に滑らかに落ちていく。そう、そこに土偶の口が小さく付いているのだ。雫を最後に受け止めるかのように。

ここにきて土偶のモチーフと、その役割、土偶祭祀の輪郭が一体的に見えてきた。

当然、雨乞いと食物祭祀は密接につながっている。食料の収穫の多寡は天気、特に「雨」の量にかかっていると言っても過言ではない。太古の昔から人類は天候に振り回されてきた。食物を育てるため、生きるために。なかなか言うことを聞いてくれない空の気、天の気を引くために、この土偶は必要だったのだ。

そう、ハート形土偶とは、サトイモ栽培に欠かせない雨を祈る雨乞いの儀式の道具だったのだ。

雨乞いの儀式の歴史は長い。日本では『日本書紀』にまでその記述があり、そこでは蘇我馬子の子、蘇我蝦夷が雨乞いの儀式を執り行っている。各地に雨乞いの風習は残り、その初元は実のところどこまで遡れるかわからないほど古い。

当然海外にも雨乞いを意味する言葉や祈願が残っている。ほとんど全ての地域に「ある」と言っても過言ではない。例えばマヤ文明では雨乞いのために生贄が捧げられていたこともあったようだ。

だから縄文時代に雨乞いの儀式があってもおかしくはない。いや、むしろないとおかしいのが雨乞いの儀式と言えるだろう。

『となりのトトロ』の雨乞いのシーン

ジブリの傑作アニメ映画『となりのトトロ』を、日本で暮らすほとんどの人は見たことがあるだろう。バス停で父親の帰りを待つサツキとメイのシーン（図7）。雨が降る中メイは寝てしまい、さらにあたりも暗くなってしまい心細いサツキの隣に突然トトロがあらわれるあの名シーンだ。大きな体のトトロは頭に葉っぱを乗せて雨を避けているのだが、その葉っぱはサトイモの葉のように見える。サトイモの葉っぱでは十分に雨がしのげないので、サツキはトトロに傘を渡し、その傘に落ちる雨音をトトロが楽しむ描写が続くが、トトロがサトイモの葉っぱを傘のように使用していることで、雨とサトイモの相性がわかるシーンでもある。

この映画ではさらに白眉なシーンがある。ズバリ、雨乞いの儀式をサツキとメイと大中小のトトロが行うのだ（ただし雨が降るわけではない）（図8）。ぜひそのシーンを思い出してみてほしい。トトロはサツキにもらった傘を使っているが、中トトロはサトイモらしき葉っぱを掲げ、儀式を行う（小トトロは何の葉かわからない）。雨は降らないが、傘と傘に当たる葉を掲

図7　バス停で父を待つサツキとメイの隣にトトロ。頭にはサトイモの葉を乗せる。
『となりのトトロ』スタジオジブリ作品静止画（https://www.ghibli.jp/works/totoro/#frame）より引用

げることからわかる通りこれは雨乞いの儀式だ。トトロと途中から参加するサツキとメイの祈りは蒔いた種に伝わり植物はぐんぐんと育ち、やがて大木となる。

トトロのこのシーンは日本の原風景として「雨乞い」が残っていることを描いている。

余談だが、サツキとメイの父親は藤森栄一という「縄文中期農耕論」を唱えた在野の考古学者がモデルとなっていることはここで言うまでもない。

私は、近所にあるサトイモ畑に入り、空を見上げる。青空からは雨の気配を感じない。地面はやや乾燥している。私は目を瞑り、頭の中に縄文ブレインをインストールする。
私には見える――。サトイモの葉が茂る、その前に大地の上に自立するハート形土偶を置き、自身もサトイモの葉を頭にくくり付け、その葉で、その顔で、雨

図8　植物を育てる儀式。
『となりのトトロ』スタジオジブリ作品静止画（https://www.ghibli.jp/works/totoro/#frame）より引用

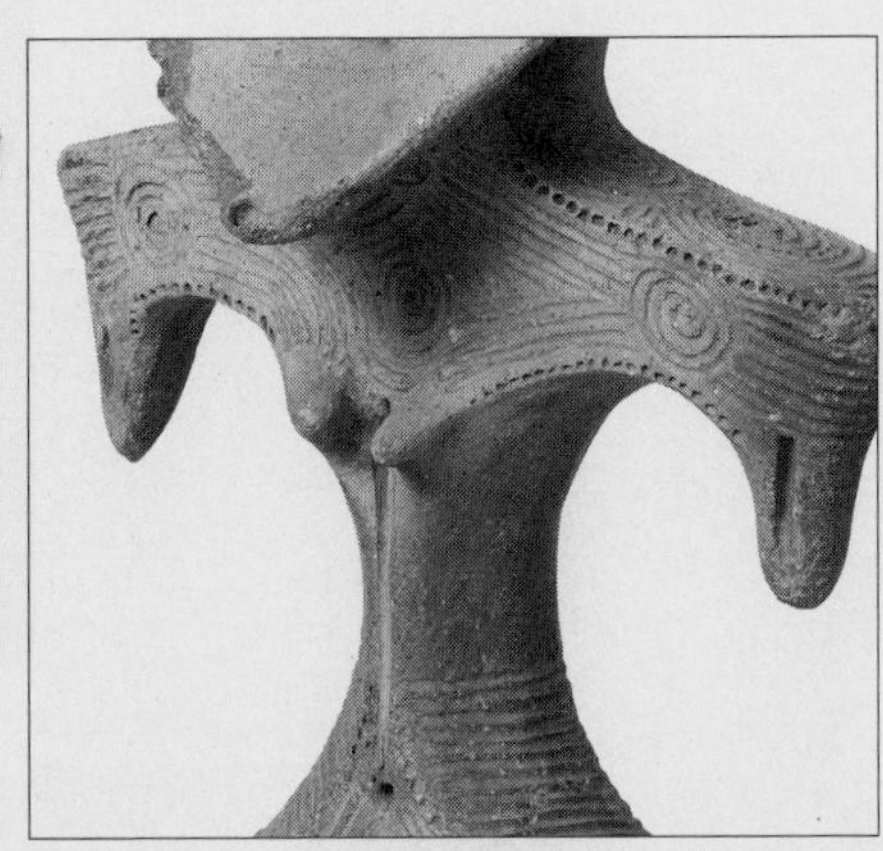

図9　サトイモの茎は茎を産み、その跡が線状の窪みになる。ハート形土偶細い茎のようなの胴体に刻まれる正中線もこの窪みを模したものだろう。

を受け止めるために祈る縄文人の姿が。
サトイモと雨と土偶は一つの事象の共犯関係になり、縄文人たちの心と命を支えていたのだ。

他にもこの説を支持する要素がある。胴体に施された渦巻き文様はまるで水溜りに広がる波紋を表したように見えないだろうか（図9）。一見関係のないように思えたハート形の顔と、胴部の文様が雨乞いというキーワードで見事につながるのだ。ハート形土偶のがっしりとした両脚は地面に自立させ、雨を祈るためにしっかりと安定感のある形状になっている。

従来の考古学では正中線と考えられている胴体に引かれた一本の縦線もやはり、サトイモをモチーフにしていると考えることができる。顔を葉としたら胴体は茎だ。実はサトイモは、一本の茎の内側から枝分かれするように茎を増やしていく。だから枝分かれした茎は中心に深く長い溝ができるのだ（図9）。茎が茎を産みその茎がまた新たな茎を産む、この溝は生命の溝なのだ。これがこれがハート形土偶の胴体に深く刻まれた長い縦線の秘密である。

以上の理由で私はハート形土偶はサトイモの精霊だと結論づけるのである。

最後に一つ、付け加える。実はハート形土偶は他の多くの土偶と共通点がある。それは顔の形やモチーフではなく、顔の角度である。実はほとんどすべての土偶の顔はやや上を向いているのだ。真正面でも真上でもなく、やや上。考古学者の大島直行さんは著書『月と蛇と縄文人』（大島二〇一四）で、この顔の角度は月の雫を受け止めるためと、神話を絡めて説明していたが、私はこれはそのまま空を見上げ雨を祈るための「顔の角度」だと考えたい。生命を育む神秘的な気象現象をその顔で受け止め、祈りを成就させるための顔の角度。

この顔の角度もまた私の説を決定づける要素だ。

そう、ハート形土偶だけではない。土偶はその場所の食用植物を育てるために必要不可欠な、雨乞いの儀式の道具だったのだ。

実験（解読）を終えて

冷蔵庫の残りものだけで夕飯を作るベテランの専業主婦（夫）のように、『土偶を読む』に登場する「素材」だけを使って、『土偶を読む』と同じ構成で別の説を組み立ててみました。ほら、土偶をきちんと立体的に見れば「ハート形土偶＝オニグルミ」よりも「ハート形土偶＝サトイモ」説の方が説得力がある。しかも飛び火させて「遮光器土偶＝サトイモ」説も同時に否定し、その役割を想定するところまで論を進めるというなかなかの離れ業だったと自画自賛したい。なにしろ『土偶を読む』と違い、植生もしっかり合う（利用があったとは言っていない）。もちろんここで提示したデータや文献は本当に存在する。一つも「嘘」はついていない（ただし、恣意的ではある）。

「嘘」をついていないとしてもサトイモが縄文時代に分布していた証拠はない。『土偶を読む』と同様に、この説もまた類例や編年を無視して論を進めている。

本書をここまで読んでいただいたみなさんにはこういった〝ツッコミ〟所が分かるはずだ。どのような部分が都合よく解釈され、どこが足りていないのか。『土偶を読む』よりも穴は少ない（と思う）が、いずれにせよ、これではさまざまな角度での「検証」には耐えられないだろう。

何が言いたいかと言えば、長く広い縄文時代、さまざまな事象を組み合わせれば、誰でも（とは言わないが）このくらいの「説」は作れるということだ。

面白い説ができたのにまったく残念だ。

参考文献（五〇音順）

安野眞幸　一九九三「里芋とアイヌ語地名」『文化紀要』第三八号
家の光協会　二〇〇九『別冊やさい畑　野菜づくり名人　虎の巻』、家の光協会
大島直行　二〇一四『月と蛇と縄文人』、寿郎社
岡　正雄　一九五八「日本文化の基礎構造」『日本民俗学大系2――日本民俗学の歴史と課題』、平凡社
北野　武　一九九九『菊次郎の夏』、バンダイビジュアル、（同名パンフレット、松竹）
高谷重夫　一九八四『雨の神――信仰と伝説』、岩崎美術社
竹倉史人　二〇二一『土偶を読む――130年間解かれなかった縄文神話の謎』、晶文社
坪井洋文　一九七九『イモと日本人――民俗文化論の課題』、未来社
法華宗（陣門流）「仏教質問箱」、http://www.hokkeshu.com（二〇二二年一一月二六日閲覧）
宮崎　駿　一九八八『となりのトトロ』、スタジオジブリ、https://www.ghibli.jp/works/totoro/（二〇二二年一一月二六日閲覧）

土偶を読むを読む

知の「鑑定人」

専門知批判は専門知否定であってはならない

菅 豊
Yutaka Suga
東京大学東洋文化研究所教授

はじめに

今世紀の科学論において、専門知研究の画期をなす代表作の一冊とされる『専門知を再考する』（原題：*Rethinking Expertise*）には、『庭師――ただそこにいるだけの人』（原題：*Being There*）という小説が登場する。それは後に、名優ピーター・セラーズが天真爛漫な庭師を演じた『チャンス』（一九七九年）に映画化された社会風刺の名作である。

主人公チャンスは孤児で、偶然富豪に引き取られて、小さい頃から大人になってもずっと庭師としてお屋敷のなかで暮らしてきた。身につけることができない。その生活は世間と隔絶しており、テレビのなかでしか外の世界を知らない。読み書きを教えられたが、身につけることができない。だが庭師としての経験は長く、その方面の知識は豊富である。ある冬の日、お屋敷の主人が突然死んでしまい、チャンスは庭師として失業し、誰も知り合いのいない現実の世界＝街にいきなり放り出される。しかし、金持ちの主人が生前着ていた高級な仕立て服を身に纏っていたこと、そして、反応が鈍いことが悠揚として迫らざる態度と受け止められたことで、街で出くわす人びとは紳士然としたチャンスを特別な人間だと誤解する。「私の名前はチャンス」と自己紹介し、「庭師(ガードナー)です」と付け加えたら、名前をチョンシー・ガードナーだと勘違いされる。またあるとき、金融不況について意見を求められたがまったく意味がわからず、代わりに樹木の生長の話を僅かな言葉で語ったら、それが経済に関して含蓄のある深遠なメタファーだと誤解され感服される。さらに偶然に偶然が重なって、最後、周りの人はチャンスをアメリカ大統領候補にまで担ぎ上げてしまう……（J・コジンスキー『庭師――ただそこにいるだけの人』）。

『専門知を再考する』では、しかるべき条件が整えば、世間の人びとが、専門知と権威を備えている印と解釈できる振る舞いをする人びとに対して、ほとんど無制限の専門知と権威とを認めるようになる、という寓話として、この作品を持ち出した（H・コリンズ、R・エヴァンス『専門知を再考する』六四頁）。誤解がないようにいうと、主人公チャンスは何ら嘘をついていないし、何ら野心的で作為的な振る舞いもしていない。その振る舞いは自然で、人物は純朴である。しかし、彼を評価し何ものかを見極める世間の「鑑定人(ジャッジ)」たちが勝手に思い込みを繰り返して、彼を意図しない方向へと導いていった。チャンスを、高い専門的な知識をもっている権威ある人物にしてしまったのは、周りにいる人びとだったのである。

現在、「専門家こそ正しいという不遜な専門家主義」は根強く、一方で「専門家を視野が狭く、偏っていて、社会一般の感じ方こそが正しいとする傲慢な大衆至上主義(ポピュリズム)」の勢力が伸張するなか、私たちは「専門家だけの見方」、「素人だけの評価」という両極端に偏らない「第三の道」を進まなくてはならない(佐倉統『科学とは何か』九頁)。その道を進むにあたり、健全な知の評価や鑑定、品質管理がとても重要になってくる。

ここでは専門知の評価や、それに関する権威の構築過程で重要な役割を果たす、研究成果の読者や評者といった「知の鑑定人」にフォーカスして、専門家や専門知と社会とのより良い関係について考えてみよう。

考古学者たちの冷たいあしらい

『土偶を読む』の大きな主題は、「土偶の正体を解明すること」である。その解明の作業と研究成果の公刊は簡単ではなかった。人類学者である著者・竹倉史人は、本書をなすにあたって、この分野の専門家である考古学者から冷遇されたことを、本書の「はじめに」と「おわりに」で繰り返し述べている(竹倉史人『土偶を読む』二〇二一、三四一―三四七頁)。まず「はじめに」で竹倉は、自分の研究成果を考古学者たちに見てもらったとき、「毎年必ず『土偶の謎を解きました。話を聞いてください』っていう人がやってくるんだよね」と、考古学者たちが「苦笑交じりに」話していたエピソードを紹介している。竹倉に向けられたその専門家の笑みは、きっと苦笑以上に蔑みを含んだ残酷な冷笑だったに違いない。

そこで竹倉は開き直った。本書は「一般の方から考古学の専門家まで、幅広い読者を想定して」おり、その読者として専門家である考古学者を排除しないものの、「本書を通読するのに専門知識は不要である」とまで言い切っている。ここでいう「専門知識」とは、考古学に関する専門知と考えて差し支えない。さらに竹倉は、本書に「ジャッジを下すのは専門家ではない」とまで断言している。ここでいう「専門家」とは、考古学者と考えて差し支えない。大胆にも、本書を読むには考古学の専門知を不要とし、また本書を評する鑑定人から考古学の専門家を除外したのである。

竹倉は、考古学者たちや出版社などに、やはりとても冷たくあしらわれた。その様子が「おわりに」でも描かれている。竹倉が自らの研究成果を発表しようとすると、関係各所から「考古学の専門家」のお墨付きが求められ、考古学者ではない竹倉の土偶研究は信頼性に欠けるものとして扱われたという。考古学者のお墨付きがなければ、竹倉の研究を公にすることはできないと、アカデミズムやメディアの関係者に繰り返された。そのため、竹倉はお墨付きをもらおうと、大胆にも縄文研究者たちにアポを取り、彼らへ自分の研究成果を見てもらうことに挑戦したという。しかし残念なことに、誠実な対応をしてくれた縄文研究者はごく僅かで、大半はコメントしようともせず、そればかりかこともあろうに「われわれ考古学の専門家を差し置いて、勝手に土偶について云々されたら困る」という反応を返す者や、挙げ句の果てには竹倉の「研究成果が世に出ないように画策する者」までもあらわれたという。その画策がどんなものだったのか具体的に知りたいところではあるが、もしそういう不当な画策があったとすれば、その考古学者は批判されても仕方がないだろう。

結局、竹倉は権威的な専門家のお墨付きにすがることを諦めて、「仲間」との活動を通じて自説を世に出す戦略へと方向転換した。講演会を行い、研究成果を発表し、アーティストやアート・ディレクター、舞踊家らとのワークショップを通じて内奥の探求に努めた結果、幸運なことに出版社（晶文社）の編集者とつながりができ、出版に漕ぎ着けたのである。

考古学者やそれとつながる出版業界の妨害に挫けることなく、妥協することなく、そして自説を曲げることなく、どうにか著書を世に問うことができた。権威と闘ったこの苦難のストーリーは読者の共感を得た。それは、内容のユニークさと相まって『土偶を読む』の評価を高めることに一役買った。

『土偶を読む』の評価にあらわれる専門知への疑念

『土偶を読む』は、刊行まもなくさまざまなメディアで取り上げられ、また多くの書評がなされ、そして専門家ならば誰もが憧れる権威ある学術賞（サントリー学芸賞）も授けられた。そのいくつかの評価の場面で、専門家を相手取った竹倉の奮闘努力が注目されている。土偶解釈の大胆さやユニークさが第一に評価されたが、さらに本書は専門家や専門知へと果敢に挑戦したことも、識者たちから高く評価された。

たとえば刊行のおよそ三カ月後、二〇二一年七月二二日の朝日新聞GLOBE＋には、『土偶を読む』の裏テーマは専門知への疑問　『素人』と揶揄する風潮に危機感」と題する対談記事が掲載され、専門家・専門知に対する不満が談じられている。対談者は、著者の竹倉史人とマルチクリエイターである、いとうせいこう、そして、政治学者の中島岳志である。対談進行役から「話題が土偶から植物論、生命観にまで及び、着想の連鎖が尽きません。このような壮大な話の展開は、皆さんが土偶を『専門』としない方たちだから、ということが大きい気がします」という形で、専門家や専門知に関する話題が対談者たちに振られた。この前振り自体が、専門知に関して誘導的な主張をしている。

これに対し竹倉は「土偶は日本人のみならず、世界中の人にとって人類史的な価値のある遺物なんです。だから、一部の人たちだけで扱うのでなく、もっと開かれた議論が展開されることが望ましい。この問題は今の学問のあり方や、専門知と社会とのつながりといった問題ともつながってきます」と、考古学者を指すと思われる「一部の人たち」に閉ざされることのない開かれた学知のあり方を主張している。

いとうは、この言葉を受けて専門家が知を独占するあり方を手厳しく批判している。いとうは、NHKの「日曜美術館」でコメントしたところ美術や政治の専門家でないのに、なぜコメントをするのだ、と揶揄された自身の体験をもとに次のように述べた。

かつて作家というのは色んな領域について書き、発言したものです。言ってみれば、専門ではない知を担当しているのが作家だった。でも、ある時から専門ではない人はものを言ってはだめ、想像力でものを言ってはだめ、という風潮になってきた。こんな世の中は非常によくない。新たな知見が生まれる可能性をことごとくつぶしています。これは、竹倉さんの本が投げかけたもう一つの大きな問題なんだよね。僕が今日この場にいる意味は、竹倉さんと違う立場から、この問題をトレースすることだと思っています。

（「『土偶を読む』の裏テーマは専門知への疑問 『素人』と揶揄する風潮に危機感」）

専門家が知を独占し、専門ではない人びとの想像力を馬鹿にし発言権を奪い、それによって新しい知識生産の芽を摘み取ってしまっている。アカデミズムでは生み出すことのできない魅力的な知識を広い世界で創造してきたいとうとしては、その主張は譲れないところであろう。そのような専門知のありように関する問題に一石を投じるものとして、『土偶を読む』を理解している。

この専門知に関する議論の最後で、竹倉は土偶の話から原発の話へと、さらに大きく飛躍させた。

「土偶を読む」をこのようなかたちで世に問うことになった背景には、実は、3・11の原発の問題をきっかけに生まれた専門知に対する不信感があります。市民がいくら原発の危険性を指摘しても、専門家たちはそれを「素人の意見」としてまともに取り合おうとはしなかった。しかし、絶対安全と言われていた原発はあっけないくらい簡単にメルトダウンにいたった。専門知も専門家も間違いなく必要です。でも、専門知がわれわれの生活を向上させる実践知に還元されず、既得権益として密室の中で独占されている。このような専門知のあり方が色んな分野で残っている。専門知がいかに実践知のほうに開かれていくか。リベラルアーツ教育のような形で専門知が一般の人に開かれ、ネットワーキングされ、実践知になり、市民に還元されていく。そういう動きが今後加速するといいなという思いがあります。

（「『土偶を読む』の裏テーマは専門知への疑問　『素人』と揶揄する風潮に危機感」）

竹倉は、原発事故をめぐって露呈した専門家の問題に大きく敷衍して語っている。そして、『土偶を読む』を世に問う背景には、東日本大震災に伴う原発事故後に看取した専門知に対する不信感があったと述懐する。ただ『土偶を読む』のなかでは、福島の原発問題に端を発した専門知と社会のあり方に関する議論は具体的に行われていない。したがって本書からは、その背景に、原発事故という苛烈で苦悩に満ちた状況と結びつく専門知への批判を直接読み取ることはできない。もちろん、竹倉自身、本書刊行の「背景」に原発問題があると述べているのであり、直接、明示的に書いていないからといって、そのような背景、意図がなかったと断言することはできない。それはきっと、読者が穿って読み込むべきものなのだろう。

専門家が言うことはあてにならない

ただ、そうはいうもの『土偶を読む』のなかでは、実際は専門知批判ということ自体が、そもそも具体性のある議論として、ほとんど展開されていない。もちろん、すでに紹介したように専門家である考古学者たちから苦笑され、ひいては妨害された経験が「はじめに」と「おわりに」で述べられている。しかし、それは専門知批判というよりも、竹倉へ不当な対応をしたという考古学者に対する怨嗟の声である。また、土偶の解読を終えてまとめられた部分で、学問の縦割り化とタコツボ化、感性の抑圧、女性性の排除、官僚化したアカデミズム、そして細切れの知性といった専門知批判に通じる言葉が登場するのだが、残念なことにそこには竹倉は深く踏み込んでいない（竹倉史人『土偶を読む』三三一頁）。そして、本文中では確かに考古学への批判は散見されるものの、それは土偶の学説や解釈法に関するものが中心であり、専門知のあり方を直接問うものではない。

本書の主題は、やはり三四七ページの紙幅の大半を費やして解説された「土偶の正体を解明すること」にある。それにも関わらず、一部の批評では「はじめに」と「おわりに」で僅かしか触れられていない話題が、本書の中核的テーマかのごとく扱われている。しかも不思議なことに、その批評では、専門知批判の問題が具体的に抽出されていないのである。

たとえば、竹倉のサントリー学芸賞受賞の選考に関わった比較文化学の「専門家」である佐伯順子は、その選評で「この（『土偶を読む』の：引用者注）新説を疑問視する『専門家』もいるかもしれない。しかし、『専門家』という鎧をまとった人々のいうことは時にあてにならず、『これは○○学ではない』と批判する〝研究者〟ほど、その『○○学』さえ怪しいのが相場である。『専門知』への挑戦も、本書の問題提起の中核をなしている」（「第43回サントリー学芸賞 選評（社会・風俗部門）」）と、『土偶を読む』をやはり専門知への挑戦と解釈している。しかしこの大胆な評価で示されるような専門知への挑戦に関する記述は、すでに述べたように『土偶を読む』では具体的にはなされていない。

専門家である佐伯が、「専門家の言うことがときにあてにならない」と述べた。その言葉からクレタ人であるエピメニデスが、「クレタ人はみなうそつきである」といった自己言及のパラドックス——この話はパラドックスではないという論者もいる——が一瞬頭をよぎってしまい、その選評を、はたしてあてにして良いものかちょっと不安になったが、確かに「専門家の言うことがときにあてにならない（傍点引用者）」という限定的な命題は真である。というか、それは至極当たり前のことである。一〇〇パーセント間違えることがない、完全無欠の専門家というのは存在しない。現代社会における「専門知の死（The Death of Expertise）」に警鐘を鳴らしたトム・ニコルズは、ある下手くそな歯科医を取り上げ「その不器用な歯科医は町でもっとも抜歯が上手いとは言えないが、それでも素人のあなたよりましだ」とし、「専門家もミスはするが、素人とくらべればその危険ははるかに少ない」と挑発した（T・ニコルズ『専門知は、もういらないのか』四九頁）。そもそも「専門家の知識には穴がないだろう」という先入観が間違いなのであり、「専門家があてになる」と絶対的に信奉することが危険なのである。だからこそ、知の鑑識眼が重要になってくる。

佐伯はさらに、「学術と評論のあわい、『専門』の内外を往還する生産的『知』の対話が、本書によって喚起されることを期待する」と選評を締めくくった。ただ、残念なことに本書によって「専門（ここでは考古学）」の内外との間に知の対話を促すどころか、むしろ亀裂を生む結果となったようである。

まさに一躍脚光を浴びたと表現して良い本書は、一般社会での高い評価とは対照的に、土偶に関して一番、専門知を蓄積してきた専門分野である考古学の世界では、ほとんど検討されていない。いやそれは、考古学界ではほぼ黙殺されているといっても過言ではなかろう。これだけ世間を賑わせたのだから、ベストセラー『土偶を読む』

の存在を考古学者たちが知らないはずはないので、本来ならばもっと活発な議論がなされていても良さそうなものである。しかし、そのベストセラーの読者は考古学者ではなかった。『土偶を読む』に関して、考古学専門誌で考古学者の手によって書かれた学術的な書評はいまのところ僅かしかない（二〇二二年九月現在、矢野健一や安孫子昭二の批評など）。

パブリック・アーケオロジーの知見

二〇世紀末、公共性論や市民社会論が高揚するなか、多くの人文社会科学がパブリックを意識した。そして学問の公共性を追究し、パブリック・ヒューマニティーズという枠組みが生まれた。それは、象牙の塔という狭いアカデミックな世界に閉じ籠もっていた人文学のあり方を批判的にとらえ、それを社会へと、そしてパブリックへと広く開き、多様な市民を学問に関与させる試みである。

この学問の公共性を追求した同じ時代、個別の学問でもパブリックという言葉をディシプリンの頭に冠した、新しい学問の方向性が生み出されている。たとえば、私が専門とする民俗学ではパブリック・フォークロアが生み出され、その他パブリック・ヒストリー、パブリック・アンソロポロジー、パブリック・ソシオロジー、そして考古学ではパブリック・アーケオロジーが誕生している。それらの学問の群れは、まさに今回の『土偶を読む』をめぐって注目された、専門知と社会との関係を主題としている。

たとえば、パブリック・ヒストリーでは、専門家としての歴史学者や非専門家である普通の市民など、多様な人びとが多元的な価値を尊重すると共に、同じ立場で協働して民主的に歴史をめぐって交渉し合う点に主たる眼目が置かれており（菅豊・北條勝貴編『パブリック・ヒストリー入門』八頁）、さらに歴史表象や歴史叙述、歴史構築などのさまざまな歴史実践の場面で、それに関わる権威や権能、権限を歴史家が独占するのではなく、普通の人びと共有することの重要性が強く主張されている。その権限は、「共有された権限（shared authority）」と呼ばれている（M. Frisch *A Shared Authority*, xv-xxiv）。また、パブリック・フォークロアでは、専門家／アカデミックの外の場の人びとという構図を乗り越えて社会に開き、つながり、協働する知識生産と社会実践である「新しい野の学問」の方向性が模索されている（菅豊『「新しい野の学問」の時代へ』）。

実は、『土偶を読む』をめぐる専門知批判の議論以上に、これらのパブリックな学問群は専門知と社会との関係を意識し、内省し、まさに「『専門』の内外を往還する生産的『知』の対話」（「第43回サントリー学芸賞選評（社会・風俗部門）」）と協働を真剣に目指してきたのである。それはパブリック・アーケオロジーも同様である。パブリック・アーケオロジーとは、一言でいえば「考古学と社会との関係を研究し、その成果に基づいて、両者の関係を実践を通して改善する試み」（松田陽・岡村勝行『入門パブリック・アーケオロジー』二頁）である。それは考古学と社会、また考古学と一般市民、そして考古学の専門家と非専門家といった関係をより良いものにし、より緊密にしようという試みである。このパブリック・アーケオロジーの知見は、専門家である考古学者が、『土偶を読む』に対しどう向き合うべきかということに示唆を与えてくれる。

パブリック・アーケオロジーを牽引してきた松田陽は、考古学者のみならず、考古学者以外の人びとも含めた多様な主体が行う遺跡の多様な解釈

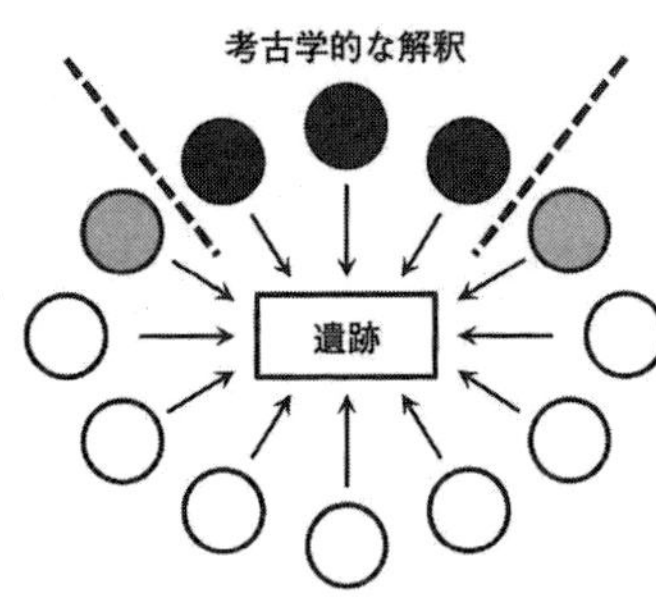

●の考古学者が行う遺跡の「考古学的な解釈」には複数のものがあり得るが、考古学の方法論が存在するため、その可能性の幅は限定されている。一方、○の非考古学者が行う遺跡の解釈の可能性の幅は、考古学者のものよりもはるかに広い（松田陽・岡本勝行『入門パブリック・アーケオロジー』61頁掲載の図をもとに解説を改変）

図1 考古学者と非考古学者の解釈の違い

と、それへの考古学者の対応の違いについて解説しているが、そこで述べられていることは、遺跡に限らず土偶などのさまざまな遺物の解釈全般にあてはまる。

松田は、「考古学者」による解釈は、考古学の方法論に基づくためその可能性は限定的であり、それに対して「考古学者以外の者」が判断を行う際には、個々人が自由に意味を見出せるため、考古学者に比べてその解釈の幅はかなり広くなるとする（図1）。「考古学者以外の者」の解釈は、考古学との関係でいえば、一、考古学的に正しいもの、二、考古学的に誤っているもの、三、考古学的に正しいかもしれないし誤っているかもしれないもの、四、考古学とは無縁のものの四種類に分類できる。

ここでパブリック・アーケオロジーの立場から考えねばならないのは、考古学者はそれぞれの解釈にどのように対応していくべきか、という問題である。松田は、「考古学者以外の者」の解釈に応じて考古学者が、多様な対応の選択肢を取り得ることを示している（松田陽・岡村勝行『入門パブリック・アーケオロジー』五八―六三頁）。松田が示した、四種類の解釈への対応例（一と三への対応は同じ）を整理すると表1のようになる。

『土偶を読む』における竹倉の土偶の解釈が、どれにあてはまるのか、考古学の門外漢の私には判断できない。ただ大方の考古学者は、それを一瞥して「考古学的に誤っている解釈」と受け止めたのではないだろうか。それゆえ、考古学者の多くが『土偶を読む』を黙殺した、すなわち「考古学者の対応(3)」の「そのような解釈はそもそも相手にしない」という対応を取ったのだと推測される。しかし、その対応は少なくともパブリック・アーケオロジーという観点からは、薦められるものではない。もし「考古学的に誤っている解釈」と判断したとしても、「相手にしない」という選択肢以外に、「解釈の中の誤りを指摘して、訂正していく」とか「考古学的に誤った解釈も許容する」、「考古学的に誤った解釈への対応を、状況に応じて変えていく」などといった多様な対応、そして関係の取り結びが理念的には可能であったはずである。そして、そのような対応が、考古学との社会との関係

考古学的に正しい、あるいは正しいかもしれないし 誤っているかもしれないような解釈
考古学者の対応⑴：これに対しては「**考古学的に正しい**」**要素を説明・強調していく**というのがおそらく一般的であろう。
考古学と無関係と考えられる解釈
考古学者の対応⑵：考古学と異なる次元の判断が求められるわけであるから、**個々人でどう対応していく**かを決めていくことになるだろう。
考古学的に誤っている解釈。この場合、対応の選択肢は四つ
考古学者の対応⑶：**そのような解釈はそもそも相手にしない**、というもの。誤りを指摘すること、そしてそれを人に説得していくことには、時間も労力もかかるわけであり、この選択肢を選びたくなる心情は理解できない訳ではない。少なくともパブリック・アーケオロジーの観点からは、これは市民との対話を拒否することを意味し、やはり薦められるものではない
考古学者の対応⑷：**解釈の中の誤りを指摘して、訂正していく**というもの。これは例えば、考古学の方法論を説明しながら、その解釈のどこがどう間違っているのかを明確に示し、さらには考古学的には何が正しいのかを説いていくことを指す。
考古学者の対応⑸：**考古学的に誤った解釈も許容する**、というものである。考古学的に解釈することは、過去の文脈にて科学的に、そして可能なかぎり客観的に理解しようと試みることであるが、それは、持ちうる意味の可能性を制限することでもある。そうだとすると、人間にとって何を意味するのかを総合的に考えようとすれば、考古学的に誤った理解をも否定すべきでない、と論じることも可能であろう。これはつまり、パブリック・アーケオロジーの多義的なアプローチに沿った考え方である。ただし、考古学的に誤った解釈を許容することは、いかなる解釈をも受け入れることを意味するものではない。考古学的な正誤とは別次元で、個々の解釈が社会的に望ましいか望ましくないかの判断はあって然るべきだからだ。
考古学者の対応⑹：**考古学的に誤った解釈への対応を、状況に応じて変えていく**というものがある。例えば、考古教育を行うような状況では、考古学の方法論を説明しながら、その解釈の中の誤りをしっかりと指摘し、訂正していく。一方、考古学の普及活動を行うときには、誤った解釈も考古学への関心をひくための手段に成りえると判断し、それを戦略的に利用できないかどうか探る。そして、一般の人々がどのように理解・認識しているかを調査・研究する際には、誤った解釈そのものを分析対象とし、それが存在することの意味そのものを考察する。

表1「考古学者以外の者」の解釈への考古学者の対応

（松田陽・岡本勝行『入門パブリック・アーケオロジー』、61～62頁から抜粋引用し整理）

をより良いものにし、今後、考古学が社会でよりいっそう意味をもつために重要なのである。

考古学者が『土偶を読む』に向き合わなかったいくつかの理由

と、理想論を述べたところで、現実論に立ち返りたい。「相手にしない」という選択肢をとることを、パブリック・アーケオロジーという観点からは薦められないとした松田も、一方で「誤りを指摘すること、そしてそれを人に説得していくことには、時間も労力もかかるわけであり、この選択肢を選びたくなる心情は理解できない訳ではない」という現実を、正直に吐露している。確かに、「解釈の中の誤りを指摘して、訂正していく」という地道な対応は、誠実ではあるがそれには大きな犠牲や代償が伴い、身体的、精神的負担が強いられる。それを考古学者に求めるのは、酷というものであろう。それは、単純にコストベネフィット（費用対効果）の観点から現実的ではないのである。

たとえば『土偶を読む』では、通常の学術書でとられるアカデミック・ライティングと異なる独特の文体やレトリックが用いられ、また独特の論証手法と論理展開によって導かれた新説が鏤められているが、そういう本を読んで一つひとつ検証したり、論評したり、反論したりすることには、大きなコスト（時間や労力）がかかる。しかしその反証から得られるはっきりとしたベネフィットは思いつかない。そこで考古学者たちは、ただ単純に割りに合わないと判断し、「相手にしない」という対応を取ったのではなかろうか。

また著者竹倉は、考古学者たちから専門的なアドバイスや、あるいは「お墨付き」をもらおうと、大胆にも縄文研究者たちにアポを取り、彼らに自分の研究成果を見てもらうことに挑戦したという。しかし残念なことに、誠実な対応をしてくれた縄文研究者はごく僅かで、大半はコメントしようとしなかったという。竹倉は、多くの縄文研究者たちが対応してくれなかったことや、コメントしてくれなかったことを難ずる表現をしているが、し

ならないだろう。

しかしここでは、専門家のアドバイスやお墨付きをもらおうとした、その行為の妥当性についても検討しなければ

自分の研究成果を、他の専門家に見てもらいアドバイスをもらうということは、専門家の間でもたまにはある。親しい研究者仲間や、教員と学生の間では、論考の下読みは珍しいわけではない。ただ、それは別の専門家に負担をかけることであり、普通ならばかなり遠慮される行為でもある。一般の専門家は、他人の研究のための負担を、忙事に追われるなか簡単に引き受けることはできない。ましてや、見ず知らずの人の未発表の研究成果を読み、コメントを付し、お墨付きを与えるなんていう作業は、簡単には引き受けられるものではない。

もちろん、貴重な睡眠時間を削ってまでも対応してくれる、奇特な専門家もいないわけではないだろう。また興味がそそられる、また自分の研究に密接に関連する、あるいは役に立つと思えば、喜んで引き受けてくれる専門家もいるだろう。しかし、そのような動機づけがない場合、断ること、応答しないことはごく普通のことであるし、それを責め立てることはできないのである。それは必ずしも不誠実な対応ではない。

このような応答しないという選択肢は、パブリック・アーケオロジーの観点からは残念なことではあるが、ただ現実にはままあることだといえよう。専門家は、普通の人と同じ程度に忙しく、面倒くさがり屋であり、功利主義者である。この点は、考古学者以外の専門家も例外ではない。すべての専門家は、自分の専門知に対する挑戦を非専門家から受ける可能性があり、その際、もっとも手っ取り早くコストのかからない対応策として応答しないという選択肢がこれまでとられてきたし、これからもとられやすいのである。

さて、以上のようなコストベネフィットが折り合わないという理由とともに、多くの考古学者が、『土偶を読む』から喚起される問題に対して当事者性を有しないと判断したことも、それに対応しなかった一因と考えられる。その問題を、考古学者の多くが自分とは直接関係しない問題ととらえた可能性がある。本論では、考古学者

と十把一絡げに表現し、数千人規模の多様な専門家集団を乱暴に一括りにしてしまったが、当然、アカデミック考古学者たちの研究する時代や事物や研究方法などは多種多様である。そのなかで土偶という一点を中心テーマにしている研究者は、それほど多くはないように思われる。また、そのなかで「土偶の正体を解明すること」という問題設定をしている研究者は、さらに少ないだろう。そのため大半の考古学者は本書に応答する必要性や適格性を、自らは認め得ないのである。もちろん、遺物の解釈法や資料批判、証明法などといった考古学全般に関わる方法論からの応答は、考古学者ならば誰でもできそうであるが、だからこそ、それをあえて自分が進んでやらなければならない必然性は認められないのである。

また『土偶を読む』では、多くの考古学的な専門知が利用され、ときおり考古学者の名前もあげられるが、その大部分は竹倉の自説を補強したり、根拠づけたりすることに費やされている。竹倉の説と矛盾したり、ずれたりしている説や研究例がそれほど多くは紹介されておらず、いわゆる研究上で対峙する研究者や批判対象が具体的に明示されていない。考古学者たちは、もし自分の出した説が名指しで批判されていたら、反論せずにはいられなかったことであろう。しかしそうではなかったため、研究上の自分事として『土偶を読む』にレスポンスする必要性を感じなかったのである。

さらに、考古学が対象とする事物は、歴史学が対象とする事物と同様にロマンに溢れ、多くの人びとを惹きつけるため、いわゆるマニア、ファンといった非専門的な人びとも、長い間その事物に関わる活動を行ってきた。また、哲学者・梅原猛に代表されるような考古学とは異なる分野の専門家たちが、ときおり知の越境——知の領空侵犯?——を繰り返し、考古学者たちが扱う事物や時代へ言及してきた。そのなかには、考古学の専門知から判断して首肯できないものがあった。そして、考古学者はそういう状況に慣れっこになってしまった。

当然のことではあるが、考古学が対象とする事物や時代、たとえば土偶や縄文時代に関し、考古学者のみがその理解と解釈の権限を独占することはできない。大学で考古学を専攻していない人が縄文土器を独学で研究、解釈しようと、また縄文時代を主題とするロール・プレイング・ゲームで遊ぼうと、そして土偶をキャラクターとして商品化しようと、それ自体、何らおかしなことではない。むしろ考古学の専門知を理解する、良いきっかけになったりもする。

ただそういった状況だからこそ、専門家たちはその専門性に基づく専門知と、それ以外の知を区別する必要性に駆り立てられる。そして、専門の議論と非専門の議論を峻別し、その議論空間を棲み分けようとする。考古学に限らず、すべての学問において議論空間を専門家と非専門家とで分かつことは、専門知の信頼度を上げ、また専門語（ジャーゴン）に満ち溢れた高度な議論を円滑に進めるためにはやむをえないことと考えられている。一方で、それは専門家と非専門家との間に壁を作り出すことでもある。そして結果、知の隔離（セグリゲーション）を生み出し、知の対話を阻害してしまうことでもある。

また反対に、非専門家たちも専門家たちと議論空間を共有することを嫌い、隔離を喜んで受け入れることだってありうる。知識豊富な専門家の前では、自由な発言ができない。同好の仲間が集まって、あくまで私的営みとして歴史世界のことを考え、解釈し、発想をめぐらし、ただ楽しみたいだけ。そういう議論ができる空間があっても、何らおかしくはない。議論空間の棲み分けは現実的に不可避であるが、できる限り壁を低くし、交流することによって、互いにその知を参照することが理想ではある。

『土偶を読む』では「今後の考古研究によって私（竹倉：引用者注）の仮説が追試的に検証され、遠くないうちに『定説』（＝多くの人が納得する、その時点における最も合理的な説明のこと）として社会的に承認されることを私は望んでいる」（竹倉史人『土偶を読む』三二三頁）と、専門家たちの議論空間での検証を望んでいるようにも見える。しかし一方で、先に紹介したように、本書の「ジャッジを下すのは専門家ではない」と、専門家の議論空間での評価を拒んでいる。竹倉は、自らの知の置き所に戸惑っているのだろうか。

いずれにせよ、考古学者が『土偶を読む』へ十分に応答しなかったため、結果として、考古学の専門知は、その批評に活かされなかった。一方、数多くの分量の批評や紹介が、インターネットや新聞、雑誌などの考古学の非専門的メディアを中心に発表されている。そして、その評者のほとんどは、考古学の非専門家である――私もその一人である――。ここでいう非専門家とは、あくまで考古学という一つの専門に対して専門家ではないということであり、専門性を有していないという意味ではない。それは、アカデミックな異分野の専門家かもしれないし、アカデミズムとは無縁の評論家やアーティストといった専門家かもしれない。ただ、その考古学の非専門家である知の鑑定人たちは、さらに裏テーマであるとされた専門知批判を得意とする科学技術社会論についても非専門家であった。つまり、テーマの表も裏も、中核となる専門知と遠いところで、その批評がなされたのである。『土偶を読む』の「はじめに」で、竹倉は本書の通読に専門知識は不要、そして、本書をジャッジするのは考古学の専門家ではないと断言したことはすでに紹介した。その言葉通り、その鑑定人(ジャッジ)から考古学者は見事に外れたのである。

ただし、誤解がないようにいっておかねばならないのだが、この考古学者が鑑定人から外れたのは、それを宣言した竹倉のせいではない。本来なら鑑定人として適格性が高いと一般に判断される専門知をもった考古学者が、鑑定人となることを自ら控えただけである。また、鑑定人を選ぶメディアが、考古学者を選ばなかった、あるいは選べなかっただけである。その結果、考古学の専門知がその評価に十分に反映されないという偏りを生じさせてしまった。

知の「品質管理」

専門知と社会との関係性という観点からいえば、この偏りはあまり望ましいことではない。従来は、「学会」

図2 知の「品質管理」の担い手（円の中心ほど専門知に近い）

といった閉鎖的な「ジャーナル共同体」(藤垣裕子『専門知と公共性』一三―三〇頁)が、知の「品質管理(quality control)」を行ってきた。専門知を有する専門家集団が、それを評価する基準を定め、鑑定人を指名し、評価行為を独占し、非専門家はその品質管理の鑑定人としては見なされていなかった。そして、そういう偏りを生み出す専門家主義が、現代社会と専門知との関係性を問い直すなかで問題視されてきた。

ところが、『土偶を読む』の品質管理に関しては、まったく正反対の構図になってしまっている。『土偶を読む』の知の品質管理の中核に、一般的に位置づけられるであろう専門家(ここでは考古学者)が大きく抜け落ちて、周縁とされてきた非専門家だけが残るというドーナツ状に偏ってしまったのである。それは権威的な専門家主義への反動がもたらしたものだろうか。これもまた、知の健全な品質管理を歪めている。

佐倉統は新しい科学論を追究するなかで、「科学者の社会的評判が専門的な評価と正反対な状況、つまり、科学的に誤った事柄を正しいことであるかのように吹聴する連中が社会的にもてはやされるのは、しばしば危険である」と述べ、専門家たちによる評価が、学会の外の世の中にはあまり伝わらない状況を嘆いている(佐倉統『科学とは何か』八頁)。しかし『土偶を読む』をめぐっては、その社会的評判が考古学という専門的な評価と正反対なのか、また考古学的に誤った事柄なのかという鑑定すら、実はまだ十分に取り行われていない。一方で社会的には、高く評価する鑑定が数多くなされているのである。

この偏りは、科学技術社会論で専門知管理の一つの理想型として措定されている、知の「ガバナンス」という観点から評価すると良い状況ではない(図2)。ガバナンスとは、水平的で分散的で協働的な物事の決め方、運用の仕方のことである。知のガバナンスの担い手は、専門家に限らず非常に多様なアクターが想定されており、当然、非専門家、そして一般市民なども含まれる。それらが対等な関係で結ばれたネットワークでつながり、ときに協働し、ときに競い合いながら知を管理していくのである(平川秀幸『科学は誰のものか』四四―五二頁)。このガバナンスというあり方から専門知の品質管理を考えれば、そこにも多様な人びとが関わるべきである、ということになる。それを『土偶を読む』の評価に引きつけていうならば、本来ならば、専門家である考古学者と、非専門家である多様な鑑定人たち、さらには一般市民の読者などが対等な関係でつながり、ときに協働し、ときに競い合いながら本書の真価を問うべきであったということになる。

アカデミックな学術論文などの専門知は、専門家仲間の専門的な狭い基準による「ピア・レビュー（同じ専門領域の研究者による研究の評価）」に基づいて品質管理がなされている。また大学教員といった専門家は博士号などの「学位」や、就職の際の業績審査などによって専門家としての品質管理が行われている。それはとても面倒臭いし、ときにはあてにならないこともあるのだが、確からしい知を獲得し、その信用性や信頼度を高めるためには必要不可欠である。しかし現代社会では、学問的でありつつも社会的、経済的、政治的な幅広い関心を含む妥当性（アプリケーション）によって複数の広い基準が追加されて品質管理を行うことも求められている（マイケル・ギボンズ『現代社会と知の創造』三三―三四頁）。その点において、多様な背景をもつ鑑定人たちが、多様な観点から『土偶を読む』を評価したことは問題ではない。ただ、そこに考古学者という専門知の鑑定人が不在だったことが問題なのである。

まとめ――「ポスト真実時代」の専門知の役割

古今東西、専門家は尊敬と侮蔑という正反対の評価を受けるアンビバレントな存在である。高度な教育を受けて、普通の人びとにはない高度な知識をもたらす教養人のイメージ。学歴や知識をひけらかし、普通の人びとを見下す忌むべきエリートの権威的なイメージ。社会性がなく頭でっかち（エッグヘッド）で、専門ばかなイメージ。元来、専門家はこのような正負両面をもった存在であったが、しかし、いま世界が反知性主義に席巻されつつあるなか負の側面ばかりが強調され、それが保持する専門知までも軽視されようとしている。

引用・参考文献 （五〇音順）

安孫子昭二　二〇二二「時評 竹倉史人著『土偶を読む』批判」『東京考古』四〇、一一九―一三八頁

ギボンズ、マイケル　一九九七『現代社会と知の創造――モード論とは何か』、小林信一［監訳］、丸善

コジンスキー、ジャージ　二〇〇五『庭師――ただそこにいるだけの人』、髙橋啓［訳］、飛鳥新社

コリンズ、ハリー、ロバート・エヴァンス　二〇二〇『専門知を再考する』、奥田太郎［監訳］、和田慈、清水右郷［訳］、名古屋大学出版会

佐伯順子　二〇二一「第43回 サントリー学芸賞 選評〔社会・風俗部門〕」、
https://www.suntory.co.jp/news/article/14024-3.html（二〇二三年一二月一〇日取得）

佐倉統　二〇二〇『科学とは何か――新しい科学論、いま必要な三つの視点』、講談社

菅豊　二〇一三『「新しい野の学問」の時代へ――知識生産と社会実践をつなぐために――』、岩波書店

菅豊・北條勝貴編　二〇一九『パブリック・ヒストリー入門――開かれた歴史学への挑戦』、勉誠出版

竹倉史人　二〇二一『土偶を読む――１３０年間解かれなかった縄文神話の謎』、晶文社

ニコルズ、トム　二〇一九『専門知は、もういらないのか――無知礼讃と民主主義』、高里ひろ［訳］、みすず書房

平川秀幸　二〇一〇『科学は誰のものか――社会の側から問い直す』、ＮＨＫ出版

藤垣裕子　二〇〇三『専門知と公共性――科学技術社会論の構築へ向けて』、東京大学出版会

ホーフスタッター、リチャード　二〇〇三『アメリカの反知性主義』、田村哲夫［訳］、みすず書房

松田陽・岡村勝行　二〇一二『入門パブリック・アーケオロジー』、同成社

矢野健一　二〇二二「書評 竹倉史人著『土偶を読む――１３０年間解かれなかった縄文神話の謎』（晶文社、二〇二一年）」
『立命館史学』四一、一五七―一六四頁

Frisch, Michael　1990. *A Shared Authority: Essays on the Craft and Meaning of Oral and Public History,* Albany: State University of New York Press.

「『土偶を読む』」の裏テーマは専門知への疑問　『素人』と揶揄する風潮に危機感」、朝日新聞GLOBE＋、二〇二一年七月二一日、
https://globe.asahi.com/article/14400149（二〇二三年一〇月一五日取得）

写真：adobe stock/fran_kie

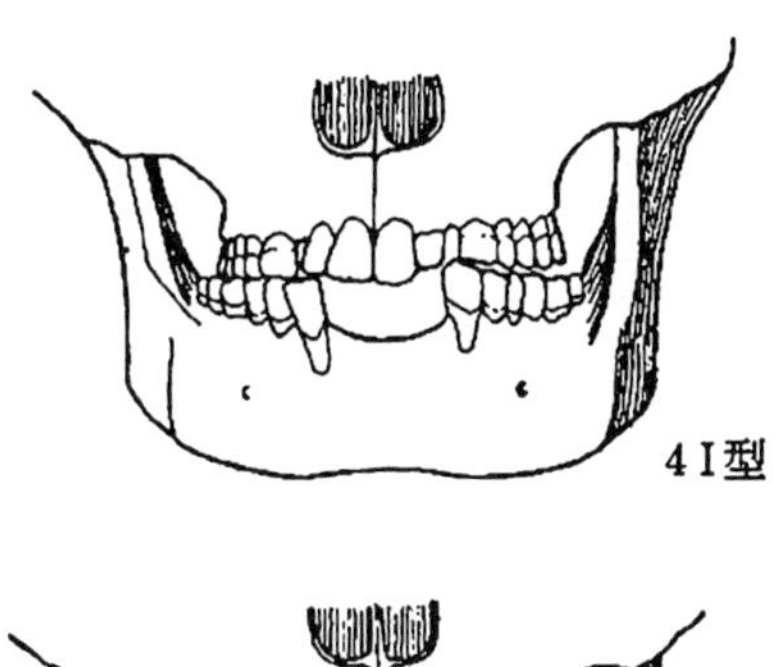

抜歯の型（春成2002）

おわりに

『土偶を読む』は面白い本だった。謎解きはサクサクと進み、知的好奇心が刺激され、頑迷固陋で閉じた世界の古い住人を、何にも縛られない独立研究者が軽やかに打ち負かしたように見える様は爽快感もある。

名のある学芸賞を受賞し、各界の知識人に認められ、ベストセラーとして多くの書評も出た。これを専門知識の持たない読者が疑うことは難しいと思う。だからこそ、本書を読み、なぜ学問としては認められないのかを考えてもらえたら嬉しい。

一度信じてしまったものを覆すのは難しいことはわかっている。ハート形土偶を見たらオニグルミの断面を思い出してしまう気持ちもわかる。しかし、それこそが『土偶を読む』で再三従来の考古学を批判するために使っていた「認知バイアス」に他ならない。なぜ正しくないのか、その認知バイアスを振り払い、本書を読んでみてほしい。

そして、願わくば、「なーんだトチノミじゃないのか」と、興味をなくさないでほしい。縄文時代は、土偶は、そんなに単純ではないかもしれない。しかし、いったんかじってしまったその何かの果実（木の実）をもう一度味わってみてほしい。思ったのとは違う味がするかもしれない、複雑怪奇で、「美味い」とは決して言えないかもしれないけれど。

言い方を変えれば『土偶を読む』を二倍楽しむために、本書を手に取ってもらってもいい。『土偶を読む』を読んでいなくても本書は楽しめる。

縄文研究、考古学の現在位置がわかるインタビューや、現場で実際に土偶に触れている研究者や、植物考古学や土偶の研究史、土偶の形態変化など土偶の理解の解像度をグッと高める仕掛けや章も用意した。ある章では〝専門知〟をパブリック・アーケオロジーの観点から考察もしている。検証以上に読み応えのあるページは多かったと思う。もちろん、より楽しむためには『土偶を読む』を事前に、または事後に読んでおくことをおすすめしたい。多少売り上げに貢献してしまったとしても。

想像の飛躍が大きいのは『土偶を読む』だけじゃないだろう、ことさらに取り上げる必要があるだろうか、と考える人もいるだろう。

「こういうものを否定したら、自由な発想が出なくなってしまうじゃないか」、「縄文時代は答えがないのだから何を言ってもいいじゃないか」とは、筆者も何度か言われている。

「自由な発想」は、もちろんその通りだ。しかし、そこには明確な線引きがある。事実を基にしているか、そうでないかだ。それを一緒くたにしてはいけない。

「答えがない」時代であっても、これまでの研究で「わかっていること」は一般の方が思っているよりもかなり多いことが本書を読んでいただければわかっていただけたと思う。そして、「わからない」ことがわかることもまた学問だ。

たとえ正しくなかったとしても、たとえオカルトでも面白い方がいいよね、という考え方があるのもわかる。オカルトは楽しいし魅力的なエンタメだ。しかし、事実に基づかないのであれば、その先は必ず行き止まりになる。入り口がオカルトだとしても、より深くより楽しく知りたい人は、いつかは絶対に正しい情報を選んだ方が良い。より深い方の沼はこちらの沼だ。繰り返し、土偶の謎は面白いと言いたい。謎だから面白いだけでなく、できればこれは、という答えを知りたいとも思う。しかし、縄文人はすでにここにいない。悲しいことに自供は絶対に得られない。

だからこそ今後の研究を注視していきたいと思う。

三〇八頁からの対談で是川縄文館の小久保さんが言われていたように、「みんなで研究を前に進める」という意識が、多くの埋蔵文化財に関わる人たちの頭のどこかにある。

考古学の研究は他の学問に比べても下支えしなければならないことが多い。多くの人と協力して遺跡を発掘し、それらの出土状況と出土遺物を細かく記録し遺跡ごとに報告書を出す。発掘された資料は適切に管理し、場合によっては広報の役割も担う。それは各地方、地域で今日も行われ、地権者との交渉も含め、地域のみなさんにも納得をしてもらいながら調査をする。それらは決して簡単な作業ではない。それを元にして、さまざまな集成や論考が出され、より蓋然性の高い論考は頻繁に引用され定説になっていく。

発掘された遺跡は、何かが建てられる前提での調査発掘でない限り、記録を取り、出土物が取り上げられたのちにはもう一度埋め戻される。これはなるべくなら遺跡は壊さないで保存しようという配慮でもある。また、将来、遺跡調査の今よりもより良い方法が見つかる可能性も考慮して、遺跡の範囲であっても掘らずに保存することも多い。

重要なのは、遺跡という、国や地域だけでない、人類の財産を未来に残しながら研究は進められているということだ。考古学は壊してしまったら元に戻せないものを相手にしている。それは、答えと同等に、いや、それ以上に大切なことでもある。

『土偶を読む』で、土偶の面白さに目覚めた読者のみなさんには、本書は冷や水だったかもしれない。しかし、これは通過儀礼として受け止めてほしい。

でも大丈夫、全然大丈夫。歯を抜かれるよりはずいぶんとマシな通過儀礼だ。

感謝に次ぐ感謝

本書を執筆、編するにあたり、多くの方にお話をお聞きし、さまざまなご教授を願えたことは、この一冊を超えた大きなものでした。協力していただいたすべての方に御礼を申し上げます。

原田昌幸さん、阿部千春さん、忍澤成視さん、上野修一さん、佐賀桃子さん、堀江格さんには取材という形で検証に協力もしていただいた。写真家の小川忠博さん、吉森慎之介さんには快く素敵な写真を提供していただいた。また各土偶の所蔵先にも多くの写真をお借りした。

岡村道雄さん、堤隆さんにもいくつかの示唆をいただいた。友人の福田康史さん、二本木克好さん、廣瀬欣孝さんにも相談に乗っていただいた。

矢野健一さん、安孫子昭二さんの『土偶を読む』への書評も勝手ながら心の支えにさせていただいた。

本書を一緒に作っていただいたのは、白鳥兄弟さん、金子昭彦さん、吉田泰幸さん、菅豊さん、松井実さん。インタビューや対談では山田康弘さん、佐々木由香さん、小久保拓也さん、山科哲さんに参加していただいた。研究者の皆さんからは不勉強な筆者の原稿に多くの指摘をいただいた。感謝してもしきれない思いです。そして穏やかならぬ本書を共に企画し、伴走していただいた文学通信の松尾彩乃さんにも、感謝。

二〇二三年四月　編者・望月昭秀

新潟県十日町市笹山遺跡、ここは国宝の火焔型土器と豪雪地帯としても有名な場所だ。

執筆者紹介

検証／企画／編集／執筆

望月昭秀

もちづき・あきひで◎一九七二年、静岡県静岡市生まれ。ニルソンデザイン事務所代表。書籍の装丁や雑誌のデザインを主たる業務としながら、出来心で都会の縄文人のためのマガジン『縄文ZINE』を二〇一五年から発行し編集長をつとめる。著書に『縄文人に相談だ』(国書刊行会／文庫版は角川文庫)、『蓑虫放浪』(国書刊行会)、『縄文ZINE(土)』、『土から土器ができるまで／小さな土製品をつくる』(ニルソンデザイン事務所)など。現代の縄文ファン。

「土偶とは何か」の研究史

白鳥兄弟／高橋健

はくちょうきょうだい／たかはし・けん◎一九七一年、フィリピン生まれ。横浜ユーラシア文化館主任学芸員、東京都公認ヘブンアーティスト。専門は骨角器、特に銛頭など狩猟漁撈具。博物館で考古学の学芸員として勤務するかたわら、土偶マイムのパフォーマンスを行っている。主な著書に横浜市歴史博物館監修『おにぎりの文化史』(河出書房新社、二〇一九)がある。

物語の語り手を絶対に信用するな。だが私たちは信用してしまう

松井実

まつい・みのる◎一九八八年、岐阜県岐阜市生まれ。東京都立産業技術大学院大学助教。専門は工業設計と文化進化としているが難しいことはわからない。千葉大学特任研究員、富士通デザイン、フリーランスウェブデベロッパーを経て現職。博士(工学)。https://xerroxcopy.github.io

土偶は変化する。

金子昭彦

かねこ・あきひこ◎一九六四年、静岡県生まれ。(公財)岩手県文化振興事業団岩手県立博物館学芸第三課長。専門は縄文時代・土偶。主な著書に「遮光器土偶」『縄文時代の考古学11　心と信仰』(同成社、二〇〇七)、『遮光器土偶と縄文社会』(同成社、二〇〇一)、編著に『月刊考古学ジャーナル』No.745「特集今日の土偶研究」(ニューサイエンス社、二〇二〇)がある。

考古学・人類学の関係史と『土偶を読む』

吉田泰幸

よしだ・やすゆき◎一九七五年、愛知県生まれ。盛岡大学文学部社会文化学科准教授。専門は縄文考古学、縄文と現代、考古学の民族誌。主な論文に"Archaeological Practice and Social Movements: Ethnography of Jomon Archaeology and the Public"(共著 *Journal of the International Center for Cultural Resource Studies*, Kanazawa University, Vol.2, 2016)"Approaches to Experimental Pit House Reconstructions in the Japanese Central Highlands: Architectural History, Community Archaeology and Ethnology"(共著 *EXARC Journal*, 2021/4, 2021)がある。

知の「鑑定人」
専門知批判は専門知否定であってはならない

菅豊

すが・ゆたか◎一九六三年、長崎県生まれ。東京大学東洋文化研究所教授。専門は民俗学。主な著書に『新しい野の学問』の時代へ——知識生産と社会実践をつなぐために——(岩波書店、二〇一三)、『鷹将軍と鶴の味噌汁——江戸の鳥の美食学』(講談社、二〇二一)、編著に『パブリック・ヒストリー入門——開かれた歴史学への挑戦——』(勉誠出版、二〇一九、北條勝貴との共編著)がある。

インタビュー：
今、縄文研究は？

山田康弘(一三六頁参照)

対談：
植物と土偶を巡る考古対談

佐々木由香(三〇九頁参照)

山科哲(三〇九頁参照)

小久保拓也(三〇九頁参照)

どぐうをよむをよむ

土偶を読むを読む

二〇二三（令和五）年四月二八日　第一版第一刷発行
二〇二三（令和五）年六月一〇日　第二版第一刷発行
二〇二三（令和五）年一一月三〇日　第二版第二刷発行

編者　望月昭秀（縄文ＺＩＮＥ）
執筆者（五〇音順）
金子昭彦／小久保拓也／佐々木由香／菅 豊／白鳥兄弟
松井実／望月昭秀／山田康弘／山科哲／吉田泰幸

発行所　株式会社 文学通信
〒一一四－〇〇〇一
東京都北区東十条一－一八－一 東十条ビル一－一〇一
電話〇三－五九三九－九〇二七　ＦＡＸ 〇三－五九三九－九〇九四
メール info@bungaku-report.com
ウェブ https://bungaku-report.com

発行人　岡田圭介
印刷・製本　モリモト印刷
ブックデザイン　望月昭秀（株式会社ニルソンデザイン事務所）

ISBN：978-4-86766-006-5 C0021

ご意見・ご感想はこちらからも送れます。上記のQRコードを読み取ってください。